真知灼见济世
格物致善育人

卓见·李敏财经讲堂

李敏

洞察报表与透视经营

算管融合的财务分析逻辑

李敏 著

上海财经大学出版社

图书在版编目(CIP)数据

洞察报表与透视经营：算管融合的财务分析逻辑 / 李敏著.
—上海：上海财经大学出版社,2020.8
（卓见·李敏财经讲堂）
ISBN 978-7-5642-3561-1/F·3561

Ⅰ.①洞… Ⅱ.①李… Ⅲ.①会计报表—会计分析 Ⅳ.①F231.5

中国版本图书馆 CIP 数据核字(2020)第 096765 号

□ 责任编辑　李嘉毅
□ 封面设计　贺加贝

洞察报表与透视经营
——算管融合的财务分析逻辑

李　敏　著

上海财经大学出版社出版发行
（上海市中山北一路369号　邮编200083）
网　　址:http://www.sufep.com
电子邮箱:webmaster @ sufep.com
全国新华书店经销
上海华教印务有限公司印刷装订
2020年8月第1版　2020年8月第1次印刷

710 mm×1000 mm　1/16　22.75 印张(插页:2)　408 千字
印数:0 001—4 000　定价:68.00 元

前　言

财务报表究竟是企业披着的外衣,还是复杂艰深的迷宫?你因此被迷惑,还是能指点迷津?

数据有"灵性""会说话",你能不能感知?有没有悟性呢?

财务分析通过去粗取精、去伪存真、由此及彼、由表及里的解析与整合,可以洞察报表、透视经营,明察风险、感悟趋势,进而发现运行规律、智谋管理效能、提升经营业绩,这是智慧理财的表现。

本书是论述报表解读和财务分析理论与实践的著作,全书沿着一条业财融合、算管融合的主线,围绕洞察三张主要会计报表,通过解析、整合、研判财务信息与非财务信息,在透视资产质量、债务风险、经营业绩、流量平衡、增长趋势和绩效评价六个维度(专题分析)的基础上,驱动提升营运效能、偿债效能、盈利效能、收现效能、发展效能和综合绩效,达到提供信息支持与相关服务等目的,构建起多维度、立体式、全方位的分析格局,形成为管而算、算为管用的分析逻辑,从而有效提升财务分析效能。这里面蕴含着财务分析的初心与使命。

本书在撰写过程中努力凸显三个特点、三个着重与三个提升:

一是突出自主理财观念,着重解析现行报表,提升信息实用价值。

自觉能动是体现财务分析价值的前提。你不析财,财不惜你。尤其是在经济环境复杂、信息繁芜多变的当下,通过解读报表、甄别信息、识别真伪,对于透视经营、防范风险、持续发展相当重要。本书以财务分析理论为指引,以洞察财务信息为重点,以评析案例与经验指引为特色,融法规政策、理论研究、方法应用、实务解析于一体,使分析的价值在信息的解析与整合中凸显出来。

二是突出逻辑分析思维,着重凸现算为管用,提升经营管理效能。

财务分析是财务信息和非财务信息相互印证的核心过程,并凝聚在业财融合之中,体现在经过算管融合后的有用信息上。本书第1至3章为概述篇,主要论述了算管融合的财务分析逻辑、解读与洞察报表的基本方法、各种分析工具的应用场景等;第4至9章为专题分析篇,凸显资产管理中的资产质量与营运效能、筹资管理中的债务风险与偿债效能、收益管理中的经营业绩与盈利效能、收支管理中的流量平衡与收现效能、发展管理中的经营增长与发展效能、业绩管理中的绩效评价与业绩提升等;第10章为总结篇,阐述分析逻辑、信息沟通、财务分析报告写作规范、财务分析发展趋势等。全书注重阐述、总结、提炼财务分析理论在管理实践中的恰当应用,注重报表解读、分析技巧、甄别能力在案例评析中的具体运用。

三是突出实证教学方法,着重评析经典案例,提升知行联动能力。

本书以申良公司(中型企业)作为代表性示范案例,通贯全书,层层分解,娓娓道来,成为全书的主要解析对象;将华为公司(大型企业)作为经典案例,随教学内容在各章后循序展开,分步体验,有良好教益;让开发公司(小型企业)的案例排在最后,通过综合分析,辅以警示教育。书中还融入必要的实证分析、专题讨论和老法师提醒。这种写法有助于突出重点、阐明要点、解析难点,实用价值高。

全书结构清楚、层次分明、循序渐进、深入浅出、语言流畅、图文并茂、通俗易懂,可供教学、培训与自学使用,尤其适合董事、监事、经营者、管理者、财务人员、注册会计师和审计人员阅读。本书配有教学用的 PPT,可与出版社联系下载。

本书由资深注册会计师、主任会计师、高级会计师李敏著。李敏曾任财务主管、副厂长、校长和董事长等,讲授财务管理与财务分析课程几十年,是多所著名大学的客座教授、财务会计咨询专家和司法会计鉴定专家,已编著出版《财务会计报告规范与分析技术》《报表编审技术》《会计分析技术》《财务报表解读与分析》《小微企业财务分析手册》《财务分析与报表解读》《财务管理学》《审计学》《危机预警与财务诊断》等著作。本书凝聚了作者解析报表、甄别信息、管理咨询与审计实践的经验体会和日积月累的研究成果。感谢陈惠珠、徐成芳、李英、徐铭、丁东方、沈玉妹、李嘉毅对本书的编写给予的帮助。

经营管理总有困惑。师者,传道授业解惑也。财务分析的理论与方法适合各行各业各类企业。财务分析回归对业务、对经营的敏锐洞察,通过解析与整合信息数据,不仅对业务活动和经营管理具有敏感性,而且具有建设性或实质性帮助。

实践出真知,历练长才干。财务分析是业务与财务、核算与管理相互印证、相得益彰的过程,其研究与发展的内在逻辑在于不断探析真相、探寻真知、探明规律、探悉未来、探求真理。知识产生能量,会用知识更有力量!

对于书中疏漏差错之处,敬请提出宝贵意见,以便修改补正。

编　者
2020 年 8 月

目 录

前言/1

第1章 总论/1
1.1 研究财务分析/1
1.2 增强洞察能力/10
1.3 透视经营管理/14
1.4 掌握分析特征/20
1.5 履行分析程序/25
1.6 提升研判水准/27
  经典案例评析：华为财经组织与财务职能转变/30

第2章 洞察报表与甄别信息/33
2.1 财务报表解读方法/33
2.2 洞察资产负债表/45
2.3 洞察利润表/50
2.4 洞察现金流量表/55
2.5 洞察财务报表附注/59
  经典案例评析：华为财务标杆与财务能力建设/64

第3章 分析工具与应用场景/67
3.1 分析工具的能动作用/67
3.2 比较分析的应用场景/72
3.3 比率分析的应用场景/77
3.4 趋势分析的应用场景/84

3.5　因素分析的应用场景 /89

3.6　平衡分析的应用场景 /94

　　经典案例评析：华为灰度管理与黑白平衡哲学 /102

第4章　资产质量与营运效能 /104

4.1　洞悉资产现状 /104

4.2　明察资产质量 /109

4.3　慧识资金运营 /114

4.4　智谋营运能力 /120

　　经典案例评析：华为资产运营与管理流程改善 /140

第5章　债务风险与偿债效能 /144

5.1　洞悉资本结构 /144

5.2　明察债务风险 /151

5.3　慧识融资优化 /155

5.4　智谋偿债能力 /159

　　经典案例评析：华为负债经营与信用评级展望 /178

第6章　经营业绩与盈利效能 /180

6.1　洞悉经营成果 /180

6.2　明察盈利结构 /191

6.3　慧识盈亏平衡 /195

6.4　智谋盈利能力 /205

　　经典案例评析：华为聚焦主业与竞争能力分析 /220

第7章　流量平衡与收现效能 /224

7.1　洞悉收支结构 /224

7.2　明察流量平衡 /235

7.3　慧识收益质量 /239

7.4　智谋收现能力 /248

　　经典案例评析：华为盈利能力与收益质量解析 /257

第8章　经营增长与发展效能/261

8.1　洞悉趋势变异/261

8.2　明察增长能力/264

8.3　慧识财务弹性/273

8.4　智谋持续发展/275

经典案例评析：华为持续发展与增长动能探析 /282

第9章　绩效评价与业绩提升/286

9.1　洞悉绩效指标/286

9.2　明察综合评分/298

9.3　慧识绩效评价/304

9.4　智谋业绩提升/313

经典案例评析：华为增长速度与经营业绩评价 /317

第10章　整合信息与分析报告/322

10.1　解析整合与逻辑考量/322

10.2　信息沟通与分析报告/329

10.3　财务分析报告示范/333

10.4　财务分析报告要求/339

10.5　财务分析发展逻辑/344

经典案例评析：小企业财务报表综合分析案例 /350

第 1 章　总　论

> 不忘业财融合、算管融合之初心，牢记为管而算、算为管用之使命。

1.1　研究财务分析

1.1.1　财务分析是企业信息整合的中枢

既管钱财又管信息的财务部门始终是企业管理的要害（重要地点）和信息整合的中枢（关键部门），其本身不仅是一个信息系统，而且是有用信息的直接创造者和信息风险的忠实防控者，承担着信息资源充分开发、合理配置及有效利用等重任。

从供给端看，按照会计准则生成的信息虽然具有统一性等特征，但现实状况却纷繁复杂：会计信息理解困难，会计透明度正在减弱，会计道德风险不断增加，会计舞弊案例接踵而至……

从需求端看，经济管理过程中的信息使用者对信息的需求呈现多样性特征：投资者、债权人、政府部门、社会公众都有不同的利益诉求……

从外部来看，各种分析主体根据各自的目的对企业财务报告进行分析。外部分析主要基于公开的信息，是对生成信息的再分析，由于难以获取原始资料和非财务信息，因此具有明显的局限性。所以，各种外部分析主体会倾向于提高识别能力与运用分析技术去剖析企业。

从内部来看，各层分析主体根据各自亟须掌控的信息和解决的问题进行分析，分析范围不仅广泛，而且需要结合企业特定环境下的特定信息，倾向于为满足特定管理需求服务。这种分析可能较深入，会与企业的愿景、目标、战略相联系，这是外部财务分析难以企及的。

从大数据与人工智能的挑战看,商业逻辑正在重构,管理和决策不仅依赖会计信息,而且依赖大量非会计信息,财务人员如果对商业逻辑不理解,忽视业财融合将很难生存;同时,财务逻辑也在重构,不会财务分析将看不透会计信息背后的商业或业务逻辑,人工智能有助于但还不会完全取代人脑的分析与决策,而不同的人面对海量信息会有不同的感知,进而做出不同的判断……

财务分析能够成为企业信息整合的中枢全在于其多维度、立体式、全方位的信息解析,并善于从中发现问题、分析问题或解析财务运行规律、探寻解决问题的途径与方法。所以,财务部门和财务人员在履职行权时,不应当仅限于提供财务报表,还应当通过解析与整合信息,让数据"活"起来、"动"起来,显示数据的价值,从而实现由"算账型"向"算管融合型"的转变。

企业需要高质量的财务分析,问题是如何做到算管结合、算为管用,如何有效整合大量财务和非财务信息并使之更具有集中度和更有效。"信息化技术＋财务分析＋有效沟通"是整合财务与业务的工具、连接信息与应用的纽带、沟通核算与管理的桥梁,这种至关重要的作用既是财务分析潜力巨大之所在,也是广大财会人员的用武之地。

随着经济与社会的发展,财务信息在经济与社会生活中的作用越来越大,财务分析的应用范围越来越广,影响财务分析的因素越来越复杂,经营管理对财务分析师的需求也越来越强烈。无论如何,财务分析是信息的传输媒介,更是整合信息的中枢,对利用信息起着主导作用。

1.1.2 财务分析是一门综合性很强的交叉学科

追本溯源,分析的思想源远流长。人类对实物资产计量与记录的行为催生了会计,官厅对财政收支行为的检查与考量促使财务分析思想不断发展。上计制度是我国周代产生的一种会计报告的呈送和审理方式。每年岁终,司会在对各部门会计报告审核的基础上,编制一份总的岁入、岁出报告,报给冢宰,由冢宰协助皇帝考核,并将结果呈送皇帝过目,由皇帝决定奖惩。孔子的仁政、德治、节用、爱人思想,管子的取民有度、用之有止、政在节财的节俭观,儒家的"量入为出"和"开源节流"等财政预算原则,都在于对业务收支活动的审视,对我国的财务分析思想影响深远。

系统的财务分析始于19世纪末。当时美国的金融资本对产业资本广泛渗透,基于信用需求对企业的资产负债表进行分析以衡量企业的信用及其偿债能力等,之后应用于投资分析和企业内部分析。20世纪50年代,在财务分析成为一门独立学科以后,以财务比率为主要内容的分析方法成为主流。然而会计实务或不少院校中"重指标计算,轻业务分析"的现象普遍存在,"为算而算""为考而算"的学究陋习至今沿袭。

我国的财务分析学科起源于企业经济活动分析课程,这一课程是沿袭苏联课程模式建立起来的,曾是我国会计专业的主干课程之一。我国传统的会计专业课程包括会计原理、部门会计核算、企业经济活动分析和企业财务(俗称"老四门")。经济活动分析课程重在企业经营业务分析,为企业经济核算提供资料,内容包括生产分析、成本分析和财务分析三个板块,但当时这三个板块之间没有建立起内在顺畅的逻辑关系。

著名的"哈佛分析框架"认为,企业财务报表分析程序由企业战略分析、会计分析、财务分析和前景分析四个部分组成。其中,会计分析应将重心放在分析企业运用会计及财务管理原则的恰当性和企业对会计处理的灵活程度,并根据分析结果重新调整财务报表中的相关数据以消除异常数据;财务分析并不是单纯分析企业财务数据,而是结合企业所处的行业环境及企业发展战略解释财务数据异常的原因;从分析的广度和深度来说,不仅仅是对报表数据的分析,而且是结合战略、环境深入分析财务数据的合理性。

面对日益多变的经济环境与管理现状,人们需要将板块结构变为逻辑结构,通过扬长避短或取长补短,全面推进并不断拓展,发挥财务分析在企业经营管理中的能动作用,从而对外界环境或内部运营的影响做出积极的、有选择的反应。

观察分析技术层面,财务分析是搜集与管理或决策相关的信息,并加以分析与解释的一种专门技术。

观察应用目的层面,财务分析是一种判断过程,旨在评估企业现在或过去的财务状况及经营成果,目的在于对未来的状况及经营业绩进行预测等。

观察利用信息层面,财务分析以审慎选择信息为起点,以分析信息为重心,以揭示与研究信息的相关性为手段,评判信息所引致的结果。

观察学科体系层面,财务分析学科处于会计、财务等学科的交叉处,与会计学、财务学的研究对象内在相关、逻辑相连,是一门综合性、应用性很强的学科。会计学是财务分析的前提和分析素材的提供方,财务学是对财务分析结果的实践与验证,财务分析是实现会计信息决策支持效应和会计信息资源配置效应的一个重要的中间环节。财务分析一方面要根据相关学科或利益相关者对会计信息的需求,将会计信息转换为各种管理决策所需的信息;另一方面要根据相关学科与管理实务的需求,给会计信息从内容到形式的发展指明方向。总体上,会计学为财务分析提供信息基础,财务学为财务分析指明应用方向,财务分析是会计信息提供者和会计信息使用者之间的"桥梁",处于会计学和财务学的"结合部"。从事财务分析不仅应当具备跨学科的理论基础和相关研究方法基础,而且应当具有管理实践经验和信息整合能力等。

作为专门分析财务信息的专业技术或专门化的研究方向,财务分析学科的对象范畴与研究领域可概括如图1.1所示,包括基础研究、应用研究和开发研究等。该学科的培养目标在于通过教、学、用,培育分析上的洞察能力和相应的逻辑思维能力,进而能够透视经营,服务管理与决策。

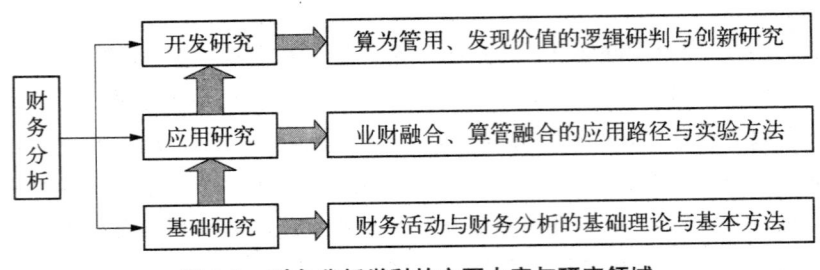

图1.1 财务分析学科的主要内容与研究领域

图1.1涉及以下几个重要的基本概念:

在基础研究中:财务活动是指企业再生产过程中的资金运动。财务分析是以财务报表信息资料及其相关的非财务信息资料为依据,采用专门的分析技术和方法,对企业财务活动进行解析、研判的财务管理活动。

在应用研究中:业财融合是业务活动与财务活动结合在一起的简称。算管融合是核算工作与管理工作结合在一起的简称。财务分析应当有效利用各种业务数据和财务数据,通过去粗取精、去伪存真、由此及彼、由表及里的解析与整合,挖掘数据所反映的经营问题,主动向业务靠近和延伸,打破会计与业务、会计与相关利益者之间的藩篱,实现财务信息与非财务信息的联通、衔接与集成,从结合开始,通过磨合,走入融合,经过整合,走向耦合①。

在开发研究中:算为管用要求分析研判应当满足经营管理和决策的需要,包括应当解释或解决好业务或管理中遭遇的难题或困惑,使财务分析更具有针对性、

---

① 耦合是指两个或两个以上体系或运动形式之间通过相互作用而彼此影响以致联合起来的现象,如在《财务经济分析论纲》中,西南财经大学的博士生导师樊行健教授通过研究财务报表分析与经济活动分析的内在联系,将两者有机融合为一体,创建了具有鲜明中国特色的财务经济分析新学科。

有效性和重要性。财务分析的职能与方法不仅要着重于"分析",而且要着眼于"管理",算与管不仅要融合,而且在指导思想上要为管而算,在行为过程与行为结果上也应当殊途同归,达到算为管用。有效的财务分析应当是业务与财务、核算与管理相互印证、相得益彰的过程,其研究与发展的内在逻辑就在于不断探析真相、探明规律、探索未来、探求真理。

1.1.3 财务分析的初心与使命

作为一门学科,财务分析具有逻辑自洽功能。逻辑是指事情本身的因果关系,或思维的规律和规则,是科学理论的思维基础。逻辑自洽即自相一致,是指按照自身的逻辑推演,自己可以证明自己至少不是矛盾或者错误的。科学研究本身就是遵循自洽性的,逻辑自洽是科学理论成立的基本前提。

业是企业的"皮",财是企业的"毛",这是最重要的分析思维与认知逻辑。"皮之不存,毛将焉附"的意思是说,皮都没有了,毛往哪里依附呢?

业和财如同一枚硬币的两个面,是有机联系的。如销售蔬菜是一种商业行为,可能包含选菜、分拣、运输、卖菜等环节。至于菜卖多少钱才合适,需要经过测算成本、税费和利润来确定,体现了财务分析与预判的价值。财务的价值应当体现在为业务服务,并有助于实现业务的价值。没有业务经营就谈不上财务活动;反过来,没有财务管理也无法实现经济有效的业务运营。

虽然由于企业规模的扩大、商业运作和管理职能的细分,业和财出现了在某种程度上的人为割裂和学科上的某种分科,但从本质来看,相关职能应该是相互支撑的,在运营过程中,应该特别强调部门之间的横向沟通与合作。然而在实践中,由于一些企业过于强调职能管理的专属性、专业性,甚至部分管理者误将业与财的管理分工当作管理目的而非实现组织整体目标的手段,从而在很大程度上阻隔了职能之间的合作与交流,甚至为了部门利益而博弈,异化了管理初心,导致管理效率降低。

财务分析包含财务与业务。财务分析的初心就是为业务服务,不仅数据信息来源于业务,而且分析对象的本源就是经营业务。初心就是当初的心意,是指一开始所持的信念。脱离业务的财务分析就失去了赖以存在的基础,只是为算而算,对业务可能毫无助益。

华为技术有限公司(以下简称华为)的任正非将业财融合称为"混凝土结构",他要求财务干部懂些业务,业务干部知晓财务管理,并有序开展财经和业务的干部互换及融通。业务螺旋到财务,财务螺旋到业务,这样的螺旋运动能够形成一个非常坚固的混凝土体系。任正非一再要求"加强混凝土建设。财经管理部能不能叫混凝土部？什么是混凝土呢？有沙子、水泥，可以从外面找些石头进来，三种东西合在一起就更坚固。"这种"混凝土结构"的作战组织才能高效、及时、稳健地抓住机会，在积极进攻中实现稳健经营的目标。

华为的CFO孟晚舟认为，财经组织（财务部门）与业务组织的关系就像榕树与木棉那样，既相互独立，又相互依偎。孟晚舟于1998年从行政转到财务，于2003年起负责建立全球统一的华为财务组织，包括组织架构、业务流程、财务制度和IT平台，使华为全球化的财务组织具有更高的效率和更低的运作成本。孟晚舟深谙业财融合、算管融合的现实重要性。

什么才是相得益彰？两者之间互相配合或映衬，使双方的长处和作用显示出来。华为提倡以业务为主导，就是按目标需求进行业务的最优化发展；以会计为监督，就是指各级干部都负有财经管理的责任，实行项目管理，加强核算与成本控制。这既是发展与制约互相配合的平衡管控原理，也是业财融合、算管融合、交流互鉴、互利互惠、一体化发展的新模式，更是谋求融通圆满、融和创新、共生共荣的有效路径。

上海国家会计学院的郭永清教授认为，财务存在三重境界："第一境，业务驱动，财务为辅。第二境，财务驱动，业务优化。第三境，业财融合，相得益彰。"业务带来财务的结果，财务可以从结果的角度反过来支撑和改进业务，两者自然配合、相辅相成、互相促进。如果将商场比喻为战场，那么业务就是冲锋陷阵的将士，财务则是出谋划策的军师。如果将企业管理比喻为体检中心，那么业务就是被体检人，财务则是体检医生，被体检人自身的状况决定各类指标，体检医生则可以告诉被体检人如何更健康地生活，只有被体检人和体检医生互相配合，才能发挥体检真正的作用。

事实上，任何财务变量都不是孤立存在的。例如，企业收入的增减受资产与资金增减的制约。资产质量好不好、周转速度快不快会直接影响收入的增减，收入增减变动会影响资产与资金的增减变动，进而影响债务，导致企业盈利水平的增减变动等。业务视角看过程，财务视角看结果。结果源于过程，过程导致结果。所以，企业想要优化财务变量，一定要联系业务看财务。财务分析要主动成为业务的"好伙伴"，关注"业财融合、算管融合"的"大格局"，并履行"为管而算"或实现"算为管用"的"使命"。这就是说，分析人员在关注财务的同时应当关注业务。没有业务成长，哪来财务效益？财务部门在对业务实施监管的同时要向业务部门提供有效的服务。财务工作不再仅仅是对业务的事后核算和监督，而应当主动参与业务事前预测和业务绩效评价，并把这些重要的信息反馈给业务人员或经营管理人员，作为其行动参考，扮演好"咨询服务"的角色。

老法师提醒 1.1 ｜ 善算善管者才能善作善成

业财融合、算管融合要求财务更好地为业务和管理服务，从而对财务分析提出了最基础、最本质的命题（根本性要求）：应当回归对业务、对经营的洞察——这是"初心"，否则，财务分析就可能成为无源之水、无本之木，或纸上谈兵；同时，应当利用信息、数据与专业技能去说明、印证、解释业务状况，对业务运营与经营管理不仅要具有敏感性，而且要具有建设性或实质性的帮助——这是"使命"；由此形成财务分析的基本逻辑思维——一种高级的、符合分析的内在运行规律与规则的思维方式。

不忘初心，方得始终；牢记使命，方能致远。财务分析只有保持业财融合、算管融合的"初心"，守住为算而管、算为管用的"使命"，才会有用、有效、有前景。

1.1.4 财务分析的基本目标与主要内容

财务分析的目标具有多样性，或者说财务分析也是某种受托责任，其分析目的受分析主体的制约。不同的分析主体进行财务分析的目的是不同的，但基本目标应该是为财务报表使用者思考相关问题或做出相关决策提供信息支持，一般可概括为三句话：评价经营业绩，衡量财务状况，预测发展趋势。

一是客观评价过去的经营业绩。财务报表一般只能概括地反映企业过去的财务状况、经营成果和现金流量，如果不能进一步剖析报表数据，势必不能充分理解这些数据的经济意义，不能充分掌握数据所传递的信息，以至于无法做出有事实根据的评价。所以，要进行正确决策，就需要对报表数据进行分析、比较、解释和评价，采用专门的财务分析方法分析相关指标，借以分析企业财务状况的好坏、经营成果的大小和经营管理上的得失，并与同行业的其他企业相比较，以评价企业的成败。

二是科学衡量目前的财务状况。过去的延伸是现在。通过对财务报表的分析可以了解企业目前有多少资产，其分布与占用情况如何；资金从何处取得，其融资结构如何；了解企业的经营方针，尤其是投资管理的方针和内部资金流转的情况，借以判断企业在经营上有无进取心，在财务上是否稳妥、可靠；了解企业的一系列重大财务问题，如购进新资产的资金是来源于企业本身的营业盈余还是借债或发行股票；等等。熟知各项会计信息可以为财务报表使用者提供企业目前财务状况的真相，用以衡量企业目前的财务状况。

三是有效预测未来的发展趋势。现在的延续是未来。企业的发展都是由过去和现在延续而来的，并且应当追求可持续、稳定增长的科学发展观。任何未来的经营活动都是在一定的客观经济条件下进行的,都要受客观条件的制约,并受客观经济规律的支配。企业为了科学地组织生产经营,最有效地使用人力、物力和财力,实现最佳的经济效益,在规划未来的经济活动时必须擅于从客观的经济条件出发,按照客观经济规律办事,预测未来的发展趋势,并据以做出正确的决策。在这些方面,财务分析具有重要的作用。通过财务分析,可以从经济活动这一复杂的现象中把偶然的、非本质的东西摒弃掉,抽象出必然的、本质的东西,然后针对目前的情况,推测未来发展的可能趋势,并做出相应的决策。对财务报表所提供的会计信息和其他经济信息,通过分析加工,提高其质量,使之形成与预测未来发展趋势相关的高级信息,从而增强决策的科学性和预见性。

1.1.5 财务分析学科与本书的结构体系

综观国内外商学院或会计学院对学生知识体系的培养要求,财务分析或企业财务报表分析正在成为商科相关专业必备的核心专业技能课程之一,并受到越来越多院校师生的欢迎和肯定。

本书是论述财务分析与报表解读理论和实践的著作,编写宗旨是:通过洞察报表与透视经营为管理提供信息支持,并成为一门业财融合、算管融合的具有内在运行规律的财务分析学科。

财务分析需要对企业进行静态拍照与动态摄像,从而再现、洞察、透视财务数据与财务报表的生成过程与最终结果,更需要经过业财融合、信息整合构建起多维度、立体式、全方位的分析格局,形成算管融合、算为管用的分析逻辑,从而有效提升财务分析效能。关于财务分析学科的主要内容、基本分类及其内在逻辑关系如图1.2所示,本书的章节就是按照这样的内容与顺序编排的。

本书沿着一条业财融合、算管融合的主线,围绕如何洞察3张主要会计报表等信息,通过解析、整合、研判财务信息与非财务信息,在透视资产质量、债务风险、经营业绩、流量平衡、增长趋势、绩效评价6个维度(专题分析)的基础上,驱动提升营运效能、偿债效能、盈利效能、收现效能、发展效能和综合绩效,最终达到为管而算、算为管用、为管理与决策提供信息支持与相关服务的目的。这就是财务分析学科发展的内在逻辑、必然趋势与价值所在。

本书将解读与分析财务报表作为财务分析的基本对象和核心内容,将上述6个维度的专题作为财务分析的具体对象与研究重点。其中,解读的方法包括解读观察法、审阅甄别法、勾稽关系复核法、审计意见分析法和非财务信息印证法5种,既为分析研究打下基础,又融合在分析过程中;专题分析具体深入,具有专业研究

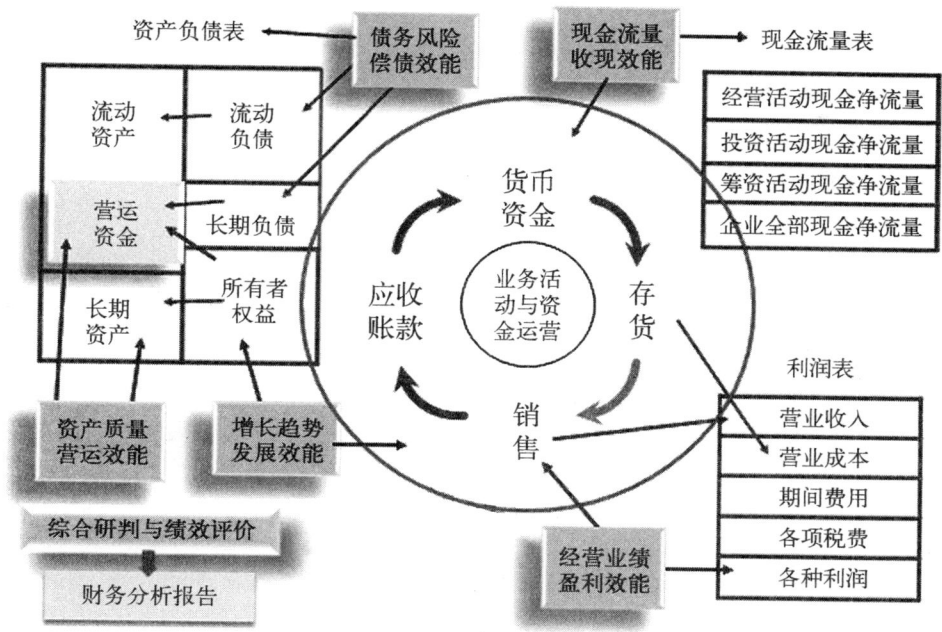

图 1.2　财务分析学科的基本格局与内在逻辑关系

性,借助了各种财务分析工具,包括比较分析法、比率分析法、趋势分析法、因素分析法和平衡分析法 5 种;解析与研判的结果应当报告,既作为信息沟通的工具,又体现财务分析的价值。

本书注重多维透析与交叉分析的应用逻辑。维度体现事物或现象的某种特征,是人们观察和分析对象的角度。同样的数据资料从不同的维度进行观察可能会得到不完全相同的结论,从而可以更加全面和清楚地认识分析对象的内在运作逻辑与本质特征。交叉分析是对数据资料在不同维度下的交叉展现,进行多角度结合分析的方法,用以弥补独立维度的局限。全书将财务分析的对象拆解为资产质量、债务风险、经营业绩、流量平衡、增长趋势、绩效评价 6 个维度,并采用 5 种报表解读方法和 5 种财务分析方法进行交叉印证,就是要通过信息细分、数据分解、指标拆分和维度对比等展现不同属性特征的分析与综合,使研判结果更可靠、更精准、更有意义。①

---

① 本书的主要内容可概况为"一三六五五一",即一条主线、三张主表、六大维度的分析专题、五种报表解读方法、五种财务分析方法,最终归一,达到算为管用的目的。

本书注重实证研究方法的具体运用①，通过解析经典案例，提升知行合一能力。全书以申良公司（中型企业）作为代表性示范案例，层层分解，娓娓道来，成为全书一以贯之的解析对象；将华为公司（大型企业）作为经典案例随教学内容在各章之后循序展开，分步体验；让开发公司（小型企业）的案例排在最后，通过综合分析，辅以警示教育。本书还随着教学进度融入必要的实证分析、专题讨论和老法师提醒，有助于突出重点、阐明要点和解析难点。

未来的信息平台将不断整合业务信息和财务信息，不断提高人们的识别能力和数据的使用价值，并通过算管融合的财务分析驱动经营活动。经济越发展，环境越复杂，信息越繁芜，财务分析越重要，其中，通过解读报表、甄别信息，提高识别真伪与防范风险的能力尤为重要。认真学好财务分析的基本理论与基础知识，掌握好财务分析的基本方法与工具运用，正是为了适应现在与未来的发展需求。财务分析因其具有广泛的应用价值将日益受到青睐。优秀的财务人员应当眼睛看着数据，脑袋加工信息，将经验和智慧作用于经营管理活动。

1.2 增强洞察能力

1.2.1 财务分析应当算管结合、算为管用

"科学管理之父"弗雷德里克·泰罗认为，科学管理原理的最大特点在于"科学"二字。"管理就是确切地知道你要别人干什么，并使他用最好的方法去干。"（《科学管理原理》）经过分析研判后的思维与行为是理性的，符合"用最好的方法去干"的逻辑。

现代管理大师彼得·德鲁克认为，"管理，从根本意义上讲，意味着用智慧代替鲁莽，用知识代替习惯和传统，用合作代替强制"。财务分析不仅有助于管理达到这些目标，而且可以印证业务与财务、管理与财务之间的互动关系。

财务分析的主要对象是财务报表及其相关信息资料，并与生产经营活动紧密相连，这是经济活动的基本规律和内在逻辑。财务报表是经营管理的成果，是全体员工"做"出来的，也是管理人员"管"出来的和财务人员"算"出来的，财务分析就是

---

① 实证研究强调知识必须建立在观察和实验的经验事实上，通过经验观察的数据和实验研究的手段来揭示一般结论，并且要求这种结论在同一条件下具有可证性。实证性研究方法可以概括为通过对研究对象进行大量观察、实验和调查，获取客观资料，从个别到一般，归纳出事物的本质属性和发展规律的一种研究方法。

要解析这些"做"的、"管"的、"算"的过程及其结果。

一辆"车"加满了油(收集足够的财务信息与非财务信息)以后可以行得更远,能否到达目的地则需要准确掌控方向盘(为管而算、算为管用是财务分析的方向),规划行驶路线可以避免少走弯路,从而顺利到达目的地(业财融合、算管融合是财务分析应当遵循的主线)。

仅在财务"圈"里"打转"是行不通的。优秀的财务分析应善于"跳出报表看报表"或"跳出财务看财务",因为很多问题不是财务本身所导致的。比如,贯穿本书主要教学内容的申良公司,从财务指标上反映出利润减少,但问题的根源在产品研发与市场营销能力方面,从而造成库存积压、应收账款增加和收益质量低下。只有提高产品的核心竞争力,才能使财务指标大为改观。财务人员应当善于从会计的逻辑联系到商业或业务的逻辑,从商业或业务的逻辑联系到会计的逻辑,将两者结合起来进行思考。

企业定位决定财务定位,企业所关心的就是财务分析应当关注的。财务分析人员思考问题应当从企业的实际出发,而不是只看财务数据。财务分析应当通盘考虑财务因素和非财务因素的影响,并在对某些指标进行具体分析的基础上,考虑整体运作的逻辑关系与综合状况,从而找出引起分析对象变动的诸多因素中的关键性或重要性因素,实施重点分析,这是能否准确研判的重要前提。虽然指标繁多,涉及内容广泛,但只要在分析过程中注重业财与算管结合,注意聚焦难点、突出重点、明确要点,就能使分析具有针对性和集中度,有助于发现问题并提供解释与解决问题的思路和方法。

人们期望财务分析能够为信息供给与信息需求之间架起一座沟通的"桥梁",通过对财务报表的解读与分析,将数据转换为对管理或决策有用的信息,以满足不同信息需求者的需求。

为管而算、业财融合、算管结合、算为管用,这些提法都是要求将核算、分析等会计工作与经营业务和管理活动相融相合、交流互鉴、互利互惠、共同发展。财务分析过程应当如图1.3所示,因此,本书极力推崇业财融合、算管融合的财务分析逻辑,并着力通过洞察报表,透视经营,为管理与决策提供信息支持与相关服务,这应当成为财务分析矢志不渝的奋斗目标。

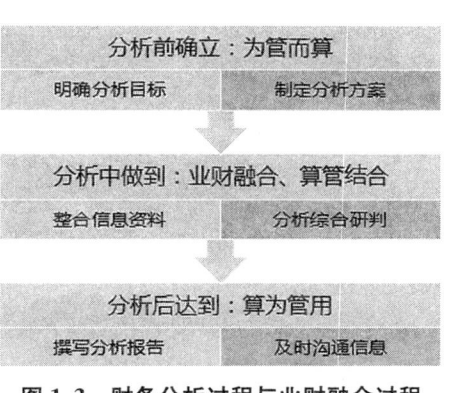

图1.3 财务分析过程与业财融合过程

1.2.2 信息时代需要专业的洞察能力

财务分析的专业性不仅体现在"胸中有数",即对情况和问题的数量方面有基本的定量分析,而且应当针对情况和问题进行卓有成效的研判,做到"胸有成竹"。

虽然客观信息充分且完整,但由于受到种种限制,不同的人获取的信息并非完全相同。在一项经济活动中,某些参与人拥有但另一些参与人不拥有的信息被称为非对称信息。所以,在满目信息的社会中,利用信息看似容易,实则不易,尤其是面临信息失真、信息隐藏、信息扭曲的现实,究竟是陷入迷宫,还是能指点迷津?

这是一个信息"爆炸"的时代,也是一个需要理性辨析的时代。20世纪80年代,全球信息量每20个月增加近一倍;进入90年代,信息量呈几何级数增长;到90年代末,伴随互联网和大数据,信息开始"爆炸"。"信息爆炸"的同时带来"信息泛滥",从浩如烟海中迅速而准确地获取自己最需要的信息变得异常困难,大量虚假信息和无用信息造成"信息污染"和"信息垃圾"。大海捞针式的搜寻可能会无奈地让一些有用信息随无用信息一起流走,造成信息浪费。

这是一个信息混杂,需要冷静解读的时代。信息良莠不齐、鱼龙混杂的现状会带来负面效应与潜在危机,引发心理压力,产生"信息疾病",如焦虑不安、心浮气躁、消极被动、紧张害怕等。莫让浮云遮望眼,有效的财务分析能够提高信息的透明度。信息透明度高、质量好,才能拨开云雾见青天。

这是一个信息更迭需要有效整合的时代。信息技术正在从会计电算化(处理对象主要是数据)、信息化(处理对象主要是信息)走向智能化(处理对象主要是知识和能力)。智能财务时代已经到来,对智慧理财提出新的更高的能力要求。信息是有价值的,但不能整合和明辨信息会误入陷阱,甚至难以自拔。

这是一个信息竞争亟须智慧理财的时代。信息时代需要理性辨析、敏锐剖析、智慧分析的能力。百战不殆的前提是知己知彼,眼观六路,耳听八方,谁掌握的信息充分、及时、有效,谁就能取得竞争优势。

1.2.3 提高洞察能力是有价值的现实需求

数据是组成信息的基本元素,也是信息系统处理的主要对象。财务分析最显著的特征就是以数据为基础,让数据"说话",包括会计数据和其他相关数据。

大数据如果只是"大",意义不大。要对数据进行识别,这是使用数据的基础与前提。在"量"的基础上注重"质"的提升才是问题的关键。最终要使大数据成为"能够说明问题的智能数据",这才有意义。所以,大数据要成为重要的资产,核心问题就是提高对大数据的洞察能力,包括整合信息资源能力、分析鉴别能力等,这是财务分析有智慧的表现。

洞察秋毫的能力对财务分析具有特别重要的现实意义。洞察,是指深入观察,即观察得很清楚,能够明察秋毫。秋毫,是指秋天鸟兽身上新生的细毛,比喻极其细小的事物。洞察秋毫就是形容人目光敏锐,任何细小的事物都能看得很清楚。

只有不断提高洞察能力,才会产生对企业经营管理的卓见。卓,是指高超、不平凡。卓见就是高明的见解或精深的见解。无论对假账还是真账,都应当具有正确而深刻的认识和高明的见解,这也是透视经营管理的前提与基础。透视,是指通过一个透明的平面去研究后面物体的视觉科学,比喻清楚地看到事物的本质。提高透视能力是分析洞察的目标指向,至少包括以下几个方面的内容,并构成本书研究的核心。

一是洞悉信息数据、财务现状及其增减变动等。洞悉就是要清楚地知道。

二是明察相关风险、营运质量及其变动趋势等。明察就是要明晰地看到,机警地发觉。

三是慧识财务运作、管理质量及其动态平衡等。慧识就是慧眼识珠,是指具备敏锐的眼力。慧,为心除尘,比喻清心、净心。古人称清心净虑、洞察真相为"慧"。

四是智谋管理能力、绩效提升和持续发展等。智谋是智慧和谋略的结合,对于事物的变化有敏锐的判断力,是驱使事物向有利的方向发展的能力。

财务分析应当追求远见卓识(有远大的目光和高明的见解),能格物致知。格:推究,"格者,正也;正其不正,以归于正也。"致:求得。"格物"是因,"致知"是果。穷究事物原理,获取管理真谛。格物致知既有"实事求是"的精神,又有"通达至极"的境界。明智之举就是懂事理、有远见、想得周到,其应当来源于明智的分析洞察能力。

提高分析水平与洞察能力是有价值的现实需求。你不理财,财不理你。知识产生能量,会用知识更有力量!

1.3 透视经营管理

1.3.1 通过财务分析,透视并提升信息质量

信息数据既是企业知识财富的"宝藏"和极为重要的资源,也是洞察企业管理问题的"窗口"和解决相关问题的"突破口"。

在2019年年末上海国家会计学院发布的"企业会计的未来"专题调查中,"IT等新技术应用"和"财务分析"被评为重要性净提高率最多的2个项目,且这两者之间存在着密切的联系(如图1.4所示)。

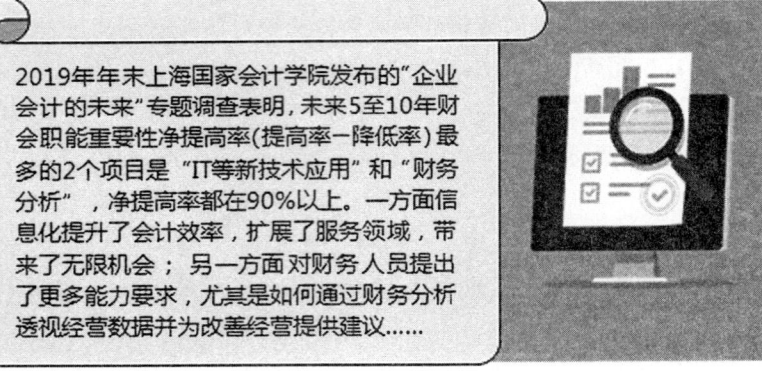

图1.4 财务分析在未来履职中越来越重要

经营得失、管理成败、决策优劣等在很大程度上取决于信息及其质量。能否提取有用信息和获取高质量的信息往往与能否澄清事实、厘清关系、划清界限、理顺思路相关。财务分析通过去粗取精、去伪存真、由此及彼、由表及里的系统化过程,有助于分辨真假是非、分清对错差别、分别好坏优劣,对信息管理具有能动作用。

"去粗取精",就是通过分类、比较等方法,找到能够反映事件本质的信息资料,摒弃那些粗糙的、可有可无的、不反映本质的材料。

"去伪存真",就是鉴别信息资料的真伪,不为假象所蒙蔽,发现事件的真相。尤其在面对噪声杂乱的信息时,更要用心分析,判断其中的噪声,剔除反向、负向、错乱的信息,找出真实、可靠、有用的信息。

"由此及彼",就是依据事物的内在联系和逻辑关系进行推断分析,把来自各方看似彼此孤立的信息联系起来考察,弄清事物的来龙去脉和在空间、时间中的相互

联系,通过历史比较、行业比较和国际比较,发现其价值或估值中的真相,把握这种联系及其未来可能的发展方向。

"由表及里",就是追本溯源、刨根问底,通过事物的外部联系发现事物的内部联系,透过现象看本质,知其然且知其所以然。

经过财务分析后的信息应当符合以下两条标准:

一是要客观、真实。财务分析应该做到从实际出发,坚持实事求是,尊重企业财务的实际情况,反对主观臆断、结论先行、搞数字游戏。在进行财务分析前,应当对财务报表的相关数据进行必要的核实,确保数据的真实和完整,防止"垃圾进,垃圾出"现象的发生。因为,再先进的分析方法,如果其数据是不真实的,或分析者带有明显的主观倾向性,就不可能得出正确的分析结论。

二是要全面、完整。企业财务状况的变化是由多种因素引起的,可能会从不同的角度对企业的财务状况造成不同层次的影响,所以,进行财务分析应力求全面、完整。当然,全面、完整也是有范围的。全面分析报告和专题分析报告对全面、完整的要求不同。作为分析者,要学会全面地看问题,坚持一分为二的思考方式。例如,要兼顾成功经验与失败教训、有利因素与不利因素、主观因素与客观因素、经济环境因素与技术因素、外部问题与内部问题等,绝不能仅用一个或几个指标就简单地对企业的财务状况下定论,这可能会对企业的发展和投资人的决策造成重大不利影响。

专题讨论1.1 | 对"灵性"的数据要有"悟性"

数据会"说话",也具有一定的"灵性",分析者对此应当具有"悟性"——一种特有的对事物感知、理解、分析的能力,这与个人的经历和分析能力等休戚相关。悟者,吾之心也! 正所谓:师父领进门,修行靠自身。

财务分析通过把粗浅的信息及其认识深刻化,抓住关键,找到规律,看到本质,对提升信息质量具有能动作用。信息质量是对信息达到的程度的评价,可用好坏或优劣等形容词来表述。某信息现在怎么样? 是在变好还是变坏? 与其他参照指标相比是优还是劣? 这就是在参悟信息的质量。有效的财务分析可以透视信息的质量。

1.3.2 通过财务分析,透视并提升数据价值

海量的数据只是"金矿银矿",还不是"金银财宝",财务分析对盘活现存数据并发掘其价值具有强大的能动作用。成事在人,不在数据。大数据的价值不在于大,

而在于主动发现并加以细化、发掘和提升。

首先是细化数据的颗粒度。"颗粒度经济"是在数字化技术推动下,基于生产要素精细化、运营流程标准化而产生的新商业范式。财务分析要能够洞察报表与透视经营,应当转向精细化分析,透彻与细致的核心在于"精"和"准"。数据颗粒度是表示某数据集的组成的最小单元。精细化的财务分析应始于更细颗粒度的事项记录。颗粒越细化,分析后的认知就会越清晰。财务分析应尽可能提供颗粒度细的信息,让信息使用者根据其决策需要汇总加工这些信息,并将其运用在决策模型中。

然后是发掘数据的价值。利用数据仓库、数据挖掘等技术,把分散在不同系统中的海量数据相互关联并进行深度挖掘分析,包括精细化分析方法的运用,可以对各项资产或资金的使用状况及相关政策实施的效果进行评价,从而得出准确的分析结论。

最终的结果是提升数据价值。分析者可以充分运用大数据技术,将同行业的多部门数据进行对比分析,连通各个部门之间的环节,开阔分析视野。基于数据的精确与翔实分析而得到决策层或客户的认同将有助于提升财务分析的价值与地位。

通过对数据的发掘和提升,一方面可以更好地理解数据,发现原始性或源头性的问题,进行原创性或原理性的研究;另一方面可以让数据"说话",探寻经济管理的运行逻辑,使其为经营决策服务。这才是大数据的核心议题和升级方向,更是财务分析有效性的重要基石与奋斗路径。

利用大数据进行分析最基础的能力是解读与解释能力。如果把分析数据比喻为一种产业,那么这种产业实现价值的关键就在于提高对数据的"分析加工能力"并实现数据的"保值增值",财务分析对此大有可为。

1.3.3 通过财务分析,透视并提升经营效能

决策与信息密切相关。因为决策是通过对企业内外部情况的了解和分析后做出的判断。在经营管理过程中难免会出现一些失控状态,其根源可能是没有及时、有效掌控相关信息。管理信息是联系组织内外的纽带与"桥梁"。企业与外界、与内部各部门之间也是通过信息互相沟通的。缺乏信息或信息失真就不可能实现有效沟通和步调一致地协同工作。控制活动也是靠信息的反馈来不断修正计划与行为,依靠信息来实施管控的。

分析企业"做什么"和"怎么做"可以看出企业的战略抱负和应对策略。战略是

对全局的筹划和指导,策略是适应战略的方式和方法。"想做什么"是愿景,"可做什么"是需求,"能做什么"是效能,在三个齿轮的啮合传动中,三种动力各有作用,但效能是最基础的(如图1.5所示)。想做什么、可做什么,最终还是要看能做什么和已经做成什么。

图 1.5　三个齿轮的啮合传动作用

效率、效果、效益、效能,都有"效"字,四者之间既有联系,又有区别。任何管理都应当追求效率、效果和效益,但更应当关注效能。广义上的效能涵盖效率、效果和效益,这正是本书所倡导的。效率、效果和效益可以体现效能,却难以包含效能。

效率是指单位产出量所付出的时间和物质资源的多少,反映做事的方法,即正确地做事、不浪费资源,如提高生产效率。效率体现对投入的关注。

效果是一项活动的成效,是人们在做正确的事情的过程中采取了某种行为方式所获得的合乎目的性的结果,是基于目标的衡量。效益则是实际取得的利益,包括经济效益和社会效益。效益专注于所获得的利益。

管理者既要关注实现目标的效果,也要有效率地完成组织工作,否则难以做到高效益。

效能是指事物所蕴藏的有利的效用能量,主要从能力、效率、质量、效益等方面体现出来。经营效能是指企业经营管理活动所取得的效果及利益的现实性和潜在性,它不仅体现效果或利益的大小,而且反映取得效果或利益的能力的强弱,这种现实性与潜在性之间存在重要的逻辑关系。

衡量效率和效益高低的现实性指标用以测评企业在一定时期开展经营管理活动所取得的经济效果和利益，在财务分析中，通常采用销售收入增长率、利润增长率、人均利润、总资产报酬率、净资产利润率等指标进行综合评判。

衡量效率和效益提升的潜在性指标用以测评企业经营管理活动所取得的效果和利益的潜在能力，在财务分析中，通常采用产销率、产品优质率、客户忠诚度、优良客户增长率、内部沟通效率、员工满意度、技术进步率、资本充足率等指标进行综合评价。

著名管理学家、诺贝尔奖获得者西蒙对"效率与效能的区别"做过精辟的论述："效率的提高主要靠工作方法、管理技术和一些合理的规范，再加上领导艺术；但是要提高效能必须有政策水平、战略眼光、卓绝的见识和运筹能力。"

提高效能是指用更少的资源投入提供同等或更多的成果和利益。例如，盈利等效益性财务指标、客户满意度等效果性反映、经营周转速度等效率性状况，都是用以衡量成果和利益的，体现了现实性；而效能还体现在学习与成长方面，是人力资本、信息资本和组织资本等无形资产的组合，具有潜在性。

管理效率与效益的提高都需要对各级员工"赋能"，这是组织存在的价值和意义。那么，员工本身有没有组织所期望的"能"？其"能"的程度如何？会如何实现？这些都需要有效"赋能"。正是由于员工还"不能"，所以才需要借助组织的力量去培训、教导和管控。

经营不善会悄无声息地吞噬企业的财富，财务分析则是透视企业经营的"X光机/CT机"，其对效能的作用主要体现在解析、利用等方面，既善于发现财务效能中的"含金量/成色"，也善于揭露"假象"并挤干"水分"。例如，某种管理效能是如何体现出来的？是什么动因（诱因）导致该效能发生了增减变动？其中的构成因素是什么？如何才能提升该效能的水平？等等。资产管理的效能主要体现在资产运营效率（反映资产周转速度快慢的指标）和资产运营效果或效益（反映资产提供收益多少的指标）等方面。

老法师提醒 1.2 │ 仔细辨析"正确地做事"与"做正确的事"

"做正确的事"强调效能，确保工作朝着对的方向迈进，确保事情合乎逻辑、合乎事物的发展规律。"正确地做事"强调效率，要求做事的方法是正确的，从而更快地朝目标迈进。

"正确地做事"应以"做正确的事"为前提。决策正确，找对方向与目标，然后采用正确的方法，最后的结果肯定会让人满意。反过来，只有正确的方法而没有正确的目标和方向,就会越走越偏。

彼得·德鲁克在《有效的主管》中指出:"效率是以正确的方式做事,而效能则是做正确的事。"效率和效能不应偏废,但这并不意味着效率和效能具有同样的重要性。人们希望同时提高效率和效能,但当效率与效能无法兼得时,首先应着眼于效能,然后再设法提高效率。

1.3.4　通过财务分析,透视并提升经营绩效

绩效、效率和效果会在相关财务指标中体现出来。财务分析可以通过信息流主导资金流、业务流或实物流,以信息驱动实体,以数据驱动业务,以智慧驱动效能。通过分析研判管理中的运营效率、财务中的风险程度、经营中的业绩增长、盈利中的收益质量、发展中的均衡趋势,取得行为共识,形成思想共鸣,导致行为同频共振,从而对绩效管理具有推动作用;并通过进一步整合资源、加工信息,在深入专题分析的基础上达到提升管理能力和评价财务绩效的目的,这也是财务分析最一般的目标定位和最重要的功能表现。

自我批判、刀刃向内、自我革新、自我完善,从企业家开始。经理就是要经营理财,如果既不会经营,也不会理财,那为什么叫"经理"呢? 理财的路径很多,学会财务分析相当重要。

一家企业的高度取决于企业家的高度以及对企业认知的高度。分析者通过数据分析,提炼出规律性的特点,揭示经济现象背后的内涵,提出切实可行的管理建议,驱动经营管理有效运行及经营绩效稳步提升,这就是"分析之道"。

1.3.5　通过财务分析,透视并驱动危机预警

经营困难总是难免的,管理矛盾也是经常发生的,失误与失败都是有因可循的。如何及时发现异常征兆、警惕危机、发出预警很重要。

财务预警的关键是识别与判定财务危机的各种信号。分析诊断是财务预警的前提和基础,没有分析诊断难以实施财务预警。财务危机的识别是可以通过财务定量指标和定性分析进行的。任何危机由萌生到恶化并非瞬间所致,通常需要经历渐进、积累、转化等过程。防微杜渐要求企业在日常财务运作中对运营过程中的各种风险状况进行跟踪、监控,尽早发现危机信号,预测可能出现的财务失败。一旦发现与诊断出某种异常征兆,就应着手应变。经过财务分析的刨根究底与周到分析,有助于企业发现风险、警惕危机并加以预警,这是化危为机的有效路径。

1.4 掌握分析特征

1.4.1 以解析财务报表作为主要对象

财务报表是对企业财务状况、经营成果和现金流量情况的结构性表述。日常财务分析通常是以解析财务报表为主，这是一种定期的分析活动。

资产负债表起源于17世纪欧洲商人定期编制的财产目录，用以观察企业的财产分布与财务状况。长期以来，资产负债表一直作为最基本的财务报表而格外受到重视。利润表产生于企业独立核算经营盈亏的需要，侧重于企业的经营数据，直至20世纪30年代才成为正式的对外报表，人们开始关心企业的盈利状况及其盈利能力。自20世纪80年代以来，由于投资和信贷决策的需要，现金流量信息日渐重要，企业的外部投资者、债权人和其他使用者对现金流量表的需求和应用都显著增加。现在已经形成了以资产负债表、利润表和现金流量表为核心的财务报表体系，其发展过程反映了信息使用者对信息需求不断提高和完善的过程。

基于资产负债表等数据资料所进行的主要是财务状况分析，包括了解企业财务的变动情况及变动原因，反映偿还债务的能力和风险状况，以及企业营运管理水平与能力等。从财务报表分析的历史看，早期是以资产负债表为中心。至于所有者权益变动表，由于是具体反映资本结构中所有者权益项目增减变动情况，因此可以融合在资产负债表的分析中。

基于利润表等数据资料所进行的主要是经营成果的分析，包括了解企业的盈利状况，把握企业获利能力的强弱及其变动的原因等。企业的偿债能力和发展前景与其获利能力休戚相关。

基于现金流量表等数据资料所进行的主要是现金流入与流出状况分析，包括了解企业现金流量的分布与状况，掌握有多少资金来源、从何而来，又有多少资金被运用、运用到哪些方面等，从而有

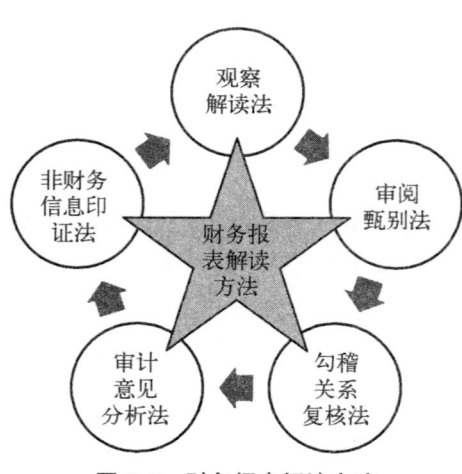

图1.6 财务报表解读方法

助于对企业获取现金的能力、偿债能力、收益质量、投资活动和筹资活动做出恰当的评价。

解读财务报表需要一定的知识和经验的积累,解读方法涉及诸多方面的技能,包括观察解读法、审阅甄别法、勾稽关系复核法、审计意见分析法、非财务信息印证法等(如图1.6所示)。

1.4.2 以理解会计政策及其执行情况作为解析基础

会计信息始终是财务分析最基本、最重要的资源。会计准则是会计信息生成的规则和指南,其目的在于把会计处理建立在统一规范的基础上,并使不同时期、不同主体之间会计结果的比较成为可能。

《企业会计准则——基本准则》是纲,适用于在我国境内设立的所有企业;《企业会计准则》和《小企业会计准则》是基本准则框架下的两个子系统,分别适用于大中型企业和小型微型企业(简称小企业)。

虽然会计准则生成的会计信息具有统一性,但信息使用者对会计信息却呈现多样化的需求。所以,会计政策和会计估计应保持一致,不得随意变更;无充分、合理的证据表明会计政策或会计估计变更的合理性,或者连续、反复地自行变更会计政策或会计估计的,被视为滥用会计政策或会计估计。

1.4.3 以识别信息的真假作为重要前提

翻读报表的人经常有疑问:财务报表真实、可靠吗?怎样识别真伪啊?

有时候,存货与销售量都在增加,为什么现金支付会拮据?企业的经营风险和财务风险究竟在哪里?销售增长一定会导致利润上升吗?利润上升一定会有现金流入吗?销售、应收账款、利润、现金流量之间究竟存在怎样的关系?在利润节节攀升的时候,为什么需要特别关注现金流?增长不等于发展,发展不等于可持续发展,这是真的吗?

会计报告与受托责任相关。会计报告的受托责任至少包括:一是采取或不采取某种行动的责任,二是对行动提供解释和报告的责任。由此可将受托人的行为分为"利益一致行为"和"利益不一致行为",将报告行为分为"真实报告行为"和"不真实报告行为",并得出四种组合:一是受托人按照委托人的利益行事,并真实报告自己的行为;二是受托人按照委托人的利益行事,却不真实报告自己的行为;三是受托人没有按照委托人的利益行事,却真实报告自己的行为;四是受托人没有按照委托人的利益行事,也不真实报告自己的行为(如图1.7所示)。如何真实反映受托人的行为并透视委托人的真实意图,这既是审计的职责,也是财务分析的重任。

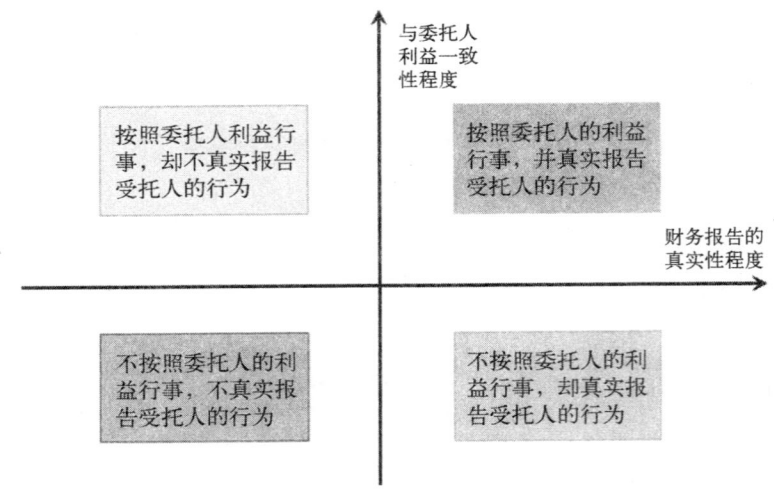

图1.7 会计报告与受托责任关系的四种情况

财务是个真实的谎言吗?有人诙谐地以为,财务严格说来是"做账"。因为所有财务报告都是建立在假设和估计基础上的,先列假设,再搭建模型,最后得出结果。结果取决于假设,所以,"给财务一个假设,它可以把地球撬起来"。这种认知虽然夸张,却也值得玩味。

某些信息表面上是真的,而其实是假的。个别企业报表"做"多套,给税务局的报表是亏损的,不用缴所得税了;给银行的报表是盈利的,可用来贷款;给上级领导的报表是扭亏为盈的,可用来考评……

真,是指与客观事实相符,与"假"相对。"假"是形声字,从人从叚(jiǎ)。叚,借也,表示不真实的,不是本来的。虚假就是不可能存在的或者不真实的,应当是可以被识破的。假账即虚假会计记录,包括不如实地反映各项交易或事项的信息,不按照会计准则处理业务的账情和披露信息等。

假账的表现林林总总,包括假账真算与真账假算。假账真算是会计用以记账的依据本身是虚假的,即使"认真"核算,最终产生的会计数据依然是虚假的。真账假算是会计用以记账的依据是真实的,但后期的加工处理却采用弄虚作假的手法,导致财务数据失真。对于真假信息的认知存在以下四种状况,值得分辨并予以关注(如图1.8所示)。

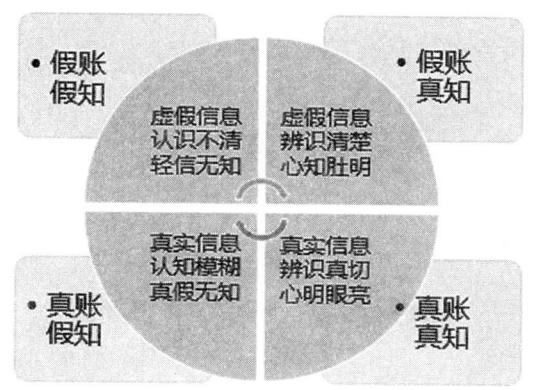

图1.8 真假信息的四种认知状况

实证分析1.1 │ 快速上市,快速造假,快速下跌

瑞幸咖啡(Luckin coffee)是我国市场第一大咖啡连锁品牌,截至2019年年底共有4 507家直营门店,2019年5月17日在美国纽约纳斯达克市场敲钟上市,仅耗时2年,创造了中国咖啡品牌自创立后到美股上市的最快纪录,而同样经营咖啡的星巴克的上市之路走了21年。

瑞幸咖啡成立以后,营收不断增长,却一直处于亏损状态。2019年4月22日,招股书披露瑞幸咖啡已累计亏损超过21亿元。2020年4月2日,美国证券交易委员会(SEC)公布的一份文件显示,瑞幸咖啡从2019年第二季度起伪造交易相关的销售额约22亿元,而瑞幸咖啡2019年前三季度的主营业务收入为29.29亿元,也就是说,22亿元的造假规模都快追上其前三个季度的总收入了。该消息导致瑞幸咖啡股价应声暴跌,当天触发6次熔断,截至当天收盘,股价暴跌逾75%,次日又大跌近16%。2020年4月5日,瑞幸咖啡发布道歉声明表示涉事高管及员工已被停职调查……

瑞幸咖啡喜欢"讲故事",其核心商业模式是通过大幅折扣和免费赠饮来培育中国消费者的咖啡消费习惯,其品牌愿景是"做每个人都喝得起、喝得到的好咖啡"。然而很多白领经常会一边享受瑞幸咖啡优惠券的福利,一边想着"买一杯送一杯"的咖啡是怎么赚钱的,靠烧钱能否烧出自己的客户黏性和商业模式……瑞幸咖啡最大的问题是一直亏损,单杯咖啡的成本大于营收,"暴雷"是迟早的事。

资本投资瑞幸咖啡,瑞幸咖啡用数据回报资本。作为非"刚需"的咖啡,中国用户的增长速度赶不上瑞幸咖啡开店的速度,更赶不上资本扩张的巨大欲望。造假也许是一环套一环的资本游戏悲剧中的产物。

1.4.4 善于运用各种分析工具与方法

要过河,需要解决好"桥"或"船"的问题。方法就是过河的"桥"或摆渡的"船"。财务分析应当尽量采用多维分析的思路,包括各种定量分析与定性分析的方法,以应对复杂多变的经济现象与业务活动,才能明白是非曲直、知晓增减变动缘由等。

没有科学的财务分析方法体系就难以提供有用的财务分析信息,也就不可能充分发挥财务分析的作用。选择合适的分析方法加以恰当运用,可以体现财务分析的科学性、实用性和可操作性。如果分析人员采用的分析工具或方法不科学,提供的财务信息不准确,甚至是错误的,就会误导决策。

高明的医生总是针对病人的病情对症下药,前提是为探明病因而采用了必要的工具或方法,而采用怎样的工具或方法与医生的经验密切相关。方法是人们办事成功或实现管理目的不可缺少的中介要素。

管理的核心在于决策,而决策正确与否在很大程度上依赖于财务分析后的信息是否可靠、有效。

可靠性要求会计信息真实、准确地反映财务活动的过程与结果,特别是分析那些由于确认、计量、记录和报告的变更、误导而可能对财务报表可靠性造成的影响。

有效性要求解析企业的营运效能、偿债效能、盈利效能、收现效能、发展效能等,以判明财务活动及其结果的质量,为经营决策、管理控制及监督活动提供依据。

1.4.5 努力弥补财务报表的固有缺憾

财务报表并不是完美的,会受到会计估计、盈余管理等的影响。现行财务报表存在已报告过去、未披露未来,已报告数量、未披露质量,已报告结果、未披露原因,已报告总数、未披露细节,已报告价值信息、未披露非价值信息,已报告经济责任、未披露社会责任等问题,也就是说,财务报表还不能直接地、辩证地、全面地或有说服力地解释企业财务状况的好坏、经营业绩的优劣和持续发展的前景,只有经过财务分析和评价,才能为财务报表使用者提供有用的信息。

财务分析至少应当努力弥补财务报表的以下局限和缺憾:

一是财务报表的格式相对固定,信息披露具有不充分性,如企业的人力资源、所承担的社会责任、期后事项和或有事项等信息对决策具有影响力,但因无法数量化而没有纳入财务报表中。财务报表中的信息均以货币计量反映,却难以反映非货币计量的其他信息。

二是财务报表只对已经发生了的历史信息加以列报,具有滞后性,无法提供决策所需的各项预测信息。

三是由于会计政策选用的灵活性,企业可以根据自身需求选择不同的会计处理方式和会计估计方法,这样就为企业操纵报表数据留下了空间,可能会降低财务信息的可靠性和公信力。

四是以历史成本为基础的财务报表可能不反映资产、负债和所有者权益的现行市场价值。由于通货膨胀的影响,账面上的原始成本与编表日的现时价值可能相去甚远,难免不符合实际。

财务报表的局限性可能是多方面的且难以避免的,这从另一个方面说明不断提高与完善分析技能的重要性。财务分析的经验越丰富、水平越高,其缺憾就会越少。财务分析不断完善的过程也是不断弥补财务报表局限性的过程。

1.5 履行分析程序

1.5.1 明确分析目标,制订分析方案

财务分析的目标制约着财务分析的具体行为。由于不同的利益相关者对财务分析的内容和要求不同,因此必须明确分析方向,以免在分析中头绪纷繁,达不到预期的效果。

目标是采取行动的指南。例如,对盈利情况进行分析,其目标既可以用于预测,也可以用于决策;对企业获取现金流量的能力进行分析,其目标可以是透析企业的盈利质量或支付能力,据以制定现金流量管理政策;如此等等。

明确信息使用者希望获取怎样的信息,是与整体目标相关的信息,还是与特定目标相关的信息,然后才能决定是进行全面的财务分析,还是进行某一专题的财务分析等,进而详细制订分析计划,包括分解目标、分析要求、组织分工、安排进度等,从而形成具体可行的分析方案。

1.5.2 搜集信息资料,解读甄别报表

掌握大量信息资料是保证分析质量的重要前提。广泛搜集财务分析所需的相关资料是一项需要日常不断积累的基本功,通常包括以下几个方面:

一是财务会计报告等核算资料。对外报送的财务报表包括资产负债表、利润表、现金流量表及有关附表、附注等。内部会计核算资料包括各项计划、预算、定额资料,日常积累的历史资料以及通过调查研究掌握的各种足以说明情况和原因的

第一手资料。

二是会计政策变动情况的相关文件,如股东会、董事会、监事会决议等。

三是其他相关资料,如市场前景、产销情况、员工构成、技术开发,以及预测、计划、定额和标准等。有些资料可以来源于专业性机构,如投资咨询服务机构、行业性协会、证券交易所等;另外,有关企业预算、计划、总结、规划的材料以及企业管理人员对企业当年度生产经营的评价等,均可作为财务分析必要的补充资料。

四是调查核实所获得的资料。有些原始资料是粗糙的、零碎的、表象的、感性的,甚至是有错的,所以需要经过核实才能使用。任何分析方法都只能为进一步调查研究指明方向,而不能代替调查研究。要确定影响财务活动及其成果的具体原因,并据以提出切实有效的措施来改进工作,就必须深入实际进行调查研究,把数量分析所得的结果与企业的实际经营活动有机地结合起来。财务分析一般是事后分析,财务报表的静态数据和经济业务的动态表现应当有机地结合起来,尤其是财务报表日后发生的事项有时会对资产负债表日产生一定影响;此外,担保事项、抵押事项、诉讼事项等或有事项都可能对理解财务报表的真实性、完整性具有重要作用。所以,阅读与分析财务报表应当做到以静观动、以动察静、动静结合。

五是对比分析所需的资料。掌握有关计划资料、历史资料和同行业的先进资料,可以全面、深入地分析企业的财务状况、经营成果和现金流量。将搜集的各项报表资料所反映的经济指标与有关的计划、历史资料、同行业的先进资料进行对比,有利于找出差距和应深入分析的重点。

六是审计报告等鉴证类文件。分析者对于注册会计师所出具的审计报告一般比较信任,因为注册会计师必须在审计报告中对验证后的财务报表是否合法、是否公允发表审计意见。

本书以申良日用品制造有限公司(简称申良公司)2019年度的财务报表作为特定的分析案例,以此为主线介绍解析财务报表的基本理论、基础知识与技能技巧。申良公司的案例贯穿全书各个章节,具有前后连贯性,提请读者前后对照,翻来覆去、认真阅读,仔细品味,收获自在其中。

1.5.3 进行分析综合,探寻问题症结

根据所掌握的数据资料,采用一定的分析方法,在定量分析和定性分析的基础上进行层层分解和辨析。比如,在进行预算执行情况的分析时,找出指标之间的差

距,分析差距形成的原因;在进行未来趋势的预测时,剔除隐含的非正常因素,从而对未来趋势做出判断;如此等等。

通过财务分析,找到矛盾、确定差距以后,还应当揭示各项报表资料所隐含的重要关系及其相互之间的影响程度。这是因为,进行财务报表分析所依据的报表资料都是综合性较强的经济信息,它们之间隐含着相互作用、相互影响的关系。它们之间关系的形成与变动经常是很多正反因素交互作用、互相抵消的结果。对于这类综合信息,就要进一步分析各个因素及其影响程度,才能具体确定主要因素与次要因素、主观因素与客观因素、有利因素与不利因素等,以利于追根究底、探本寻源,明确区分影响指标完成程度的原因及责任,查明影响企业财务状况、经营成果和现金流量的问题症结。

1.5.4 撰写分析报告,及时沟通信息

分析报告是分析工作的总结,是将分析对象、分析目的、分析程序、分析结果、评价与建议等以书面形式表示出来的文件。通过报告分析过程与结果,找到分析重点,解析管理难点,突出研判要点,对理解财务信息、有效加强管理、不断提高经济效益具有积极的推动作用。所以,应当及时进行情况交流与信息沟通。

一份优良的财务分析报告至少应当做到数据确凿、观点鲜明、层次分明、语言简洁,并达到一定的深度、广度与高度,从而对使用者有用。

1.6 提升研判水准

水准用以形容某种技能或技巧的熟练程度。作为脑力劳动的财务分析活动,其水准高低是经过不断研判的过程与结果,在这个循序渐进的过程中,以下路径具有一定的运行规律:

业财融合、算管融合、算为管用,是提升分析理念的三个台阶;
发问、发现、发掘相关问题,是财务分析不断渐进的三个阶段;
解析、整合、研判信息资料,是遵循思维逻辑必经的三个步骤;
读懂、精通、确准财务信息,是增强报表解析能力的三重境界。其中,"懂"是基础和前提,"通"是过程和提高,"准"是目的和方向,是财务分析追求的理性境界。最终目的在于感觉真相、感悟真知、感受真理,并达到一定的深度(精准度)、宽度(广度)和高度(如图1.9所示)。

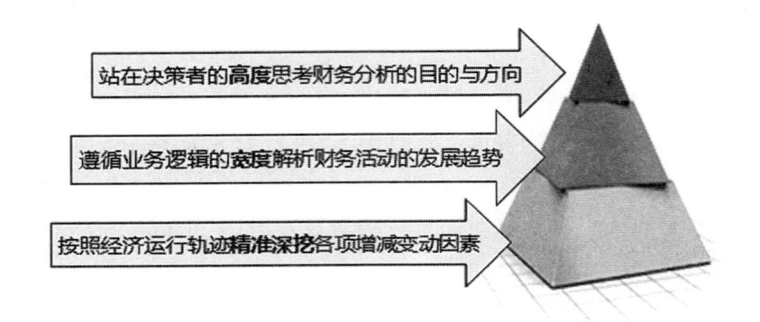

图 1.9　财务分析高度、宽度、深度的逻辑关系

1.6.1　读懂

读懂是指知晓财务信息是什么,即要求在解读财务报表等信息资料的基础上,经过去粗取精、去伪存真等审阅程序,了解企业的财务状况、经营成果和现金流量情况,达到"知之为知之"[①]的境界。

懂,洞悉、知道,是形声字,从心从董,董表声,忄(心)表意,"心"与"董"合在一起表示心里掌握着各方面的情况,即心中有数。读懂财务报表需要不断充实知识、借助工具、扩大视野等。经常读,仔细读,就会渐渐懂了。

1.6.2　精通

通,懂得、彻底明了,如通晓、通彻。精通是指透彻理解财务报表,即在知晓财务报表等相关信息的基础上,经过由此及彼、由表及里等分析程序,掌握财务状况、经营成果、现金流量等财务指标增减变动的内在联系与真实原因,达到融会贯通的境界。

财务分析要达到融会贯通的境界,必须在全面知晓相关信息的基础上,将报表与报表、报表与附注、表内信息与表外信息、财务信息与非财务信息联系起来,连接顺畅,通知通晓,使对相关信息的理解达到通顺、通达、无障碍的境界。

通晓财务信息要求辩证分析,而不是简单、孤立、静止地只看某种财务指标的变化。例如,财务分析的基础数据不能只局限于财务报表,而应包括一切能得到的企业运营信息和数据。财务资料多是二手资料,来自一线业务部门的生产经营信

[①]　《论语·为政》:子曰:"由!诲女知之乎!知之为知之,不知为不知,是知也。"孔子说:"子路,教给你正确认识事物的道理吧。(那就是)知道就是知道,不知道就是不知道,这就是聪明智慧。"

息必不可少。会计系统只是将企业的生产经营活动转变成财务信息记录下来,反推回来,当我们试图通过阅读财务信息对企业的生产经营活动做出分析时,就必然需要以原始的生产经营信息来还原生产经营状况。因此,思考问题的模式应该从业务出发,而不是单纯只看财务数据。例如,一家企业偿债能力的强弱不仅与其盈利能力、报酬与风险相关,而且与产品的适销程度、赊销现状和收账能力休戚相关。片面和割裂地进行财务分析会向决策者提供错误的信息,使企业错误地判断未来的方向。所以,应坚持相互联系的分析思路和分析方法,注意局部与全局的关系,深入分析表面和内在的联系等。

通晓财务信息要求用联系的、发展的眼光来看待问题。企业管理的过去、现在和未来具有一定的关联度,许多财务状况的变动都有历史的渊源,所以,应将目前的财务状况和经营成果的表现与过去的状况和未来的发展等联系起来分析研究,判明目前的财务情况对企业未来发展的影响。如果一家企业的财务基础良好,行业成长性明显,确有良好的发展前景,即便目前某些经济指标表现得不是十分好,也不能确认这是一家糟糕的企业。此外,一家企业财务状况的表现与其长短期的财务目标和一定时期的会计政策紧密相关,相对于过去和将来,目前的财务状况与评价具有承上启下的作用。

1.6.3 确准

确准是确认相关财务信息原来是这样的,并做出恰如其分的评价,达到准确无误的境界。真相越分越清,真知越析越净,真理越辩越明。财务分析在整合信息并融会贯通后,就能达到掌握信息准确、研判依据准确、评价结果准确,这才是最高境界。

准,形声字,隼表声,氵(水)表意,本义是水平面,引申指标准、准确、一定。确,从石、从角,表示如岩石、如兽角般坚固,本义为坚固、坚定。准确形容非常精准,没有误差。只有确信无疑,才能判断准确。只有准确无误的信息,才会有用、有效。

目标导向对准确分析很重要。不准确的信息,其误导作用不可估量。不准确的信息即使及时,也是不可取的。准确第一,及时第二,在准确的基础上需要及时,在准确的同时最好及时,这是财务分析的"内需原理",可以帮助分析人员从需求源头提高对目标导向的认知。

问题导向对准确分析更重要。坚持问题导向首先要学会发现问题。矛盾无时无处不在,哪里存在矛盾,哪里就有问题。发现了问题就等于抓住了事物的矛盾。坚持问题导向还要准确分析问题,找准问题发生的源头和规律。坚持问题导向还要着力提出解决问题的路径与方法。问题、目标、结果往往是业务运行的"一体三面",三者相互贯通、相互承接、相辅相成,问题是出发点,目标是根本点,结果是落脚点。以问题为导向,不仅会使财务分析具有方向性,而且会促使管理工作有劲头、有奔头。

求证导向对准确分析很必要。求证就是要求实事求是,在调查研究的过程中寻找证据或求得证实。求,设法得到;证,用事实来表明或断定。财务分析要善于透过数据看本质,并利用实证分析、案例解析、事实佐证、理性论证等路径加以说明。经过求证才能对事实和结论进行验证。验证,就是检验或测验精确性或准确性,具有证明、保证、证实的作用。所以,分析者不能只停留在单项或局部的分析上,还要学会信息整合、辩证思维和综合分析等,才能做出正确研判。

财务分析的高度、宽度、深度与读懂、精通、确准之间存在内在关系。达到懂、通、准的高度、宽度、深度,不仅需要日积月累、千锤百炼,而且需要不怕失败、勤于思辨、勇于实践、敢于创新。实践出真知,历练长才干。

经典案例评析

华为财经组织与财务职能转变

创始于1987年的华为到2019年已拥有员工19.4万人,是全球领先的信息与通信(ICT)基础设施和智能终端提供商,业务遍及一百七十多个国家和地区,服务三十多亿人。

华为成功的关键是什么?华为创始人任正非很自信地回答说:"是财务体系和人力资源体系。"在华为的组织架构中,这财务部门和人力资源部门始终被摆在最前面。

洞悉华为财务部门的两次重大转变,可以透视财务职能转变对华为发展的极端重要性。

第一次转变是财务部门的岗位围绕市场的需求进行了调整。财务人员走出财务部门,下派到业务部门工作,在熟悉产品和业务流程的过程中完善财务管理流程。财务部门不仅要完成相应的财务核算及报表,同时要针对自己对口的业务单位出具部门业务核算表,并针对该部门的相关财务指标对业务单位负责人进行详细讲解,指导业务部门利用指标进行部门管理和费用控制。

第二次转变是在部门费用核算的基础上,财务部门根据阿米巴的核算方法对部门之间的财务核算进行重新设计,按照单独部门财务核算的原则,实施对部门的阿米巴管理,从而提升各部门的人均效益。

在华为，财务部门被称为财经体系，意为财务活动与经济活动紧密结合。这是一个庞大而独立的部门，不仅集中了管理公司的所有财务人员，而且不断优化着业财融合的管控职能。该职能被分为三大块：会计核算（账务）、财经管理（财经）和审计监控（内审）。只有同时保障账务和内审数据的准确，财经管理的决策才值得信任。"全球统一的会计核算和审计监控就像是长江的两道堤坝，只有这两道堤坝足够坚固，财经管理职能才能从容、有效地开展。"任正非这样描述会计核算、财务管理与审计监控三者之间的关系。

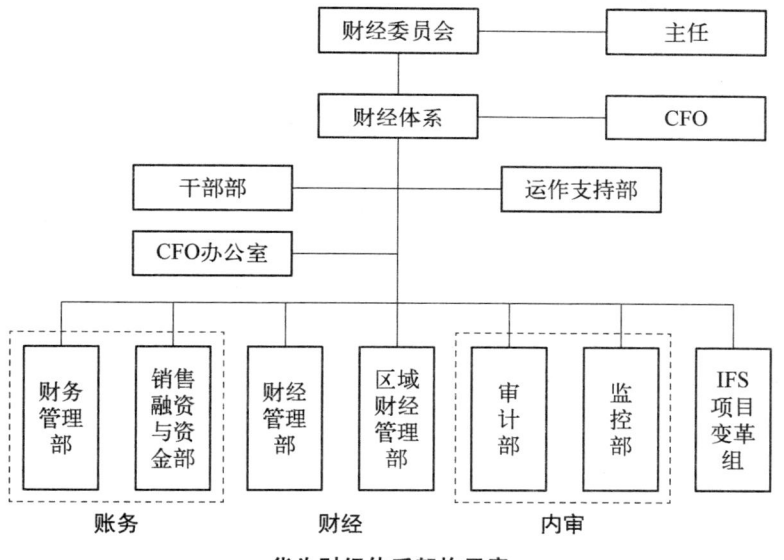

```
                 财经委员会 ─── 主任
                     │
                  财经体系 ─── CFO
                     │
        ┌────────────┼────────────┐
      干部部              运作支持部
        │
     CFO办公室
        │
  ┌─────┴─────┬──────┬──────┬─────┬─────┬─────┐
 财务  销售融资  财经  区域   审计  监控   IFS
 管理  与资金   管理  财经   部    部    项目
  部    部     部   管理部               变革组
  └─────┬─────┘  └───┬────┘  └────┬────┘
      账务          财经          内审
```

华为财经体系架构示意

华为 CFO 孟晚舟说，二十几年前，任正非就提出"业务为主导、财务为监督"的十字方针。他们从不理解到有点理解，从不接受到完全认同，逐步沿着这个方向持续构建专业能力。经营的目标不仅仅是"有利润的收入""有现金流的利润"，更要关注经营结果的可持续性。

优秀的 CFO 不仅要懂财务，而且要懂业务，从而可以正确、全面地理解公司的意图，而不是机械、教条地曲解。任正非在 2018 年与财务员工的座谈会上说："我们要夯实财经基础，不仅仅是财务基础，你们要明白自己身上担负的重任，所有不熟悉业务的财务人员必须抽时间去学习业务，所有业务人员都要知晓财经，才能使纬线管理优秀起来，纬线的贯通会使我们的运行效率提高。知道为谁服务，才能真正提供有价值的服务，也才能深刻理解财务服务的意义。"

任正非认为，财经是公司的底座。这里的"财经"不仅仅是指财务，"经"是除了技术方向外的全部经济活动，包括供应链、行政、后勤、物流、基建、研发等。希望财经体系要从财务管理走向名副其实的财经管理，融入项目，融入业务，夯实基础，横纵打通。为此，他要求华为加强财经维度的能力建设，率先产生一批财务场景师。因为一个组织的良好运转，既需要"全科医生"，也需要"专科医生"。"专科医生"是指各个财务专业领域的建设者，继续沿着原来的方向补齐能力和队伍，这是经度，在垂直方向上打通；"全科医生"是贴近作战组织并提供支撑的财务BP（Business Partner），这是纬度，在平行方向上实现合纵。财经的赋能可以邀请业务人员一起参与，财经要懂业务，业务也要懂财务，业务的赋能也邀请财经人员一起参与。公司要设计"全科试卷"，以考促学。

即使是内控活动，华为的指导思想也是围绕经营痛点、财务报告关键要求等进行流程和内控优化，提升运营效率和效益，支撑财务报告准确、可靠、合规，帮助业务目标达成。坚持以业务为主导，以会计为监督的方法，才能发挥业财融合珠联璧合、相辅相成的作用。

华为的财经工作已经融入所有业务活动。从合同概算到项目回款、从产品规划到市场分析、从出差申请到费用报销、从资产管理到存货管理、从销售融资谈判到融资规划落地、从税务筹划到定价设计……孟晚舟说："十年前，华为财务总是被批评，被任总批评，被业务批评，被客户批评，被员工批评，我们就像无头苍蝇般手忙脚乱，疲于奔命。十年后，我们还是会被批评。不过，此批评非彼批评，对财务的批评不再是指责，不再是抱怨，而是期望，是包容，是等待，是推动，更是鞭策。我们就像树苗般渴望成长，努力成长，不断成长。"

华为在内训教材《价值为纲》中要求财经管理作为一个价值整合者服务和监管业务扩张及价值创造。孟晚舟在序言中说："传统的财务服务早已不再是我们孜孜以求的目标。那个驼着背、弯着腰、端着水杯、戴着老花眼镜的账房先生，绝不再是我们的形象代言。财经已经融入公司的所有业务活动中。当我们财务站在新的高度，此时此刻的超然只是下一段雄关漫道的开始。打开作业边界，责任在哪里，我们就在哪里；打开管理边界，机会在哪里，我们就在哪里；打开组织边界，人才在哪里，我们就在哪里；打开思想边界，方法在哪里，我们就在哪里；打开能力边界，工匠在哪里，我们就在哪里。……财经组织与业务组织的关系，就像橡树与木棉那样，既相互独立、又相互依偎。我必须是你近旁的一株木棉，作为树的形象和你站在一起，根，紧握在地下，叶，相触在云里。……我们分担寒潮、风雷、霹雳；我们共享雾霭、流岚、虹霓。仿佛永远分离，却又终身相依。"

第 2 章　洞察报表与甄别信息

> 借助思维的理性与管理的悟性，让财务信息与非财务信息都灵动起来。

2.1　财务报表解读方法

2.1.1　解读观察法

解读财务报表是有效提高会计信息透明度的基础。解读，就是边读边解，以解为主。解，会意字，从角从刀从牛，表示用刀分解牛角。解，判也，释也，具有解剖、分解、解释等含义。对于财务信息，我们应当一边阅读财务报表，一边解释有关经济现象。只有将一沓沓财务报表等数据资料分解开来阅读，细细解释，才能知晓来龙去脉，明白彼此关系，掌握前因后果，熟知可靠程度。

用于解读的财务报表应当是定稿(不是草稿或初稿)，是经过编制人、审核人和法人签章的，与原件一致的(而不是没有核对过原件的复印件)，符合规范要求的文本。财务报表应当编定页码，加具封面，装订成册，加盖公章。封面上应当注明单位名称、单位地址、财务报表所属年度、季度、月度、送出日期，并由单位领导人、总会计师、会计机构负责人、会计主管人员签名或者盖章。

解读报表是一个观察与分辨的过程，即根据一定的分析目的、分析提纲，用自己的感官和辅助工具去观察或调查被分析对象，从而获得分析资料与分析感受的一种方法。观察一般利用眼睛、耳朵等感觉器官去感知观察对象，但人的感觉器官具有一定的局限性，所以可以借助一些工具来辅助观察。

观察财务报表的规范化程度对于确保信息质量至关重要，在解读时不可忽视。

编制财务报表的基础性要求如图 2.1 所示,不可偏废。

数据真实:能够如实反映财务状况、经营成果和现金流量,不弄虚作假,确保财务报表指标的真实性、可靠性

计算准确:各项目数据与各项指标必须按照会计法和企业会计准则计算、填列,做到按期结账,以确保财务报表数据的准确性

内容完整:报表的种类、格式、内容填报齐全,报表中所列项目和补充资料必须全部填列,以提供完整的数据资料

编制及时:遵守规定的报送期限,在会计期间结束后及时编制,并在规定期限内报出,不得拖延,以保证财务报表的及时性

图 2.1　财务报表编制的基本规范和要求

通常,从经济业务的发生到最终将这些内容以报表的形式传递给信息使用者,需经过确认、计量、记录和报告等过程(如图 2.2 所示)。

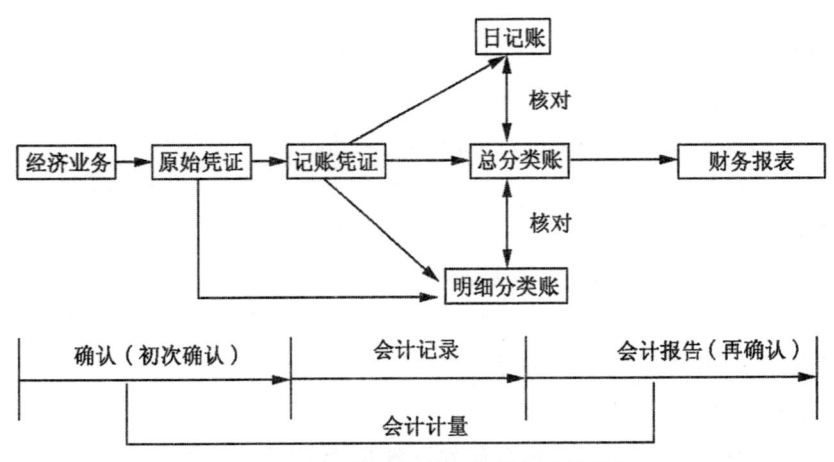

经济业务 → 原始凭证 → 记账凭证 → 总分类账 → 财务报表

日记账　核对
明细分类账　核对

确认(初次确认)　会计记录　会计报告(再确认)
会计计量

图 2.2　会计确认与财务报表产生的过程

在上述过程中,会计要素的确认与计量将直接影响报表数据的合法性、真实性与公允性等,对会计信息质量至关重要。因为对报表要素的确认与计量会受到企

业管理层甚至董事会成员主观意图的影响,而这些主观意图可能是企业操纵财务报表的"温床"。凡虚假财务报表,大多是在确认和计量环节出了问题。因而需要透过财务报表的数据,深入确认与计量的过程。在这一"深入"的过程中,不仅需要逐项审阅,而且需要仔细鉴别,将会计要素连同会计政策一起审核是十分重要的程序。

解读过程也是质疑并求真的过程。质疑就是要发现问题,提出问题。"学贵有疑,小疑则小进,大疑则大进。"事实上,发现虚假信息大多是从质疑入手的。可以依重点质疑,因为重点往往是理解问题的关键;也可以依矛盾质疑,尤其是不合常规的方式和相互矛盾之处往往就是问题的突破口;还可以依"高潮"质疑,如同戏曲中的高潮部分是情感表达的强烈之处,企业超常规的发展也会是领导大肆喧嚷的地方,依此质疑往往事半功倍。

解读报表的过程更是提高会计信息透明度的过程,包括去粗取精、去伪存真地审核,由此及彼、由表及里地分析,去繁化简、不断整合信息的过程。会计信息透明度与会计信息质量正相关。

解读报表的过程还是观察数据、过滤问题、理清思路的过程,此时,在纸上描点、连线、画图,采用列表法、作图法、模型法等,寻找数据与问题之间的关联等,对于解疑化难是很有帮助的。例如,线路图法是用图表方式表达某项事务的进程。业务活动之所以使用线路图来表示进程,是因为线路图中蕴含起讫过程、目标点和控制点,如会计上的核算流程图、内控中的矩阵图等。分析人士通过观察线路图,可以发现问题点、寻找真空点、关注失控点等。又如,鱼骨图法也是一种发现问题、追本溯源的方法,其特点是简洁实用、直观深入。鱼骨图的外观像鱼骨,问题或缺陷(后果)标在"鱼头",鱼刺上按出现机会的多寡列出产生问题的可能原因,有助于说明各种原因之间是如何相互影响的、问题主要出在哪里等。

专题讨论 2.1 │ 财务分析的对象究竟是什么?

从概念上划分,财务报告包括财务报表和财务情况说明书;财务报表包括会计报表主表、附表及报表附注;而会计报表只是指资产负债表、利润表、现金流量表及相关附表,不包含附注。如果只能取得资产负债表和利润表,既没有现金流量表,也没有附注,全面理解报表信息是有一定困难的。报表资料不全不齐,信息就会存在缺憾。

财务分析的对象究竟是会计报表、财务报表、财务报告,还是财务活动?厘清概念不仅是财务分析学科不能回避的重要理论问题,而且对指导分析实践具有重要的现实意义。

事实上,财务活动最终体现在财务报告中,集中反映在财务报表上。从重要性和有效性出发,财务分析可以通过解析以财务报表为主的财务信息资料,并结合非财务信息,在业财融合过程中读懂、读通、读准会计信息。所以,本书倡导以解析财务报表为主要对象(抓手或突破口)的财务分析路径(思路)。

实务中,人们并不在意财务分析、财务报表分析及财务报告分析的区别,重要的是,分析者能不能做到业财融合与算管融合等。

2.1.2 审阅甄别法

财务报表上满是数据,但数据不等于全部信息,数据的背后相当复杂,需要警惕数据背后的异常。

数据作为信息的表现形式和载体,包括符号、文字、数字、语音、图像、视频等。数据是信息的表达,信息是数据的内涵。

数据是未经加工的原始素材,可用做证明,如字据、证据、单据、论据。数据是会"说话"的,且有很强的说服力,但必须解析透彻,避免盲目轻信;必须甄别理解,谨防上当受骗。

舞弊大多会直接或间接地反映在财务报表的有关数据信息上,所以当我们拿到这些资料后,一定要有一番去粗取精、去伪存真、由此及彼、由表及里的审核过程,警惕会计造假。如果根据错误的甚至是虚假的会计信息进行分析,必然会得出错误的分析结果与会计评价,是一种错上加错的行为。即使是采用计算机进行计算与分析,输入电脑的是"垃圾",输出电脑的也只能是"垃圾",而且是一种经过加工的"高级垃圾",其危害性可能更大。

审阅甄别法要求边阅边审,以"审"为主。"审",会意字,繁体字从宀(房屋),从番(兽足),表示细察房屋中的足印,意为详细、周密,如审慎、审视。孙悟空练就一双火眼金睛,才能让魑魅魍魉原形毕露。

审阅法要求逐张审核报表、逐项审核数据,通过甄别、鉴别、区别等方法,透视异常利润、不良资产、虚拟交易、人为操纵等,挤干报表"水分",确保财务报表本身合法、规范、完整,确保会计信息真实、可靠,这是在实施财务分析前应当予以特别关注的基本问题。

事实虽然是独立于人的判断而客观存在的,但还是会"横看成岭侧成峰"。井底的蛙只能看到井口那么大的一片天,从竹管小孔里只能看到豹身上的一块斑纹,鱼在鱼缸里看到的外界可能是球面的……因此,提高识别力与洞察力对解读报表相当重要,尤其是对于喜欢讲故事、擅长做业绩、激进的投资活动与高财务杠杆同时存在的企业,在存货积压、账款回收期很长且资金流动性严重不足的情况下,更需要高度警觉。

然而甄别不易,否则就不会有那么多企业在"隐性问题"转为"业绩爆雷"前持续存在了。识别经营成果的真实性和会计信息的可靠性,需要勇于实践、敢于较真、善于碰硬、日积月累、千锤百炼。

有人将财务报表比作一幅隐藏画(或双关图),如图2.3所示,正看是少女,倒着看是老太婆,这与我们观察的角度有关。而观察的角度与眼力会受到思维惯性的限制。人的思维方式犹如复杂的传导机制,输入一些信息可能会得出一个结论。在有些思维习惯下,她是少女;视觉信号变了,她就是老太婆。因此,观察问题的角度、方法和立场很重要。

图 2.3 是少女还是老太婆

粉饰经营业绩比识别双关图更加复杂,就利润而言,至少有以下四种情形在审阅财务报表时应当予以识别:

一是利润最小化。利润最小化除了可以减少纳税外,还可以将以后年度的亏损前置于本年度,回避企业连续多年亏损的事实。其典型操纵方法有推迟确认收入、提前结转成本、违规加速折旧、将应予资本化的费用列入当期损益等。

二是利润最大化。利润最大化的动机是希望通过提升企业业绩水平来获取本不能获得的经济利益。操纵的典型做法有提前确认收入、推迟结转成本、潜亏挂账、资产重组、债务重组,或向关联方出让、出租资产来增加收益,或向关联方借款融资以降低财务费用等。还有些企业通过补贴收入、资产盘盈、评估增值、接受捐赠等来增加利润总额,这种调节利润的方法有时不必真的同时有现金的流入,但却能较快地提升利润。

三是利润巨额冲销(清洗利润)。冲销利润的目的一般是回避责任。例如,企业更换主要经营者时,新任经营者为了自身的经营目标得以顺利实现,往往会采用这类方法。其典型做法是将坏账、积压的存货、长期投资损失、闲置的固定资产、待处理资产盈亏等一系列不良或虚拟资产一次性处理为损失。

四是利润均衡化。企业将利润均衡化的主要目的是塑造生产经营稳定的形象,以获取较高的资信等级,为对外筹措资金打下基础。典型的做法是利用应收应付账户、跨期摊提账户和递延账户调节利润,设计出企业利润稳步增长的趋势等。

财务造假(或会计造假)是一种通过使用欺骗手段获取不当或非法利益的故意行为。诱导造假的因素至少有三种——压力(动机)、机会和借口(道德取向),三者之间相互作用,形成舞弊三角形。粉饰业绩、谋求上市或股票上涨的压力(动机)使舞弊不可避免,内外监管不力为舞弊提供了机会,"合理化"为舞弊找到了借口。所以,识破财务造假可以从上述"舞弊三因素"入手。

《财务造假的特征与识别——一个评分模型的建立(天风策略)》报道:1994~2018年,因财务虚假披露被处罚的事件共180起,涉及172家上市公司。以1994~2018年沪深上市公司因虚假财务信息披露而被证监会或财政部处罚的事件为观察样本,共计172起事件,涉及165家公司,其中,19家已退市,21家造假后被借壳,125家目前仍存续。从造假年份分布看,在经济低迷时期,企业造假动机较强。

实证分析2.1 │ 睁大双眼识破财务造假的运作逻辑

从2010年7月登陆资本市场之初的30亿元市值,到7年后飙升至近1000亿元市值,再到2年内崩溃至退市边缘,康得新的市值就像过山车。康得新的实际控制人钟玉38岁创业,其67岁时康得新的市值近千亿元。为了成就一番霸业,钟玉完全忘了"合规"与"底线",凡激进扩张失败者,大多败于资金链断裂,钟玉及康得新也不例外。2019年5月12日钟玉因涉嫌挪用资金被刑事拘留。2个月后,康得新发布证监会的调查结果,公司存在四大罪状:财务造假、控股股东侵占上市公司资金、违规给控股股东提供担保、募集资金被违规挪用。

康得新从2015年1月至2018年12月,通过虚构销售业务方式虚增营业收入,通过虚构采购、生产、研发费用、产品运输费用方式虚增营业成本、研发费用和销售费用,分别虚增利润总额23.81亿元、30.89亿元、39.74亿元和24.77亿元,4年累计虚增利润总额119.21亿元。而康得新过去4年累计利润总额才72.03亿元,扣除虚增利润,康得新过去4年是连续亏损的。更令人惊讶的是,2019年4月30日康得新披露的2018年年报中称,其账面货币资金为153.16亿元,其中122.1亿元存放于北京银行西单支行,但北京银行西单支行随后回复其账户可用余额为0!

2.1.3　勾稽关系复核法

任何生拼硬凑、无中生有、信口雌黄的财务报表都会留下痕迹或破绽。勾稽关系的交叉检验可以作为一种"可信度"的判断手段。事实上,不少舞弊线索是审计人员在勾稽关系复核过程中发现的。

勾稽关系一般是指报表之间、报表项目之间的逻辑对应关系,包括平衡勾稽关系、对应勾稽关系、和差勾稽关系、积商勾稽关系、动静勾稽关系、补充勾稽关系等,是一种可检查、可验证的关系。

任何一张报表的内部项目之间都存在勾稽关系。例如,利润表的三个要素构成一组,反映企业经营成果的动态勾稽关系,即利润=收入+费用;资产负债表的三个要素构成一组,反映企业财务状况的静态勾稽关系,即资产=负债+所有者权益,且与现金流量表的概念存在内在关联(如图 2.4 所示)。

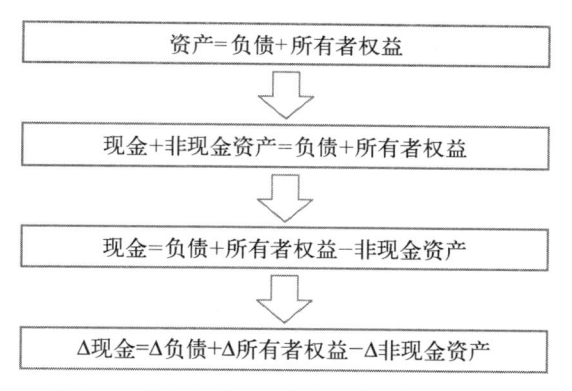

资产=负债+所有者权益
↓
现金+非现金资产=负债+所有者权益
↓
现金=负债+所有者权益−非现金资产
↓
Δ现金=Δ负债+Δ所有者权益−Δ非现金资产

图 2.4　现金流量表与资产负债表的勾稽关系

报表与报表之间存在勾稽关系。例如,现金流量表中的"期末现金余额"=资产负债表中"货币资金"的期末余额;现金流量表中的"期初现金余额"=资产负债表中"货币资金"的期初余额;现金流量表中的"现金净增加额"=资产负债表中"货币资金"的期末余额与期初余额的差额。又如,利润表中的"净利润"项目反映企业实现的净利润,与资产负债表中的"盈余公积"项目和"未分配利润"项目存在勾稽关系。

资产负债表、利润表和现金流量表分别从不同的角度反映企业财务状况、经营成果和现金流量之间的内在联系。图 2.5 虽然已经勾勒出财务报表之间主要的勾稽关系,但实际情况要复杂得多。

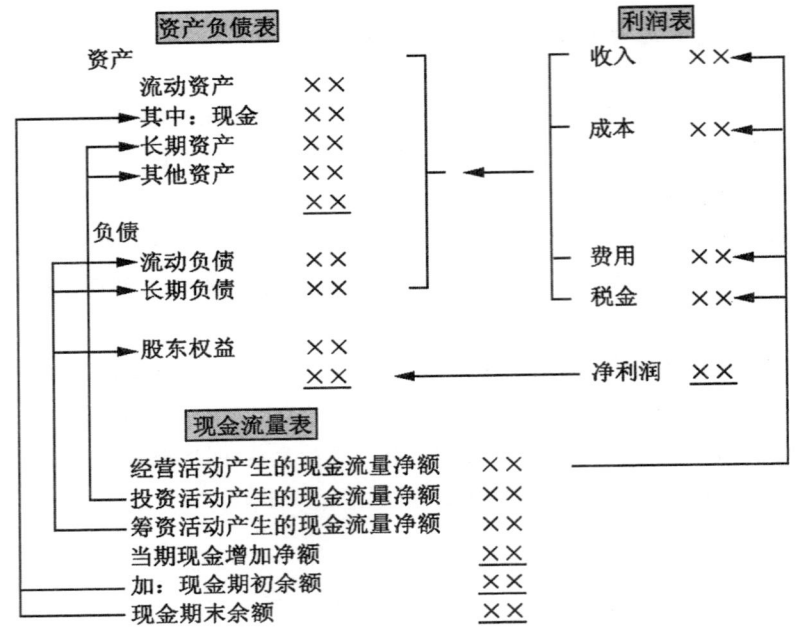

```
┌─────────────┐                          ┌──────┐
│ 资产负债表  │                          │利润表│
└─────────────┘                          └──────┘
     资产                                   收入      ××
         流动资产          ××               成本      ××
            其中：现金     ××
            长期资产       ××
            其他资产       ××
                          ××               费用      ××
     负债                                   税金      ××
         流动负债          ××
         长期负债          ××
         股东权益          ××               净利润    ××
                          ××
┌─────────────┐
│ 现金流量表  │
└─────────────┘
     经营活动产生的现金流量净额    ××
     投资活动产生的现金流量净额    ××
     筹资活动产生的现金流量净额    ××
     当期现金增加净额              ××
     加：现金期初余额              ××
     现金期末余额                  ××
```

图 2.5　财务报表之间的主要勾稽关系

从图 2.5 中至少可以看出以下几种相互关联的情形：

一是利润表和现金流量表对资产负债表具有解释和说明作用，是联结前后两期资产负债表的纽带。利润表以权责发生制为基础，主要通过经营活动等所带来的收益或损失来解释企业持有资产的保值及增值情况。现金流量表是以收付实现制为基础，通过经营活动、投资活动及筹资活动解释资产负债表中资产、负债以及净资产的增减变化情况。

二是资产负债表中各项目计量方法的改变会对利润表的数据产生影响。从图 2.5 中可以看出，利润表中收入、费用及利润的变化会影响资产负债表中资产、负债和股东权益的变化；反之，资产负债表中各项目计量方法的改变也会影响利润表。资产负债表中的项目主要是资产类项目，在计量方法上存在大量可选会计政策和会计估计，会计政策和会计估计的变更会带来不同的经济后果，这些差异会在资产负债表和利润表中同时体现出来。例如，运用公允价值计量原则，在期末调整增加了某项资产的价值，可以体现该项资产的现行市价，一方面会增加净资产，另一方面会增加当期损益；但如果是人为虚增资产价值，将影响资产负债表和利润表的可靠性。

三是现金流量表与利润表的关系主要体现在现金流量表中经营活动产生的现

金流量与利润表中收入和费用之间的关系,因为经营活动的现金流量主要来自企业的经营活动。将以收付实现制为基础的经营活动产生的现金流量与以权责发生制为基础形成的收入和费用相比较,可以看出企业实现的利润与所获得的现金流量之间的差异,从而判断企业的收益质量。

所以,在解读报表时一定要注意复核勾稽关系。按规定,会计报表之间、会计报表各项目之间,凡有对应关系的数据应当一致。本期会计报表与上期会计报表之间的有关数据应当衔接。如果不同会计年度的会计报表中各项目的内容和核算方法有变更的,应当在年度会计报表中予以说明。

勾稽关系复核法就是通过设置报表项目之间的比较公式来核对项目数据,检查报表编制的正确性。分析者在取得财务报表后,养成核对勾稽关系的习惯可以防范差错或舞弊。勾稽关系准确无误是会计信息值得信赖的表现。

报表之间存在的勾稽关系说明报表之间不是割裂的、无关联的,孤立地、片面地解读某一张报表对企业情况的说明是不全面的。在财务分析过程中,解析报表之间的相互影响可以帮助信息使用者从不同角度论证某一结论的正确性。

利用勾稽关系进行复核性分析对读懂报表很有帮助。比如,利润表中的营业收入与资产负债表中的应收账款之间,以及它们与现金流量表内的销售产成品、商品、提供劳务收到的现金之间,存在勾稽关系。该勾稽关系可以描述为:本年利润表中实现的营业收入应当等于现金流量表中销售产成品、商品、提供劳务收到的现金(不含税),减去资产负债表中年末账龄在1年以上的应收账款较年初数的减少额,加上资产负债表中年末账龄在1年以内的应收账款较年初数的增加额等。

勾稽关系还表现在上期数与本期数之间的内在联系。例如,上期末应收账款大幅度增加可以导致本期应收账款坏账损失的增加,本期末短期借款较期初的大幅增长可能导致下期财务费用的增加,年末应付票据和应付账款大幅增长可能导致下一年度货币资金的短缺等。

广义的勾稽关系基于行业、业务、财务之间的关系,包括经营活动与财务活动、财务活动与财务报表、财务信息与非财务信息之间的某种联系。例如,关注营业收入增长与固定资产原值变动、期间费用率变化、员工数量变动情况是否匹配;关注业务信息与库存商品、在产品、发出商品结构,与生产周期、原材料采购周期和销售周期的逻辑关系是否合理;关注耗用量、产量、销量之间的勾稽关系,以及主要原材料和能源耗用与产量、收入是否配比;等等。

财务分析不仅要发现或证明勾稽关系的存在,而且要借助勾稽关系来验证财务报表与财务信息的真实程度,了解会计期间经营成果、财务状况、现金流量的变化趋势,并对下一个会计期间业绩的变化趋势以及相应的风险做出评价。合理利用勾稽关系有助于了解过去、把握现在、预知未来。

2.1.4 审计意见分析法[①]

由于经济业务和环境变化的复杂性等诸多原因,理解财务信息变得越来越困难,这就需要通过读懂审计报告并进行有效分析来化解矛盾。准确理解审计意见对读懂财务报表很重要。忽视审计意见有可能导致对相关风险认知不足。

审计报告是指注册会计师根据审计准则的规定,在执行审计工作的基础上,对财务报表发表审计意见的书面文件,并将已审计的财务报表附于审计报告后,以便财务报表使用者正确理解和使用审计报告,防止被审计单位替换、更改已审计的财务报表。

你能看懂审计意见吗?如果能看懂,那就事半功倍了。

发表无保留意见的审计报告是标准的,即不含有说明段、强调事项段、其他事项段或其他任何修饰性用语。例如,申良公司2019年度的财务报表经过某会计师事务所审计后,出具了无保留意见的审计报告,由于在所有重大方面做到了合法与公允反映,因此,申良公司2019年的财务报表是值得信赖的。

非标准审计报告是指带强调事项段或其他事项段的无保留意见的审计报告和非无保留意见的审计报告。非无保留意见的审计报告包括保留意见的审计报告、否定意见的审计报告和无法表示意见的审计报告。

审计意见来源于注册会计师的职业判断。注册会计师首先要确定财务报表是否存在重大错报,如果存在重大错报,应在保留和否定两种意见类型中选择;如果是审计范围受到限制,那么应在保留意见和无法表示意见两种意见类型中选择。然后注册会计师应判断影响的重大性和广泛程度,如果错报超出重要性水平很多,并且影响非常广泛,则出具否定意见审计报告;如果超出的重要性水平不是很多,影响的只是几个项目,不是非常广泛,则可以出具保留意见审计报告;如果审计范围受到限制,如某项存货占全部资产的40%,且无法实施监盘,也无法实施替代程序,则可以出具无法表示意见的审计报告;如果收入大部分来自被投资单位,但无法取得被投资单位的财务报表,也不允许沟通,且影响广泛,也应当发表无法表示意见的审计报告。

---

① 请详细参阅李敏主编的《审计学》(上海财经大学出版社出版)。

老法师提醒 2.1 ｜ 借助分析性复核，尽力拧去报表中的"水分"

分析性复核需要通过对财务信息与前期可比信息、预计结果、类似行业信息等的比较，研究会计信息与审计信息及其信息要素之间可能存在的关系来评价信息质量，犹如听诊与问诊，既要借助工具、又要有路径，还需要不断积累经验。听诊是医生直接用耳或借助听诊器以帮助临床诊断的一种检查方法，问诊是采用对话方式以诊断病情的方法。

分析性复核的关键在于细心解析、认真比对与反复核对。例如，通过分析重要财务比率或变化趋势，包括调查异常变动以及这些重要比率或趋势与预期数额和相关信息的差异，发现存在的不合理因素，以此确定审核重点，控制风险，提高效率。大量财务造假之所以被曝光，大多源于执行分析性复核程序时发现了端倪，从而找到了线索。在现代审计中，分析性复核将以其成本较低、容易发现差错而经济有效。

分析性复核既要"理解"会计报表的具体信息，也要"净化"会计报表的相关内容。净化是指清除不需要或有害的杂质，使物品达到纯净的程度。财务报表中的"水分"是需要经过分析复核等程序拧一拧的。

2.1.5 非财务信息印证法

企业信息被分为两大类——财务信息和非财务信息。财务信息和非财务信息相互印证是财务分析交互相向的核心过程之一，并凝聚在业财融合的场景中，体现在经过算管融合后的有用信息上。

财务信息是指那些符合可定义性、可计量性等特性的能够通过确认、计量、记录、报告程序进入财务报表的信息，以及附注中的解释说明和由财务报表扩展而来的信息。

非财务信息是指以非财务资料形式出现的、与企业生产经营活动有着直接或间接联系的各种信息资料。通常，不在财务报表上反映的信息内容大多可以认定为非财务信息，一般具有以下特征：① 广泛性。非财务信息涉及企业竞争状况、管理体制、经营战略等与企业经营活动密切相关的内外部环境信息。与财务信息相比，非财务信息涉及的内容更多、范围更广，如解析存货结构与相关业务信息的逻辑关系有助于全面了解企业的生产经营状况等。② 前瞻性。非财务信息可能更能体现企业未来的变动趋势，如重要设备变动与营业收入增长的匹配性、企业未来面临的机会和风险、相关预测信息等。③ 非货币性。非财务信息较少使用定量数据表述，更多使用文字描述，如客户迁移、人员变动、能源耗用量和产量与收入是否匹配等。

例如，主要客户及供应商对报表的影响至关重要，应当关注前十大或二十大客户、供应商的占比、变动及其合理性；主要客户和供应商是否存在关联关系，相关交易是否公允，是否具有真实商业背景；逾期应收账款与对应客户的情况；等等。

由于非财务信息多、杂且重视不够，企业刻意去修饰它的可能性比财务信息小。细节决定成败，一些经营活动的管理细节在某种程度上能反映企业是否存在管理问题或数据造假等。

2020年2月1日，著名调查机构浑水研究收到一份长达89页的做空报告，直指瑞幸咖啡捏造财务和运营数据，其铁证就是直接观察或调查所获的非财务信息。例如，动员92名全职员工和1 418名兼职员工在981家门店进行监控并记录门店客流量，覆盖100%的营业时间。长达11 260小时的门店流量监控视频显示，2019年第三季度和2019年第四季度，每家门店每天的销量分别至少夸大了69%和88%。瑞幸的"每笔订单商品数"从2019年第二季度的1.38件降至2019年第四季度的1.14件。在收集了25 843份客户收据后，调查人员发现瑞幸咖啡将每件商品的净售价至少提高了1.23元或12.3%，人为地维持了这种商业模式。实际情况是，门店层面的损失高达24.7%～28%。不包括免费产品，实际销售价格为上市价格的46%，而不是管理层声称的55%。……该报告由此认定瑞幸咖啡是一家试图通过残酷的折扣和免费赠送咖啡向中国消费者灌输饮咖啡文化的彻底失败的企业。

中医搭脉分左右两只手，企业健康也可以看两个方向——财务信息和非财务信息。通过财务信息和非财务信息的交叉印证与优势互补，将有效地帮助相关信息使用者做出可靠的研判。

老法师提醒 2.2 ｜ 警惕有违常理和无法印证的信息数据

"客似云来生意旺，货如轮转财源广"，这副对联透露出一个认知常识：生意好不好就看客户多不多，赚钱多不多就看货物流通快不快。

在甄别会计信息的过程中，如果发现有违常理、难以解释、无法印证的财务数据或异常业务，如营业收入增加，现金反而减少了，经营活动现金净流量与净利润严重背离等，那就证实了一句古话，"事出反常必有妖，言不由衷定有鬼"。

留心非财务信息的种种反常表现对于发现问题很重要。现场调查和询问是获取非财务信息的重要手段，有时企业内部的生产记录、制度安排、行为习惯可能比会计报表更可信。一些有经验的审计人员在进入被审企业大门时会留意保安的工作状态,从而揣摩企业的规章制度是否严格;观察停放轿车的档次,询问中层干部的私家车,能大致判断企业薪酬的高低;路过办公室瞅一眼办公桌上的凌乱程度,可以大体知晓企业的执行力强不强;观看销售部员工的紧张状态,可以获悉企业产品是否畅销;去趟厕所看一下卫生纸的质地与管理情况,可以大致了解企业的文明现状……上述观察可能失之偏颇,但事情反常就一定有奇怪的地方,值得留心细查。

2.2 洞察资产负债表

2.2.1 资产负债表反映财务状况的时点数

阅读报表往往从资产负债表开始,该表历来被称为第一财务报表。

工业革命前的经济主体采用独资或合伙的形式,规模小、业务简单,会计期间所获利润可以通过比较期初和期末资产、负债的存量求得。从20世纪70年代起,会计实务、会计准则和会计理论都转向以资产负债表观和决策有用观为主,财务报告概念框架中会计要素的定义和确认主要基于资产负债表观,并要求采用公允价值或其他现时价值等方法来进行计量与确认,情况变得复杂起来。

资产负债表是以权责发生制为基础编制的、用以反映企业在某一特定日期(年末、季末、月末)财务状况的报表,应当按照资产、负债和所有者权益三大类别分类列报,从而既全面又分门别类地反映企业在特定日期全部资产、负债和所有者权益的分布情况以及相互关系,就像给企业拍摄的一张静态"照片",能够总括地反映在某一特定日期企业财产的分布景象,即所谓"家底",又被称为财务状况表或存量报表。

一张完整的资产负债表应当包括表头(表首)和正表(表身)两个部分。表头包括报表名称、编制单位、编制日期、报表编号、货币单位等几个元素。正表一般分为左右两方,采用账户式结构列示,左方列示资产项目,右方列示负债和所有者权益项目,并按照"资产=负债+所有者权益"的平衡原理编制而成。

为了避免时点数的局限,资产负债表除了提供本期期末数外,还提供上年年末数,以便会计数据之间的比较。提供两个或两个以上时点数据的报表称为比较会计报表,其目的就在于通过不同时点数据的比较,观察和掌握企业财务状况的发展趋势。

申良公司2019年度编制的资产负债表如表2.1所示。

表 2.1　　　　　　　　　　　　　　　资产负债表　　　　　　　　　　　　　　　会企 01 表

编制单位：申良公司　　　　　　　　　2019 年 12 月 31 日　　　　　　　　　　单位：万元

资产	期末余额	上年年末余额	负债及所有者权益	期末余额	上年年末余额
流动资产：			流动负债：		
货币资金	673.13	1 297.10	短期借款	1 900.00	1 827.00
交易性金融资产	0.00	0.00	交易性金融负债	0.00	0.00
衍生金融资产	0.00	0.00	衍生金融负债	0.00	0.00
应收票据	0.00	0.00	应付票据	0.00	0.00
应收账款	4 150.67	3 278.07	应付账款	892.75	883.31
应收账款融资	0.00	0.00	预收款项	0.00	0.00
预付账款	951.98	786.53	合同负债	0.00	0.00
其他应收款	362.37	363.12	应付职工薪酬	28.58	81.80
存货	1 260.74	1 017.82	应交税费	7.34	94.11
合同资产	0.00	0.00	其他应付款	813.38	1 220.75
持有待售资产	0.00	0.00	持有待售负债	0.00	0.00
一年内到期的非流动资产	0.00	0.00	一年内到期的非流动负债	0.00	0.00
其他流动资产	0.00	0.00	其他流动负债	0.00	0.00
流动资产合计	7 398.89	6 742.64	流动负债合计	3 642.05	4 106.97
非流动资产：			非流动负债：		
债权资产	0.00	0.00	长期借款	1 090.00	1 000.00
其他债权投资	0.00	0.00	应付债券	0.00	0.00
长期应收款	0.00	0.00	长期应付款	0.00	0.00
长期股权投资	1 181.14	1 181.14	预计负债	0.00	0.00
其他权益工具投资	0.00	0.00	递延收益	0.00	0.00
其他非流动金融资产	0.00	0.00	递延所得税负债	0.00	0.00
投资性房地产	0.00	0.00	其他非流动负债	0.00	0.00
固定资产	6 401.43	6 848.22	非流动负债合计	1 090.00	1 000.00

续表

资　产	期末余额	上年年末余额	负债及所有者权益	期末余额	上年年末余额
在建工程	129.93	14.10	负债合计	4 732.05	5 106.97
生产性生物资产	0.00	0.00	所有者权益：		
油气资产	0.00	0.00	实收资本	8 000.00	8 000.00
无形资产	547.61	605.92	其他权益工具	0.00	0.00
开发资产	0.00	0.00	资本公积	60.50	60.50
商誉	0.00	0.00	其他综合收益	0.00	0.00
长期待摊费用	33.00	66.00	专项储备	0.00	0.00
递延所得税资产	20.00	12.50	盈余公积	571.67	571.67
其他非流动资产	0.00	0.00	未分配利润	2 347.78	1 731.38
非流动资产合计	8 313.11	8 727.88	所有者权益合计	10 979.95	10 363.55
资产总计	15 712.00	15 470.52	负债及所有者权益总计	15 712.00	15 470.52

2.2.2 资产负债表结构及其信息特征

资产负债表分为账户式结构和上下式结构两种。我国采用账户式结构,将资产负债表分为左右两方。左方反映编报日各项资产的数额,称为资产方,是企业拥有的经济资源的数量分布与占用形态;右方反映编报日各项负债的数额以及所有者权益的数额,称为负债及所有者权益方,是企业资金来源的数量分布与结构形态。资产负债表以"资产=负债+所有者权益"的会计等式为报表结构的基础,因而账户式结构也被称作平衡式结构。

资产、负债和所有者权益三个会计要素构成一个平衡等式,是企业财务状况的静态反映。

资产反映的信息:过去的交易或者事项形成的、由企业拥有或者控制的、预期会给企业带来经济利益的资源,包括流动资产和非流动资产(长期资产)。

在资产负债表中,资产按流动性的强弱(或变现能力的强弱)顺序排列,流动性强的排在前,流动性弱的排在后,如在流动资产中,货币资金、交易性金融资产等流动性(或变现性)强的现金性资产排在最前面。但流动性与收益性可能成反比关系,即流动性强的资产,其收益性较差,如存货买卖价差的收益一般会大于存款利息(或存贷息差)、长期债券投资的收益一般会大于短期债券投资的收益等。资产负债表不仅反映了企业所拥有或控制的经济资源总额,而且分门别类地反映了流动资产和非流动资产中各类经济资源的具体数量、结构比重及其变现能力和收益能力。

负债反映的信息:企业过去的交易或者事项形成的、预期会导致经济利益流出企业的现时义务。债,分析其字形,是指一个人应当承担的责任,包括流动负债和长期负债。

在资产负债表中,负债一般按债务到期日的近远顺序排列,到期日近的排在前,到期日远的排在后;也可以说是按负债偿还期的长短顺序排列,偿还期短的流动负债排在前,偿还期长的非流动负债(即长期负债)排在后,从而反映企业的还债顺序或偿债压力。

所有者权益反映的信息:企业资产扣除负债后由所有者享有的剩余权益,其金额为资产减去负债后的余额。

在资产负债表中,所有者权益一般按资本金额的稳定程度顺序排列,稳定程度高的排在前,稳定程度低的排在后。例如,实收资本是投资者已经投入企业的资本金,未经法定程序批准,不得变动;资本公积属于"准资本";其他综合收益反映的是企业非日常经营活动形成的、当期未实现且不计入当期利润、会导致所有者权益变化的、与所有者投资无关的经济利益的净流入,相当于直接计入当期所有者权益的利得及损失,是一个累计余额,在满足规定条件时将重分类进损益,会发生增减变动;盈余公积是指企业从税后利润中提取的、留存于企业、具有特定用途的收益积累;未分配利润可以通过股利分派的方式分配给股东,其稳定程度不如盈余公积,更不如资本公积或实收资本。

为了具体反映所有者权益的各个组成部分当期的增减变动情况,帮助报表使用者理解所有者权益增减变动的根源,还应当编制所有者权益变动表,这是对资产负债表中所有者权益部分的详尽列示和具体说明。[1]

从来源分析,企业的全部资金来源被分为负债和所有者权益两大类。负债是借入的资金来源,所有者权益是自有的资金来源,两者之间的对比反映了企业的资本结构。

---

[1] 《小企业会计准则》没有要求小微企业编制所有者权益变动表。

企业有多少资产占用,就会有多少资金来源。各种不同方式形成的资金来源会被分布或占用在各种各样的资产形态上,其结构分布如表2.2所示。

表 2.2 资产负债表的结构分布

资产＝负债＋所有者权益				
资产：按流动性或变现能力强弱排列↓	流动资产	货币资产	流动负债	负债：按到期日近远排列↓
^	^	应收债权	非流动资产(长期负债)	^
^	^	存货	实收资本	所有者权益(净资产)：按资本的稳定程度排列↑
^	非流动资产（长期资产）	固定资产	资本公积	^
^	^	无形资产	盈余公积	^
^	^	递延资产	未分配利润	^

2.2.3 分析资产负债表的重要作用

一是分析资产规模、数量与分布状态。资产负债表不仅反映了企业所拥有或控制的经济资源总额,而且分门别类地反映了企业各类经济资源的具体数量和结构比重。事实上,不同企业的经济资源所能给其带来的未来经济利益的大小是不一样的。对于财务报表使用者来说,仅仅了解经济资源的总量是不够的,还必须了解这些经济资源的具体构成。通过对资产负债表的阅读与分析,把握企业经济资源的具体构成及其分布现状,有助于判明企业经济资源的结构是否合理和未来的财务发展前景。

二是分析资金来源的构成与财务风险。净资产对负债具有保障作用,实收资本是否被抽走或变相抽逃对净资产的作用至关重要,审核净资产的真实性与完整性对财务分析意义重大。负债与所有者权益的对比反映了企业的资本结构,资本结构合理与否揭示了企业财务风险的大小以及是否有效地利用了财务杠杆。

三是分析资产流动性与管理能力。流动性是指资产转换成现金或负债到期清偿所需要的时间。资产转换成现金的速度越快,其流动性越强;负债到期日越近,其还本付息的偿债压力就越大。债权人一般十分关心反映企业流动性大小的指标。通过财务分析可以评价企业的流动性状况、偿债能力、财务弹性与运营能力。

四是有助于计算管理效率与经营绩效。企业的管理效率与经营绩效主要表现在管理能力与获利能力等方面。资产负债表所提供的信息为计算资产周转指标和盈利能力指标提供了数据资料；同时，通过分析资产与负债的质量，有助于掌握企业潜在盈亏的情况，把握企业未来的财务状况与盈利趋势等。

2.3 洞察利润表

2.3.1 利润表反映经营成果的时期数

企业只有盈利才能更好地发展，并实现资本的保值与增值。工业革命后的会计转向利润表观（收入费用观），要求首先按照实现原则确认收入和费用，然后根据配比原则，将收入和费用按其经济性质上的一致性联系起来确定收益。2008年全球金融危机后的会计在很大程度上兼顾利润表观和决策有用观。利润及其分配对企业生存和发展的重要作用越来越引人关注，利润表逐步成为现代财务报表体系中的核心。

利润表是以权责发生制为基础编制的、用以总括反映企业在一定会计期间（如月、季、年度）的经营成果及其分配情况的报表，从动态角度来说明企业报告期内的经营成果，反映收支的变动，因而又被称为损益表或收益表。

收入反映的信息：企业在日常活动中形成的、会导致所有者权益增加的、与所有者投入资本无关的经济利益的总流入，包括营业收入（包括主营业务收入和其他业务收入）、投资收益和营业外收入等。

费用反映的信息：企业在日常活动中发生的、会导致所有者权益减少的、与向所有者分配利润无关的经济利益的总流出。利润表要求对费用按照功能分类进行列报，主要分为营业成本、期间费用、减值准备、所得税费用等。其中：营业成本是指销售商品或提供劳务的成本，应当与营业收入配比；期间费用包括销售费用、管理费用和财务费用，应当与会计期间相匹配；资产减值准备是指企业根据资产减值等准则计提各项资产减值准备所形成的损失，应当全部计入当期损益；所得税费用是指企业根据所得税准则确认的应当从当期利润总额中扣除的所得税费用。

利润反映的信息：企业在一定会计期间的经营成果。利润表分项列示了企业在一定会计期间按会计准则计算的各种收入、成本、费用、损失和利得（包括公允价值变动净收益和投资净收益），并结算出当期的利润额。将收入与相关的成本费用相对比，在会计上称为配比，目的是衡量企业在特定时期或特定业务中所取得的成果，以及为取得这些成果所付出的代价，为考核经营效益提供依据。

利润表一般有表首和正表两个部分。表首说明报表名称、编制单位、编制日期、报表编号、货币名称、计量单位等;正表是利润表的主体,反映形成经营成果的各个项目及其计算过程,所以该表也被称为损益计算书。

利润表除了提供本期数外,还应当提供上期数,以便进行对比分析,因此,利润表也被称为比较利润表,目的是通过不同时期数据的对比,观察和掌握企业经营成果方面的变动趋势。

申良公司2019年度编制的利润表如表2.3所示。

表 2.3　　　　　　　　　　　　　利润表　　　　　　　　　　　会企02表
编制单位:申良公司　　　　　　　2019年度　　　　　　　　　　单位:万元

项　　目	本期金额	上期金额
一、营业收入	8 430.89	7 237.35
减:营业成本	6 638.30	5 407.54
税金及附加	84.30	72.40
销售费用	482.32	506.22
管理费用	716.01	680.90
研发费用	168.62	144.74
财务费用	108.95	85.74
其中:利息费用	120.95	109.74
利息收入	12.00	24.00
加:其他收益	0.00	0.00
投资收益(损失以"-"号填列)	424.86	471.40
其中:对联营企业和合营企业的投资收益	424.86	471.40
以摊余成本计量的金融资产终止确认收益	0.00	0.00
净敞口套期收益(损失以"-"号填列)	0.00	0.00
公允价值变动收益(损失以"-"号填列)	0.00	0.00
信用减值损失(损失以"-"号填列)	0.00	0.00
资产减值损失(损失以"-"号填列)	-30.00	-50.00
资产处置收益(损失以"-"号填列)	0.00	0.00
二、营业利润	627.25	761.21
加:营业外收入	105.52	155.42

续表

项　　　目	本期金额	上期金额
减：营业外支出	19.09	6.62
三、利润总额（亏损总额以"－"号填列）	713.68	910.01
减：所得税费用	97.28	87.24
四、净利润（净亏损以"－"号填列）	616.40	822.77
（一）持续经营净利润（净亏损以"－"号填列）	616.40	822.77
（二）终止经营净利润（净亏损以"－"号填列）	0.00	0.00
五、其他综合收益的税后净额	0.00	0.00
六、综合收益总额	616.40	822.77
七、每股收益	0	0

表 2.3 中的"其他综合收益的税后净额"项目是指由非利润引起的资产增值净额，"综合收益总额"项目是指净利润和其他综合收益的合计。

2.3.2 利润表结构及其信息特征

利润表有单步式结构和多步式结构两种。单步式结构按照营业总收入（内分各种收入来源）和营业总成本（内分各种费用支出）汇总排列，两者相减得出当期净损益，不能反映利润形成的结构层次，是利润表最简单的一种形式。

我国会计准则要求采用多步式结构编制利润表，一般是从企业的营业收入开始，采用分步结构，依次划分为以下三个主要层次：

第一个层次是营业利润的形成过程。企业的营业收入减去相关成本、税金、费用、损失、利得后就是营业利润。营业利润是指企业经营活动取得的收益，其在利润中所占的比重可以反映企业收益的稳定性和收益质量。

经营利润可以进一步划分为主营业务利润和其他业务利润。主营业务利润应当是构成企业利润的主体部分。主营业务利润在营业利润或利润总额中所占的比重高，说明企业有能力抓住主营业务。主营业务突出的企业，收益相对稳定，收益质量相对较好。除主营业务以外的其他利润的持续性因为难以判断而常会受到质疑，包括资产减值损失、公允价值变动净收益和投资净收益等。

第二个层次是利润总额的形成过程。企业的利润总额一般由营业利润加减营业外收支净额组成，反映企业利润的来源情况与构成比重。营业外收支是指营业外收入减去营业外支出后的净额,一般不具有持续性,往往缺乏可比性等预测价值。

第三个层次是净利润的形成过程。净利润是指利润总额扣除所得税后的差额。净利润是对投资者的投资回报,归投资者所有。

净利润在按法定程序提取盈余公积金后就是可供分配的利润,再减去应分配给投资者的利润后就是留存企业的未分配利润。留存企业的盈余公积金(包括法定公积金和任意公积金)与未分配利润一起被称为留存收益。

利润是某一会计期间的收入和同一期与之相关联的费用配比后的差额,其计量与分配具有不同的计算口径,这取决于收入、费用、损失或利得的配比情况,其计算步骤和计算口径归纳如表 2.4 所示。其中,利润指标的计算口径反映人们对利润的形成或来源的认知变化,也是分析利润增减变动情况最常见、最基础的财务指标。

表 2.4　　　　　　　　　利润的各种计算口径　　　　　　　单位:万元

利润与利润分配项目		利润指标计算口径	
营业收入	8 430.89		
减:营业成本	6 638.30	营业毛利	1 792.59
减:税金及附加	84.30		
减:期间费用	1 475.90		
加:投资损益	424.86		
减:资产减值损失	30.00	营业利润	627.25
加:营业外收支	86.43	利润总额	713.68
减:所得税费用	97.28	净利润	616.40
减:提取公积金(已分配利润)	0.00	可供分配利润	616.40
减:利润分配(已分配利润)	0.00	未分配利润	616.40

善于区分各种利润的来源及其计算口径,有利于正确评价企业的盈利结构、盈利能力和盈利的可持续性等。

表 2.4 中的利润是分步骤计算出来的,其计算的具体步骤和公式如下:

营业利润=营业收入-营业成本-税金及附加-销售费用-管理费用-研发费用-财务费用-资产减值损失+公允价值变动净收益+投资净收益

利润总额＝营业利润＋营业外收入－营业外支出

净利润＝利润总额－所得税费用

未分配利润＝净利润－已分配利润

企业还可以通过编制利润分配表,反映一定时期利润分配和年末未分配利润结余等情况。利润分配表是利润表的附表,说明利润表中净利润的去向。任何分配都会导致资金退出或者留存企业,必然会影响资金运动的规模及其结构。例如,对债权人,通过利息等形式进行分配,属于税前分配,资金流出了企业;对所有者,通过红利等形式进行分配,属于税后分配,其分配结果是,一部分资金流出企业,另一部分资金留存企业。因而依据一定的法律原则,合理确定利润分配规模和分配方式是财务管理的重要内容之一。

2.3.3 分析利润表的重要作用

一是知晓企业经营绩效。随着所有权与经营权的分离,所有者将经济资源交给管理者进行管理,管理者需要履行受托经济责任。那么,如何评价对受托经济责任的履行情况是摆在所有者面前的一个十分重要而现实的问题。利润表反映了企业经营成果的形成及经营成果各组成部分的具体数额,其第一个作用就在于向所有者提供经营成果的各项数据,即企业的经营绩效。利用利润表,可以考核企业利润预算(计划)的实现情况,分析利润增减变化的原因,评价企业的经营成果。

二是提供利润分配依据。投资人之所以向企业提供各种经济资源,目的在于分享企业的经营成果,利润表的数据直接影响相关投资人的利益。在企业利润分配的实践中,无论是提取盈余公积金还是制定股利分配政策等,都必须以利润表为重要依据。

三是预测未来现金流量。现金净流量主要来源于净利润和非付现费用,其中,净利润是现金净流量最重要的组成部分与来源。企业未来现金流量及净利润的不确定性和企业的会计政策密切相关,而企业过去的和现在的利润水平又与未来的现金流量存在一定的关系。为此,财务报表的使用者可以根据企业提供的利润表,通过比较和分析同一家企业在不同时期或不同企业在同一时期的信息,了解企业利润增长的规模和趋势,预测其未来现金流量的数额及其确定程度等。

四是合理进行经营决策。企业管理层通过解析利润表,分析各项收入、成本、费用与利润之间的消长趋势,反映经营管理活动中的各个环节存在的问题,找出差距,采取相应的改善措施,以做出合理的经营决策。

2.4　洞察现金流量表

2.4.1　现金流量表反映现金流量的时期数

20世纪70年代以后,西方不少国家出现持续的通货膨胀,不少企业遇到了严重的资金短缺等问题。这些企业的账面虽有利润,但却因偿债能力不足而受到清算或破产的威胁。因此,无论是企业内部管理当局,还是企业外部的投资者和债权人,都开始重视起现金流量信息,并最终促成了美国证券交易委员会规定上市公司必须对外公布现金流量表以取代财务状况变动表。

1998年以前,我国上市公司编制并披露的财务报表主要包括资产负债表、损益表(即利润表)和财务状况变动表。1998年3月,我国财政部颁布了《企业会计准则——现金流量表》,开始要求企业编制现金流量表。

现金流量等相关信息对理财活动特别重要,因为现金是变现能力最强的资产,是企业短期财务实力的象征,是企业短期偿债能力和借贷信誉的表现。现金是企业的"血液"。企业缺乏现金,没有偿债能力,就会倒闭。财务管理的重要任务之一就是筹集资金,为企业供"血"。"血"要适时、足量、无病菌。供"血"以后,还要千方百计地加快"血液"的流动,使企业健康成长。

现金流量表观以收付实现制为基础,强调收到钱才是"王道"。

现金流量表是反映企业一定会计期间的现金流入与现金流出情况的会计报表。为财务报表使用者提供企业在一定会计期间的现金和现金等价物流入与流出的信息,以便报表使用者了解和评价企业获取现金和现金等价物的能力,并据以预测企业未来的现金流量,这是编制现金流量表的主要目的。

现金流量表中的现金既包括库存现金和随时可以用于支付的存款(包括"银行存款"与"其他货币资金"),也包括企业持有的期限短、流动性强、易于转换成已知金额现金、价值变动风险很小的投资性现金等价物[①]。

从其他报表,分析者只能掌握企业现金的静态情况,而现金流量表能够从企业的各种活动引起的现金流量的变化及其占现金流量总额的比重等方面反映现金流量的动态情况。因此,在研究现金流量表时,与其他财务报表结合起来分析能够更加全面地评价企业收益的质量。

---

① 小企业的现金流量概念中不包括现金等价物。

申良公司 2019 年度编制的现金流量表如表 2.5 所示。

表 2.5　　　　　　　　　　现金流量表（采用直接法编制）　　　　　　　会企 03 表

编制单位：申良公司　　　　　　　　　　2019 年度　　　　　　　　　　　　单位：万元

项　　目	本期金额	上期金额
一、经营活动产生的现金流量：		
销售商品、提供劳务收到的现金	8 808.10	9 604.87
收到的税费返还	94.17	125.33
收到其他与经营活动有关的现金	2 046.90	673.77
经营活动现金流入小计	10 949.17	10 403.97
购买商品、接受劳务支付的现金	6 509.49	6 180.37
支付给职工以及为职工支付的现金	1 475.39	1 312.95
支付的各项税费	341.25	445.36
支付其他与经营活动有关的现金	2 524.14	705.70
经营活动现金流出小计	10 850.27	8 644.38
经营活动产生的现金流量净额	98.90	1 759.59
二、投资活动产生的现金流量：		
收回投资收到的现金	0.00	0.00
取得投资收益收到的现金	291.65	465.14
处置固定资产、无形资产和其他长期资产收回的现金净额	0.22	4.11
处置子公司及其他营业单位收到的现金净额	0.00	0.00
收到其他与投资活动有关的现金	0.00	0.00
投资活动现金流入小计	291.87	469.25
购建固定资产、无形资产和其他长期资产支付的现金	100.10	359.43
投资支付的现金	0.00	0.00
取得子公司及其他营业单位支付的现金净额	0.00	0.00
支付其他与投资活动有关的现金	165.45	786.53
投资活动现金流出小计	265.55	1 145.96

续表

项　　目	本期金额	上期金额
投资活动产生的现金流量净额	26.32	－676.71
三、筹资活动产生的现金流量：		
吸收投资收到的现金	0.00	0.00
取得借款收到的现金	4 309.55	2 727.00
收到其他与筹资活动有关的现金	0.00	0.00
筹资活动现金流入小计	4 309.55	2 727.00
偿还债务支付的现金	4 331.18	2 577.00
分配股利、利润或偿付利息支付的现金	416.52	438.22
支付其他与筹资活动有关的现金	307.00	0.00
筹资活动现金流出小计	5 054.70	3 015.22
筹资活动产生的现金流量净额	－745.15	－288.22
四、汇率变动对现金及现金等价物的影响	－4.04	－2.39
五、现金及现金等价物净增加额	－623.97	792.27
加：期初现金及现金等价物余额	1 297.10	504.83
六、期末现金及现金等价物余额	673.13	1 297.10

2.4.2　现金流量表结构及其信息特征

现金流量表的结构是按照现金净流量的构成分步安排的。现金净流量是指一定会计期间企业全部现金流入量与全部现金流出量的差额，即现金及现金等价物的净增加额，它主要来源于经营活动现金净流量、投资活动现金净流量和筹资活动现金净流量等（如图2.6所示）。

2019年度申良公司现金流量表中全部现金流量的净增加额为－623.97万元，可以从以下三个主要方面寻找增减变动的原因：

一是经营活动收到的现金大于支付的现金，使得经营活动产生的现金流量净额为98.90万元，是正数。

二是投资活动收到的现金大于支付的现金，使得投资活动产生的现金流量净额为26.32万元，是正数。

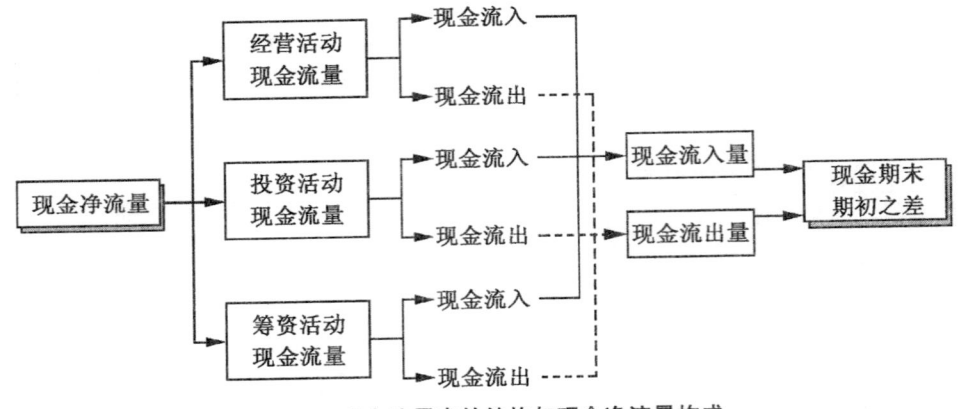

```
                    ┌─── 现金流入
        ┌─经营活动──┤
        │  现金流量  └─── 现金流出
        │
        │           ┌─── 现金流入ー────→ 现金流入量 ┐
现金净流量─┼─投资活动──┤                              ├→ 现金期末
        │  现金流量  └─── 现金流出ー────→ 现金流出量 ┘   期初之差
        │
        │           ┌─── 现金流入
        └─筹资活动──┤
           现金流量  └─── 现金流出
```

图 2.6　现金流量表的结构与现金净流量构成

三是支付股利和还本付息的数额大于借款，使得筹资活动产生的现金流量净额为 −745.15 万元，是负数，这是导致全部现金流量净增加额为负数最主要的原因。

2.4.3　分析现金流量表的主要作用

一是解析企业获取现金的能力，评估其未来的现金流量。衡量企业经营业绩与获利能力只有建立在现金流量和偿付能力的基础上才具有实际意义。投资者和债权人从事投资与信贷的目的是使现金在未来实现增值，他们在做出投资或贷款决策时必须考虑利息的收取、本金的偿还（对债权人而言）、股利的获得以及资本的保障（对投资者而言）等。只有企业能产生预期的现金流量，才有能力还本付息、支付股利等。

二是关注现金流入量的结构与企业的稳定性。经营活动是企业的主营业务，这类活动提供的现金流量可以不断用于投资，再生出新的现金来。来自主营业务的现金流量越多，表明企业发展的稳定性越强。企业的投资活动是为闲置资金寻找投资场所，筹资活动则是为经营活动筹集资金，这两类活动所产生的现金流量都是辅助性的，服务于主营业务，如果现金流量过大，就表明企业财务缺乏稳定性。

三是关注现金净流量与短期偿债能力的变化，分析偿债能力的强弱。企业能够直接用以偿债的是现金净流量。利用现金流量表可以帮助投资者和债权人评估企业偿还债务、支付股利以及对外筹资的能力。企业经营活动的现金净流量越多，财务状况越稳健，其偿债能力和筹资能力就越强，股利发放率也可能越高。

四是关注投资活动与筹资活动产生的现金流量以及企业的发展趋势。在分析投资活动时,要注意分析是对内投资还是对外投资。如果对内投资的现金流出量增加,就说明企业正在扩张,成长性较好;如果对外投资的现金流出量大幅增加,则说明企业试图通过非主营业务活动来获取利润等。

五是揭示净利润与现金净流量产生差异的原因。净利润与经营活动现金净流量产生差异不仅是因为权责发生制与收付实现制的计算基础不同,也可能是因为在严重通货膨胀的情况下,以币值稳定为假设的利润和资本都受到侵蚀,使账面利润与现金资源的差距日益扩大等,还可能是由于权责发生制的固有局限给人为调节收益留有余地,如通过虚列债权和收入等手段虚增利润等。然而虚增的利润并不能产生现金流量的增量,因而以收付实现制为基础编制的现金流量表不仅难以"粉饰"经营业绩,而且可以解析企业的盈利能力和收益质量等。

在市场经济条件下,企业的现金流量状况在很大程度上决定着企业生存和发展的能力。一家企业即使有盈利能力,若现金周转不畅,现金调度不灵,也将严重影响发展,甚至影响生存。如果现金充裕,企业就可以及时购买生产资料,及时支付工资、偿还债务、支付股利。现金净流量作为衡量企业未来收益的重要指标,在评价企业经营业绩、衡量企业财务资源和财务风险、预测企业未来发展前景、评估投资价值等方面具有特别重要的意义。

2.5 洞察财务报表附注

2.5.1 财务报表附注的信息特征

各家企业所采用的会计政策存在差异,所产生的信息就有所区别,简单地根据报表数据评判优劣难免失之偏颇,因此,要理解财务报表并做出正确的评价,不能仅仅局限于会计报表本身,还要借助附注等相关信息。

附注是对财务报表中列示项目的文字描述或明细资料,以及对未能在财务报表中列示项目的说明等。附注至少应当包括下列内容:① 企业的基本情况;② 财务报表的编制基础;③ 遵循企业会计准则的声明;④ 重要会计政策和会计估计;⑤ 会计政策和会计估计变更以及差错更正的说明;⑥ 报表重要项目的说明;⑦ 或有和承诺事项、资产负债表日后非调整事项、关联方关系及其交易等需要说明的事项;⑧ 有助于理解和分析财务报表而需要说明的其他事项。

由于财务报表本身所能反映信息的局限性,附注就成为必不可少的补充说明。许多与财务报表"陷阱"有直接关联的重要内容,如会计报表各项目的增减变动、或有事项、资产负债表日后事项、会计政策和会计估计及其变动、关联方关系及其交易、重要项目的详细资料（如存货的构成、应收账款的账龄、长期投资的对象、借款的期限和利率等），都在附注中予以详细披露，这些都是洞察报表时不可忽视的重要内容。

企业在披露附注信息时，应当将定量信息与定性信息相结合，按照一定的结构对附注信息进行系统、合理的排列和分类，以便于使用者理解和掌握。

2.5.2 解读财务报表附注的重点内容

（1）解读企业概况，掌握基本信息

知晓企业性质、历史沿革、经营范围、主营业务及生产经营情况等基本信息，对于理解报表有指导意义。

申良公司是按照《中华人民共和国公司法》要求设立的公司制企业，中型经营规模，一般纳税人。其主要生产日用消费品，具有15年以上的生产经营历史，产品结构较简单，品种变化不大。近年来，该公司正面临市场竞争的压力，部分产品已实施降价销售，而成本费用却呈现上升趋势。随着传统制造业和日用消费品零售业的疲软，申良公司的经营现状是：销售逐年增长，利润却逐年下降。经营者虽然在努力"去库存"，但转型发展需要一个过程。

申良公司属于公司制企业，所有权与经营权分离，经营者受雇于股东，负责公司的经营管理、提供财务报表并委托审计。申良公司董事会尚未召开，2019年取得的净利润尚未分配。

一家企业的治理结构及其完善程度与信息质量休戚相关。所有者与经营者之间的委托代理关系决定着所有者和经营者具有不同的目标函数。经营者有可能为了实现自身利益最大化而降低收益质量。如果企业治理结构不完善，经营者对盈余操纵会乐此不疲而无视信息质量的优劣。

实证研究表明，一些企业财务收支混乱，违法乱纪现象时常发生，导致会计信息难以真实反映实际经营情况，其根源之一在于内部管理失控，缺乏自我约束机制，从而使内控制度执行不力，疏于防范，有章不循，加之外部监督软弱无力，虚假信息生成并输出后很少被发现，于是人为操作严重，账外设账，随意调节使得会计信息严重失真，做假账行为屡禁不止。

（2）解读会计政策，理解财务报表的编制方针

会计政策是指在会计核算时所遵循的具体会计原则以及所采纳的具体会计处理方法。企业应当披露的会计政策通常包括：企业执行的会计准则制度（申良公

司执行《企业会计准则》)、会计期间、合并报表的编制方法、记账原则和计价基础、记账本位币、坏账核算方法、存货计价方法、长期投资核算方法、固定资产折旧的计提方法、无形资产的摊销方法、长期待摊费用的摊销方法、收入实现标准、利润分配政策等。当会计政策、会计估价发生变动时,企业还应当在财务报表附注中披露会计政策、会计估计变更的内容、理由以及变更的影响等。

由于选择会计政策、粉饰经营业绩的动机客观存在,财务报表变得纷繁复杂,从而削弱了财务信息的可信度,在这种情况下,理解会计政策、观察企业执行会计政策的实际情况,对于识别报表真伪格外重要。

(3) 解读报表项目注释,知晓报表项目增减变动的原因

下列情况按照规定应当在附注中予以充分披露,如不说明或说明不清,可能是问题所在之处。

一是对报表项目的明细说明。例如,存货项目金额较大时,应当详细说明其具体构成情况。

二是当报表项目的变动数额或变动幅度超过一定比例①时,应说明其变动原因。例如,当应收账款年末余额与年初余额相比增长幅度超过30%时,企业就需要在财务报表项目注释中说明大幅度增长的原因,是本年度信用条件放宽,还是收账政策放松,或是别的原因所致。

三是对特殊的报表项目或报表项目的名称反映不了相关业务的性质或报表项目金额异常的,需要说明原因。例如,当企业资产或负债项目的余额出现负数时,企业需要对有关的报表项目做出注释。

四是对报表中无法表述的一些重要项目的详细内容的说明。例如,在存在控制关系的情况下,关联方为企业时,不论双方有无交易,都应在财务报表附注中披露如下事项:企业的经济性质或类型、名称、法定代表人、注册地、注册资本及其变化,企业的主营业务,持有股份或权益的变化。在企业与关联方发生交易的情况下,企业应当在财务报表附注中披露与关联方关系的性质、交易类型及交易要素。其中,交易要素包括交易的金额或相应的比例、未结算项目的金额或相关比例和定价政策等。

在合并报表的情况下,企业应当披露其所控制的境内外所有子公司的全称、注册地、法定代表人、注册资本和经营范围等。对于所编制的合并财务报表,还应说

---

① 一定比例是一个经验数据,此处通常为30%。对不同的分析对象可能有不同的分析要求,需要具体考量该指标的重要性程度、被分析企业所处的发展阶段,以及分析者的风险偏好等具体情况而定。

明有哪些子公司已纳入合并报表范围；对于未纳入合并报表范围的，应说明原因等。

现摘录申良公司2019年度财务报表附注有关重要项目的注释如下：

① 期末货币资金包括库存现金与银行存款。

② 期末应收账款均为尚未收回的销售款项，其账龄分析的具体资料详见第4章表4.14。应收账款采用个别认定法计提坏账准备。2018年度已计提坏账准备50万元，2019年度计提坏账准备30万元，期末累计已计提坏账准备80万元。应收账款的期末余额为扣除计提坏账准备后的净额。

③ 存货储存期基本在1年以内，存货成本均小于可变现净值，不计提存货跌价准备（其中，产成品库存资料详见第4章表4.6）。

④ 2019年年末对外股权投资1 181.14万元，均有盈利，投资核算符合企业会计准则的规定。被投资企业均能持续经营，没有发生减值损失。

⑤ 2019年年末扣除累计折旧后的固定资产净值为6 401.43万元，固定资产原价为8 951.4万元，年初固定资产原价为8 870.56万元。公司按照平均年限法计提折旧。当年已经管理层审批同意处理一批陈旧的设备，处理结果结转营业外支出。目前，固定资产没有发生减值损失。

⑥ 2019年年末无形资产为547.61万元，为一项专利技术的摊余额，按收益期摊销。

⑦ 2019年年末长期待摊费用为33万元，为租入固定资产改良支出的摊余额，按租赁期3年摊销。

⑧ 2019年按照权益法核算确认投资收益424.86万元，已收到投资返利291.65万元，均为税后利润。

⑨ 期末其他应付款813.38万元中包含应付股利653.29万元。

⑩ 营业外收入105.52万元是政府扶持资金，为一次性补助收入。

⑪ 所得税费用已经过纳税调整，与纳税申报表一致。

⑫ 没有发生抵押、担保、诉讼事项和或有负债。

(4) 解读重要事项，解析可能存在的风险

一是承诺或担保事项。这是指资产负债表日已存在、正在履行或准备履行的、具有法律效力的重要财务承诺，如投资合同、成套设备等重要物资采购合同、发包工程合同、租赁合同以及对外提供的各种担保和抵押等。

二是或有事项。这是指编表日已存在但有较大不确定性，最终结果有赖于未来各种因素的事项。或有事项包括或有损失和或有收益。对于或有损失，根据稳

健原则,应在附注中充分披露。对于或有收益,一般无须在附注中说明,如果属于极有可能发生的或有收益,可在附注中以适当的方式披露。

三是资产负债表日后的非调整事项。这类事项在资产负债表日后才发生或存在,它不影响资产负债表日的存在状况,无须对资产负债表日编制的财务报表进行调整,但由于事项重大,如不加以说明,会影响报表使用者对财务报表的理解,进而影响报表使用者的决策。例如,企业发行新的股票或债券,企业对另一家企业进行巨额投资,由于自然灾害导致资产损失,外汇汇率发生较大变动,董事会决定发放股票股利等。

2.5.3 解读附注具有特别重要的现实作用

财务报表是依据会计准则编制而成的,但会计准则在某些方面提供了多种会计处理方法,企业可以根据具体情况进行选择。这就造成了不同行业或同一行业的不同企业所提供的财务信息之间的差异。另外,在某些情况下,企业所采用的会计政策也可能允许变动,这就容易造成企业因所选用的会计政策发生变动而导致不同会计期间的财务信息失去可比的基础。通过编制与理解财务报表附注,有助于了解财务信息的上述差异及其影响程度,从而提高财务信息的可比性。

结合报表附注及其他信息资料,在财务分析中至少可以重点关注下列内容:① 分析会计基本假设,关注是否存在未遵守会计假设的情况;② 分析企业的基本情况,关注企业的发展历史和主营业务情况;③ 分析会计政策,关注会计处理方法对利润的影响;④ 分析税金计算情况,关注税赋减免对利润的影响程度;⑤ 分析子公司对母公司收益的影响程度,关注合并项目的增减变动情况;⑥ 分析财务报表重要项目的明细资料,关注主要项目的增减变动情况;⑦ 分析企业关联方关系及交易资料,关注非正常交易事项;⑧ 分析或有事项说明,关注或有损失事项发生的可能性及其金额;⑨ 分析承诺事项说明,关注企业未来将履行的义务可能对企业未来的财务状况产生的影响;⑩ 分析资产负债表日后事项,关注调整事项和非调整事项对企业的影响程度;如此等等。

作为分析者和信息使用者,要充分注意在无特殊情况和特殊说明的状况下,企业有无突然改变会计核算方法的情况,要仔细分析各类会计数据有无明显的反常现象和特殊变动的异常情况,如有,但无合理的解释,就要考虑数据的真实性和一贯性是否有问题等;还应当特别关注会计政策的具体执行情况,谨防"说的"和"做的"不一致;更应当关注不一致的原因及其对当期损益的影响程度。例如,运用谨慎性原则,在期末计提资产减值准备,一方面,将资产减值计入当期损益,冲减企业当期的利润;另一方面,资产减值会减少企业的净资产。换句话说,改变资产减值的确认与计量方法能够影响利润表和资产负债表。通过这样的解读,有利于信息使用者识别企业的收益质量和不良资产,提示企业可能存在的虚盈实亏等。

实证充分表明,解读财务报表附注确实可以增进财务信息的可理解性。财务报表附注对重要数据做出解释或说明,将抽象的数据具体化,有助于报表使用者全面、正确地理解财务报表以及相关的会计信息,从而便于广大投资者全面掌握企业的财务状况、经营成果和现金流量情况,为投资者正确决策提供信息。

信息使用者也可以通过附注等信息资料来反向推定企业的会计确认与计量是否正确。当反向推定得出荒谬的结论时,通常可以判定企业在某些业务或事项的确认和计量方面出现了问题。

老法师提醒 2.3 | 不要让报表中的"其他"项目藏污纳垢

设计会计报表的时候因为考虑"兜底"需要而安排了一些"其他"项目。例如,资产负债表中有其他流动资产、其他流动负债、其他非流动资产、其他非流动负债;利润表中有其他收益、其他综合收益的税后净额;现金流量表中有收到其他和支付其他等项目。解读报表时应当关注"其他"具体所指的内容,填制的规范要求,以及附注对此是如何进行信息披露的等。千万不能让报表中的"其他"项目藏污纳垢,如挂账数、轧差数、调整数、亏损数、隐匿数、待处理的某种情况等。

―――――― 经典案例评析 ――――――

华为财务标杆与财务能力建设

提炼华为的成功经验,会计信息管理与财务能力提升功不可没。

观察一家业务遍及一百七十多个国家和地区的全球化企业,要想把所有账目都弄得清楚明白并不容易。华为通过交易核算自动化、ERP 优化、数据调度优化、数据质量监控以及提升数据分析平台的性能,实现了全球核算实时可视、过程可跟踪、信息可管控。仅合同,华为全球就有 1 500 名项目财务跟进;年平均约 120 万单的员工费用报销,员工在自助报销的同时,机器根据既定规则直接生成会计凭证;98 个国家和 746 个账户实现互联互通,支付指令可以在 2 分钟内传递至全球任何一家开户银行,付款准确率水平极高⋯⋯如此快捷的信息传递为有效沟通和利用信息提供了条件。

第 2 章
洞察报表与甄别信息

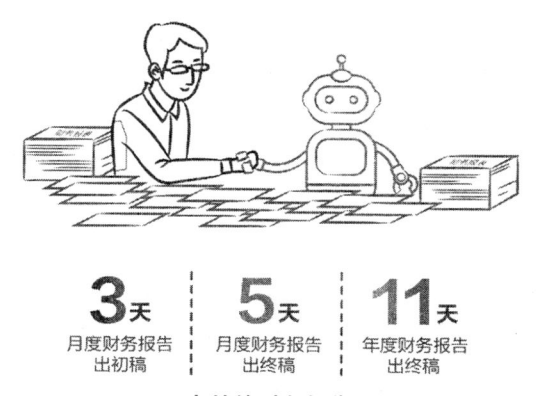

3天 月度财务报告出初稿　**5天** 月度财务报告出终稿　**11天** 年度财务报告出终稿

高效的财务报告

是什么秘密武器让财务报告的出具如此高效？优秀的财务标杆很重要——不追求世界第一的高水平财务，而是要建立对业务最有用的财务能力。

一是要融入业务，提升价值。会计服务有价值高低之分。事后记录，简单重复，被动反映，会计核算的可替代性很强，记账职能在未来将变得越来越低端。会计人员要提升价值，就必须转型，实现由核算型向管理型转变，为业务服务。财务人员如何与业务人员沟通？如何做好工作对接？华为财经管理部提出了"四化"标准：财务理论大众化、财务语言通俗化、财务制度统一化、财务输出模板化，从而给财务切入业务提供了有效的路径与方法。

二是要渴望进步，渴望成长。会计工作处在不断变化中，准则制度在变、法律规范在变，就需要会计人员不断学习、不断适应，包括学习业务知识、市场知识、管理知识、产品知识……学习应该是主动的、终身的，要开阔视野并融入业务。

BP岗位是连接财务部门与业务部门的纽带，这个岗位的人员既要懂财务，又要懂业务，同时要做好"桥梁"，用财务专业帮助业务部门解决问题，做到"在一起、懂业务、提建议"。"在一起"包括三层含义：① 把财务BP配置到相应的组织中去；② 财务BP要和业务人员坐在一起；③ 财务BP的心要和业务在一起。"懂业务"要求财务人员更好地学习业务知识，要做到"我是业务里最懂财务的，财务里最懂业务的"。懂业务要根据具体从事的岗位来要求。"提建议"分为两类，即控风险和促增长。

三是要参与项目，积累经验。在华为，项目是最小的经营单元。华为就是通过最基础的项目来使经营目标落地的。华为的财务分工非常细，每个岗位所接触的工作几乎是片段式的。片段式的工作虽容易做精，但很难窥探财务工作的全貌。项目财务是财务人员最好的实践基地。通过一个小型项目的完整循环，就可以帮助他真正认识财务和业务，为转身各级 CFO 奠定基础。一个项目的周期在某种程度上体现了华为业务运作的全过程。参加项目管理能培养财务人员的全局视野，让财务人员站在新的高度俯视华为业务运行的全貌。任正非说："我认为财务人员最重要的修炼和积累是项目经营管理，财务人员只有懂得项目管理，才有可能成长为全面管理者。"

四是要推崇分析，算管融合。华为推崇经营分析而不是单纯的财务分析。财务分析一定要结合实际并服务业务部门，否则分析报告的作用有限。具体言之，财务分析要透过财务数据挖掘背后的业务原因，指出问题，找出对策，落实责任，到期考核。任正非曾多次在公开场合表明，优秀的财务必然是要完美融入业务的，而财务快速融入业务的第一步就是学会财务报表分析。

华为虽然不是上市公司，但一直参照上市公司的标准，坚持每年发布公司年报，其财务报表经独立审计师审计，增强信息的透明度。2020 年 3 月 26 日，毕马威华振会计师事务所对华为 2019 年度的合并财务报表进行审计并出具了无保留意见的审计报告。本书中关于华为的数据主要来源于公开披露的财务信息等。

华为推行以自我批判为中心的组织改造和优化活动。自我批判不是为批判而批判，也不是为全面否定而批判，是为优化和建设而批判。所以，华为推崇经营分析，而不是单纯的财务分析。

财务人员必须不断与业务人员沟通才能得出务实结论。计划是方向，预算是量化，核算是校验，三者互相促进，关键点是拟订计划的人懂业务。财务对业务的支持从事后走向事前，预测是可以为之的举措。准确的预测有助于公司做出正确的决策，可以优化公司的资源配置。财务分析报告在结尾处往往要对全年经营指标进行预测。预测准确与否从某种角度上看也是检验财务分析效果的标尺。

五是要补齐能力，提升技巧。能熟悉各部门之间的业务关系，提高财务处理直觉、管控能力和自信心，对个人升职和公司管理都有很大帮助。

"全员提升专业化能力，补齐关键能力要素"成为华为矢志不渝的目标。华为已建立了比较完善的"多打粮食"的机制，但"增加土地肥力"的机制没有建立起来。华为轮值董事长徐直军在 2020 年新年致辞中特别要求提高能力："环境在变，技术在变，产业形势也在变，尽管我们有高昂的斗志、坚强的意志，但我们的能力跟客户的期望比、跟业务发展的阶段比、跟生存环境的挑战比、跟我们的追求比，还有着巨大差距。全体员工都要努力提升所在岗位需要的专业能力，一线主管要提升领导力、洞察力和综合管理能力，专业主管、专家要提升各自领域的专业水准，员工要提升所在岗位所需要的专业能力。"

第 3 章 分析工具与应用场景

> 业财不断交融、算管交互印证的场景有赖于分析工具的灵活应用。

3.1 分析工具的能动作用

3.1.1 财务分析工具的独特作用

经济现象或被"包装"起来,或被"揉成"一团,乱七八糟,怎么办呢?

财务报表太单调了,数据太枯燥了,真假难辨,怎样才能认识清楚呢?

不分析,不知道;分析好,很有效。分析就是将研究对象的整体分为各个部分,并分别加以考察的理性认识活动。

"分"与"析"都是会意字。分,从刀,从八,像刀把物剖开。析,从木(树木)、从斤(斧子),用斧劈木。"分"与"析"合用,强调将事物、现象、概念分门别类,离析出本质及其内在联系。分析既是解读的延续,更是解读的提高,并与解读互为因果、互为补充。边分边析,以析为主,重在解析经济现象与成因。

财务报表虽然能够总括地反映一家企业的财务状况、经营成果和现金流量状况,但不能直接地、辩证地、全面地或有说服力地解析财务状况的好坏、经营业绩的优劣、现金流量的多少以及持续发展的前景,只有通过解读与分析,才能为财务报表使用者提供有用的信息。解读财务报表是为了进行有效的财务分析,财务分析是解读财务报表的延续、延伸与提高。解读与分析(简称解析)彼此融合,目的在于使财务信息的可靠性增强、有效性提高,从而有助于正确判断和科学评价。

财务报表不是一读就懂的,舞弊行为也不是一眼就能识破的。认清魑魅魍魉需要火眼金睛,鉴别妖魔鬼怪需要借助各种工具和方法。面对良莠不齐、鱼龙混杂甚至诡异多变、真伪难辨的各种信息,财务分析需要借助分析工具,这些工具的准确运用应当具有"显微镜""透视镜""望远镜""放大镜"等独特作用,才能泾渭清楚、黑白分明、是非明辨(如图3.1所示)。经济生活是多元的,财务分析也是多元的,对事物的认识更是多元的。认知可以多元,但不能误解、误会、误判。

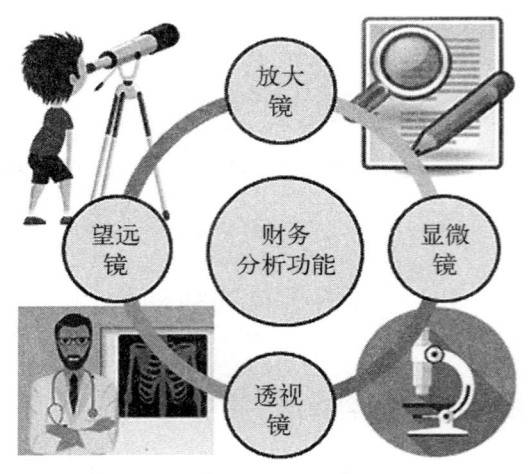

图 3.1　财务分析功能与应用场景

"显微镜"能帮我们见微知著,"透视镜"能使我们观察透彻,"望远镜"能助我们站高望远,"放大镜"能让我们看个明白。经过分析诊断后的报告好似"体检报告",里面罗列了体检对象各项健康状况的指标,通过解读这份"体检报告",可以看出哪些地方出了什么问题,需要怎样诊治,向决策层、管理层和业务部门提供有价值的建议。

财务分析可以选择的工具和方法很多,包括定性分析法与定量分析法、静态分析法与动态分析法、现状分析法与历史分析法,还有因果分析法、层次分析法、功能分析法、系统分析法等。

3.1.2　动静交织中的财务数据分析

报表的数据应当是客观存在的现实反映,但其程度和性质却大不相同。表面光鲜,内涵糟糕,这样的数据就是"绣花枕头一包草"。财务分析的任务在于不仅要敢于掀开"外强中干"的面纱,而且要善于识破"色厉内荏"的把戏。

财务分析通过解析经济现象的成因,剖析各种数据的来龙去脉,剔除偶然的、非本质的因素,抽象出必然的、本质的因素,滤清事情的前因后果与变动原委,由此得出一些富有规律性的看法,以便把握矛盾各个方面的特殊性,进而对矛盾的各个方面进行深入细致的研判。其能动作用是借助各种分析工具,采用专门的技术和方法,通过识别管理活动或经济现象之间的联系与区别,科学地找出能够发现问题的主线与解决问题的办法,服务于经营管理活动。

财务数据分析的应用场景主要在业财融合的舞台上,最显著的特征就是财务信息数据与非财务信息数据的动静融合,这种融合是有现场的、有生命力的;或者说,将财务和业务信息不断融合的应用场景有赖于财务分析工具的灵活应用。

经济在动、运营在动、资金在动,信息在变、数据在变,对信息数据的分析也要应动而动,应变而变,因势利导。

一是要不断整理、分类、汇总和充实各种信息数据。经过采集的数据按照一定的方法分类列表或汇集,加总求和,或求平均数,或求最大最小值等,从而对数据的性质、结构等进行提炼和归纳。

二是要进行信息数据的合理性分析,并结合经验和实时变化判断其合理程度。

三是将实际数据与目标数据(或计划或预算或绩效评价标准值)等进行比较分析,寻求差异及其产生的原因。

四是进行数据的趋势性分析,将若干会计期间的数据进行排列,计算相关比率,找出变动趋势,分析运行规律,为综合研判打基础。

五是进行数据关系分析,如采用相关性分析、回归分析等来解析数据的变量及其相互之间的关系。

六是进行数据的综合研判,获取符合客观运行规律的认知,并得出有效的判断或提出有建设性的建议等。

动静交织,相得益彰。财务分析可以静态地观察问题,如分析某一时点的财务状况;也可以动态地看问题,如分析某一会计期间的经营成果、现金流量和发展趋势。财务分析不仅应当告知哪些财务状况、经营成果、现金流量发生了变化,而且应当指明这些财务信息变动的原因及其关系。通过对经济业务之间因果关系的数量分析和经验判断,有助于信息使用者明确财务状况是由什么因素造成的,可能导致怎样的结果,从而有助于把握经济运行规律和发展趋势并做出合理的预期。

3.1.3 定性分析与定量分析有机结合

定性分析是确定研究对象是否具有某种性质的分析,如影响某一类财务指标完成情况的各项定性因素或对某一事物的各种属性,包括内因和外因、主要因素和次要因素及其相互关系的分析,主要解决"有没有""是不是"等问题。

要认识某个客观对象,首先要认识其所具有的性质,并把它与其他对象区别开来。因此定性分析是最根本和最重要的分析。

定性分析包括审阅甄别法、经验判断法、会议讨论法、专家意见法、类比分析法等。管理绩效定性评议中的战略管理、发展创新、经营决策、风险控制、基础管理、人力资源、行业影响、社会贡献等就属于定性分析指标。

定量分析是确定分析对象各种成分的数量分析,包括对事物的数量及其组成部分数量和数量关系的分析,主要解决"有多少""程度怎么样"等问题。

各种经济现象会有量的特征,有些现象因其量的不同而互相区别开来。财务分析最基础的环节和最显著的特征就是定量分析,应尽量让数据"说话",因为数据是有说服力的。所以,财务分析通常以定量分析为主。

通过定量分析,可以从数量上测算、比较和确定各项财务指标变动的数额及其影响原因和影响程度,包括比较分析法、比率分析法、趋势分析法、因素分析法、平衡分析法等(如图3.2所示)。

定量分析通过对数量方面的分析与观察,可以揭示经济现象的数量特征和演变规律,具有精确度和分辨率高、预见性强、对经验依赖程度低等特点。

但定量分析存在局限性,尤其是在预测分析中,不少是以历史条件或过去的资料的数学模型在今后继续存在为前提,即"假如这样,势必如此"。然而内外环境的各种变化会影响未来的经济活动。因此在进行财务分析时,必须把定量分析和定性分析结合起来进行综合判断,修正误差,使定量分析的结果更贴近实际情况。

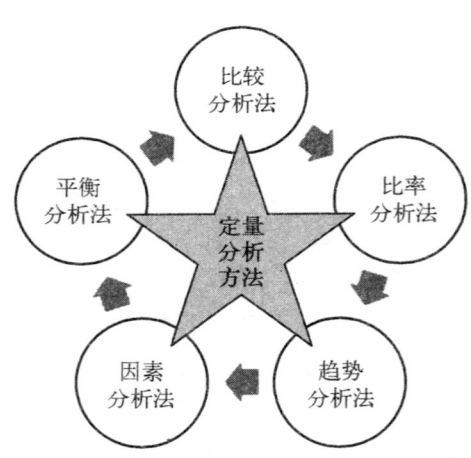

图 3.2 财务常用的定量分析方法

定性分析可以对定量分析的结果,根据有关制度、法规和政策进行相互联系的研究,考虑各种不可计量的因素并加以综合论证,对定量分析的结果进行切合实际的修正(或补正)等。

定性分析是基础和前提,没有定性分析就弄不清本质、趋势和与其他事物的联系。定量分析是工具和手段,没有定量分析就弄不清数量界限、阶段性和特殊性。

凡能够定量分析的事项应以定量分析为主,说明这种数量变动的原因和发展趋势等;无法直接进行量化分析的,应该通过对其发展背景、因素和趋势的定性分析来做出必要的阐明,使信息使用者能对分析对象有完整的了解。

财务分析应当将定性分析与定量分析相结合。例如,影响企业偿债能力的因素是多方面的,除了对来源于财务报表的有关定量财务指标进行分析外,还可以对表外的主客观情况进行定性的因素分析。分析的目的不是只停留在"为算而算"的操作层面上,还要善于在分析的基础上进行逻辑思考,认识整体,把握规律,得出综合研判的结论。

3.1.4 事在人为,不在数据

数据是有根据的数字,是对客观事物初步的逻辑归纳,蕴藏着事物发展规律的"原始状态",需要分析人士去挖掘,使之"活"起来、"动"起来,具有"灵性",因势利导,使之"有用"。

指标计算、数据分析只是提供了财务分析初步的线索,并作为深入分析的向导。要想真正说明问题,还需不断培育洞察能力或透视能力,具有一定的经历与经验。所以,对数据的"悟性"很重要。

事在人为。良好的洞察力和透视力不仅决定着财务分析的方法与走向,而且可以帮助我们躲过数据"陷阱"和思维"陷阱",避免或减少失误。例如,利用大数据征信,但数据源可能被污染,所以,衡量一家企业的偿债能力可以借助财务指标的计算,但更重要的是该企业的诚信素质、还款意愿、社交能力与身处环境等。

不管采用哪种分析方法,人的主观能动因素是最重要的,分析人员的判断力对得出正确的分析结论尤为重要。所以,平时应加强对财务分析人员的培训,提高分析人员的综合素质,提高对报表指标的解读与判断能力,并使他们同时具备会计、财务、市场营销、战略管理和企业经营等方面的知识,逐步培养和提高对所分析问题的判断能力、综合数据的收集能力和运用能力等。

各种分析方法的综合是一个系统,具体运用时应当注意相关性和完整性。例如,收入增长额、增长率分析可运用对比分析法,收入增长速度分析可运用趋势分析法,主营业务收入占全部收入的比重、应收账款占主营业务收入的比重、应收账款账龄及其比重分析可运用结构分析法,应收账款周转速度分析可运用比率分析法,收入增长的可持续发展分析可运用平衡分析法等。又如,对流动性的分析,可以采用比率分析法、平衡分析法等;对预算执行情况的分析,可以采用比较分析法、因素分析法等；对未来发展趋势的预测，可以采用趋势分析法、回归分析法等。分析方法各有千秋，重要的是能够解析清楚经济现象的来龙去脉与前因后果等。

3.2 比较分析的应用场景

3.2.1 比较分析法的特点与作用

比较分析法（又称对比分析法）是通过某项财务指标与性质相同的指标进行对比来揭示财务指标的数量关系和数量差异的一种分析方法，是最基本的财务分析方法，在报表分析的应用场景中广泛使用。

经济业务的发展变化往往是统一性与多样性的有机结合，从而为比较分析法奠定了理论基础与应用场景。共同性使比较对象具有可比的基础，差异性使比较对象具有不同的特征，分析时将这两个方面辩证结合、有机联系，就产生了各种比较的逻辑思路与具体分析方法。

有比较才有鉴别。财务分析可以从比较分析入手，因为经济指标之间存在某种数量关系（大于或小于、增加或减少），能说明生产经营活动的一些状况。每项经营活动的结果可能由很多原因造成，或者说会受到多种因素的影响。对比找出差距往往就是分析工作的起点。

有比较才见优劣。优势或劣势是比对方处于较有利或较不利的形势或环境。例如，申良公司具有足够稳定的资本金、经营多年的成熟产品和较长的经营历史，这是优势；但市场开发力度不够、产品竞争能力不强、经济效益不够好，这是劣势。申良公司如何扬长避短，依托现有资源和业务，通过提高产品质量、销量与服务水平，拓展客户、扩大市场份额、推进创新、提高生产效率等，获得销售收入及利润的内生增长，是本书重点关注的问题。

经济指标通过对比，出现了数量差异，尤其是较大的数量差异，往往说明有进一步分析的必要，从而有助于发现问题，为挖掘潜力指明方向。所以，企业在列报当期财务报表时，至少应当提供所有列报项目的上一个可比会计期间的比较数据，以及与理解当期财务报表相关的说明。向报表使用者提供对比数据，旨在提高信息在会计期间的可比性。列报比较信息的要求适用于财务报表的所有组成部分。

最基本的比较分析法包括绝对数比较和相对数比较。

3.2.2 绝对数比较分析

绝对数是指财务报表中某个项目的具体金额,比较直观,容易理解,如资产总额、负债总额、净资产、净利润、营业收入、应收账款等。例如,证券分析机构是按照资产规模或利润多少建立企业排行榜的。

资产和负债是以绝对数的形式列示在表格中的[如申良公司的资产负债表(见表2.1)],对其进行比较分析,既可以比较大类项目的绝对数(如表3.1所示),也可以比较具体项目的绝对数(如表3.2所示)。

表 3.1　　　　　　　　资产负债表大类项目对比分析表　　　　　　单位:万元

对 比 项 目	期末余额	年初余额	差异额	差异率(%)
流动资产合计	7 398.89	6 742.64	656.25	9.73
非流动资产合计	8 313.11	8 727.88	−414.77	−4.75
资产总计	15 712.00	15 470.52	241.48	1.56
流动负债合计	3 642.05	4 106.97	−464.92	−11.32
非流动负债合计	1 090.00	1 000.00	90.00	9.00
负债总计	4 732.05	5 106.97	−374.92	−7.34
所有者权益总计	10 979.95	10 363.55	616.40	5.95

表 3.1 的对比分析表明,虽然流动资产和非流动资产有增有减,但流动资产的增幅大于非流动资产的增幅,所以资产总额增加,又由于负债总额减少,结果使净资产(所有者权益)增加,即公司的负债程度降低。

在上述增减变动的绝对额中,流动资产增减变动的差异额较大,可将流动资产做进一步的比较分析,结果如表3.2所示。

表 3.2　　　　　　　　流动资产项目对比分析表　　　　　　单位:万元

对 比 项 目	期末余额	年初余额	差异额	差异率(%)
货币资金	673.13	1 297.10	−623.97	−48.11
应收账款	4 150.67	3 278.07	872.60	26.62
预付款项	951.98	786.53	165.45	21.04
其他应收款	362.37	363.12	−0.75	−0.21

续表

对比项目	期末余额	年初余额	差异额	差异率（%）
存货	1 260.74	1 017.82	242.92	23.87
流动资产合计	7 398.89	6 742.64	656.25	9.73

从比较分析中看出问题或找到问题的线索是一种重要的分析能力。在实务中，可以按照金额的重要程度或增减变动的重要程度进行观察并质疑：

为什么在流动资产中，差异额增减变动最大的是应收账款？2019年年末的应收账款占流动资产的比重高达56.10%，比年初增加872.60万元，增长26.62%。为什么会存在这么多应收账款？

为什么货币资金下降得这么快？货币资金从2019年年初的1 297.10万元减少到年末的673.13万元，减少了623.97万元，减少比例为48.11%。货币资金减少与应收账款增加之间存在怎样的内在关联？两者之间是否存在此增彼减的关系？

为什么存货会增加？2019年年末的存货为1 260.74万元，比年初的1 017.82万元增加了242.92万元，增长23.87%。既然销售有压力，正在削价（打折）竞争，为什么企业还会增加存货呢？

观察同行业的对比信息发现，同行的存货加应收账款（简称"两金"）占流动资金平均余额的比重一般在40%左右，再联系2019年度"两金"占流动资产比重的绩效评价标准值（见表4.3），中型企业的平均值在36%，而申良公司该指标却高达73.14%，这是为什么呢？

进一步探究，存货与应收账款增加会不会是导致货币资金减少的最直接、最重要的原因？三者之间究竟有怎样的关系？等等。

3.2.3 相对数比较分析

相对数比较是通过同一种经济数据的增长百分比和完成百分比等相对数指标的比较来揭示经济事项变动或完成程度的一种方法。

以申良公司的利润表（见表2.3）为例，2019年营业收入的预算指标为8 500万元。现分别计算2019年与2018年相比的营业收入增长百分比、2019年营业收入预算完成百分比和预算增长百分比如下：

$$2019年营业收入比2018年增长百分比 = \frac{8\,430.89 - 7\,237.35}{7\,237.35} \times 100\% = 16.49\%$$

2019 年营业收入预算完成百分比 $=\dfrac{8\,430.89}{8\,500}\times 100\%=99.19\%$

2019 年营业收入预算增长百分比 $=\dfrac{8\,430.89-8\,500}{8\,500}\times 100\%=-0.81\%$

通过上述相对数分析,可知申良公司 2019 年的营业收入虽然比 2018 年增长了 16.49%,但没有完成年度预算期望的要求,应查明原因。

采用相对数比较,排除了规模的影响,使不同对象之间建立起可比性,因而广泛运用于同业比较、历史比较和预算比较等。

专题讨论 3.1 | 绝对数指标有哪些优缺点?

绝对数简洁、明了、直观、容易取得,通过对比绝对数容易发现差异;但对于不同投资规模的企业来说,采用绝对数指标进行比较缺乏可比性。例如,甲企业投资 100 万元,取得 20 万元利润;乙企业投资 500 万元,取得 50 万元利润。从利润的绝对额比较分析,乙企业比甲企业多赚取 30 万元利润,但这不具有可比性,因为甲企业运作 100 万元的投资创造出 20 万元利润,投资报酬率为 20%,而乙企业运作 500 万元的投资创造出 50 万元利润,投资报酬率仅为 10%,从投资报酬率的角度来看,还是甲企业的经济效益高。投资报酬率就是相对数指标。财务报表分析应当尽量采用相对数指标进行对比分析。

3.2.4 比较基准(标准)的选择与确定

基准或标准是比较的基础。常用的比较基准或标准有计划指标、前期指标、先进标准、行业标准、绩效标准等。

将实际指标与计划指标(预算、目标、定额)进行比较,找出实际与计划的差异,能够反映计划的执行情况,说明计划的完成程度,给进一步分析提供方向。比较时,应注意检查计划指标本身是否既先进又切实可行,因为实际数与计划数出现差异,除了实际工作原因外,还可能是计划太保守或不切实际等原因造成的。

将本期实际指标与前期(上月、上季、上年或上年同期)实际指标进行比较,能够反映企业财务活动的发展情况,考察企业财务管理的改进情况。

将本期实际指标与先进指标进行比较,实际上是将其与先进的管理方法和经营成果进行比较。树立标杆就是寻找一个榜样,解剖其各项先进指标,研究其成功的要素,发现自身的"短板"和差距,分析并改进工作方法,探索达到或超越标杆水平的途径。

行业标准是指行业内同类企业已经达到的水平,或国家公布的行业指标数据。行业内同类企业的标准有两种:一种是先进水平,另一种是平均水平。将本企业的财务比率与先进水平对比,可以了解与先进企业的差距,发现本企业潜力之所在,促进企业挖掘潜力、提高经济效益;将本企业的财务比率与平均水平对比,可以了解本企业在行业中的位置,明确努力的方向。处于平均水平以下者要追赶平均水平,达到平均水平者应追赶先进水平。

行业平均数是财务指标分析时常见的比较对象。将财务指标与企业过去的水平比较,虽然可以看出自身的变化,但无法知道在竞争中所处的位置。与同行业、同规模的其他企业进行比较,虽然可以看出与对方的差距,为发现问题、解决问题提供线索,但对方不一定是理想的参照对象。所以,寻求行业平均比率指标对于比较分析很重要。

标准财务比率通常是指特定时期、特定行业的平均财务比率,如标准的流动比率、标准的资产负债率、标准的总资产周转率等。可以用来作为标准财务比率的通常是行业平均比率,是根据同一行业中个别企业的财务与经营资料,先综合为一个整体,再据以求得的各项比率。标准财务比率是较理想的比较基准。

企业进行财务分析的对比基数可选择国务院国资委财务监督与考核评价局每年编制的《企业绩效评价标准值》。该标准值分行业列示了全行业、大型、中型、小型企业及其细分行业各自适用的绩效评价标准值及其分档次的数据。通过阅读评价标准值,可以知晓我国各类企业绩效评价的主要指标及其分类与分布情况,做到对比有据、胸中有数。

老法师提醒 3.1 | **不同类型、不同行业的评价标准有区别**

财务分析与业绩评价应当具有针对性和有效性。不同类型、不同行业企业的评价标准值是有区别的,应当选择适合自身的评价标准。例如,在贯穿本书的申良公司的财务分析过程中,所参照的绩效评价标准来源于 2019 年全国中型企业绩效评价标准值;在经典案例评析中对华为公司的财务分析所参照的绩效评价标准是 2019 年全国大型企业绩效评价标准值;对本书中的开发公司的财务分析所运用的评价标准来源于 2019 年全国小型企业绩效评价标准值。[1]

---

[1] 详尽的绩效评价数据可具体阅读《企业绩效评价标准值(2019)》(经济科学出版社出版)。

3.3 比率分析的应用场景

3.3.1 比率分析法的特点与作用

比率分析法是通过计算有关指标之间的相对数进行分析评价的一种方法。采用这种方法，首先要把分析对比的数值变成相对数，计算出各种财务比率指标，然后才能进行比较，从确定的比率差异中发现问题、分析问题、解决问题。

财务比率指标都是相对数，具有可比性和广泛的适用性。财务教学与日常财务报表分析中最常见的应用场景就是采用各种财务比率指标进行分析说明。

财务比率虽能从指标的联系中揭露企业财务活动的内在关系，但它所提供的只是企业某一时点或某一时期的情况。为了说明问题，还需要选用一定的标准与之对比，以便对企业的财务状况做出恰当的评价。

比率指标的大部分数据来源于资产负债表、利润表、现金流量表及其相关的财务信息。

3.3.2 资产负债表的比率指标

资产负债表比率是指形成比率的分子、分母数据均取自资产负债表，如流动资产与流动负债相除，计算流动比率；负债总额与资产总额相除，计算资产负债率等。这类指标是反映企业某一时点偿债能力的比率，通过不同时期偿债能力比率的比较，可以分析企业资产流动性和清偿债务状况的改善趋势及保障程度。

资产负债表数据之间的比较大多采用时点数，如流动比率（流动资产÷流动负债）、速动比率（速动资产÷流动负债）、资产负债率（负债总额÷资产总额）、产权比率（负债总额÷所有者权益总额）、总资产增长率（本年总资产增长额÷年初资产总额）等。这些指标的计算大部分直接取自资产负债表的期末数据，即时点数（如图3.3所示）。

资产负债表反映的是时点数，如果分析者试图了解企业整个分析期的财务状况，可以采用平均余额，这样就能了解企业在整个时期中的财务状况。例如，用期末数计算资产负债率，只是说明当时的负债状况，如果用企业分析期资产和负债的平均数来计算资产负债率，就能反映企业在这一整个时期的负债状况。

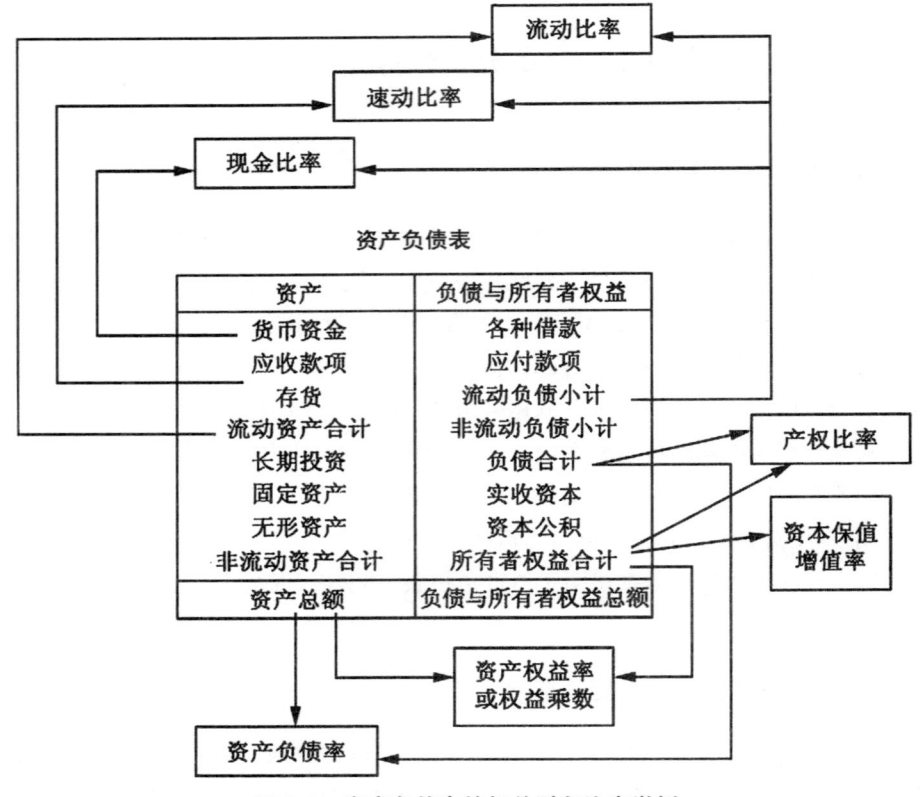

图 3.3 资产负债表的相关财务比率举例

3.3.3 利润表的比率指标

利润表比率是指形成比率的分子、分母数据均取自利润表,如营业毛利率、营业利润率、成本费用利润率等。这类指标是反映企业某一时期盈利能力的比率,通过不同时期盈利能力比率的比较,可以分析企业经济效益的增长趋势及潜力。

利润表数据之间的比较主要采用时期数,如已获利息倍数(息税前利润总额÷利息费用)、营业利润率(营业利润÷营业收入)、成本费用利润率(利润总额÷成本费用总额)、营业收入增长率(本年营业收入增长额÷上年营业收入总额)、营业利润增长率(本年营业利润增长额÷上年营业利润总额)等指标。有的数据需要先进行简单计算,如息税前利润总额和成本费用总额,再根据公式计算(如图 3.4 所示)。

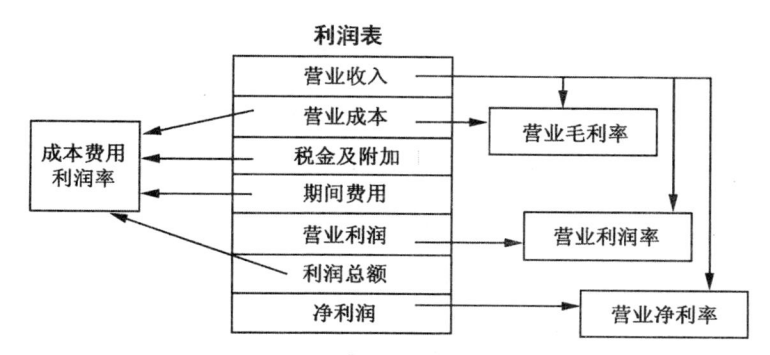

图 3.4　利润表的相关财务比率举例

利润表反映的是时期数，计算某一时期的盈利水平一般要使用该期的本期发生额，所以这些指标一般采用的是期末累计发生额；但在特殊情况下也可以采用平均额来计算，如一定时期的平均盈利率和增长率等。

3.3.4　资产负债表与利润表结合的比率指标

资产负债表与利润表结合的比率是指形成比率的分子、分母数据分别取自资产负债表和利润表，如应收账款周转率、总资产报酬率和资本净利率等。

资产负债表和利润表数据之间的比较会涉及时期数和时点数，如应收账款周转率（营业收入÷平均应收账款余额）、存货周转率（营业成本÷平均存货余额）、流动资产周转率（营业收入÷平均流动资产总额）、固定资产周转率（营业收入÷平均固定资产净值）、总资产周转率（营业收入÷平均资产总额）、总资产报酬率（息税前利润÷平均资产总额）、净资产收益率（净利润÷平均净资产）等。

这些指标的共同特点是，分子与分母中，一个是时期数，另一个是时点数。为了使分子与分母的计算口径一致，需要对时点数取年初数与年末数的平均数。如果各月时点数余额的波动性较大，也可以采用各月余额的平均数计算。

图 3.5 中涉及周转率的计算公式中，分子都是周转额，均属于时期数；分母就应当是相对应的某类资产的平均占用额。

也有例外情况，如上市公司计算的每股利润中的普通股股数，可以采用加权平均计算，也可以采用期末数计算；又如，为了反映特殊要求的财务状况，可以采用一定时期的平均数来计算某些比率指标，如采用平均利润和平均资产来计算的财务比率能说明企业在某一期间平均资产的平均盈利能力、采用平均资产除以平均净

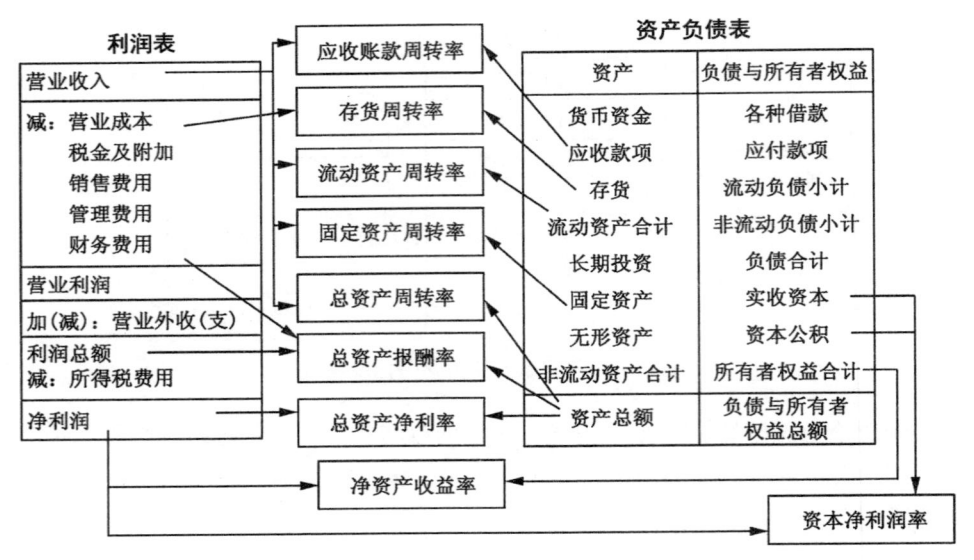

图 3.5 资产负债表和利润表之间的相关财务比率举例

资产计算的权益乘数可用于杜邦体系的因素分析等。

3.3.5 现金流量表的比率指标

现金流量表比率是指形成比率的分子、分母数据均取自现金流量表。这类指标是反映企业一定时期现金流量状况和变动原因的财务比率,如现金增减率、营业现金比率和现金流量结构比率等。

在运用现金流量表比率时应注意,这些来源于现金流量表的财务数据大多是本期的累计发生额,如果要分析其平均变动状况,就必须采用平均数,如某种现金的平均持有变动率等;只有在特殊需要时,才会使用期末余额,如期末持有现金增长率等。

3.3.6 现金流量表与资产负债表、利润表结合的比率指标

现金流量表与资产负债表、利润表结合的财务比率是指形成的比率的分子、分母数据分别取自现金流量表、资产负债表和利润表,如现金流动负债比、现金负债总额比、营业收现率、净利润实现率等。

资产负债表、利润表、现金流量表数据之间的比较会涉及时期数和时点数(如图 3.6 所示)。为了使分子与分母的计算口径一致,需要对时点数取年初数与年末

数的平均数。如果各月时点数余额的波动性较大,也可以采用各月余额的平均数计算。

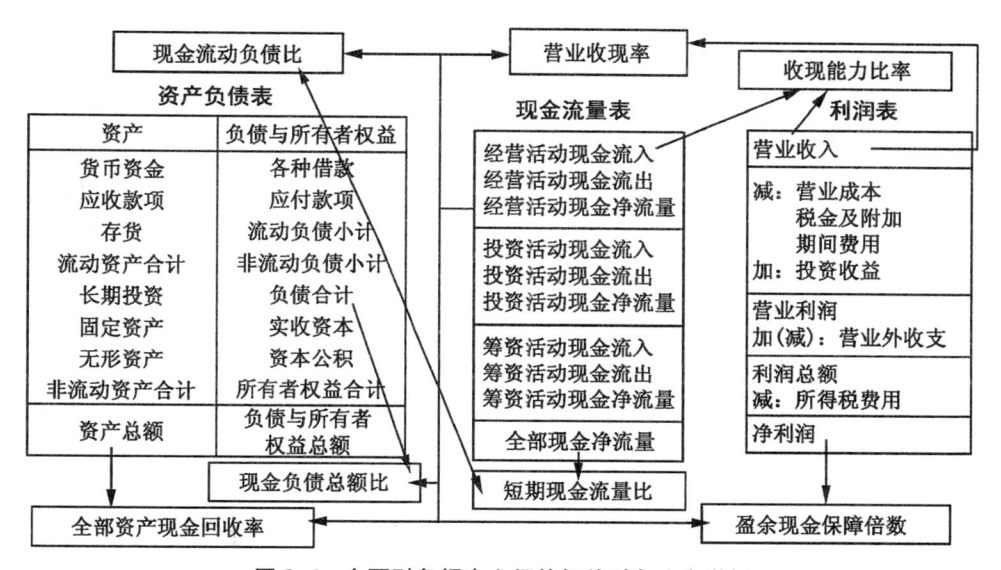

图 3.6　主要财务报表之间的相关财务比率举例

在运用现金流量表与资产负债表、利润表结合的财务比率时应注意,这些来源于三大报表的数据到底是用期末余额、累计发生额还是平均数,需要根据分析的目的和要求确定,并有一定的规律可循。如果数据运用不当,会造成分析比率的偏差,最终导致错误的分析结果。

老法师提醒 3.2 ｜ 注意时点数、时期数与计算频率问题

在财务分析中,各项指标的数据主要来源于相关报表。资产负债表反映的是"某一特定日期",即时点数;利润表和现金流量表反映的是"一定会计期间",即时期数。时点数与时点数相比,时点一致;时期数与时期数比较,时期一致;但时点数与时期数之间由于计算口径不一致,不能直接进行比较,需要按照惯例进行换算。

由于年度分析的时间跨度较长,因此,企业可以根据实际需求进行半年度、季度或月度分析,于是,在计算各项指标时,时点数就要用到期初数与期末数的平均数,如半年度的期初期末数、季初季末数、月初月末数,而不只是年初数和年末数的平均数;同时,根据分析的需要,计算期的天数也相应地由 360 天调整为 180 天、90 天或者 30 天。

3.3.7 比率指标的其他分类

（1）构成比率

构成比率（结构比率）是指某项财务指标的各个组成部分占总体的百分比，反映部分与总体的关系，说明某项指标的构成及其发展变化，这种方法又称比重分析法。例如，将构成产品成本的各个成本项目的数值与产品总成本相比较，计算出其占总成本的比重，确定成本的构成；然后将其与不同时期同样产品的成本构成相比较，观察产品成本构成的变化与提高生产技术水平和加强经营管理的关系，为进一步挖掘降低成本的潜力指明方向。

财务分析应当从总量分析走向深层的结构比率分析：第一步，计算财务报表中各个项目占总额的比重。第二步，通过各个项目的占比，分析其在企业经营中的重要性。一般项目占比越大就越重要，对企业的影响程度也就越大。第三步，将分析期各个项目的比重与前期进行对比，研究各个项目的比重变动情况，对变动较大的项目做进一步的分析等。

财务报表是一份结构情况的报告书。申良公司 2019 年年末资产负债表的有关结构比例情况如表 3.3 所示。

表 3.3　　　　　　　　资产负债表结构比例分析　　　　　　　　单位：万元

资　产	期末余额	结构(%)	负债与所有者权益	期末余额	结构(%)
货币资金	673.13	4.28	短期借款	1 900.00	12.09
应收账款	4 150.67	26.42	应付账款	892.75	5.68
预付账款	951.98	6.06	其他流动负债	849.30	5.41
其他应收款	362.37	2.31	长期借款	1 090.00	6.94
存货	1 260.74	8.02	所有者权益	10 979.95	69.88
非流动资产	8 313.11	52.91	其中：实收资本	8 000.00	50.92
合　计	15 712.00	100.00	合　计	15 712.00	100.00

申良公司资产分布的结构百分比说明，流动资产占全部资产的比重不到 50%，非流动资产的比重超过 50%。在流动资产中，应收账款和存货所占的比重较高，应当是流动资产分析的重点（如图 3.7 所示）。

在申良公司全部资金来源的结构比例中，所有者权益的比重最高，接近 70%，说明公司资本雄厚、财务状况相当稳健（如图 3.8 所示）。

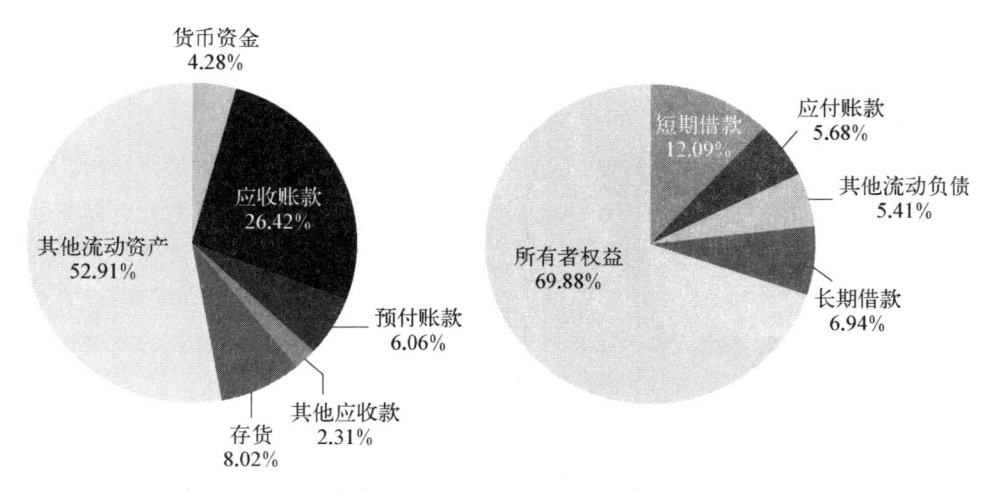

图 3.7 申良公司 2019 年年末
资产分布结构图

图 3.8 申良公司 2019 年年末负债与
所有者权益分布结构图

(2) 效率比率

效率比率是指某项财务活动中所费与所得的比率,反映投入与产出的关系,如成本费用与利润的比率、投资额与收益额的比率、资金占用额与利润的比率等。利用效率比率指标可以进行得失的比较,考察经营成果,评价经济效益水平。

(3) 相关比率

相关比率是指除部分与总体、投入与产出关系之外具有相关关系的比率指标,反映有关经济活动之间的联系,如流动比率、速动比率、现金比率、应收账款周转率、存货周转率、流动资产周转率、总资产周转率、现金净流量与净利润的比率等。利用相关比率指标,可以考察有联系的相关业务安排得是否合理,以保障生产经营活动能够顺畅运行。

上述三种比率分析适用于同质指标的数量对比。例如,结构比率指标中的部分指标与总体指标应同处于一个系统中才有相关性;效率比率指标中的投入与产出应具有因果关系才能比较得失,才可以用来说明投入与产出的经济效益水平,如费用应为取得某项收入而花费,收入必须是花费相应的资产而实现的,没有因果关系的得失比较不能说明经济效益水平。相关指标中的两个对比指标要有内在联系,才能评价有关经济活动之间是否协调均衡,安排是否合理。

专题讨论 3.2 | 指标分析的可比性问题

对比分析时,应当注意指标之间的可比性,包括相互对比的指标所代表的财务活动规模应基本相同,指标所反映的时间长度应当相同,指标的计算口径、计算方法、计算标准应基本相同。对于不同规模、不同技术条件的企业应尽可能采用财务比率指标进行比较,而不用绝对数比较。

如果指标之间有不可比的因素,应先按可比的口径进行调整,再进行对比。尤其应当注意以下三点:① 由于经济政策、会计准则或会计制度发生重大变化而影响指标内容时,应将指标调整为同一口径。若对比的指标不可比,则应做必要的换算,以消除不可比因素。② 应尽量剔除偶发性项目(如天灾人祸等)的影响,使分析所利用的数据能反映正常的生产经营状况,必要时对价格变动因素也要进行调整。③ 应运用例外原则对某项有显著变动的指标做重点分析,研究其产生变动的原因,以便采取对策,趋利避害。

3.4 趋势分析的应用场景

3.4.1 趋势分析法的特点与作用

趋势分析法既可用于财务报表的整体分析,也可针对某些项目或某些指标进行专门分析,是通过将两期或多期连续的相同指标进行定基对比和环比对比,得出增减变动方向、数额和幅度,以揭示变化趋势的一种分析方法。

趋势分析法可用相对数,也可用绝对数。常见的趋势分析包括比较财务报表、比较百分比财务报表、比较财务比率等。

比较财务报表是比较企业连续几期财务报表的数据,分析其增减变化的幅度及其变化原因,以此来判断企业财务状况的发展趋势。这种方法选择的期数越多,分析结果的准确性越高。但是,在进行比较分析时,必须考虑各期数据的可比性。因某些特殊原因,某一时期的某项财务数据可能变化较大,缺乏可比性,因此,在分析过程中应该排除非可比因素,使各期财务数据具有可比性。

比较百分比财务报表是在比较财务报表的基础上发展而来的。百分比财务报表是将财务报表中的数据用百分比表示。比较财务报表是比较各期报表中的数据,而比较百分比财务报表是比较各项目百分比的变化,以此来判断企业财务状况的发展趋势。

比较财务比率就是将企业连续几个会计期间的财务比率进行对比,从而分析企业财务状况的发展趋势。这种方法实际上是比率分析法和比较分析法的结合。与前面两种方法相比,这种方法更加直观地反映了企业各个方面财务状况的变动趋势。

3.4.2 定比趋势分析和环比趋势分析

进行趋势分析最常见的表现形式是定比分析和环比分析。

定比分析(定基动态比率)是以某一时期的数额为固定的基期数计算出的趋势百分数。由于这样计算出的各会计期间的趋势百分数均以基期为计算基准,因此能够明确地反映有关项目与基期相比发生了多大变化。其计算公式如下:

$$定基动态比率 = \frac{分析期数据}{定基数据} \times 100\%$$

环比分析(环比动态比率)是以每一分析期的数据与上期数据相比较计算出的趋势百分比,由于它以前一期作为基数,因此能明确地说明项目的发展变化速度。其计算公式如下:

$$环比动态比率 = \frac{分析期数据}{前期数据} \times 100\%$$

申良公司 2016 年、2017 年、2018 年和 2019 年的营业收入分别为 6 200 万元、6 936.02 万元、7 237.35 万元和 8 430.89 万元。以 2016 年的营业收入 6 200 万元为基期,计算出定基动态比率分别为 111.87%、116.73% 和 135.98%。以前期数据为基数,计算出环比动态比率分别为 111.87%、104.34% 和 116.49%。单独分析营业收入的增减变动及其发展趋势可以看出,申良公司属于销售持续增长型公司。

申良公司 2016 年、2017 年、2018 年和 2019 年的利润总额分别为 1 000 万元、1 020.2 万元、910.01 万元和 713.68 万元。以 2016 年的利润总额 1 000 万元为基期,计算出定基动态比率分别为 102.02%、91% 和 71.37%。以前期数据为基数,计算出环比动态比率分别为 102.02%、89.2% 和 78.43%。单独分析利润总额的增减变动及其发展趋势可以看出,申良公司属于利润持续下降型公司。

如果将上述营业收入和利润总额联系起来考虑,计算出营业利润率,申良公司 2016 年、2017 年、2018 年和 2019 年的营业利润率分别为 16.13%、14.71%、12.57% 和 8.47%。以 2016 年的营业利润率 16.13% 为基期,计算出定基动态比率分别为 91.2%、77.93% 和 52.51%。以前期数据为基数,计算出环比动态比率分别为 91.2%、85.45% 和 67.38%。分析营业利润率的发展趋势,可以看出申良公司属于营业利润率直线下降型公司。

上述营业收入、利润总额、营业利润率三项指标的趋势分析可以直观地反映在图 3.9 中。申良公司的营业收入连年上升而利润总额连年下降,如果不能转型发展,营业利润率逐年下降的趋势将难以改变。

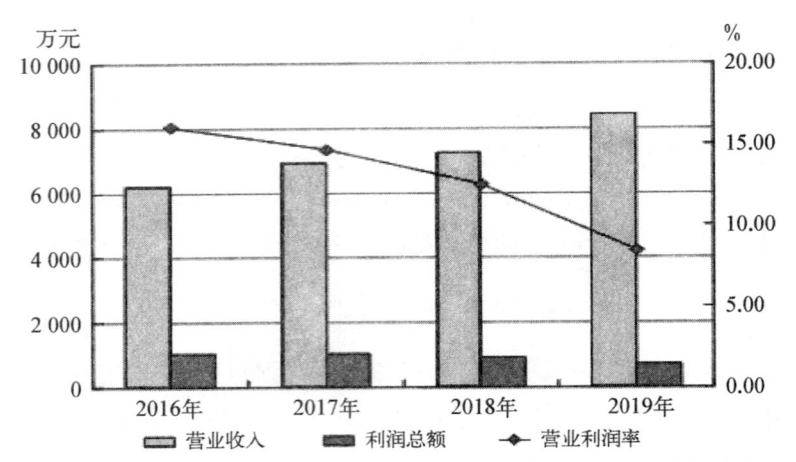

图 3.9 申良公司 2016～2019 年营业收入、营业利润、营业利润率趋势分析

3.4.3 横向趋势分析和纵向趋势分析

基于时间维度的横向比较和基于空间维度的纵向比较是进行趋势分析的两条主线,对发现和预测趋势具有应用价值。

(1) 横向趋势分析

横向比较法又称水平分析法,通常是将财务报表中的数据与上一期(或同行业平均水平、先进水平等)的数据对比,分析财务数据的增减变动及其趋势,找出变化的原因,判断这种变化是有利的还是不利的,并对这种趋势是否会延续做出判断。

财务报表的横向比较有比较资产负债表、比较利润表、比较现金流量表等。比较时既要计算出表中有关项目增减变动的绝对额,又要计算出其增减变动的百分比。现以表 2.3 提供的资料为例,说明利润表的横向比较分析(如表 3.4 所示)。

表 3.4　　　　　　　　　　　　利润表(横向比较)

编制单位：申良公司　　　　　2019 年度　　　　　　　　　　　单位：万元

项　　目	上年金额	本年金额	增减金额	增减百分比(%)
一、营业收入	7 237.35	8 430.89	1 193.54	16.49
减：营业成本	5 407.54	6 638.30	1 230.76	22.76
税金及附加	72.40	84.30	11.90	16.44
销售费用	506.22	482.32	−23.90	−4.72

续表

项　　目	上年金额	本年金额	增减金额	增减百分比(%)
管理费用	680.90	716.01	35.11	5.16
研发费用	144.74	168.62	23.88	16.50
财务费用	85.74	108.95	23.21	27.07
加：投资收益	471.40	424.86	−46.54	−9.87
减：资产减值损失	50.00	30.00	−20.00	−40.00
二、营业利润	761.21	627.25	−133.96	−17.60
加：营业外收入	155.42	105.52	−49.90	−32.11
减：营业外支出	6.62	19.09	12.47	188.37
三、利润总额	910.01	713.68	−196.33	−21.57
减：所得税费用	87.24	97.28	10.04	11.51
四、净利润	822.77	616.40	−206.37	−25.08

表3.4中的第二列、第三列分别为上年度和本年度的实际发生数,是绝对数;第四列显示两年增减变动的绝对数;第五列是增减变动的百分比。表中数据计算如下:

$$增减变动金额 = 本年金额 - 上年金额$$

$$增减变动百分比 = \frac{增减变动金额}{上年金额} \times 100\%$$

通过表3.4的计算分析可以初步看出:2019年申良公司的营业收入增长16.49%,趋势在上升,营业成本跟着增长,且上升得更快,税金及附加和研发费用随营业收入同步增长,期间费用略有减少,但各项利润指标有减无增,下降趋势明显。申良公司两年利润表的横向比较说明其盈利能力在下降,利润正在减少。

(2) 纵向趋势分析

纵向比较又称垂直分析,可将财务报表数据换算成结构百分比形式的报表,然后将本期和前一期或前几期的结构百分比报表汇编在一起,逐项比较,查明各特定项目在不同年度所占比重的变化情况,并进一步判断相关的发展趋势。

同一报表中不同项目的结构百分比计算公式如下:

$$结构百分比 = \frac{部分}{总体} \times 100\%$$

通常,利润表的"总体"是"营业收入",资产负债表的"总体"是"资产总额","部分"则是指报表中除"总体"以外的其他项目的金额。

纵向比较既可以用于同一家企业不同时期财务状况的纵向比较,也可以用于不同企业之间或行业平均数之间的横向比较。这种方法能清除不同时期或不同企业之间业务规模差异的影响,有利于分析企业的耗费水平和盈利水平。

现以表2.3提供的资料为例,说明利润表的纵向比较分析(如表3.5所示)。

表 3.5　　　　　　　　　　　　利润表(纵向比较)

编制单位:申良公司　　　　　　　2019年度　　　　　　　　　单位:万元

项　目	上年金额	本年金额	上年结构（%）	本年结构（%）	结构差异（%）
一、营业收入	7 237.35	8 430.89	100.00	100.00	0.00
减:营业成本	5 407.54	6 638.30	74.72	78.74	4.02
税金及附加	72.40	84.30	1.00	1.00	0.00
销售费用	506.22	482.32	6.99	5.72	−1.27
管理费用	680.90	716.01	9.41	8.49	−0.92
研发费用	144.74	168.62	2.00	2.00	0.00
财务费用	85.74	108.95	1.18	1.29	0.11
加:投资收益	471.40	424.86	6.51	5.04	−1.47
减:资产减值损失	50.00	30.00	0.69	0.36	−0.33
二、营业利润	761.21	627.25	10.52	7.44	−3.08
加:营业外收入	155.42	105.52	2.15	1.25	−0.90
减:营业外支出	6.62	19.09	0.09	0.23	0.14
三、利润总额	910.01	713.68	12.57	8.47	−4.10
减:所得税费用	87.24	97.28	1.21	1.15	−0.06
四、净利润	822.77	616.40	11.37	7.31	−4.06

表3.5以营业收入总额为基数(100%),将利润表内各项目的绝对数逐一除以营业收入总额,即可求出各项目相对于共同基数的百分比。计算结果可使各项利润率或费用率一目了然,其结构的变动清晰显现出来。

通过表3.5的计算分析可以初步看出:申良公司的营业成本占营业收入的比重

从 2018 年的 74.72% 上升为 2019 年的 78.74%,趋势升高;税金及附加和研发费用的比重不变,保持平稳;相关费用有所节约,趋势向下;各项利润不断下降,应引为关注。

由于反映损益分布的状况是衡量企业业绩最直观的指标,因此,不能只做横向对比而忽视纵向对比的作用。纵向分析应着重于从以往到未来的业绩走向,侧重于某一项目在不同年度结构比重(重要性程度)的变化;横向分析应着重于同一行业中各家企业之间的业绩对比,或侧重于同一项目在不同年度金额的增减百分比变化分析。将两者有机结合更有利于准确分析和科学预测。实务工作中,可以将表 3.4 和表 3.5 关于利润表纵横向比较的结果合二为一,编制经营成果分析一览表(见第 6 章中的表 6.1)。

趋势预测法的主要优点是考虑时间序列发展趋势,使推测结果符合实际。其自变量为时间,因变量为时间的函数。时间越长,结果可能越精确。

察势者智,驭势者赢。有效的趋势分析有助于发现增减变动趋势和异常。在趋势分析过程中,当发现某项财务指标在一定时期内有显著变动且出现令人费解的现象时,应作为分析重点,深究其增减变动的原因,以便采取对策,趋利避害。趋势分析能够帮助我们认知经济运行规律,对预测未来发展前景特别有用,并为实施财务诊断与危机预警、编制财务预算与进行财务控制、进行企业估值与财务决策奠定基础。

3.5 因素分析的应用场景

3.5.1 因素分析法的特点与作用

在对比分析的基础上,企业可以根据影响经济指标的因素,计算它们的变动对经济指标的具体影响,以便明确作用方向与影响程度,从而抓住主要矛盾,有重点地解决问题。

因素分析法是分析某组现象总变动中各个因素影响程度的一种方法。使用这种方法能够把一组反映事物性质、状态、特点等的变量简化为少数几个能够反映事物内在联系的、固有的、决定事物本质特征的因素。

当所分析的经济现象或指标可以分解为两个或两个以上因素(或相乘的积,或相除的商)的时候,为了知道每一个因素变动的影响值,从而分清主要因素与次要因素、主观因素与客观因素、有利因素与不利因素等,就可以运用因素分析法,其替代顺序归纳如图 3.10 所示。因素分析法可以用于定性分析或定量分析。连环替代法和差额计算法是因素分析法最常见的两种分析形态。

```
根据经济指标          根据影响某项经济指标完成情况的因素，按其依存关
确定分析对象    ⇨    系将经济指标的基数(计划数或上期数)和实际数分解
                    为两个指标体系，并将该指标的实际数与基数进行比
                    较，求出实际数与基数的差异，即为分析对象

采用连环替代          以基数指标体系为基础，用实际数指标体系中每项因
计算替代结果    ⇨    素的实际数顺序替代基数，每次替代后，实际数就被
                    保留下来，有几个因素就替代几次，并计算出由于该
                    因素变动所得的结果

比较替代结果          将每次替代所计算的结果与替代前的结果相比较，两
确定影响程度    ⇨    者的差额就是这一因素变化对经济指标差异的影响
                    程度

加总影响值            将各因素的影响数值相加，其代数和应同该项指标的
验算分析结果    ⇨    实际数与基数的总差异数(即分析对象)相等，以此可
                    检验分析是否正确
```

图 3.10　因素分析法的替代顺序

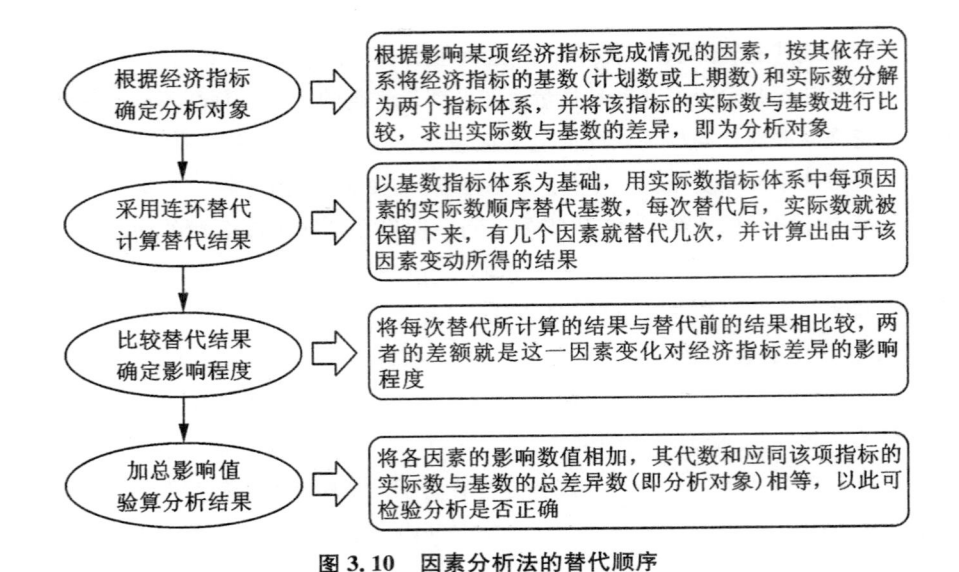

3.5.2　连环替代法

连环替代法(连锁替代法)是在诸因素中,顺序把其中的一个因素当作可变的,把其他因素当作暂时不变的,进行逐项替代,分别求出各个因素变动对指标完成情况的影响程度的一种分析方法。其计算程序如下：

第一步：确定某项指标(即分析计算的对象)是由哪几项因素组成的,也就是根据该指标的计算公式确定影响指标变动的各项因素。

第二步：排定各项因素的顺序。

第三步：运用各项因素的基数进行计算。

第四步：先顺序将各项因数的基数替换为实际数,将每次替换后的计算结果与前一次替换后的计算结果相比较；再顺序算出每项因素的影响程度,有几项因素就替换几次。

第五步：将各项因素影响程度(有正数、有负数)的代数值相加,就是实际数与基数之间的总差异数。

实证分析 3.1　｜　原材料费用增减变动的因素分析

申良公司 2019 年 6 月某原材料费用的实际数为 27 573.75 元,计划数为

24 000 元，实际比计划增加 3 573.75 元。

由于材料费用是由产量、单位产品材料耗用量（单耗）和材料单价三个因素的乘积构成，因此，把材料费用指标分解为上述三个因素，可以逐个分析它们对材料总额的影响程度。上述三个因素的有关数据如表 3.6 所示。

表 3.6 材料因素分析资料

项　目	单　位	计划数	实际数	差　异
产品产量	件	200.00	215.00	15.00
单位材料消耗量	千克	10.00	9.50	−0.50
材料单价	元	12.00	13.50	1.50
材料费用总额	元	24 000.00	27 573.75	3 573.75

采用连环替代法分析计算如下：

计划指标：200×10×12＝24 000(元)　　　　　　　　　　　　①
第一次替代：215×10×12＝25 800(元)　　　　　　　　　　　②
第二次替代：215×9.5×12＝24 510(元)　　　　　　　　　　③
第三次替代：215×9.5×13.5＝27 573.75(元)　　　　　　　④

其中：

产量增加的影响＝②－①＝25 800－24 000＝1 800(元)
材料耗用的影响＝③－②＝24 510－25 800＝－1 290(元)
价格提高的影响＝④－③＝27 573.75－24 510＝3 063.75(元)
验证结果：1 800＋(－1 290)＋3 063.75＝3 573.75(元)

3.5.3 差额计算法

差额计算法是利用各个因素的实际数与基数之间的差异来计算各个因素的变动对指标完成情况的影响程度。它是连环替代法的简化形式。现仍以表 3.6 的资料为例，运用差额计算法计算各因素变动的影响程度如下：

材料费用实际数与计划数的差异＝27 573.75－24 000＝3 573.75(元)

各因素影响的分析计算如下：

产量增加的影响＝(215－200)×10×12＝1 800(元)
材料耗用的影响＝215×(9.5－10)×12＝－1 290(元)
价格提高的影响＝215×9.5×(13.5－12)＝3 063.75(元)

分析结果表明：由于材料耗费属于变动成本，随产量上升而正比例变动，因此产量增加的影响为正常因素；材料单耗下降属于企业主观努力的结果，是有利因素；而价格上涨是客观因素，属于不利因素。

3.5.4　因素分析的替代特性

(1) 计算的连环性

在计算每一个因素变动的影响时，都是假定这个因素变化，其他因素不变，每次计算都是在前一次的基础上进行的，直至最后一个因素。因此，每一个因素的影响值都是以"环比"方式得出，其计算过程表现为一个连环式的替代计算过程。其基本原理如下：

假定某一经济指标 N 是由相互联系的 a、b、c 三个因素的乘积组成，即：

$$N = a \times b \times c$$

当 N_0 为计划指标时，则：

$$N_0 = a_0 \times b_0 \times c_0$$

当 N_1 为实际指标时，则：

$$N_1 = a_1 \times b_1 \times c_1$$

计划指标与实际指标的差异：

$$N_1 - N_0 = Q$$

由于 N 指标从 N_0 变为 N_1 总是 a、b、c 三个因素变动影响的结果，因此，只要把其中一个因素作为可变量，顺序进行替代即可。

计划指标：$N_0 = a_0 \times b_0 \times c_0$　　　　　　　　　　　　⑤

替代指标：$N_2 = a_1 \times b_0 \times c_0$　　　　　　　　　　　　⑥

⑥ - ⑤ = $N_2 - N_0$，即 a_0 变为 a_1 的影响值。

替代指标：$N_3 = a_1 \times b_1 \times c_0$　　　　　　　　　　　　⑦

⑦ - ⑥ = $N_3 - N_2$，即 b_0 变为 b_1 的影响值。

替代指标：$N_1 = a_1 \times b_1 \times c_1$　　　　　　　　　　　　⑧

⑧ - ⑦ = $N_1 - N_3$，即 c_0 变为 c_1 的影响值。

将上述各个因素的影响值综合，即可得到差异数 Q，如下所示：

$$(N_1 - N_3) + (N_3 - N_2) + (N_2 - N_0) = N_1 - N_0 = Q$$

根据上述分析结果，可推导如下：
$$N_2 - N_0 = a_1 \times b_0 \times c_0 - a_0 \times b_0 \times c_0$$
$$= (a_1 - a_0) \times b_0 \times c_0 (a\text{ 因素变动，其他因素不变})$$
$$N_3 - N_2 = a_1 \times b_1 \times c_0 - a_1 \times b_0 \times c_0$$
$$= (b_1 - b_0) \times a_1 \times c_0 (b\text{ 因素变动，其他因素不变})$$
$$N_1 - N_3 = a_1 \times b_1 \times c_1 - a_1 \times b_1 \times c_0$$
$$= (c_1 - c_0) \times a_1 \times b_1 (c\text{ 因素变动，其他因素不变})$$

三个因素影响值的合计等于 N 指标变动的总差异 Q。

(2) 替代的顺序性

运用因素分析法时，每个因素变动的影响都是按一定的顺序逐个计算的。由于计算顺序的改变，各个因素的影响值也会变化，当然，不会影响总差异 Q。

如将上述先计算 a 因素变动的影响值改为先计算 b 因素变动的影响值，就有：
$$N_2 - N_0 = a_0 \times b_1 \times c_0 - a_0 \times b_0 \times c_0 = (b_1 - b_0) \times a_0 \times c_0$$
$$N_3 - N_2 = a_0 \times b_1 \times c_1 - a_0 \times b_1 \times c_0 = (c_1 - c_0) \times a_0 \times b_1$$
$$N_1 - N_3 = a_1 \times b_1 \times c_1 - a_0 \times b_1 \times c_1 = (a_1 - a_0) \times b_1 \times c_1$$

由此可见，因素分析法的顺序改变，虽然各个因素影响的合计数仍然等于分析指标的总差异，即 $(N_2 - N_0) + (N_3 - N_2) + (N_1 - N_3) = N_1 - N_0 = Q$，但各个因素影响的程度都不相同，即：
$$(a_1 - a_0) \times b_0 \times c_0 \neq (a_1 - a_0) \times b_1 \times c_1$$
$$(b_1 - b_0) \times a_1 \times c_0 \neq (b_1 - b_0) \times a_0 \times c_0$$
$$(c_1 - c_0) \times a_1 \times b_1 \neq (c_1 - c_0) \times a_0 \times b_1$$

运用因素分析法应当掌握好替代计算的顺序。替代顺序一经确定，不能随意变动。

(3) 结果的假定性

由于每一个因素变动的影响都是以假定其他因素不变为前提的，而且是按某种顺序计算的，因此计算出的因素影响值只是指标在某一假定条件下的影响值，也就是在这种假定条件下才能认为是正确的影响值。

实证分析 3.2 | 巴菲特善用的财务报表分析的 8 种方法

一是垂直分析：确定财务报表结构占比最大的重要项目。

二是水平分析：分析财务报表年度变化最大的重要项目。

三是趋势分析：分析财务报表长期变化最大的重要项目。

四是比率分析：最常用也是最重要的财务分析方法。

五是因素分析：分析最重要的驱动因素。

六是综合分析：多项重要指标结合进行综合分析。

七是对比分析：与最主要的竞争对手进行对比分析。

八是前景分析：预测未来的长期业绩是财务分析的最终目标。

巴菲特进行财务报表分析时说："我们始终在寻找那些业务清晰易懂、业绩持续优异、由能力非凡并且为股东着想的管理层来经营的大公司。"

3.6 平衡分析的应用场景

3.6.1 平衡分析法的特点与作用

平衡是指两物齐平如衡，或保持两物平衡。当两个或两个以上力作用于一个物体，各个力互相抵消，使物体呈相对静止或相对稳定的状态，可谓平衡。

平衡分析通过解析指标之间的发展是否平衡，揭示指标之间出现的不平衡状态、性质和原因，指引人们去寻找平衡的方法。

会计之道就是平衡之道。资金在于流动，资产在于运动，其结果在于新陈代谢后资产或资本的保值增值。但任何运动都不应该破坏会计要素之间内在的、约束着的平衡机制。许多报表项目之间存在"期初余额＋本期增加额＝本期减少额＋期末余额"的平衡关系，如库存现金、银行存款、应收账款、存货、应付账款等。变换上述公式中各个因素之间的平衡关系，可以分析某些指标产生差异的原因，并测定其影响程度。

平衡分析重视资产与负债、收入与支出、投入量与产出量、流入量与流出量等内在平衡关系的研究。平衡可以减少风险，也能够实现经济效益目标。所以，财务分析中有会计要素平衡分析、财务结构平衡分析、资产运营平衡分析、风险与收益均衡分析、收益质量与现金流量平衡分析、本量利分析等专题。

平衡分析的机理还在于万事万物都有自身的相对方，正与反、有与无、虚与实、长与短、前与后、高与低、上与下、新与旧、多与少、强与弱……一方是相对于另一方而存在的，对称双方在一定条件下可以相互转化。

企业经营管理过程中充满着各种各样的矛盾，如生产与需要、积累与消费、投入与产出。这些矛盾的平衡是有条件的、暂时的、相对的，不平衡是绝对的。现在看起来是平衡的，过后又被矛盾的斗争打破平衡，这样周而复始，推动经济业务不断发生和发展。比例失调就是失去了平衡。通过平衡分析，及时发现薄弱环节，挖掘经济发展潜力，就可以达到新的平衡。

市场竞争、经济波动、通货膨胀以及市场变动等因素，再加上企业内部管理等原因，很可能造成企业财务失衡，如收不抵支、资不抵债等。即使是盈利的企业，也会遇到现金流入量与现金流出量不平衡的问题。不平衡是绝对的，而平衡是相对的。事物总是从平衡到不平衡再到新的平衡的螺旋式循环中逐渐发展的。从有效利用资金或资源的角度来看，管理的任务之一就是利用平衡与不平衡之间的关系以及时间上的空隙、数量上的差异等，去发现不平衡、解决不平衡、追求新的平衡。

平衡的基本思想是"天道自衡"，即平衡是宇宙万物的本源或本质，也是宇宙万物运行的法则。万物因为平衡而存在，万物为存在而求平衡。平衡是一种哲学思想。

万物的这种平衡是动态的平衡，而不是静止不变。平衡离不开运动，万物都是在运动中求得平衡的。"所谓平衡，就是矛盾的暂时的相对的统一。"（毛泽东《关于正确处理人民内部矛盾的问题》）认识动态中的平衡是一种智慧。

平衡是一种感觉，如因身体所处位置的变化而引起的平衡觉。平衡还是一种技术、技巧或能力，如运动员在平衡木上做各种动作，属于竞技体操项目之一。由此可见，平衡是可以通过训练获得提高的。

自然界不能失去平衡，否则人类的生存环境就会遭到破坏；人的体内循环不能失去平衡，否则疾病就会接踵而至；企业的经营管理不能失去平衡，否则运营过程就会令人焦头烂额；会计不能失去平衡，否则就没有了核算的基础……财务分析应当关注平衡分析与管理，包括产销平衡、财务平衡、盈亏平衡、收支平衡、发展平衡等。

3.6.2　产销平衡是业财平衡分析的基础

产销平衡是生产方和销售方配合协调的理想境界。产销平衡（包括供销、产销、设备增长与生产增长等方面的平衡）与平衡增长是企业的发展之本。不融合、不平衡就会造成财务指标失衡。这就是说，业务管理中的不平衡最终会体现为财务指标上的不平衡，财务指标上的不平衡也会反映业务管理中的不平衡。

申良公司2019年年报已经显示出产销不平衡的状况。销售增加，库存增加，这可能是一种不平衡；销售增加，应收账款增加得更多，这就是一种不平衡；销售增加，利润减少，这又是一种不平衡；净利润为正数，现金净流量为负数，或者说，经营现金净流量小于净利润，这更是一种不平衡。产销不平衡往往一方面是生产量增加、库存积压、应收账款上升，另一方面是产销率下降、利润减少、现金流量更少等。

本书将对此做出深入的研讨。

产销平衡中的"产"是指以货币形式表现的在一定时期内生产的最终产品或提供劳务的总价值量,体现生产总规模和生产总成果。企业作为商品的生产者和经营者,只有把生产的产品提供给社会,才能加速资金的周转,提高自身的经济效益。如果生产的产品很多,但销售的却很少,甚至销不出去,就很难实现增收;如果实现了尽产尽销,但成本费用过高,利润率很低,甚至亏本销售,也不能实现增收。产大于销可能是产品能级与市场竞争出了问题,可能存在产能过剩,会造成库存积压,所以需要通过产销平衡状况的分析,发现并解决好产销失衡的现状。

根据"本期产品销售量＝期初产品结存量＋本期产品产量－期末产品结存量"的平衡关系,可以分析企业产品销售量与产品生产量的协调情况,是产大于销,还是销大于产,或是产销平衡。这种平衡分析也是一种对勾稽关系的分析,在财务分析中有特殊用途。

产销平衡取决于市场目标定位。只有充分满足业务销售额需要的生产量,才能做到进出有序,回笼资金及时,使企业进入良性循环,真正实现产销平衡。

3.6.3 财务平衡是资产负债分析的重点

从静态分析看,资产、负债和所有者权益构成一组会计要素,反映某一会计时点上的平衡关系。

资产包括有形资产与无形资产,好似一个人的有形躯体与无形的精神世界。这种存在,一方面有赖于"父母"的遗传(如自有资本),另一方面依赖成长过程中外部营养的输入(如借入资本)。自有资本是投资者投入的资金来源,是企业成长的原动力,具有"造血"功能。没有自有资本,就不会有企业。借入资本是体外的资金来源,是企业发展壮大的给养,也是必不可少的。一家企业有多少资本,就必定反映在有多少资产上,而资产应始终等于"负债＋所有者权益"。自有资本增值越多,借入资本的作用越大,相应的资产就会越多,这是一种必然的内在平衡关系,是一种自动调节机制。如果具有"造血"功能的自有资本遭到破坏,而作为营养输入的借入资本又受到阻碍,企业的资产就会萎缩;或者说,一旦企业有不良资产,又不善于"药到病除",就必然会影响投资者的收益,或使资本受到伤害,严重时(如资不抵债),企业就会陷入破产的境地。

在日常核算的过程中,当负债不变时,资产与所有者权益同方向变化;当所有者权益不变时,资产与负债同方向变化;当所有者权益和负债都变化时,资产的变化等于两者之和。财务人员可以运用平衡分析来检查一定会计期间全部资金来源与全部资金占用之间的平衡状况,包括编制平衡表、建立平衡关系式、进行指标的平衡分析等。

财务分析中的平衡可以是恒等,如资产负债表就是一张平衡表,其平衡关系式就是"资产＝负债＋所有者权益"。除了这个总体上的平衡关系外,资产负债表左右两边各个部分之间还有许多平衡关系,利用该表计算得出的许多财务指标之间的平衡关系也是本书以后各章节所涉及的重要内容之一。

财务分析中的平衡也可以是大于等于或近似于。例如,资大于债就是平衡,资不抵债就是不平衡。又如,要求流动资产大于流动负债,这样营运资金就有了来源;如果流动资产小于流动负债,营运资金就失去了来源。

不平衡的现象与不平衡的增长总是有原因的。例如,从申良公司流动资产项目对比分析表(表3.2)中可以看出,2019年的应收账款期末余额为4 150.67万元,比2018年的3 278.07万元增加了872.60万元,增长了26.62%,超过了营业收入的增长率。这是一种不平衡的重要表现。联系资产负债表结构比例分析(表3.3),2019年年末的应收账款占流动资产的比重高达56.10%,占全部资产的比重高达26.42%,怎么占比会这么高呢?为什么总资产或流动资产中堆积着这么多应收账款?再联系利润表分析(表3.4),2019年年末的应收账款占营业收入的比重高达49.23%,卖出去的东西将近一半的钱没有收回来,这是为什么?对这种不平衡的异常情况就一定要深入细究了。

3.6.4 盈亏平衡是收支动态分析的重点

从动态分析看,收入、费用、利润构成一组会计要素,反映经营期间企业经营成果变化过程中的平衡关系。

利润表的会计等式是:收入－费用＝利润(或亏损),当收入≥费用时,利润就有了来源;当收入＜费用时,就产生了亏损。

利润归属于所有者,那么,新的所有者权益＝原所有者权益＋利润＝原所有者权益＋收入－费用。

利润表等式与资产负债表等式合并后就是:

$$资产＝负债＋所有者权益＋收入－费用$$

收入增多,费用减少,利润就会增长,积累也会增多,这种积累可以充实资本,使资本不断保值增值,使企业的发展有长足的后劲;相反,如果入不敷出、精疲力竭,则不仅会损害企业的形象,而且会大伤元气,此时如不及时医治、对症下药,等其病毒泛滥、亏损严重,亏损之口就会吞食资本,企业的灭顶之灾就会降临。"收入-费用=利润"这一平衡关系反映资产运作的动态过程。收大于支产生盈利,资本增值;收小于支导致亏损,资本贬值。所以,一家企业的损益是否平衡及与之相关的经营成果就属于利润表分析应予重点关注的内容。

例如,申良公司2019年的营业收入为8 430.89万元,比2018年的7 237.35万元增加了1 193.54万元,增长16.49%。销售增加了,为什么利润总额却比2018年减少196.33万元,下降21.57%(见表3.4)?一个上升,一个下降,两者内在关联,显现一种不平衡或不正常的现象,其中必有原委,应做具体深入的分析,详见第6章的相关内容。

事物之间有联系才有平衡,而平衡点就是相互联系着的事物之间的关键因素。平衡点分析是建立事物之间平衡关系的分析工具,如盈亏平衡点分析,又称零利润点、保本点、盈亏临界点、损益分歧点、收益转折点,是指全部销售收入等于全部成本时(销售收入线与总成本线的交点)的产量。以盈亏平衡点为界限,当销售收入大于盈亏平衡点时,企业盈利;反之,企业亏损。这个平衡点对企业知晓盈亏很重要。

3.6.5 流量平衡是资金运营分析的重点

财务生存能力主要是指企业是否有足够的现金净流量维持正常运营,以实现财务的可持续性。可持续性的基本条件是有足够的经营现金净流量,并有效运转。

现金流转平衡贯彻的是收付实现制,要求在资金管理过程中做到现金收入(流入)与现金支出(流出)在数量上、时间上达到动态平衡,即现金流转平衡。流量平衡是资金收付分析的重点,属于现金流量表分析应予以重点关注的内容。

如果现金流入量大于等于流出量,管理上就称之为平衡,资金管理工作有了成效。如果出现支大于收,就会遇到现金流出与现金流入不平衡的情况。

例如,2019年度申良公司全部现金流量的净增加额为-623.97万元,究其不平衡的原因,主要是由于现金流入量小于现金流出量所造成的。2019年度现金流入量总计15 550.59万元,包括经营活动现金流入10 949.17万元、投资活动现金流入291.87万元和筹资活动现金流入4 309.55万元。2019年度现金流出量总计16 174.56万元,包括经营活动现金流出10 850.27万元、投资活动现金流出265.55万元和筹资活动现金流出5 054.70万元,以及汇率变动对现金及现金等价物的影响4.04万元。由于现金流入量合计15 550.59元小于现金流出量合计16 174.56元,导致全部现金流量的净增加额为-623.97万元。与2018年同期相比,这种收不抵支的情况十分明显,说明申良公司2019年获取现金流量的能力远不如2018年,2019年的收支平衡能力已经出现了问题。这种不平衡的现象还表现在与2019

年的净利润背道而驰。2019年度申良公司取得净利润616.40万元,为正数,而全部现金流量的净增加额为-623.97万元,是负数,很不协调,至少说明申良公司2019年的收益质量存在问题,值得深究,详见第7章的相关内容。

3.6.6 平衡增长与可持续发展分析

平衡系统一般同时包括以下三个层次的平衡:

一是系统与自身所处的环境保持平衡。这是系统求存求活的自然法则,体现系统与环境需要保持平衡、和谐。

二是系统与所处的环境中的另一个(些)相关联的系统保持平衡,体现系统与系统需要保持平衡、和谐。

三是系统的内部结构保持平衡。系统结构的变化是为了适应外部环境。自我平衡法则体现系统的内部结构需要保持平衡、和谐。

可持续发展的基本原理就是平衡增长。从财务的角度看,如何寻找企业持续均衡增长的发展方式很重要,尤其是如何按照可持续增长率制定销售目标,使企业合理地权衡增加收入与控制负债规模之间的关系更是迫在眉睫。可持续增长是企业在不增加权益融资并保持当前经营效率(表现为资产周转率和销售净利率)和财务政策(表现为资产负债率和收益留存率)的条件下实现销售收入的最大增长率,其实质是一种平衡增长。平衡发展观是科学的发展观,详见第8章的详细介绍。

3.6.7 指标平衡分析研究的新方向

任何企业的资金来源都会分布和占用在各种不同类型的资产上。企业日常的管理活动主要是对资产的有效利用。能否有效利用资产不仅反映一家企业的经营效率,而且可以看出一家企业资产运营的平衡能力。资产的运营效率越高,平衡能力就越强;平衡能力增强了,资产的运营效率就可以得到更大的提高。协调平衡是一种机制、一种能力。资产与资本运营的平衡涉及方方面面。比如,有些企业要求对外投资不能超过净资产的50%,对外投资的收益率不能低于资本成本率或平均负债利率,并要求投资报酬与所冒的风险均衡配比等。老道的经营者深知对资产或资本运作的指标约束实质上是一种平衡管理的艺术。

根据平衡分析原理,利用指标之间的数量关系,推算数据背后所呈现的矛盾对立统一规律,有助于发现经济运行规律或规则。对可持续增长率的研究就是一组指标之间的平衡关系与协调理论。

平衡计分卡在平衡分析方面的作用十分典型。平衡计分理论认为，在工业时代，注重财务指标的管理方法是有效的。但在信息社会中，传统的业绩管理方法并不全面，应当从学习与成长、业务流程、顾客、财务4个方面获得持续发展的动力，从而保持以下五项平衡：

一是财务指标与非财务指标的平衡。目前，企业考核的一般是财务指标，对非财务指标（客户、内部流程、学习与成长）的考核很少，即使有，也只是定性的说明，缺乏系统性和全面性。

二是长期目标与短期目标的平衡。平衡计分卡是一套战略执行的管理系统，战略是输入，财务是输出，长短期目标要相互衔接、协调一致。

三是结果性指标与动因性指标的平衡。平衡计分卡以有效完成战略为动因，以可衡量的指标为目标管理的结果，寻求结果性指标与动因性指标之间的平衡。

四是企业组织内部群体与外部群体的平衡。在平衡计分卡中，股东和客户为外部群体，员工和内部业务流程是内部群体，平衡计分卡可以发挥在有效执行战略的过程中平衡这些群体之间利益的重要作用。

五是领先指标与滞后指标的平衡。财务指标是一个滞后指标，只能反映企业上一年度的情况，不能告诉企业如何改善业绩和可持续发展。对客户、内部流程、学习与成长三项领先指标的关注可以使企业达到领先指标与滞后指标之间的平衡。

上述所有指标共同构筑起一个完整的评价体系，使业绩评价趋于平衡和完善，有利于企业长期可持续发展，其平衡关系如图3.11所示（详见第9章的介绍）。

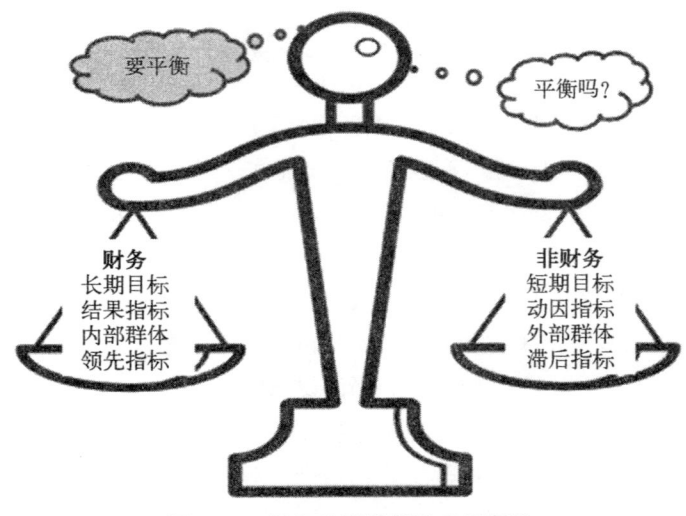

图 3.11　财务分析是最讲求平衡的

3.6.8 动态平衡与平衡的协调性分析

"衡"既是名词,表示秤杆,以示平等;也可作动词,表示称量,意为使之"衡"也。动态平衡分析很重要:一方面需要分析与把控经济指标的平衡关系及其变动趋势,另一方面平衡本身也需要存在空间、有动能性和协调。

平衡影响着事物的来源和去向;从平衡到不平衡,从不平衡到新的平衡;平衡中有不平衡,不平衡中有平衡。原有平衡的打破代表旧事物的消亡,新平衡的形成代表新事物的诞生。系统经过每轮循环后,"新平衡"与"原平衡"总会发生变化。平衡是暂时的,需要协调才能平衡。协调以致和谐圆融、配合得当,可以正确处理好内外各种关系,为企业的正常运转创造良好的条件。

"准平衡"是指事物发展与平衡临界点保持适当空间。"准"在这里具有"相当"的意思。系统保持"准平衡"状态可能有利于保持和维系系统与环境的平衡。孔子说的"中则正,满则覆"就是"准平衡"思想。事物在"平衡→不平衡→新平衡"的循环中,当到达平衡临界点时就会走向不平衡,在接近平衡临界点而又与平衡临界点保持适当空间时就是"准平衡"。"准平衡"状态扩大了平衡点的区域范围。

很多情况以适度为佳、以相当为宜,即需要保持一定的"准平衡"状态。过"度"就会走向事物的反面,过"分"就会导致灾祸。"准平衡"不求绝对平衡和十全十美,属于一种有利于平衡的不平衡。

企业的发展应当追求协调平衡的规律。不平衡可能会有问题,平衡也不一定就没有问题,因为平衡只是一种暂时的现象,而且在平衡的表象之下可能会隐藏着事实上的不平衡。所以,善于在平衡与不平衡之间进行分析和协调,有利于深入发掘管理中存在的深层次问题,提高分析者发现问题和解决问题的能力。

老法师提醒 3.3 | 财务分析应当讲求平衡法则

会计具有平衡之美,因而最讲求平衡。会计从核算开始就是"有借必有贷,借贷必相等",以确保账户处理结果和所反映的财务状况平衡。平衡分析应当成为财务分析的特色并贯穿财务分析全过程,包括余额平衡分析、发生额平衡分析、全额平衡分析、结构平衡分析和财务指标平衡分析等。

财务分析重视平衡分析,是因为平衡是使对立的各方在数量或质量上相等或相抵的一种特殊状态,具有特别的比较意义。平衡时,矛盾暂时相对地统一。运营一段时间后,这种平衡会被矛盾的斗争所打破,平衡变为不平衡,统一变为不统一,于是又需要进行新的平衡与统一。管理与协调在某种意义上就是平衡。

平衡可以是相等或恒等，但也不一定，如收大于支、债小于资等，也是一种"平衡"。"准平衡"和"均衡"都是平衡的表现形式。

在自然现象中，月盈则亏，水满则溢；物极必反，乐极生悲。"准平衡"是一种高级的理性思维，具有一定的指导意义。一些企业就是因为不懂"太强必折，太张必缺"的道理而遭受惨败。所谓"权衡"，就是要通权达变，相时而动，因地制宜，具体问题具体分析，这也是平衡思想的体现。

经典案例评析

华为灰度管理与黑白平衡哲学

黑白融合就是灰。黑与白是两个极端，黑中加白就是灰，白中加黑也是灰，两个极端之间存在着的广阔空间就是"灰色"地带。任正非说："我们恰恰不需要黑的，或白的，我们需要的是灰色的观点，在黑白之间寻求平衡。"

任正非提出的"灰色理论"就是不走极端，讲求平衡。他在2009年1月15日发表的《开放、妥协与灰度》中认为："一个领导人重要的素质是方向、节奏。他的水平就是合适的灰度。""一个清晰方向，是在混沌中产生的，是从灰色中脱颖而出的，而方向是随时间与空间而变的，它常常又会变得不清晰。并不是非白即黑，非此即彼。""没有妥协就没有灰度。妥协其实是非常务实、通权达变的丛林智慧，凡是人性丛林里的智者，都懂得在恰当时机接受别人妥协，或向别人提出妥协，毕竟人要生存，靠的是理性，而不是意气。"

1997年以后，华为转换战略重点，强化内部管理，在管理上与一流企业接轨，通过管理的效率来促进经营效益的提高，1999年初步形成了平衡发展的管理思想。任正非说："在管理上，我不是一个激进主义者，而是一个改良主义者，主张不断进步。""我们要的是变革而不是革命，我们的变革是退一步、进两步。"

在"2001年十大管理要点"中，任正非将均衡发展作为华为管理任务的第一个要点加以强调。不管内外部环境发生怎样的变化，"坚持均衡发展"一直放在第一条，包括加强研发、营销、管理体系的均衡发展。

任正非认为，一家企业的运作时间长了，员工就会自动产生懒惰，因此，要不断地改良、变革，但变革与华为的自我批判一样，不能是暴风骤雨式的肆虐侵袭，而应是春雨润物、无声渗透。任正非一直强调华为管理要静水潜流、沉静领导、灰色低调、踏实做事、不张扬、不激动。

发现不合理、不平衡不易，能够平衡全局更难。任正非自称是一个有"灰度"的人，并认为均衡是上乘的管理理念。他说："在这 20 年的痛苦磨难中，我们终于确立了'以客户为中心，以奋斗者为本'的企业文化，它使公司慢慢走出了困境。"由于为客户服务是华为存在的唯一理由，客户需求是华为发展的原动力，因此华为必须坚持以客户为中心，快速响应客户需求，持续为客户创造长期价值进而成就客户。"为客户提供有效服务是我们工作的方向和价值评价的标尺，成就客户就是成就我们自己。"以此为中心，可以辐射与平衡华为各个方面的工作。华为模式就是将内部价值导向（艰苦奋斗）与外部价值导向（客户）有机均衡地结合在一起，将客户价值、企业效益、管理效率和工作绩效实现一种有效的和谐，是一种动态的均衡。

华为认为，一家健康的公司必须在增长性、盈利性和流动性之间找到平衡，即衡量公司的价值应当从增长性、盈利性、流动性三个方面考虑，这是"财务金三角"。只有同时做到业务规模不断扩张、利润与现金流有保障，才有理由相信这家公司具有较高的价值。

财务管理的目标体现在"财务金三角"的平衡上，绩效考评与 KPI 指标应围绕"财务金三角"选取切合公司实际的指标，而不应偏颇于单一方面，"财务金三角"自身的构成要尽可能多元、细化，能体现公司价值增长点和管理改进的方向。

任正非的"灰度"思想具有严谨的内在逻辑和厚重的哲学意味。凡事注意渐进原则，不能急于求成，不能总是想着如何快速实现自己的目标而忽略现实的具体境况，注意妥协和迂回只是固执地认为自己是正确的、别人是错误的，于是找一个模糊地带，让所有人都能够接受，都不会产生太大的意见。尤其是改革或者进行重大决策时，要把握好"灰度"，提升目标的"灰度"，不要太激进、太僵化，要注意选择以退为进的方法，适当做出妥协。

任正非一直认为，管理才是真正的核心竞争力。强化管理是因为变革破坏了过去的平衡，但破坏不是目的，必须要实现新的均衡并且努力实现不断的均衡，这种均衡就是在更高层次上实现经营与管理的均衡。

灰度的"度"很难把握，考验着管理者的智慧与能力。

第4章 资产质量与营运效能

> 资产的效能就是要动起来,流得快,周转出经济效益。

4.1 洞悉资产现状

4.1.1 资金管理与资产效能

企业拥有一定数额的资金才能进行经营活动,资金是资产的价值形态。资产与资金是企业拥有财产资源的两个方面。一家企业的资产质量与其资产收益能力紧密相关,与资金周转速度休戚相关,最终体现在资产营运效能方面。

资产的效能是"管"出来的。经过财务分析洞悉问题以后,可以"逼"着企业有效利用各项资产,加速资金周转,从而"管"出效率和效益。

由于资产在经营活动中的作用各不相同,因此,应当遵从资产特性,管好、用好相关资产。资产按占用形态分为有形资产和无形资产;按占用期限分为短期资产和长期资产;按用途结构分为货币资产、结算资产、非商品材料资产、商品材料资产、固定资产、无形资产及其他资产;按数量习性分为临时波动资产和永久固定资产。

资产负债表的左方分为流动资产和非流动资产(长期资产)两大部分。流动资产的特征在于流动,长期资产的特征在于获取高于流动资产的收益。资产的组成及其结构的合理性透视企业的发展趋势。

资产还被划分为实物资产和金融资产。实物资产是指有物质形态的资产,包括存货和固定资产等。金融资产是指一切代表未来收益或资产合法要求权的凭证,也称金融工具或证券,包括库存现金、银行存款、其他货币资金、应收账款、应收票据、贷款、其他应收款、股权投资、债权投资和衍生金融工具形成的资产等。

从整体上讲,流动性强的资产风险相对较小、收益相对较低,流动性弱的资产风险相对较大、收益相对较高。收益性与风险性正相关,高收益必然冒着高风险;流动性与收益性呈反向关系,但有时候情况会变得很复杂,金融资产对此尤为敏感。流动性强的短期证券,在市场有利的前提下,反复操作的结果可能收益很高;而一旦市场变动不利,如将其变现出售,就会出现亏损,风险很大。例如,收益率较高的企业债券,当其难以变现时,不仅不会产生收益,而且会出现亏空。又如,原先流动性较强的商品一旦遇到市场实现的障碍,就销售不出去,变成呆滞积压商品物资,其经营风险很大,收益能力急剧下降。流动性、收益性、风险性三者之间的变动关系令人关注。

4.1.2 资产结构及其流动性分析

资产的流动性是指资产的变现速度(能力)或周转速度。在资产负债表中,资产一般是按流动性大小进行排序的。流动性强弱是资产质量高低最直观的表现。

流动资产是企业生产经营必须垫付的资金。流动性是流动资产最典型的特征,即流动资产具有较强的流动性和偿付能力,但获利能力弱于长期资产。财务管理应根据企业的特点,合理安排好流动资产在总资产中的比例。流动资产占用过多会影响企业的整体盈利能力,但占用过少会引起日常经营活动的不稳定和支付困难等。企业应定期分析流动资产及其相关项目占总资产的比重,把握各项资产的运营规律,尽可能加速资产周转,减少资金的占用额。

申良公司近3年全部资产结构及其趋势分析如表4.1所示。

申良公司随着经营规模的扩大和销售业务的增多,流动资产比重呈明显上升趋势,非流动资产比重在逐步下降。非流动资产结构中,占比最多的是固定资产,其增减变动情况正常。无形资产和长期待摊费用的入账与摊销符合制度规定。

流动资产通常是日常财务分析的重点内容。申良公司流动资产占总资产的比重从2017年的40.93%上升到2018年的43.58%,到2019年已高达47.09%,其比重明显提高,其结构分析与趋势分析如表4.2所示。

在对申良公司的流动资产进行分析后发现,其存货与应收账款不仅金额大、占比高,而且对资产的流动性、收益性的影响都很大,应当是分析的重中之重。

表 4.1　全部资产结构与趋势分析表

单位：万元，%

分析项目	2017年 金额	2017年 占比	2018年 金额	2018年 占比	2019年 金额	2019年 占比	2019年比2017年增减 金额	2019年比2017年增减 占比	2019年比2018年增减 金额	2019年比2018年增减 占比
货币资金	504.83	3.39	1 297.10	8.38	673.13	4.28	168.30	0.89	−623.97	−4.10
应收账款	3 559.69	23.93	3 278.07	21.19	4 150.67	26.42	590.98	2.49	872.60	5.23
预付账款		5.40	786.53	5.08	951.98	6.06	951.98	6.06	165.45	0.98
其他应收款	802.70	8.22	363.12	2.35	362.37	2.31	−440.33	−3.09	−0.75	−0.04
存　货	1 222.73	8.22	1 017.82	6.58	1 260.74	8.02	38.01	−0.20	242.92	1.44
流动资产合计	6 089.95	40.93	6 742.64	43.58	7 398.89	47.09	1 308.94	6.16	656.25	3.51
长期股权投资	1 130.70	7.60	1 181.14	7.63	1 181.14	7.52	50.44	−0.08	0.00	−0.11
固定资产	6 269.12	42.14	6 848.22	44.27	6 401.43	40.74	132.31	−1.4	−446.79	−3.53
在建工程	620.43	4.17	14.10	0.09	129.93	0.83	−490.50	−3.34	115.83	0.74
无形资产	669.22	4.50	605.92	3.92	547.61	3.49	−121.61	−1.01	−58.31	−0.43
长期待摊费用	99.00	0.67	66.00	0.43	33.00	0.21	−66.00	−0.46	−33.00	−0.22
递延所得税资产	0.00	0.00	12.50	0.08	20.00	0.13	20.00	0.13	7.50	0.05

续表

分析项目	2017年 金额	2017年 占比	2018年 金额	2018年 占比	2019年 金额	2019年 占比	2019年比2017年增减 金额	2019年比2017年增减 占比	2019年比2018年增减 金额	2019年比2018年增减 占比
非流动资产合计	8 788.47	59.07	8 727.88	56.42	8 313.11	52.91	−475.36	−6.16	−414.77	−3.51
资产总计	14 878.42	100.00	15 470.52	100.00	15 712.00	100.00	833.58	0.00	241.48	0.00

表4.2 流动资产结构分析与趋势分析表

单位：万元，%

分析项目	2017年 金额	2017年 占比	2018年 金额	2018年 占比	2019年 金额	2019年 占比	2019年比2017年增减 金额	2019年比2017年增减 占比	2019年比2018年增减 金额	2019年比2018年增减 占比
货币资金	504.83	8.29	1 297.10	19.24	673.13	9.10	168.30	0.81	−623.97	−10.14
应收账款	3 559.69	58.45	3 278.07	48.62	4 150.67	56.10	590.98	−2.35	872.60	7.48
预付账款			786.53	11.67	951.98	12.87	951.98	12.87	165.45	1.20
其他应收款	802.70	13.18	363.12	5.39	362.37	4.90	−440.33	−8.28	−0.75	−0.49
存货	1 222.73	20.08	1 017.82	15.09	1 260.74	17.04	38.01	−3.04	242.92	1.95
流动资产合计	6 089.95	100.00	6 742.64	100.00	7 398.89	100.00	1 308.94	0.00	656.25	0.00

"两金"占流动资产的比重(简称"两金"占比)是指存货和应收账款净额占流动资产平均余额的比重,是反映企业流动资金运营管理水平的重要监测指标之一。

$$\text{"两金"占比} = \frac{\text{应收账款} + \text{存货}}{\text{流动资产}} \times 100\%$$

企业绩效评价标准值分为优秀值、良好值、平均值、较低值和较差值五个档次。2019年度"两金"占比的绩效评价标准值如表4.3所示。

表 4.3　　　　2019年度"两金"占比的绩效评价标准值　　　　单位:%

项　目	优秀值	良好值	平均值	较低值	较差值
大型企业	20.0	32.4	45.3	53.2	61.3
中型企业	2.5	17.4	36.0	45.1	52.1
小型企业	6.1	25.5	36.3	60.2	67.9
全国全行业平均	14.3	29.4	42.7	53.6	63.5

表4.2和表4.3的对比分析表明,申良公司2017～2019年应收账款占流动资产的比重居高不下且有上升趋势;公司部分产品滞销且已降价销售,经营者虽然努力"去库存",但由于产品能级不高,库存也居高不下且有上升趋势;其"两金"占比高达73.14%,比全国较差水平更差,这是资产管理中最严重的问题,应予以高度重视。

4.1.3　资产类型及其收益性分析

能否给企业带来经济利益的流入是资产最本质的特征之一。确认资产的关键判断在于其能否存在未来的经济利益流入。如果资产不具备使未来经济利益流入企业的可能,即使过去为取得该资产发生过耗费,也不能确认为一项资产,如待摊费用、待处理财产损失、不能收回的应收账款、没有价值的存货、老化无用的设备等就不应作为企业的资产。

资产预期会给企业带来的经济利益是指资产直接或间接导致资金或现金等价物流入企业的潜力。这种潜力可以是企业的日常活动,也可以来自非日常活动;带来经济利益的形式可以是现金,也可以是现金等价物,还可以是能转化为现金或现金等价物,以及减少现金或现金等价物流出的形式。资产的收益性较强,发展潜力(后劲)较足。

不同的资产类型对收益的形成有不同的作用,大体可分为以下三种情况:

一是直接形成收益的资产,主要包括结算资产(预付账款、其他应付款除外)、商品产品资产、投资资产等。其中,结算资产本身既包含原垫支的成本,也包括收益或毛利,而其他各项资产本身都按成本计价,其收益或毛利是在市场售卖中以增值或加成的方式实现的。

二是对一定时期的收益不产生影响的资产,主要是货币资产。作为支付手段的货币资产在不考虑时间价值和通货膨胀等因素的情况下,既不会增值也不会贬值,其价值不会转移。货币资产通常是企业收入实现的结果。

三是抵扣一定时期收益的资产,主要有非商品产品资产、固定资产、支出性无形资产和长期待摊费用等。这些资产在一定时期内有助于企业收益的实现,或者说是企业收益实现不可缺少的条件。但这些资产的转移或摊销价值则是收益的抵扣项目。所以,在总资产一定的条件下,这些资产占用得越多,要抵扣的收益就越多,企业的利润也就越少;反之则反是。

分析表 4.1 可以看出,直接形成收益的资产的比例有所上升,对收益不产生影响的货币资产呈由少到多、由多到少的波动变化,而抵扣收益的固定资产、长期待摊费用、无形资产的比重呈下降趋势。

4.2 明察资产质量

4.2.1 资产价值与资产质量

资产价值包括资产的变现能力(值多少"钱")、被利用情况(周转速度),以及为企业发展做出的贡献(营业额等)(如图 4.1 所示)。资产运营效率高,资金利用能力强,资产质量就令人信服,这是业财融合中提升资产质量的有效路径。

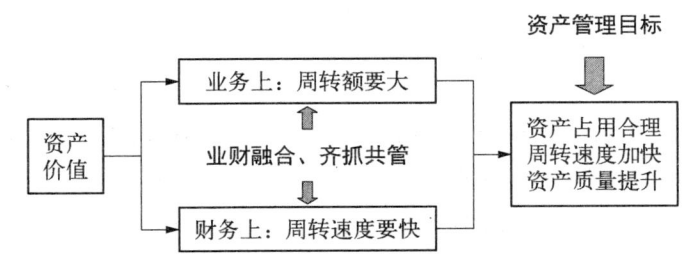

图 4.1 业财融合下提升资产质量的路径与逻辑

以资产质量为"抓手"从而推动资产效率与效益的提升,这是资产管理的内在逻辑与必然要求,因为资产质量是业财融合、齐抓共管的结果。资产管理能力越强,资产越实在,其质量就越可靠。资产的质量越高,净资产就越可靠,不仅增强了对负债的保证程度,而且有力支撑着企业的可持续发展。

分析资产质量可以采用以下几种方法:

一是资产结构分析法。分析各项资产之间相互所占的比重能较直观地反映资产结构是否合理、是否有效。例如,在流动资产、固定资产占总资产的结构比重中,如果固定资产比重偏高,就会减弱营运资金的作用;但如果固定资产比重偏低,则企业发展缺乏后劲。又如,分析流动资产中结算资产和存货资产所占的比重,如果结算资产比重太高,容易形成不良资产,潜在的风险较大;存货资产中,适销对路、呆滞积压、残损变质等各占的比例很重要。

二是现金流动分析法。货币资金是资产中最为活跃、偿付能力最强的资产。现金流量信息能够反映企业的经营情况是否良好、资金是否短缺、资产质量的优劣、偿付能力的强弱等重要内容,如经营活动产生的现金流量和总的净流量分别与主营业务利润、投资收益和净利润进行比较分析,就能判断分析企业财务成果和资产质量的状况。一般来说,没有相应现金净流入的利润,其质量是不可靠的。如果企业现金净流量长期低于净利润,就可能存在不能转化为现金流量的虚资产。如果企业的银根长期很紧,现金流量经常支大于收,就说明该企业的资产质量可能处于恶化状态。

三是不实资产剔除法。分析不实资产(虚拟资产、不良资产)可以对企业存在的实有损失和或有损失进行界定。首先是进行排队分析,统计出不实资产账面值,然后将不实资产与年末总资产相比来测试资产的损失程度;或将不实资产与净资产相比,如果不实资产超过净资产,就说明企业的持续经营能力存在严重问题。

四是综合分析法。与资产相关的会计要素项目发生增减变动,与资产质量相关,如计算分析一定时期内获得的报酬总额(利润总额+利息支出)与平均资产总额的比率,可以检测企业投入与产出的配比关系和实效。一般来说,资产质量越好,投入产出的效能也越佳。计算分析资产周转指标,用以说明一定时期的资产周转速度,销售能力越强,资产利用效率就越高。计算分析一定时期的流动比率等偿债能力指标可以反映企业短期债务的偿还能力等。资产质量与信息质量正相关。

4.2.2 虚资产和不良资产分析

企业不仅要追求资产规模,做大资产,更要追求资产质量,做优资产。资产规模大不一定就是资产质量高。管理的效能在于提高资产的"含金量"。

作为"血液"流动着的资金或转动着的资产,既不能沉淀,也不能受阻,更不能病变。

实资产是指扣除虚资产、不良资产的,企业可以动用的,能给企业带来未来经济利益的经济资源。实资产占总资产的比重大,资产质量就高。

已经沉淀、运行受阻、发生病变的劣质资产可能就是虚资产或不良资产,对资产质量产生负面影响,这些"水分"在财务分析中应当努力"挤干"。

虚资产是指企业按照权责发生制推迟至以后确认的费用,包括待摊费用、长期待摊费用、空挂的费用支出等。虚资产是企业过去已经耗用的资源,是对未来利润的抵减项目,不再代表企业未来可动用的经济资源。当虚资产在企业总资产中所占的比重较高且数额较大时,会加大企业的经营风险,削弱会计信息的可靠性、有用性和公允性。

不良资产通常是指企业资产中存在问题、难以参加正常生产经营运转的部分,主要包括3年以上的应收账款、其他应收款及预付账款,积压的存货、闲置的固定资产和不良投资等的账面余额,待处理资产,以及潜亏挂账和经营亏损挂账等。

不良资产比率是企业年末不良资产总额占年末资产总额的比重,计算公式如下:

$$不良资产比率 = \frac{年末不良资产总额}{年末资产总额} \times 100\%$$

不良资产=资产减值准备余额+应提未提和应摊未摊的潜亏挂账+未处理资产损失

如果减值准备没有按照会计准则的规定计提,就应当重新审视资产减值准备余额的合理性。在计提资产减值准备的企业中,上述公式中的分母等于资产总额与资产减值准备余额的和。

2019年度不良资产比率的绩效评价标准值如表4.4所示。

表4.4　　　　　　2019年度不良资产比率的绩效评价标准值　　　　　单位:%

项　　目	优秀值	良好值	平均值	较低值	较差值
大型企业	0.1	0.3	0.8	3.7	9.9
中型企业	0.2	0.6	2.0	7.0	18.3
小型企业	0.3	1.0	2.8	10.6	22.0
全国全行业平均	0.2	0.8	2.5	5.4	13.0

不良资产比率着重从企业不能正常循环周转以谋取收益的角度反映企业资产的质量,揭示资产管理和使用上存在的问题。观察近5年全国全行业平均绩效评

价标准值,全国全行业2015年不良资产比率的绩效评价平均值为2%,从2016年起到2019年的平均值为2.5%,存在"抬头"趋势,这种不良征兆应当引起关注。

通过评价不良资产现状,有利于企业发现自身的不足,改善管理,提高资产利用效率。一般情况下,该指标越高,表明企业沉积下来、不能正常参加经营运转的资金越多,资金利用率越低。

老法师提醒 4.1 │ **报表中的资产不一定都是真正的资产**

有些报表中的资产名不副实,值得警惕。例如,未核销的坏账是资产吗?再也变卖不了的存货是资产吗?失去使用价值的物品是资产吗?关联企业之间转移资金的挂账会导致经济利益的流入吗?假投资、真转钱的行为会有经济效益吗?待摊费用长期挂着不摊销是资产吗?从未摊销过的无形资产还是资产吗?等等。

不良资产在本质上已经不是资产,因为它不能导致经济利益的流入,只会导致经济利益的流出,只能被称为"无效资产""坏资产"或"有毒资产",是一种"异常资产",必须在报表分析中予以剔除。

4.2.3 资产减值增减变动情况分析

不少企业在经营过程中,资产会出现这样或那样的状况并导致一定程度的减值(贬值),所以应当按照规定计提各项资产减值准备,以真实、客观地反映资产的质量状况。

资产减值准备明细表是反映企业一定会计期间各项资产减值准备增减变动情况的报表,用以补充说明资产负债表中关于计提各项资产减值准备增减变动的明细情况(见表4.5)。该表的各个项目应根据"坏账准备""存货跌价准备""长期投资减值准备""固定资产减值准备""在建工程减值准备""无形资产减值准备"等科目的记录分析填列。

表 4.5　　　　　　　　　　　资产减值准备明细表

编制单位:申良公司　　　　　　　2019年度　　　　　　　　　　单位:万元

项　　目	年初余额	本年增加数	本年减少数			年末余额
			资产价值回升转回数	其他原因转回数	合计	
一、坏账准备合计						
其中:应收账款	50.00	30.00				80.00

续表

项　目	年初余额	本年增加数	本年减少数			年末余额
			资产价值回升转回数	其他原因转回数	合计	
其他应收款						
二、存货跌价准备合计						
其中：库存商品						
……						
合　计	50.00	30.00				80.00

分析时，首先要检查计提资产减值准备的计价标准是否正确，计提资产减值准备的会计政策有没有变动，如有变动，应当分析变动的原因以及变动对资产质量的影响程度等。此外，要区分清楚由于资产价值回升而产生的资产减值准备转回的金额和由于其他原因所转出的资产减值准备的金额。其他原因是指出售资产、非货币交易、债务重组等所转出的资产减值准备。企业通过分析资产减值准备明细表中各个项目的增减变动情况，并与资产负债表联系起来对照检查，可以观察企业资产的质量状况及其发展趋势。

贯彻谨慎性原则并不意味着可以任意设置各种秘密准备。计提秘密准备属于滥用谨慎性原则，应按重大会计差错更正的要求进行会计处理。目前，蓄意控制资产减值准备的提取和冲回现象依然存在。资产减值会计的特殊性和资产减值的不确定性可能会给企业管理当局实施利润操纵提供较大空间。

实证分析4.1 ｜ 关注调节资产减值准备的行径

会计政策选用的灵活性、粉饰经营状况的主观性、信息披露的不充分性等手段都会使财务报表可能难以反映企业的真实经营状况，从而削弱会计信息的可信度，其中，利用减值准备调节利润的案例屡见不鲜。有的企业不计提或少计提减值准备，只在会计报表附注中说明"期末成本不高于可变现净值"了事；有的企业为了释放连续亏损而遭退市的压力，在"长痛不如短痛"的心理作用下，本期提取巨额减值准备，次年冲回；等等。在存在蓄意舞弊的情况下，正确理解会计政策及其实际应用情况对于读懂报表、识别真伪十分必要。

4.2.4 产品市场适销程度与资产质量分析

资产的质量与资产的流动性排序有一定的关系。质量较高的资产往往流动性较强。资产的质量通常是指市场的适销程度,一般可以分为畅销资产(商品)、平销资产(商品)、滞销资产(商品)和停销资产(商品)。其中,滞销资产(商品)是指供过于求但仍有销路的资产(商品),停销资产(商品)则意味着资产(商品)完全被市场淘汰。这里所说的资产质量主要是对存货质量而言。一旦资产停销,它的流动性就为零。所以,存货的流动性可能在全部资产中变得最小。当出现滞销资产时,若不调整生产、及时处理,也可能使供过于求的部分成为长期积压资产,其流动性也将变得极小。从表4.6产成品库存对比分析表中可以窥知:甲产品由于供大于求,价格下降且出现滞销,库存较大,是问题的症结所在;乙产品由于供求大致平衡,价格基本稳定,成本虽有微降,但还是居高难下;丙产品是新产品,由于供不应求,价格较高,成本较低,毛利丰厚。

表 4.6　　　　　　　　　产成品库存对比分析表　　　　　　　　金额单位:元

产品名称	2018年年末库存产品				2019年年末库存产品			
	数量	单位成本	金额	单位售价	数量	单位成本	金额	单位售价
甲产品	3 900	500	1 950 000	580	6 500	500	3 250 000	540
乙产品	2 400	1 000	2 400 000	1 200	2 200	990	2 178 000	1 200
丙产品					200	440	88 000	616
……			……				……	
合计			5 000 000				6 300 000	

4.3　慧识资金运营

4.3.1　营运资金特点分析

营运资金在数量上等于流动资产减去流动负债后的差额,专指可以不受流动负债牵连而自由支配的资金,是企业日常资金运作的主要对象。

流动资产是指可以在一年或超过一年的一个营业周期内变现或耗用的资产,主要包括货币资金、交易性金融资产、应收账款和存货等。流动资产投资又称经营性投资,与固定资产投资相比,具有投资回收期短、流动性强、波动性强等特点。流动资产的质量高,营运资金的质量也就高。企业应控制营运资金的持有数量,既要防止营运资金不足,也要避免营运资金过多。营运资金增多,运营风险减小,收益率也会下降,所以企业需要在风险和收益率之间进行权衡。

流动负债是指将在一年或超过一年的一个营业周期内清偿的债务,主要包括短期借款、应付账款、应付票据、预收账款、应交税费等。流动负债融资与长期负债融资相比,具有筹资速度快、弹性高、资本成本较低,但还本付息的风险较大等特点。尽管短期债务的成本低于长期债务,但短期债务的借款利率随市场利率的变化而变化,时高时低,使企业难以适应;此外,如果企业过多筹措短期债务,当债务到期时,企业不得不在短期内筹措大量资金还债,这极易导致企业财务状况恶化,甚至会因无法及时还债而破产。

营运资金具有以下几个特点:一是周转时间短,可以通过短期筹资方式解决;二是非现金形态的营运资金如存货、应收账款、短期有价证券容易变现,对企业应付临时性的资金需求有重要意义;三是数量上具有波动性,容易受内外环境的影响而出现较大波动;四是来源具有多样性,其需求既可以通过长期筹资方式解决,也可以通过短期筹资方式解决。

4.3.2 营运资金来源分析

营运资金应当来源于长期融资(即长期负债和所有者权益)(如图 4.2 所示)。当长期融资大于长期资产时,营运资金就有其相应的来源了。长期资产适合率是一个反映资金平衡或协调能力的指标,反映企业财务结构的稳定程度和财务风险的大小,也可以从资源配置的结构方面反映企业偿债能力的强弱。如果该比率小于1,营运资金就没有相应的来源了。

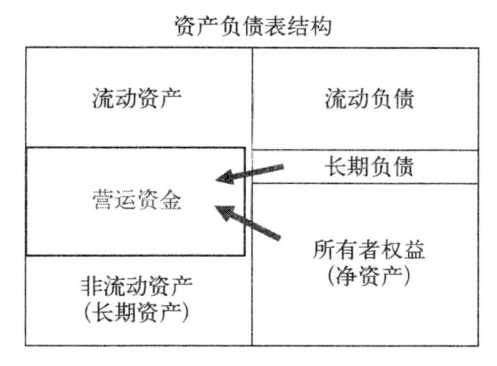

图 4.2 营运资金来源于长期融资

有些企业的所有者权益小于或等于长期资产,那么,其营运资金只能来源于长期负债,因为该企业的权益资本来源都已经沉淀在长期资产上了(如图4.3所示)。

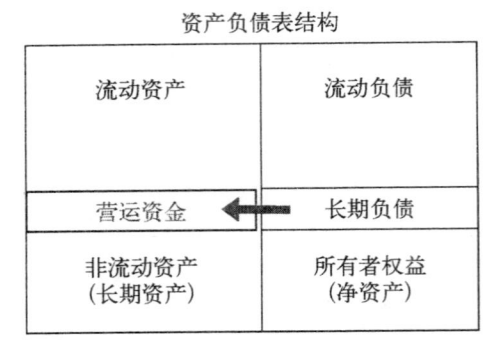

资产负债表结构

流动资产	流动负债
营运资金 ←	长期负债
非流动资产 (长期资产)	所有者权益 (净资产)

图 4.3　营运资金来源于长期负债

还有些企业由于经营不善,致使流动资产小于流动负债,即长期资产大于长期融资。营运资金为负值,经营所需资金捉襟见肘,只能靠"拆东墙,补西墙"勉强度日,这是个危险信号(如图4.4所示。)

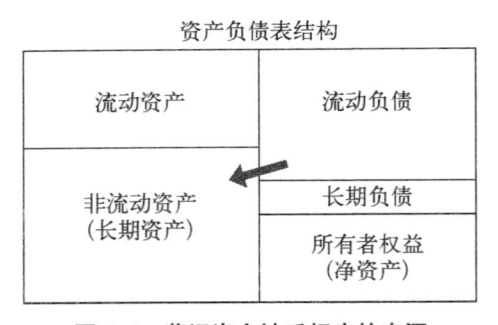

资产负债表结构

流动资产	流动负债
非流动资产 (长期资产) ←	长期负债
	所有者权益 (净资产)

图 4.4　营运资金缺乏相应的来源

老法师提醒 4.2　│　关注营运资金是财务经理日常工作的重点

不论营运资金是来源于净资产,还是来源于长期负债,事实告诫人们:使用资金是有代价的,任何资金占用都必须有付出。管好、用好营运资金至少应当注意:一是保证企业正常、合理的资金需求;二是提高资金使用效率;三是努力节约资金使用成本;四是保持足够的短期偿债能力。

不少财务经理将大部分时间用于管理营运资金,并重视对营运资金的分析。他们视资金运动为企业的"血液",通过诊断找出"病情",开出处方,得到治疗,以维持资金运用和资金筹措两者之间的合理结构与平衡关系。

4.3.3 营运资金平衡关系分析

由于营运资金是扣除流动负债后的剩余净流动资产,因此,其平衡关系至少存在以下三种情况:

第一,流动资产-流动负债>0,表明流动资产大于流动负债,此时,净流动资产是以长期负债和所有者权益的一定份额作为资金来源的,营运资金的来源虽有保障,但其资金成本较高。如果营运资金增加,在短期偿债能力增强的同时,也存在资产利用率不高等问题。

第二,流动资产-流动负债=0,表明流动资产等于流动负债,此时占用在流动资产上的资金完全依赖于流动负债融资,资金成本较低,但由于缺乏运营资金来源,偿还短期债务可能会陷入困境。

第三,流动资产-流动负债<0,表明营运资金出现负数,短期融资已经被流动资产和长期资产共同占用了,企业的短期偿债能力弱,资金营运可能随时因周转失灵而停滞。

4.3.4 营运资金持有量分析

流动资产的需用量一般随业务量的变化而变化,业务量越大,其所需的流动资产会越多,但它们之间并不一定呈线性关系,这就产生了如何把握流动资产需用量与投资量的问题。

流动资产多,在流动负债一定的前提下,营运资金就越多。企业营运资金的持有量会影响企业的收益和风险。

宽松的营运资金持有量意味着在长期资产、流动负债和业务量一定的情况下,流动资产占用额较高,即企业拥有较多现金、有价证券和保险储备量较高的存货,这会使企业有较大的把握按时支付到期债务,及时供应生产用材料和准时向客户提供产品,从而保证经营活动平稳运行,风险较小。但是,由于流动资产的收益性一般低于长期资产,因此,较高的总资产拥有量和较高的流动资产比重会降低企业的收益性。

紧缩的营运资金持有量带来的结果与宽松的营运资金持有量带来的结果相反。因为较少的总资产拥有量和较低的流动资产比重会使企业的收益率较高;但较少的现金、有价证券量和较低的存货保险储备量会降低偿债能力和采购的支付能力,容易导致信用损失、材料供应中断或缺货损失等,还可能会由于不能准时向购买方供货而失去客户,从而加大企业的经营风险。

介于上述两者之间的应当是适中的营运资金持有量。在此情形下，营运资金的持有量不过高也不过低，恰好足够支付所需，存货足够满足生产和销售所用等。适中的营运资金持有量是多种因素共同作用的结果，包括销售水平、存货和应收账款的周转速度等，所以，各企业应当根据自身的具体情况和环境条件，按照适中的营运资金政策原则，确定适当的营运资金持有量。

专题讨论 4.1 | 零营运资金管理模式

"零营运资金管理"通过减少在流动资产上的投资，使营运资金占企业总营业额的比重趋于最小，便于企业把更多资金投入收益较高的固定资产或长期投资，并通过大量举借短期负债来满足营运资金的需求，降低企业的资金成本，由此从两个方面增加收益。"零营运资金管理"并不是要求营运资金真的为零，而是指在满足一定条件的前提下，尽量使营运资金趋于最小的管理模式。这种模式的显著特点是：能使企业处于较高的盈利水平，但同时企业承受的风险较大，即所谓的高盈利、高风险，力求达到"零"营运资金的目标，提高资金的运用效益，以最小的投入获取最大的产出，具有一定的借鉴意义和实用价值。

4.3.5 营运资金管理政策分析

企业对流动资产的需求量一般会随产品销售情况的变化而变化。例如，产品销售季节性很强的企业，当销售处于旺季时，流动资产的需求一般会更旺盛，可能是平时的几倍；当销售处于淡季时，流动资产需求一般会减弱到平时的几分之一；但即使当销售处于最低水平时，也存在对流动资产最基本的需求。在企业经营状况不发生大的变化的情况下，流动资产最基本的需求具有相对的稳定性，被称为流动资产的稳定性水平。当销售发生季节性变化时，流动资产将会在稳定性水平的基础上增减变动。

分析营运资金政策及其管理水平，实质上是对构成营运资金的两大要素——流动资产和流动负债做进一步分析，再考虑两者之间的匹配关系。

流动资产可进一步分为两类：一是临时性流动资产——受季节性、周期性影响的流动资产，如季节性存货、销售和经营旺季的应收账款；二是稳定性流动资产——不受季节性、周期性影响的流动资产，即使企业处于经营低谷也要保留的、用于满足企业长期稳定需要的流动资产，如最低的现金需求量、保险储备量等。

流动负债可进一步分为两类：一是临时性流动负债——为满足临时性流动资金需要所发生的负债，如商业零售企业在春节之前为满足节日大量销售的需要超量购入货物而举借的债务,食品制造企业为赶制季节性食品大量购入某种原料而发生的借款等;二是自发性流动负债——直接产生于企业持续经营过程中的负债,如利用商业信用筹集的资金和日常运营中产生的其他应付款,以及应付工资、应付利息、应付税金等。

营运资金政策主要是指如何安排临时性流动资产和稳定性流动资产的资金来源,一般可以分为三种,即配合型营运资金政策(期限匹配融资战略)、稳健型营运资金政策(保守融资战略)和激进型营运资金政策(激进融资战略),如表4.7所示。

表4.7　　　　　　营运资金管理政策的基本内容与主要特点

类　型	资金对应关系与融资特征分析	风　险
配合型营运资金政策	稳定性流动资产和固定资产以长期融资方式融资;短期融资被用来为波动性流动资产融资,反映了当时的波动性流动资产的数量 资金对应关系:波动性流动资产＝短期资金(来源) 　　　　　　　稳定性流动资产＋固定资产＝长期资金(来源)	收益和风险居中
稳健型营运资金政策	长期融资支持固定资产、稳定性流动资产和部分波动性流动资产,并为波动性流动资产服务;短期融资仅用于融通剩余的波动性流动资产,即最小限度地使用短期融资,具有较高的融资成本 资金对应关系:短期资金＜波动性流动资产 　　　　　　　长期资金＞稳定性流动资产＋固定资产	收益和风险较低
激进型营运资金政策	以长期资金为所有的固定资产融资,仅对一部分稳定性流动资产使用长期融资方式融资;短期融资方式支持剩下的稳定性流动资产和所有临时性流动资产,即较多的短期融资具有较低的融资成本 资金对应关系:短期资金＞波动性流动资产 　　　　　　　长期资金＜稳定性流动资产＋固定资产	收益和风险较高

实证分析4.2 ｜ 不同营运资金政策的筹资策略

某企业在生产经营的淡季需占用500万元流动资产和400万元固定资产,在生产经营高峰期会增加300万元的季节性存货需求。

配合型筹资政策要求该企业只在生产经营的高峰期才借入300万元短期借款;而900万元永久性资产(即500万元永久性流动资产与400万元固定资产之和)均由长期负债、自发性负债和权益资本来解决。

采用激进型营运资金政策,如果目前权益资本、长期负债和自发性负债的筹资额之和只有700万元,那就会有200万元的永久性资产和300万元的临时性流动资产(在经营高峰期)由临时性负债筹资解决。

在稳健型营运资金政策下,季节性存货的资金只有一部分是靠当时的短期借款解决的,其余季节性存货和全部永久性资金需要由长期负债、自发性负债和权益资本提供。一旦到了生产经营淡季,该企业可将闲置资金投资于短期有价证券。

4.4 智谋营运能力

4.4.1 资产管理效能与营运能力指标

资产管理的效能主要体现在资产运营效率(管理效率)和资产运营效果(利用效益)两大方面。

营运资产的效率主要是指资产的周转速度,包括周转次数和周转天数。反映资产周转速度的指标主要包括总资产周转率、流动资产周转率、应收账款周转率、存货周转率等。遵从习惯,周转率指标在计算时体现为周转次数,360÷周转次数就是周转天数。

营运资产的效益主要是指产出效益与投入资产的比率,包括资产利润率及其相关指标、资产现金回收率等,请阅读第6章和第7章的相关介绍。

反映资产营运效率与效益的指标之间有内在联系。例如,资产周转率是将营业收入除以平均总资产,资产利润率是将利润除以平均总资产,两者的分母取数相同,经济实质都是周转额或效益额÷占用额。事实上,一家企业的资金管理能力越强,资金周转速度越快,表明其资产利用效果越好、效率越高。企业管理资金的效益越好,说明其业务与财务的管理能力越强,企业效益越好(如图4.5所示)。

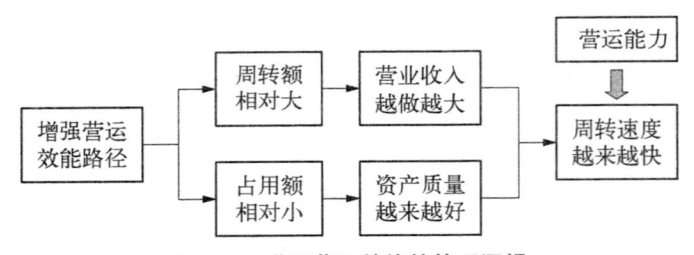

图 4.5 增强营运效能的管理逻辑

分析与评价营运能力能够衡量企业的资产管理水平和周转速度等。《企业绩效评价标准值》分别列示了全行业、大型、中型、小型企业各自适用的绩效评价标准值。从 2015 年至 2019 年,全国中型企业反映资产质量状况相关绩效指标的平均值汇总如表 4.8 所示,各项周转指标波动起伏,总体上周转不快,其中,总资产周转率、流动资产周转率、应收账款周转率指标波动向下;存货周转率随管理力度加大,波动后趋向平稳。

表 4.8　　　衡量中型企业营运能力相关绩效指标的平均值

营运能力指标	2015 年	2016 年	2017 年	2018 年	2019 年
总资产周转率(次)	0.7	0.6	0.4	0.6	0.6
流动资产周转率(次)	1.3	1.0	0.8	1.0	1.2
应收账款周转率(次)	6.5	5.6	5.4	6.1	5.9
存货周转率(次)	3.6	2.6	2.6	3.6	3.6

上述反映营运能力的周转率指标都是相对数,分母都是占用额(投入资金),分子都是周转额(周转资金)。那么,如何谋求营运能力的提升呢？一是在分母数值保持不变的同时加大分子的产出量,二是在减少分母数值的同时保持分子的产出量,三是促使分子的增长幅度大于分母的增长幅度等。

2019 年度,反映中型企业营运能力状况的绩效评价标准值的分布情况如表 4.9 所示,五档标准值差异较大的分布现状表明企业之间营运能力水平高低不一的情况是客观存在的。

表 4.9　　　2019 年中型企业营运能力状况指标评价标准值

营运能力指标	优秀值	良好值	平均值	较低值	较差值
总资产周转率(次)	1.5	1.0	0.6	0.2	0.1
流动资产周转率(次)	3.4	2.4	1.2	0.7	0.4
应收账款周转率(次)	24.7	15.8	5.9	2.5	0.4
存货周转率(次)	16.2	8.7	3.6	2.0	1.1

反映营运能力的指标较敏感。企业资产运作的好坏、营运能力的强弱、产品经营的成败和财务状况恶化与否,大部分会从这些指标的表现中显示端倪。产品滞销、市场前景恶化或收款情况不良等必然会集中地表现在反映营运能力的财务比率上,所以,在进行财务分析时,应该对这些财务比率指标高度重视。

4.4.2 总资产周转情况分析

总资产周转率是企业一定时期内营业收入总额与全部资产的平均余额的比率,综合反映全部资产的周转速度和资金利用水平,即企业经营期间全部资产从投入到产出周而复始的流转速度,用以评价全部资产的管理质量和利用效率。其计算公式如下:

$$总资产周转率(次) = \frac{营业收入总额}{平均资产总额}$$

$$总资产周转天数 = \frac{计算期天数}{总资产周转率} = \frac{平均资产总额 \times 计算期天数}{营业收入净额}$$

如果说全部资产体现企业所有"投入的资金额",那么总收入作为其"产出的周转额"是应当有所配比的,即应当尽量达到行业的平均水平,并尽可能做到少投入、多产出。假如总资产周转率较低,说明企业利用全部资产从事经营的效率较差,最终会影响企业的经济效益。尤其是只增加资产规模,不增加营业收入,或资产疯长,收入下降,就像一个人只贪睡贪吃猛长肥肉却不运动,这样的产出效率会使经营业绩雪上加霜。

根据表 2.1 和表 2.3 提供的资料,申良公司 2019 年的总资产周转率计算如下:

$$总资产周转率(次) = \frac{8\,430.89}{(15\,470.52 + 15\,712) \div 2} = 0.54(次)$$

$$总资产周转天数 = \frac{360}{0.54} = 666.67(天)$$

2019 年总资产周转率的绩效评价标准值如表 4.10 所示。

表 4.10   2019 年度总资产周转率的绩效评价标准值

项　　目	优秀值	良好值	平均值	较低值	较差值
大型企业(次)	1.4	0.9	0.4	0.3	0.1
中型企业(次)	1.5	1.0	0.6	0.2	0.1
小型企业(次)	1.8	1.2	0.5	0.3	0.1
全国全行业平均(次)	1.6	1.0	0.5	0.3	0.2

申良公司的总资产周转率为 0.54 次,略高于全国全行业的平均值,但略低于

全国中型企业的平均值,周转速度适中。申良公司应该不断采取措施,提高各项资产的利用程度,既提高营业收入,又压缩或处理多余的、未使用的、不需用的资产。

为了对企业全部资产周转速度变动的原因进行深入分析,可将全部资产周转率公式进行分解,使信息使用者对该周转率变动的原因有更全面的把握。分解公式如下：

$$全部资产周转率 = \frac{营业收入总额}{流动资产平均余额} \times \frac{流动资产平均余额}{全部资产平均余额}$$

$$= 流动资产周转次数 \times 流动资产占总资产的比重$$

从上述分解公式中可以看出,总资产周转速度的快慢受两个因素的影响：一是流动资产周转速度,二是流动资产占总资产的比重。因为流动资产的周转速度一般快于非流动资产,所以流动资产在全部资产中所占比重越大,全部资产的周转速度一般就越快。运用同样的原理,也可以在总资产周转率中插入或替换各项资产平均余额等,将总资产周转率指标进行分解,以把握各项不同性质的资产占用对企业总资产周转速度的影响及其程度。

4.4.3 流动资产周转情况分析

流动资产周转率是反映企业流动资产周转速度的指标,即一定时期内流动资产平均占用额与完成周转额(营业收入总额)的比率。其计算公式如下：

$$流动资产周转率(次) = \frac{营业收入总额}{流动资产平均余额}$$

$$流动资产周转天数 = \frac{计算期天数}{流动资产周转率} = \frac{流动资产平均余额 \times 计算期天数}{营业收入总额}$$

一定时期流动资产周转的次数越多,表明以相同的流动资产完成的周转额越多,流动资产的利用效果越好。流动资产周转一次所需要的天数越少,表明流动资产在经历生产和销售各阶段时占用的时间越短,周转越快。生产经营中的任何一个环节的工作得到改善,都会反映到周转天数的缩短上来。按天数表示的流动资产周转率能直接反映生产状况的改善,便于比较不同时期的流动资产周转速度,应用较为普遍。

根据表2.1和表2.3提供的资料,申良公司2019年的流动资产周转率和流动资产周转天数计算如下：

$$流动资产周转率(次) = \frac{8\,430.89}{(6\,742.64 + 7\,398.89) \div 2} = 1.19(次)$$

$$流动资产周转天数 = \frac{360}{1.19} = 302.52(天)$$

2019 年度流动资产周转率的绩效评价标准值如表 4.11 所示。

表 4.11　　　　　2019 年度流动资产周转率的绩效评价标准值

项　　目	优秀值	良好值	平均值	较低值	较差值
大型企业(次)	2.6	1.6	1.2	0.8	0.4
中型企业(次)	3.4	2.4	1.2	0.7	0.4
小型企业(次)	2.4	1.4	0.7	0.3	0.2
全国全行业平均(次)	2.6	1.5	1.1	0.7	0.3

申良公司 2019 年流动资产周转 1.19 次,接近全国中型企业的平均值,周转速度适中。

申良公司 2018 年的营业收入为 7 237.35 万元,2018 年的流动资金平均余额为 6 416.3 万元,2018 年的流动资金周转次数为 1.13 次,流动资金周转天数为 318.58 天(360÷1.13)。2019 年与 2018 年相比,流动资金周转速度略有加快。

企业运作流动资产是为了扩大生产、增加销售,所以,可以进一步分析流动资金周转率变动对营业收入变动额的影响。其计算公式与计算结果如下:

$$\begin{aligned}
\text{流动资金周转率变动引起营业收入增减额} &= \text{上年流动资金平均余额} \times \left(\text{本年流动资金周转次数} - \text{上年流动资金周转次数}\right) \\
&= 6\,416.3 \times (1.19 - 1.13) \\
&= 384.98(万元)(增加额)
\end{aligned}$$

以上计算结果表明,申良公司 2019 年新增的营业收入 1 193.54 万元(8 430.89 − 7 237.35)中,有 384.98 万元是由于 2019 年流动资金周转比 2018 年加速引起的,2019 年流动资金的利用水平有所提高。

还可以分析在一定营业收入情况下流动资金的相对节约(超支)额。其计算公式与计算结果如下:

$$\begin{aligned}
\text{流动资金相对节约(超支)额} &= \text{每日周转额} \times \left(\text{上期流动资金周转天数} - \text{本期流动资金周转天数}\right) \\
&= 8\,430.89 \div 360 \times (318.58 - 302.52) \\
&= 376.11(万元)(节约)
\end{aligned}$$

由此可见,流动资金周转速度快,在营业收入一定的情况下,会相对节省流动资金的占用额。

4.4.4 应收账款周转情况分析

应收账款周转率是一定时期营业收入总额与应收账款平均余额的比率[①]，是反映应收账款周转速度的指标，计算公式如下：

$$应收账款周转率(次)=\frac{营业收入总额}{应收账款平均余额}$$

$$应收账款周转天数=\frac{计算期天数}{应收账款周转率}=\frac{应收账款平均余额\times 计算期天数}{营业收入总额}$$

应收账款周转天数表示企业自产品销售出去开始至应收账款收回所需经历的天数。周转天数越少，说明应收账款变现的速度越快，企业资金被外单位占用的时间越短，管理工作的效率越高。

根据表2.1和表2.3提供的资料，申良公司2019年的应收账款周转率和应收账款周转天数计算如下：

$$应收账款余额=应收账款净额+应收账款坏账准备$$

期初应收账款余额＝3 278.07＋50＝3 328.07(万元)

期末应收账款余额＝4 150.67＋80＝4 230.67(万元)

应收账款周转率(次)＝营业收入÷应收账款平均余额

＝8 430.89÷[(3 328.07＋4 230.67)÷2]

＝2.23(次)

应收账款周转天数＝360÷2.23＝161.43(天)

2019年度应收账款周转率的绩效评价标准值如表4.12所示。

表4.12　　　　2019年度应收账款周转率的绩效评价标准值

项　　目	优秀值	良好值	平均值	较低值	较差值
大型企业(次)	24.6	17.0	9.0	4.7	1.3
中型企业(次)	24.7	15.8	5.9	2.5	0.4
小型企业(次)	19.4	10.7	5.1	2.0	0.3
全国全行业平均(次)	21.6	12.2	7.7	3.4	1.3

[①] 大部分应收票据是销售形成的，是应收账款的另一种形式，可将其纳入应收账款周转率的计算，称为"应收账款及应收票据周转率"。

申良公司的应收账款周转 2.23 次,低于全国中型企业的平均值和较低值,如此缓慢的周转速度是造成流动资产周转不快最重要的内在原因之一。

申良公司占用在应收账款上的资金不仅时间过长、占用额居高不下,而且占比在不断上升(见表 4.13),应当成为财务分析的重点。

表 4.13　　　　　　　　　　应收账款占比情况分析表

财 务 指 标	2018 年度	2019 年度	增减差异	增减(%)
应收账款(万元)	3 278.07	4 150.67	872.60	26.62
占流动资产比重(%)	48.62	56.10	7.48	15.38
占全部资产比重(%)	21.19	26.42	5.23	24.68
占营业收入比重(%)	45.29	49.23	3.94	8.70

对应收账款周转率的分析还可以结合利润表和现金流量表综合进行。与应收账款直接相关的会计科目是利润表中的营业收入和现金流量表中的经营活动现金流入,与提取应收账款坏账准备有关的还有减值准备等相关科目。值得注意的是,会计报表附注中披露的应收账款账龄、坏账可收回情况、关联方购销活动等都是不可忽视的重要内容。

(1) 分析营业收入与赊销收入

应收账款由赊销引起,理论上认为,应收账款周转率的计算是将企业的赊销收入净额与应收账款平均占用额进行比较。

赊销收入净额=营业收入-现销收入-销售退回-销售折让-销售折扣

由于外部分析者很难拿到企业现销和赊销的具体资料,因此实务上可取的方法是将全部营业收入净额(包括现销和赊销,但应当扣除折扣和折让)与全部应收账款平均占用额相比较。随着信用经济的发展,真正一手交钱、一手交货的现销业务会大量减少,即便有,也可将其理解为收现期极短的赊销。会计核算上将所有销售业务均通过"应收账款"账户核算,有利于财务部门进行收款控制和客户账龄等信用分析。

应收账款周转速度与信用政策执行的具体情况相关。信用政策是指授信方制定的应收账款的管理政策,包括信用标准、信用条件和收账政策等。制定合理的信用政策是加强应收账款管理,提高应收账款投资效益的重要前提。其中,信用期限的确定是企业信用政策的重要部分,也是企业营运资金管理的重要内容,这项政策的执行情况如何,要通过对应收账款周转期的分析才能完成。如果企业的实际应收账款周转期明显与预期信用期限有较大差异,则应及时进行分析、研究,确定到底是信用政策制定不当,还是收款部门收账不力,或是客户的实际信用状况太差等引起的。

(2) 分析应收账款计算口径

在通常情况下,企业应当将其已向客户转让商品而有权收取的对价金额确认为合同资产或应收账款,将其已收或应收客户对价而应向客户转让商品的义务按照已收或应收的金额确认为合同负债。同一合同下的合同资产和合同负债应当以净额列示,不同合同下的合同资产和合同负债不能互相抵销,应当在资产负债表中单独列示。

计提坏账准备的企业,应当使用未提取坏账准备的应收账款来计算周转指标。财务报表中列示的应收账款是已经提取坏账准备后的净额。坏账准备按会计准则的规定已计入当期损益,但营业收入并没有因此而减少,所以参加资金周转的应当是应收账款的原价(应收账款净额+坏账准备),即应收账款是企业因对外赊销产品、提供劳务等而应向购货或接受劳务的单位收取的款项。

相对于现销方式,赊销商品毕竟意味着应计现金流入量与实际现金流入量在时间上的不一致,产生拖欠甚至坏账损失的可能性自然比较高。应收账款的增加会造成坏账损失率上升和管理费用增加。一家企业出现较多应收账款,至少存在以下风险:① 高账龄及坏账风险迫使企业考虑较多坏账准备;② 加大有息负债风险,并因此增加财务费用;③ 大量应收账款迫使企业削减销售量,导致营业收入滑坡;④ 应收账款过度还可能引发关联方占用风险。所以,分析财务报表时应关注应收账款是否过多、比重是否过高、增长速度是否过快;还应对报表附注说明中的应收账款账龄进行分析,应收账款的账龄越长,其收回的可能性就越小。

赊销具有促进销售的功能。随着赊销的增多,应收账款会增加。但企业不应当以增加应收账款来换取销售收入的增加。

不同的企业应当根据具体情况具体分析应收账款占销售收入的合理比例,保持应收账款与销售收入的平衡,这既与销售业绩和盈利业绩相关,也与现金流量和收益质量相关。

应收账款占比(期末应收账款÷当期营业收入)是一个衡量应收风险的重要指标,它的变动较大或比值较高表明企业营业收入的增长有赖于应收账款。在赊销收入存在很大不确定性的情况下,资金可回收性将影响盈利的质量。财务分析不仅要看应收账款绝对额的增减变动,而且应重视应收账款占销售收入的比例,并通过一段时间的观察与研究,寻找符合企业实际情况的控制比例,分解落实到销售部门和有关人员,作为重要的考核指标之一。该指标还可以分行业、分地区、分客户、分品种计算与分析。

老法师提醒 4.3 | 警惕应收账款与营业收入增幅之间的异常变动

申良公司的报表反映其 2018 年的销售额为 7 237.35 万元,应收账款为 3 278.07 万元,应收账款占比为 45.29%,已经很高了。其 2019 年的销售额为 8 430.89 万元,应收账款为 4 150.67 万元,应收账款占比为 49.23%,比 2018 年增加了 3.94 个百分点,真的太高了。销售虽然增长了 16.49%,但应收账款增加 872.6 万元,增长了 26.62%。应收账款增幅大于营业收入增幅的异常变动是应当关注的重点。

当应收账款增幅小于或接近营业收入增幅时,当期利润与经营活动现金净流量之间保持了一定的平衡关系;当应收账款增幅大于营业收入增幅时,会导致当期利润增加,但也会导致当期经营活动现金净流量减少,这是值得关注的危机预警信号,尤其当连续出现这样的情况且难以改变时,应予以高度重视。

(3) 分析应收账款成本

加快应收账款回收的一个重要理由就是应收账款的成本很高,通常包括以下三个方面的内容:

一是机会成本。应收账款的机会成本是指因资金投放在应收账款上而丧失的其他收入,如投资于有价证券便会获取利息收入。这一成本的大小通常与企业维持赊销业务所需要的资金数量(即应收账款投资额)、资金成本率有关。其计算公式为:

$$应收账款机会成本 = 维持赊销业务所需要的资金 \times 资金成本率$$

式中,资金成本率一般可按有价证券利息率计算。维持赊销业务所需要的资金数量的计算公式如下:

$$\frac{应收账款}{平均赊销额} = \frac{年赊销额}{360} \times 平均收账天数$$

$$= 平均每日赊销额 \times 平均收账天数$$

$$\frac{维持赊销业务}{所需要的资金} = \frac{应收账款}{平均余额} \times \frac{变动成本}{销售收入} \times 100\%$$

$$= 应收账款平均余额 \times 变动成本率$$

在上述分析中,假设企业的成本水平保持不变(即单位变动成本不变,固定成本总额不变),随着赊销业务的扩大,只有变动成本上升。

实证分析4.3 | 企业维持赊销业务所需要的资金成本有多高?

某公司预测某年度的赊销额为6 000 000元,应收账款平均收账天数为60天,变动成本率为70%,假设资金成本率为10%,则应收账款机会成本可计算如下:

$$应收账款平均余额 = \frac{6\,000\,000}{360} \times 60 = 1\,000\,000(元)$$

维持赊销业务所需要的资金=1 000 000×70%=700 000(元)

应收账款机会成本=700 000×10%=70 000(元)

经推算,该公司投放700 000元资金可维持6 000 000元赊销业务,相当于垫支资金的8倍多,这一较大的倍数在很大程度上取决于应收账款的收账速度。应收账款收账天数越少,一定数量资金所维持的赊销额就越大;应收账款收账天数越多,维持相同赊销额所需要的资金数量就越多。应收账款的机会成本主要取决于企业维持赊销业务所需要资金的多少。

二是管理成本。应收账款的管理成本是指企业对应收账款进行管理而耗费的开支,主要包括对客户的资信调查费用、收账费用和其他费用。

三是坏账成本。应收账款基于商业信用而产生,存在无法收回的可能性,由此而给应收账款持有企业带来的损失即坏账成本。这一成本一般与应收账款的数量同方向变动,即应收账款越多,坏账成本就越多。

(4) 分析应收账款账龄

企业已发生的应收账款时间长短不一,有的尚未超过信用期,有的已逾期拖欠。一般来讲,逾期拖欠的时间越长,账款催收的难度越大,成为坏账的可能性也就越大。因此,进行账龄分析时,密切关注应收账款的回收情况是提高应收账款收现效率的重要环节。

应收账款账龄分析就是考察应收账款的账龄结构。应收账款的账龄结构是指各账龄应收账款的余额占应收账款总计余额的比重。

申良公司2019年资产负债表列示了期末应收账款净额为4 150.67万元,还原已计提坏账准备80万元后的期末应收账款原值为4 230.67万元。申良公司的信用期平均为2个月(即赊销期为60天),经分析后的应收账款账龄如表4.14所示。

表 4.14　　　　　　　　　　申良公司应收账款账龄分析表

应收账款账龄分析	客户数量	金额(万元)	比重(%)
信用期内(2个月内)	120	2 200.00	52.00
超过信用期1个月内	40	600.00	14.19
超过信用期2个月内	13	320.67	7.58
超过信用期3个月内	11	240.00	5.67
超过信用期6个月内	16	280.00	6.62
超过信用期9个月内	10	160.00	3.78
超过信用期12个月内	4	40.00	0.95
超过信用期24个月以上	12	390.00	9.22
应收账款余额总计	—	4 230.67	100.00

表4.14表明,在申良公司的应收账款余额中,有2 200万元尚在信用期内,占全部应收账款的52%;逾期的2 030.67万元占全部应收账款的48%,其中,逾期1、2、3、6、9、12个月内的分别为14.19%、7.58%、5.67%、6.62%、3.78%、0.95%;另有9.22%的应收账款已经逾期2年以上。申良公司财务报表附注中的会计政策披露了应当采用个别认定法和账龄分析法相结合的方法对应收账款计提坏账准备。但在会计报表项目注释中却说明:"本公司采用个别认定法对应收账款计提坏账准备。"该核算结果与表达的会计政策不一致,究其原因是近年来申良公司的利润出现滑坡,管理层为了平滑利润而没有提足坏账准备。但具体分析申良公司4 230.67万元期末应收账款的组成,虽有超过80万元的预计损失,但占资产或净资产的比重都很小,审计师在予以容忍的前提下提示管理层关注不良资产可能存在的风险。

申良公司还应进一步分析逾期账款具体来自哪些客户,这些客户是否经常发生拖欠情况,发生拖欠的原因何在等。一般而言,账款的逾期时间越短,收回的可能性越大,即发生坏账损失的可能性越小;反之,收账的难度及发生坏账损失的可能性就越大。因此,对不同拖欠时间的账款及不同信用品质的客户,申良公司应采取不同的收账方法,制订不同的收账政策与收账方案;对可能发生的坏账损失,需有所准备,充分估计其对企业损益的影响;对尚未过期的应收账款也不能放松管理与监督,以防发生新的拖欠。

通过账龄分析,不仅能提示管理人员把过期款项视为工作重点,而且有助于促进企业进一步研究与制定新的信用政策,不断加强对应收账款的管理。

(5) 分析应收账款收现保证率

由于企业当期现金支付需要量与当期应收账款收现额之间存在非对称性矛盾,并呈现预付性与滞后性等差异,因此,企业必须对应收账款的收现水平制定一个必要的控制标准,即应收账款收现保证率。

应收账款收现保证率是企业既定会计期间预期的必要现金支付需要数量扣除各种可靠、稳定性来源后的差额,必须通过应收账款有效收现予以弥补的最低保证程度,是企业控制应收账款收现水平的基本依据。其计算公式如下:

$$应收账款收现保证率 = \frac{当期必要现金支付总额 - 当期其他稳定、可靠的现金流入总额}{当期应收账款总计金额}$$

上式中的"其他稳定、可靠的现金流入总额"是指从应收账款收现以外的途径可以取得的各种稳定、可靠的现金流入数额,包括短期有价证券变现净额、可随时取得的银行贷款额等。

企业应定期计算应收账款的实际收现率,观察其是否达到了既定的控制标准,如果发现实际收现率低于应收账款收现保证率,就应查明原因,采取相应措施,确保企业有足够的资金满足同期必需的现金支付要求。

4.4.5 存货周转情况分析

存货是指企业在日常生产经营过程中为生产或销售而储备的物资。存货分析的重点之一在于周转快不快。"货如轮转,钱如泉涌"是指货物流通快,像轮子转动一样迅速,在转买转卖中带来持续稳定的收益。

存货周转率是一定时期企业营业(销货)成本与存货平均余额的比率,是反映企业销售能力和存货资产流动性的一个指标,也是衡量企业生产经营各个环节中存货运营效率的一个综合性指标。其计算公式如下:

$$存货周转率(次) = \frac{营业成本}{存货平均余额}$$

$$存货周转天数 = \frac{计算期天数}{存货周转率} = \frac{存货平均余额 \times 计算期天数}{营业成本}$$

存货周转速度反映存货管理水平,存货周转率越高,存货的占用水平越低,流动性越强,存货转换为现金或应收账款的速度就越快。它不仅影响企业的短期偿债能力,而且是整个企业管理的重要内容。企业要扩大产品销售量,增强销售能力,就要在原材料购进、生产过程中的投入、产品销售、现金收回等方面做好协调和衔接。存货周转率不仅可以反映企业的销售能力,而且可以衡量企业生产经营中各有关方面运用和管理存货的工作水平。存货周转率还可以衡量存货的储存是否适当,是否能保证生产不间断地进行和产品有秩序地销售。存货既不能储存过少,造成生产中断或销售紧张;也不能储存过多,形成呆滞、积压。存货周转率还能反映存货的结构是否合理、质量是否合格。只有结构合理,才能保证生产和销售正常、顺利地进行;只有质量合格,才能使存货有效地流动,从而达到存货周转率提高的目的。

根据表2.1和表2.3提供的资料,申良公司2019年的存货周转率和存货周转天数计算如下:

$$存货周转率(次) = \frac{6\,638.30}{(1\,017.82 + 1\,260.74) \div 2} = 5.83(次)$$

存货周转天数 = 360 ÷ 5.83 = 61.75(天)

判断企业存货周转速度的标准是多维的。当企业的实际存货周转率大于行业平均存货周转率时,可以判定企业的存货资产利用效率较高;反之则较低。也可以按企业的经营思想考评预算(或计划)存货周转率,当企业的实际存货周转率大于预算(或计划)存货周转率时,说明任务完成得好;反之则差。采用绩效评价标准值具有比较意义。2019年度存货周转率的绩效评价标准值如表4.15所示。

表4.15　　　　　　2019年度存货周转率的绩效评价标准值　　　　　　单位:次

项　目	优秀值	良好值	平均值	较低值	较差值
大型企业	46.2	12.5	5.0	1.9	0.8
中型企业	16.2	8.7	3.6	2.0	1.1
小型企业	17.2	9.4	1.9	1.0	0.6
全国全行业平均	17.7	11.2	4.5	2.3	1.1

申良公司的存货周转率为5.83次,高于全国中型企业的平均值。由于申良公司面对市场的竞争压力,抓紧"去库存",积极削价推销滞销产品,因此存货周转速度得以加快。

存货量的增减有主动与被动之分,对企业有利也有弊。通常,增加存货量,一方面使企业抵御市场不确定性对其正常经营活动影响的能力增强,有利于提高企业的盈利能力;另一方面会增加企业资金占用量,使资金利用率降低,盈利能力降低,也会使变现风险上升。减少存货量,一方面使企业抵御市场不确定性对其冲击的能力减弱,有碍企业营销能力的扩大和盈利的增加;另一方面减少了企业资金占用量,提高了资金利用率,使盈利能力上升,变现风险降低。企业存货量的大小除了取决于企业生产经营的特征外,还取决于内外部环境、企业的经营思想与价值取向等。

专题讨论 4.2 | "去库存"与"产能过剩"

供给侧结构性改革中的"三去一降一补"是指"去产能""去库存""去杠杆""降成本""补短板"五大任务。其中,"去库存"不仅是指降低产品库存水平,而且包括消化过剩产能所带来的后果。在前期产能过剩的背景下,"去库存"有利于企业"轻装上阵",为新的产能提供发展空间。

狭义的"去库存"仅指降低产品库存水平,如降低原材料库存。广义的"去库存"即消化过剩产能,如投资过度和消费不足,使得消化过剩产能要比狭义的"去库存"更长期、更痛苦。如何化解产能过剩,需要根据过剩的类型对症下药。对于暂时性过剩,应该从需求端入手,推动需求回升;对于长期性过剩,应从供给端入手,主动收缩产能;如此等等。

零库存(Zero Inventory)可追溯到 20 世纪六七十年代,当时日本丰田汽车实行即时制(Just in Time,JIT)生产,在管理手段上采用了看板管理,以单元化生产等技术实行拉式生产(Pull Manufacturing),以实现在生产过程中基本没有积压的原材料和半成品。这种前者按后者需求生产的制造流程不但大大降低了生产过程中库存和资金的积压,而且在实现 JIT 的过程中相应提高了相当于生产活动的管理效率。生产零库存在操作层面上的意义是指物料(包括原材料、半成品和产成品)在采购、生产、销售等一个或几个经营环节中,不以仓库储存的形式存在,而是均处于周转的状态。这种高质量、低库存的即时生产方式的基本思想是,"只在需要的时候,按需要的量,生产所需的产品",从而追求无库存或库存量达到最小的生产系统。

(1) 存货库存情况的具体分析

通常,存货库存少,存货周转速度快,说明存货资金的利用效果好,销售状况好;存货周转率低,说明企业存货有积压,销售状况不佳。由于存货的作用是备销待销,不能绝对地认为存货周转速度越快越好,因为必要存货的短缺会造成缺货损失或供货中断损失等;此外,有时企业存货周转率有所下降,但存货供应的总成本却会明显提高,如为了提高存货周转率而采用小批量采购的方法,必然会大幅度压低存货的平均库存量,并使存货周转率提高。当然,增加存货采购或供应次数可以减少库存,带来储备成本下降的好处,但这样的好处也可能会被由于采购次数增加而多支付的采购成本所抵消,甚至造成存货供应总成本提高。

现选取申良公司最具代表性的甲、乙、丙三种产品进行分析,其两年末的库存对比情况如表4.6所示。2019年年末产成品占存货总额为50%,应予以重点关注。

甲产品是多年连续生产的传统产品,2018年年末库存为3 900台,2019年继续扩大生产,但由于该产品相对陈旧,市场需求减少,出现滞销情况,已降价销售,降价后的销售成本率高达92.59%,比2018年的86.21%增加了6.38个百分点,但2019年年末的库存却比2018年年末上升了66.67%,属于"产能过剩",应当尽力"去库存"。还应进一步具体分析甲产品的库龄情况,谨防出现跌价准备的情况。

乙产品于2018年初投产,年末库存为2 400台,市场销售前景尚可,单位成本略有下降,单位售价稳定,2019年产销基本平衡,2020年已有部分订单,还需进一步寻找新的市场与客户。

丙产品于2019年第三季度新开发,不仅款式与性能良好,而且单位售价远高于单位成本,毛利丰厚;目前市场销售前景很好,库存只有200台。2020年年初已有新的销售订单,应当加快生产。具有畅销市场的产品就有良好的发展前景,就能形成良性的资金流动和经济效益。

联系申良公司应收账款的相关资料,还可以进一步看出产品产销与库存的发展趋势。申良公司2019年年末的应收账款净额为4 150.67万元,比2018年年末的应收账款余额3 278.07万元增加872.60万元的主要原因正是甲产品销售不畅,陈旧落后,靠推销支撑业绩,客户拖欠货款情况较为严重等。公司目前超过信用期24个月以上的应收账款基本上是老产品遗留下来的历史问题,已对此计提了80万元坏账准备;而乙产品属于稳定发展的平销产品,虽有应收账款,但账龄不长;丙产品的销售与收款几乎同步,发展前景良好。

(2) 影响存货周转速度的进一步分析

存货周转率是一个比较敏感的指标,企业经营状况不佳往往是从存货周转失控开始的。然而,存货总周转率只说明了企业全部存货资金的周转效率,无法说明各周转阶段的状况,所以要对存货周转率做分解研究。

存货一般是由原材料、在制品和产成品等构成。存货周转率受这三类存货各自的周转速度以及占存货的比重的影响。

处于供应阶段的存货是原材料,其完成周转的标志是投入生产过程,因而生产过程中耗用原材料的累计金额就是原材料存货完成的周转总额。

处于生产阶段的存货是在制品,在制品完成周转的标志是产品生产完毕并办理入库手续,因而完工产品的累计成本就是在制品存货完成的周转总额。

处于销售阶段的存货是产成品,产成品完成周转是以产品发出和取得收款权利作为标志的,因而营业成本的累计金额就是产成品存货完成的周转总额。

各类存货周转率的计算依据及其计算公式详见表4.16。

表 4.16　　　　　　　　存货周转率的有关计算公式

存货类别	周转额性质	周转率的计算公式	
		周转次数	周转天数
原材料	原材料耗用额	原材料耗用额÷原材料平均余额	360÷周转次数
在制品	完工产品成本	完工产品成本÷在制品平均余额	360÷周转次数
产成品	营业成本	营业成本÷产成品平均余额	360÷周转次数

各阶段的存货周转额是各存货周转完成时的累计金额。上一阶段存货每次完成的周转额,先是转化为下一阶段存货的占用额,再转化为下一阶段存货的周转额。上一阶段存货的周转额向下一阶段转化是实现下一阶段周转额的条件,但上一阶段的周转额并不直接决定下一阶段的周转额。各类存货周转额与全部存货周转额也不存在局部与整体的关系。所以,全部存货周转期不是各类存货周转期的简单相加。

(3) 存货储存费用的深入分析

存货占流动资产的比重较大,对其控制和管理效率的高低直接反映并决定着企业收益、风险、流动性的综合水平。由于存货具有防止停工待料、适应市场变化、降低进货成本、维持均衡生产等功能,因此,人们想多储备存货。但储备存货不但会增加进货成本、储存成本和缺货成本等,而且会由于占用了大量储备资金而造成资金短缺,使流动资金失衡,甚至造成亏损。

通过分析存货储存费用,我们会发现存货的库存很贵。存货费用按照与储存时间的关系,可以分为固定储存费和变动储存费两类。前者包括进货费用和管理费用,其金额的多少与存货储存期的长短有直接关系;后者包括存货资金的占用费、存货的仓储管理费和仓储损耗等,其金额随存货储存期的变动成正比例变动。

储存期控制法就是为了加强存货的日常管理,在保证企业生产经营正常进行的前提下,尽量减少库存,防止积压,根据本量利平衡关系推导出获利程度与储存期、储存费用之间的增减变动关系。

$$利润 = 毛利 - 税金及附加 - 固定储存费 - 变动储存费$$

当利润＝0时，存货的储存天数为保本储存天数：

$$保本储存天数 = \frac{毛利 - 税金及附加 - 固定储存费}{每日变动储存费}$$

当利润＝目标利润时，存货的储存天数为保利储存天数：

$$保利储存天数 = \frac{毛利 - 税金及附加 - 固定储存费 - 目标利润}{每日变动储存费}$$

如果存货在保利期内售出，储存天数越短，获利就越多；如果在保本期内售出，可以不亏本，但利润较少；如果超过保本期出售存货，便会亏损，储存天数越长，亏损就越大。每日储存费会不断吞食利润，这是必须警觉的事。所以，存货要动，不能静；要转，不能停；要产销平衡，不能严重失衡。

（4）存货与营业成本的平衡分析

存货与营业成本密切相关，对经营损益、资产总额等会产生影响。不同的行业与规模不同的企业虽然存在差异，但其存货的变化是有一定的规律可循的。企业之所以拥有存货，主要是为销售做准备，所以有"销一备三"的说法，即正常的存货周转次数一般为3次左右，或周转天数为120天左右。

一定时期内产品相对稳定的企业，其存货成本、营业成本与营业收入之间存在依存关系，三者的增幅之间有一定的函数关系。当存货增幅明显异于营业成本或营业收入增幅时，应当重视分析可能存在的异常变动情况；或者当发现存货比应收账款或营业收入增长得更快（或更慢）时，应当研究其中存在的问题；等等。

企业若采用不适当的方法计价或任意分摊存货成本，就会影响成本的真实、可靠以及与营业收入的配比，存在调节成本和利润的嫌疑。例如，某企业某年中期的主营业务成本与主营业务收入的比例为54.37%，但到了年末，该比例突然下降到35.83%，其中下半年只有12.47%，这是很不正常甚至是不可能的现象。通过抬高存货来压低成本已成为个别企业调节利润的常用手段。还有的企业在采用定额成本法计算产品成本时，将产品的定额成本差异在期末在产品和产成品之间分摊，本期销售产品却不分摊以降低本期销售成本。更有甚者故意虚列存货或隐瞒存货的短缺或毁损，从而达到虚增本期利润的目的。

4.4.6 经营周期与现金周期分析

短期经营活动及其决策在企业日常资金运行过程中会重复出现,从而导致现金流入与流出的非同步和不确定。非同步是因为原材料货款的支付与产品销售的现金回收不在同一时间发生。不确定是因为将来的销售与成本不能确切地知道。一家企业的一个生产经营过程可以用图 4.6 说明。

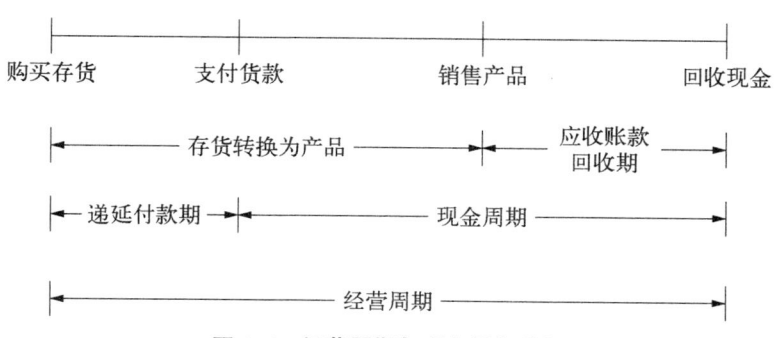

图 4.6 经营周期与现金周期分析

一家企业的经营周期是从购买存货开始到销售产品收到现金为止的一段时间。现金周期是从现金支付到现金收回的时间。企业持有存货存在应付款项,使得现金周期短于经营周期。

经营周期也称营业周期,是指企业从投入货币资金购入原材料到销售产品后又收回货币资金的货币资金一次完整的周转过程,它不同于企业的生产周期,也不同于企业的会计核算期和成本核算期,它纯粹是从资金运作的角度来认识经营过程。

流动资金周转天数一般大于经营周期,因为经营周期的长短只取决于存货周转期和应收账款周转期两个指标,现以申良公司的数据为例,其计算公式与计算结果如下:

经营周期＝存货周转期＋应收账款周转期
　　　　＝61.75＋161.43＝223.18(天)

通过分析经营周期可以了解企业的资产管理水平。较短的经营周期一般表示对应收账款和存货的有效管理;而较长的经营周期可能成为应收账款或存货占用过度的信号,反映企业资金的流动性较差或产品销售不佳。

如果企业流动资产的数量相对较少,但营业周期较短,就反映其经营效率高。从动态来看,该企业的流动性相对较好,体现其产品生产、销售、收回现金的期间都相对较短,不必过分依靠较高的"静态"流动性。这就好比判断水管中水的流量,这个流量不仅依赖管道中水的"静态"数量,而且依赖水流过水管的速度。

现金循环周期(简称现金周期)是指企业在经营中从付出现金到收到现金所需的平均时间,显示了资金流动的状态。现金循环周期的变化会直接影响所需营运资金的数额,其周转与计算公式如图4.7所示。

现金循环周期

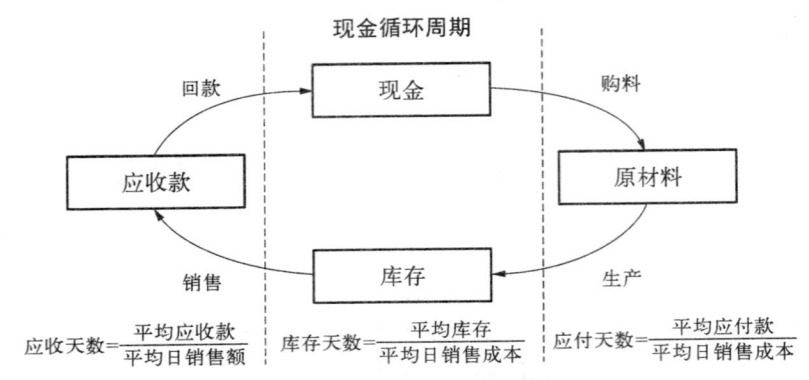

应收天数 = $\dfrac{平均应收款}{平均日销售额}$　　库存天数 = $\dfrac{平均库存}{平均日销售成本}$　　应付天数 = $\dfrac{平均应付款}{平均日销售成本}$

图 4.7　现金在企业中循环流转的状态

现金周期＝应收账款周转天数＋存货周转天数－应付账款周转天数

现金周期指标揭示加速资金周转的方式:一是缩短应收(预付)账款回收时间,二是加快库存物资的周转,三是延长应付(预收)款的付出时间。企业可以根据自身的实际情况,压缩收款流程、优化贷款支付过程,可利用现金浮余量、支付账户集中、展期付款等方法,在合理的范围内尽量延长贷款支付的时间,加速现金流的周转,尽力提高资金的利用效果。

现金周期为正数,说明企业应收(含存货)大于应付,资金被销售方或库存占用较多。现金周期为负数,说明企业依靠客户或供应商的钱在运营,以钱生钱,资金运营效率较高。

现金周期与行业和商业模式有关。不同行业的现金循环周期不同。即使是同一行业,由于采用的商业模式不同,不同企业的现金循环周期也会差异很大。经营现金周期是一家企业资金使用效率和运营效率的综合体现,更是一家企业商业模式的体现。

与经营周期相比,现金周期需要减去应付(预收)账款周转天数。使用该指标的企业,所有购销业务都要通过应收和应付账款核算。通过一定时期内经营现金的周转天数,可以掌握企业的现金从投入到收回平均要花费多少天。这个过程流动得越快,企业现金的使用效率越高,运营效率也就越高。如果这个过程非常缓慢,则占用的资金较多,资金的使用效率较低,运营效率也较低。

通常,现金循环周期短,说明现金流转状况好,是企业短期偿债能力的重要保障。如果现金循环周期发生变化,就要查明是何种原因引起的。并非现金周转天数比上期短就一定是好的,企业现金周转期的缩短只有在企业的经营规模和营业水平没有降低甚至有所提高的前提下才是可行的。因为在特殊情况下,如果企业销售萎缩,经营规模缩小,也会使企业的现金周转期缩短,但这并非是企业财务状况良好的表现。

将现金循环周期与企业前期水平和同行业平均水平或先进水平相比较,可以了解企业现金流量的基本状况,进一步促进相关指标的改善。

4.4.7　固定资产周转情况分析

固定资产周转率是企业营业收入总额与固定资产平均净值的比率,是反映固定资产周转速度,从而衡量固定资产利用效率的一项指标。其计算公式如下:

$$固定资产周转率(次)=\frac{营业收入总额}{固定资产平均净值}$$

$$固定资产平均净值=\frac{年初固定资产净值+年末固定资产净值}{2}$$

$$固定资产周转天数=\frac{计算期天数}{固定资产周转率}=\frac{固定资产平均净值\times 计算期天数}{营业收入总额}$$

固定资产周转率高,表明企业固定资产利用得充分,同时表明企业固定资产投资得当,固定资产结构合理,能够充分发挥效用;反之,如果固定资产周转率不高,则表明企业固定资产的使用效率不高,提供的生产成果不多,企业的营运能力不强。

根据表2.1和表2.3提供的资料,申良公司2019年的固定资产周转率计算如下:

$$固定资产周转率(次)=\frac{8\,430.89}{(6\,848.22+6\,401.43)\div 2}=1.27(次)$$

固定资产周转天数=360÷1.27=283.46(天)

在固定资产周转率的计算中,固定资产平均额一般用净值而不用原值,因为净值的平均额表示固定资产年度内资金的实际占用,而原值表现的只是固定资产的原始投资额,不是其目前实际的资金占用数。由于折旧会使固定资产的净值逐年下降，因此在固定资产原值和销售收入不变的情况下，固定资产的周转率会逐年提高，此时，这种计算方法有其不尽合理的地方。所以，可以在采用固定资产净值计算作为主要分析指标的同时，应用原值计算作为辅助分析指标。

为了企业长久的发展目标而进行较大规模的固定资产更新改造投资会使企业的固定资产周转率有所下降，这可能是一种合理的现象，在未来可能会给企业创造更多收入。

分析固定资产周转率还要与固定资产利用水平的相关指标相结合，据以深入了解固定资产的运用状况，如对企业全部或分类固定资产的净值率、更新率、磨损率和退废率等固定资产运用指标做全面分析。其计算公式如下：

$$固定资产净值率 = \frac{固定资产净值}{固定资产原值} \times 100\%$$

$$固定资产更新率 = \frac{当期新增固定资产原值}{当期期初固定资产原值} \times 100\%$$

$$固定资产磨损率 = \frac{期末固定资产累计折旧额}{期末固定资产原值} \times 100\%$$

$$固定资产退废率 = \frac{当期退废固定资产原值}{期初固定资产原值} \times 100\%$$

企业还可以分析无形资产周转率（营业收入÷无形资产平均额），以反映企业无形资产的周转情况，衡量企业无形资产的营运能力。

—————— 经典案例评析 ——————

华为资产运营与管理流程改善

解析一家企业的资产及其分布状态，可以透视这家企业的规模、实力、能力及风险。资产规模大的企业，如果资产结构合理，资金来源恰当，经济实力较强，其发展相对稳健，经营风险可能较小。以此角度观察华为的发展，可以看到资产规模增长、运营效率提升与管理流程改善对华为的业务发展具有支撑作用，从而有助于业务目标的达成。

从相对数分析，华为销售的增长获得了足够的财务资源，资产随业务发展不断壮大，对业务发展提供了强有力的支撑。华为 2019 年的销售收入增长 19.1%，总资产增长 29.0%，其中，流动资产增长 32.8%、非流动资产增长 14.1%（详见下表）。

华为资产负债表（摘要）　　　　　　　　　　单位：人民币百万元

项　　目	2019年12月31日	2018年12月31日	同比变动
非流动资产	154 768	135 678	14.1%
流动资产	703 893	530 114	32.8%
资产合计	858 661	665 792	29.0%
其中：现金与短期投资	371 040	265 857	39.6%
应收账款	85 294	91 052	−6.3%
合同资产	53 012	48 276	9.8%
存货及其他合同成本	167 390	96 545	73.4%
非流动负债	116 869	73 477	59.1%
其中：长期借款	104 531	66 170	58.0%
流动负债	446 255	359 250	24.2%
其中：短期借款	7 631	3 771	102.4%
应付账款	135 654	94 320	43.8%
合同负债	69 327	58 278	19.0%
所有者权益	295 537	233 065	26.8%

从绝对数分析，华为的增量资金主要来源于所有者权益的增长，其次是长期借款，再次是短期借款，这种多渠道持续稳健的资金来源保障着业务发展的资金需求。财务对业务的资金支持永远是重要的。华为的资金增长幅度大于业务的增长幅度，给持续发展留有空间（余地）。当然，也需要进一步关注两者之间不一致或不协调的地方，谨防资产增长幅度远大于销售增长幅度所导致的资产周转效率不高，还可能会出现资产沉淀等情况。

进一步观察报表发现，华为有着相对充裕的营运资金，有效支持着日常资金的循环与周转。华为2019年的营运资金为257 638百万元（703 893−446 255），比2018年的170 864百万元（530 114−359 250）增加了86 774百万元，增长50.79%。

事实上，资金是"挤"出来的。2006年前后，华为在海外市场布局，销售规模大幅增长，但由于公共成本太高，利润不升反降。为了打通从机会点（签订合同的机会）到现金的全流程，财经变革花了七八年，使华为内部运作的效率、运营资金的占用等都得到极大改善。比如，当机会点出现时，财务就能知道在什么时间可能签订合同;一旦合同签订,就知道大概什么时候要交付、什么时候需要备货、什么时候必须生产完毕、多长时间货物会移交给客户等。

资产的效率是"管"出来的。华为在全球实施射频识别(RFID)物联资产管理方案。RFID标签贴在固定资产表面,每5分钟自动上报一次位置信息,每天更新一次固定资产的使用负荷情况。部署RFID后,全球的固定资产盘点从历时数月下降为只需几分钟,每年减少资产盘点、资产巡检的工作量9 000人/天。资产位移信息、资产闲置信息及时更新,使管理者在资产管理方面能够有的放矢。存货账实相符项目的实施实现了站点存货的可视、可盘点、可管理,提高了存货账实一致率……

华为注重管理流程的不断改善,建立了全球流程与业务变革管理体系,发布了全球统一的业务流程架构,并基于业务流程架构任命了全球流程责任人负责流程和内控的建设。全球流程责任人针对每个流程识别业务关键控制点和职责分离矩阵,并应用于所有区域、子公司和业务单元;例行组织实施针对关键控制点的月度遵从性测试并发布测试报告,从而持续监督内控的有效性;围绕经营痛点、财务报告关键要求等进行流程和内控优化,提升运营效率和效益,支撑财报准确、可靠及合规经营,帮助业务目标达成;每半年进行半年度控制评估,对流程整体设计和各业务单元流程执行的有效性进行全面评估,向审计委员会报告评估结果。

通常,企业的资产使用与运营状况越好,对业务的支撑作用越大,其财务状况就越好。资产运营状况主要体现在总资产周转率、存货周转率和应收账款周转率等财务指标上。大型企业由于资产规模较大,相对比较笨重,其资产周转速度不一定都在加快。2019年全国大型企业资产运营状况绩效评价标准值如下表所示。

2019年全国大型企业资产运营状况绩效评价标准值

项　　目	优秀值	良好值	平均值	较低值	较差值
总资产周转率(次)	1.4	0.9	0.4	0.3	0.1
流动资产周转率(次)	2.6	1.6	1.2	0.8	0.4
应收账款周转率(次)	24.6	17.0	9.0	4.7	1.3
存货周转率(次)	46.2	12.5	5.0	1.9	0.8
"两金"占流动资产比重(%)	20.0	32.4	45.3	53.2	61.3
资产现金回收率(%)	21.4	13.6	5.2	-0.6	-6.8

根据华为2019年年报数据计算,与资产运营状况绩效评价标准值进行对比分析,编制2019年华为资产运营指标的绩效评价表如下所示。

华为 2019 年资产运营指标绩效评价表

指 标 名 称	实际数据	绩效平均值	增减百分点	对比评价结果
总资产周转率(次)	1.13	0.4	0.73	快于良好值
流动资产周转率(次)	1.39	1.2	0.19	快于平均值
应收账款周转率(次)	6.19	9.0	−2.81	慢于平均值
存货周转率(次)	3.24	5.0	−1.76	慢于平均值
"两金"占流动资产比重(%)	43.43	45.3	−1.87	好于平均值
资产现金回收率(%)	12.00	5.2	6.8	接近良好值

近年来,华为的总资产周转率在1以上,相当平稳,这与持续稳健的管理风格所导致的管理效率相关。2019年的总资产周转率为1.13次,比2018年的1.23次减少了0.1次,但超过2019年大型企业绩效评价良好值0.9次的标准。2019年的流动资产周转率为1.39次,比2018年的1.54次减少了0.15次,但也超过了2019年大型企业绩效评价平均值1.2次的标准。

研判表明,2019年华为的资产周转速度总体上好于全国大型企业的平均值,但随着业务的不断发展,流动资产周转效率出现缓慢的迹象,应当引为关注。

流动资金主要供营运周转使用,应加速循环。尤其是现金周期可以体现资金使用效率,会影响资金成本及运用效果。华为2019年的现金循环周期为78天,比2018年的70天增加了8天,比2017年的62天增加了16天。其中:2019年应收账款的周转天数为58天,较2018年的70天减少了12天,较2017年的63天减少了7天;2019年存货的周转天数为111天,较2018年的77天增加了34天,较2017年的71天增加了40天;2019年应付账款的周转天数为91天,较2018年的77天增加了14天,较2017年的72天增加了19天。

对照大型企业绩效评价标准值,需要提请华为关注的是存货周转速度缓慢了。尤其是华为近年来的库存金额逐年增加,这与国内市场你争我夺,处于美国商务部实体清单之下,而全球又出现"新冠"疫情等不无相关。但无论如何,库存量连年剧增都是应当予以警觉的事。

第 5 章 债务风险与偿债效能

> 会计要平衡,财务看均衡。只顾资产增长,不顾负债风险的结局会很难堪。

5.1 洞悉资本结构

5.1.1 筹资管理与资本结构

巧妇难为无米之炊。企业发展离不开资金支撑。但资金从哪里来?什么时候来?来多少?这些问题不能回避。尤其是债务筹资,有没有风险?能不能偿债?更是回避不了的严峻考验。

企业的资金来源可以是借入的,也可以是投入的。从研究资本结构出发,借入的资金来源被称为债务资本,投入的资金来源被称为主权资本,从而形成资本结构。广义的资本结构是指主权资本和债务资本的比例关系;狭义的资本结构是指企业各种长期资本的构成,即长期债务资本与主权资本之间的构成及其比例关系。

负债筹资方式主要有银行借款、发行债券、融资租赁、商业信用等。企业保持一定比例的借入资金,一方面可以灵活调节资金余缺,另一方面可以保证一定的偿债效能。

负债筹资的主要特点:一是还本付息的期限要求固定而明确,法律责任清晰,是企业承担的现实义务,筹资风险高;二是债务利息相对稳定,形成固定的财务负担,构成企业偿付的压力;三是债务利息在税前列支,具有抵税功能。

与负债不同,主权资本(权益资本或所有者权益)是企业依法筹集并长期拥有、自主支配的资本,包括实收资本、资本公积金、盈余公积金和未分配利润。企业主要采用吸收直接投资、发行股票、留用利润等方式筹集形成主权资本。保有一定量的主权资本是确保企业承担风险的经济实力,对负债具有保障作用。

主权资本的主要特点:一是资本的所有权归属于投资者,投资者依法参与企业的经营管理决策,获取收益,并承担有限责任;二是主权资本属于企业长期占用的"永久性资本",形成法人财产权,在企业经营期内,投资者除依法转让外,不得以任何方式抽回资本,企业依法拥有财产支配权,安全保障程度高;三是主权资本没有还本付息的压力,筹资风险低。

快速发展的企业特别需要外部资金增长作为来源。增加股东的资本投入可以支撑企业的发展,但会分散控制权,稀释每股盈利等。增加负债可以成为企业资金的主要来源,但会导致资产负债率上升,使财务风险加大,筹资能力下降。由于主权资本一次筹集后相对稳定,增资不易,因此大多数企业在发展过程中寻求负债支撑,但负债具有两面性,其风险及偿债效能就是本章予以关注的重点。

只顾资产规模而不顾负债程度,只想增长而不管风险,后果不堪设想。所以,任何企业都需要合理规划和有效运作资本结构,在降低融资成本、发挥财务杠杆正向效应的同时,获取持续发展所需的资金来源(如图 5.1 所示)。

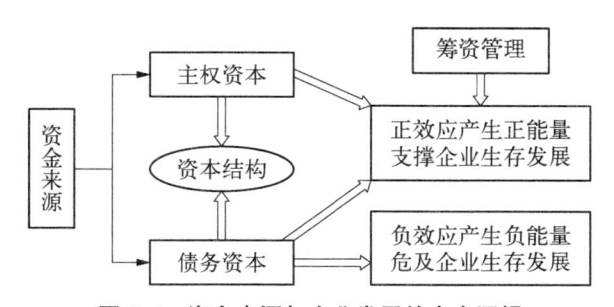

图 5.1　资金来源与企业发展的内在逻辑

经营管理者应当善用资本、活用资本,充分利用资本进行运作,围绕资本保值增值进行经营管理,把资本的收益作为管理的核心,实现资本盈利效能最大化。

5.1.2　负债结构分析

负债结构是指企业负债中各种负债数量的比例关系。各种负债的结构比率反映企业的负债构成状况以及风险状况。

申良公司 2019 年负债的具体构成状况列示如表 5.1 所示,并与 2018 年、2017 年的数据进行对比分析如下。

表 5.1   负债结构分析表

金额单位：万元

分析项目	2017年 金额	2017年 占比	2018年 金额	2018年 占比	2019年 金额	2019年 占比	2019年比2017年增减 金额	2019年比2017年增减 占比	2019年比2018年增减 金额	2019年比2018年增减 占比
短期借款	1 677.00	31.42	1 827.00	35.77	1 900.00	40.15	223.00	8.73	73.00	4.38
应付账款	800.04	14.99	883.31	17.30	892.75	18.87	92.71	3.88	9.44	1.57
应交税费	113.05	2.12	94.11	1.84	7.34	0.16	−105.71	−1.96	−86.77	−1.68
应付股利	1 278.29	23.95	953.29	18.67	653.29	13.81	−625.00	−10.14	−300.00	−4.86
应付利息	4.20	0.08	3.73	0.07			−4.20	−0.08	−3.73	−0.07
其他应付款	430.46	8.06	263.73	5.16	160.09	3.38	−270.37	−4.68	−103.64	−1.78
应付职工薪酬	134.57	2.52	81.80	1.60	28.58	0.60	−105.99	−1.92	−53.22	−1.00
流动负债合计	4 437.61	83.14	4 106.97	80.42	3 642.05	76.97	−795.56	−6.17	−464.92	−3.45
长期借款	900.00	16.86	1 000.00	19.58	1 090.00	23.03	190.00	6.17	90.00	3.45
非流动负债合计	900.00	16.86	1 000.00	19.58	1 090.00	23.03	190.00	6.17	90.00	3.45
负债合计	5 337.61	100.00	5 106.97	100.00	4 732.05	100.00	−605.56	0.00	−374.92	0.00

注：表 2.1 中的其他应付款可以被分拆成表 5.1 中的应付股利、应付利息和其他应付款等，便于分类分别比较分析。

从动态变化趋势分析,申良公司的负债总额和流动负债都呈现下降态势,说明申良公司在资产增加、销售增长的同时尽力减少负债、减轻财务风险。

流动负债是在一年以内应当偿还的债务或超过一年的一个营业周期内偿还的债务。从负债偿还顺序来看,企业一般先要偿还流动负债(短期负债),然后才是长期负债。长期负债在其到期之前要转化为短期负债,构成在短期内需要偿还的债务总额。

企业在不发生偿债风险的前提下,可以更多地利用短期负债融资,因为短期负债的融资成本通常低于长期负债;同时,还应考虑资产的周转速度和流动性。如果企业流动资产的周转速度快,从而资金回收快,可融通的短期负债就可以多一些。

流动负债与总负债的比率是指企业的流动负债与负债总额的比例关系。其计算公式为:

$$流动负债与总负债的比率 = \frac{流动负债}{负债总额} \times 100\%$$

流动负债占比的高低会影响企业的偿债压力。该比率越高,说明企业对短期资金的依赖性越强,偿债的流动性压力就越大。或者说,企业借入流动负债,必须在很短的时间内偿还,这必然要求企业的营业周转或资金周转很快,自然也就给企业带来了流动性压力,企业要保证及时清偿债务,只能加快周转;相反,这个比率越低,说明企业对短期资金的依赖性越弱,企业面临的偿债压力也就越小。

长期负债与总负债的比率和流动负债与总负债的比率是互为消长的关系,两者之和应等于100%。在不考虑其他条件的情况下,长期负债与总负债的比率越高,企业面临的短期偿债流动性压力就越小;反之则相反。

$$长期负债与总负债的比率 = \frac{长期负债}{负债总额} \times 100\%$$

从表5.1可以看出,申良公司2019年年底的长期负债占总负债的比例呈上升趋势,即流动负债比重呈下降趋势。2019年流动负债占全部负债的比重为76.97%,比2018年的80.42%下降了3.45%;在全部负债中,带息负债(短期借款与长期借款)为2 990万元,占63.18%,比2018年的55.35%有较大幅度的上升,其中,短期借款占总负债的比重呈上升趋势,还本付息的压力总体有所增强。

专题讨论5.1 | 权衡长短期负债的利弊得失

当资金总额一定、负债与权益比例一定时,短期负债和长期负债就存在此消彼长的关系。

长期负债的成本高于短期负债的成本,这是因为:长期负债的利息率高于短期负债的利息率;长期负债缺少弹性,企业取得长期负债后,在债务期间不易提前归还,只好继续支付利息。

短期负债的财务风险往往比长期负债的财务风险高,这是因为:短期负债到期日近,容易出现不能按时还本付息的风险。利用短期负债筹集资金需要不断更新债务,此次借款到期后,下次借款的利息为多少是不确定的,因为金融市场上短期负债的利息率很不稳定。

就难易程度而言,取得短期负债比较容易,取得长期负债比较困难。因为债权人在提供长期资金时,往往承担较长时期的财务风险,一般要对借款的企业进行详细的信用评估,有时还要求以一定的资产做抵押等。

5.1.3 所有者权益结构分析

负债与所有者权益都归属于资本结构,但两者的来源、性质、作用却不相同。申良公司 2019 年度所有者权益内部结构如表 5.2 所示。

申良公司的实收资本一直比较稳定,虽然没有"输血性"变化,但 8 000 万元的资本金对申良公司来说是一个资本优势,足够稳定的资本金有助于其可持续发展。随着"盈利性"变化,未分配利润在不断增加,其占所有者权益的比重不断提高。2019 年年底的所有者权益比 2018 年年底增加了 616.4 万元,增长 5.95%;比 2017 年年底增加了 1 439.17 万元,增长 15.08%。可以看出,利润增长是申良公司所有者权益增长变动的发展趋势,从而促使资本不仅保值,而且增值。

留存收益包括盈余公积和未分配利润。留存收益比率的计算公式如下:

$$留存收益比率 = \frac{盈余公积 + 未分配利润}{所有者权益} \times 100\%$$

提高留存收益比重,无论是对于债权人还是对所有者,都意味着资本对负债的保障作用在增强。从企业自身看,留存收益的比重越大,说明企业可长期使用的自有资金越多,尤其是盈余公积的比重越大,说明企业自身的获利能力越强,从而有利于提高企业承担和应付风险的能力,保持资本结构的安全性和稳定性。

公积金与权益资本比率是企业的资本公积和盈余公积之和与企业权益资本相比较的指标,计算公式如下:

$$公积金与权益资本比率 = \frac{资本公积 + 盈余公积}{所有者权益}$$

表 5.2　所有者权益结构分析表

金额单位：万元

分析项目	2017年 金额	2017年 占比	2018年 金额	2018年 占比	2019年 金额	2019年 占比	2019年比2017年增减 金额	2019年比2017年增减 占比	2019年比2018年增减 金额	2019年比2018年增减 占比
实收资本	8 000.00	83.85	8 000.00	77.19	8 000.00	72.86	0.00	−10.99	0.00	−4.33
资本公积	60.50	0.63	60.50	0.58	60.50	0.55	0.00	−0.08	0.00	−0.03
盈余公积	571.67	5.99	571.67	5.52	571.67	5.21	0.00	−0.78	0.00	−0.31
未分配利润	908.61	9.52	1 731.38	16.71	2 347.78	21.38	1 439.17	11.86	616.40	4.67
所有者权益	9 540.78	100.00	10 363.55	100.00	10 979.95	100.00	1 439.17	0.00	616.40	0.00

资本公积和盈余公积是无实际筹资成本的资本来源。公积金越多,企业可长期使用的资金就越多。但要注意对公积金的可靠性分析,谨防虚计虚列。

5.1.4 实收资本、虚假出资与抽逃出资分析

在所有者权益构成中,实收资本所占的比重通常较大,应当成为资本分析的重点关注对象之一。

资本具有法定性,一经认缴和注册即产生股东的出资义务。股东实缴的资本成为企业的法人财产而受到法律的保护。

在法律上,真实出资有两层含义:一是"资"的本身必须是真实的,应当符合《公司法》关于货币或非货币财产的出资规定;二是"出"的行为必须是真实的,应当依法办理财产权的转移手续。

虚假出资是与真实出资相对的概念,表现为"资"或"出"的虚假。虚假出资的本质特征是企业的发起人、股东未交付或未按期交付作为出资的货币或非货币财产。例如,一些企业在设立或增资配股中,大股东名义上向企业投入了所认缴的资本,但实际上并未交割至企业户头,这就叫大股东虚假出资。

虚假出资的手法层出不穷。试想,某企业在缺乏转账依据的前提下,做出一笔增加其他应收款和增加实收资本的账户处理,会导致该企业的财务状况、经营成果、现金流量发生哪些重大变化?一是通过虚增行为使流动资产总额与资产总额增加;二是不影响企业的负债总额,但使资本总额增加(虚列资本),从而造成资产负债率下降或产权比率上升,引起偿债能力虚增;三是不影响客观存在的经营成果与现金流量等。

抽逃出资一般是以真实出资为前提,并在此基础上的"抽"和"逃"。"抽"是一种行为,即将出资额从企业取回或抽回。"逃"是一种目的,即逃避出资义务。两者结合是认定抽逃出资行为不可或缺的要素。

某企业通过增加其他应收款和减少现金的做法,将已经出资的数额全部或部分抽逃,会对财务报表产生怎样的影响?一是通过抽逃出资行为使货币资金减少,削弱资本对负债的保障作用;二是不影响账面资产、负债与净资产的总额,但造成资产负债率、产权比率等财务指标虚假等。

无论是虚假出资还是抽逃出资,其共同点都是空挂或虚挂资本,在账户处理过程中所对应的行为大多是空挂或虚挂资产,对债务不仅没有保障的"正作用",而且有欺骗的"负作用"。一般通过发现空挂或虚挂资本的行为可以发现虚列资产的情况,通过查找虚列资产可以发现虚假出资或抽逃出资的行为。

老法师提醒 5.1 | 基因先天不足的企业,后天拿什么压舱运营?

资本是企业的"基因"和"压舱石"。企业在发展过程中理应注意修复基因,增大支持运营的压舱石。

但有些企业因虚假出资或抽逃出资而造成"基因"先天不足,后天运营缺乏经营的"压舱石",极易"翻船"。这样的企业极易缺乏信用能力,还会发生隐瞒、欺诈等不法行为。隐瞒是指掩盖真相,欺诈是指以使人产生错误认识为目的的故意行为。飞速增长且"基因"先天不足的企业大多会出现隐瞒或欺诈行为。

对于上市公司来说,其实际控制人对市值管理起着决定性的作用。如果控股股东自身已经入不敷出,就可能会严重影响上市公司资本的"基因",可能会出现虚假出资、抽逃资本、侵占资金、转移资产、违规担保等掏空上市公司的行为。

5.2 明察债务风险

5.2.1 负债经营的商业逻辑

没钱生存是问题。小仲马在《金钱问题》剧本中说:"商业?这是十分简单的事。它就是借用别人的资金!"讨一元、十元叫"乞讨",讨一百元、一千元钱叫"集资",讨一万元、十万元叫"借贷",讨一百万元、一千万元叫"融资",讨十亿元、一百亿元叫"资本运作",这是一种既定的商业逻辑吗?

有些企业追求做大收入、做大规模,于是,大量投资。投资增多的同时引起债务增加。债务增加,资产负债率上升,又由于债务成本特别高,就影响了盈利。于是出现了一个"怪现象":收入越多,利息越多,利润却越少,利息与利润此增彼减;有的企业甚至存在利润与现金流量此正彼负的现象。这是为什么呢?也有些企业借钱、投资、兼并如同"跑马圈地",结果是"一地鸡毛"。还有些企业经历过资金发展的三个阶段:一是"人找钱",处于原始资金积累时期,到处筹资谋发展;二是"钱找人",随着资金与资本的积累,企业的品牌和知名度提高,钱和机会就会找上门来;三是"钱找钱",随着信用、实力、经验和能力的不断提升,靠智慧赚钱并让钱生钱。

"天下熙熙皆为利来,天下攘攘皆为利往。"在商业社会中经常会出现"一分钱难倒英雄汉"的窘境,缺钱的现状会让经营者焦头烂额、手足无措。负债究竟是"魔鬼"还是"天使"?看来是因人而异,乃需自知之明。

在市场经济中,企业生存下去的基本条件(或前提条件)就是以收抵支、到期偿债。企业的生存威胁主要来自两个方面：一是长期亏损，它是企业终止的根本原因；二是不能偿还到期债务，它是企业终止的直接原因。亏损企业为维持运营被迫进行偿债性融资，借新债还旧债，如不能扭亏为盈，则迟早会因为借不到钱而使资金无法周转，从而不能偿还到期债务。盈利企业也可能因扩大生产规模而大量借款，但由于各种原因而投资失败，为偿债，企业必须出售其资产，使生产经营无法持续。所以，分析企业以收抵支和偿还到期债务的能力，减少生存危机与破产风险，使企业能够长期、稳定地生存下去，是财务分析的重要内容之一。

任何业务的增长都会影响多个财务变量，需要我们从整体的、系统的、具有逻辑关联的角度去思考，并解决好相应的业务问题和财务问题，千万不可孤立地看待任何一个变量。尤其是财务总监，更应该考虑到做大的基础是否在做强做优或做精做专，经济运行是否具有韧性，经济规模是否能够高质量持续发展。这些问题都与负债经营理念和负债风险休戚相关。

负债风险可分为短期负债风险和长期负债风险。

短期负债资金成本低、手续简便、弹性较好，但使用时间短，存在到期还款压力，一旦到期不能支付，就会危及企业信誉，且为了提高偿债能力，要求企业的流动资产必须多于流动负债，从而限制了部分资金的择机利用，会失去机会收益等。

长期负债使用时间较长，可用于投资项目的深层开发，增强企业后劲，但利率高于短期借款利率，资金筹措费用也比较高，弹性较差，若仅将长期债务在短期使用，则很不经济；又由于企业在较长时期的经济状况存在较大的不确定性，因此风险较大。如果企业负债经营得不到预期的收益，就会面临无力偿还负债的风险，危及企业的生存。

过度负债其实是对信用的透支。一些企业在多元化扩张的路上狂奔猛进多年后，会突然发现自己直接从"酷暑"进入"寒冬"：企业原有主营业务止于发展"瓶颈"，新兴业务陷入竞争"红海"不断"烧钱"，每年产生的经营性现金流覆盖不了债务所产生的利息，于是被迫玩起了"10个锅7个盖"的资金游戏，变着花样把没盖的锅子隐藏起来。终于有一天，"好事不出门，坏事传千里"，各路债权人蜂拥而至上门追债，资金链顷刻断裂，债务危机爆发。很多老板就是这样，十年前身家百亿元，十年后欠债百亿元！

在全球债务水平已升至历史高位的当下，最常见的风险名词就是"债务"。西方有句谚语："谁陷入负债，谁陷入悲哀。"债务一般存在诉讼时效的风险、债务人破产的风险、债务人解体的风险、债务人犯罪的风险以及社会性风险。

债务风险主要表现在以下几个具有连锁效应的方面：

一是相伴性。在生产经营过程中,随着负债比例的扩大,企业规模也随之迅速扩大,企业盈利水平可能提高,企业承担的风险也随之快速增大。

二是迅增性。随着负债比例的增长,风险增加的规模和速度远远大于利润率期望的增长规模和速度,负债比例越大,风险增长倍数也越大。

三是突发性。在经济形势良好和市场繁荣的背景下,增大负债比例的风险可能被盈利水平的提高所淹没,只见其利,不见其险。一旦经济状况恶化,市场疲软,产品滞销积压,经营利润下滑,债务危机就可能爆发,危及企业的生存和发展。

5.2.2 聚焦分析债务风险的财务特征

负债融资不一定能够带来正效应,处理不妥,还会导致负效应。所以,依赖债务发展的企业应当聚焦债务风险的财务分析与评价。

企业通过借入方式取得的债务资金构成了负债经营的内涵,其风险实质是指利用负债所取得的经营收益不足以抵偿负债资金成本时所产生的财务风险。偿还债务有压力,负债经营风险大,一旦企业滥用信用,就会造成债务风险,并最终导致债务危机。

一是负债经营增加了企业的财务风险。借入资金需要本息偿还,若企业生产不足、销售不佳、陷入财务困境,将会丧失支付能力,产生无法偿还到期本息的后果。

二是资金短缺增加了无力偿还债务的风险。对于负债经营资金,企业负有到期偿还本息的法定责任。如果企业用负债投资的项目不能获得预期收益率,或者企业整体财务状况恶化且资金运用不当,会产生无力偿还的风险,结果会影响企业的信誉甚至导致破产。

三是财务杠杆负效应所产生的风险。财务杠杆效应表明风险与收益同时存在。在企业面临市场发展的低潮期或陷入经济困境时,息税前利润减少甚至为负,企业承担的固定支付大额利息的责任会使企业迅速陷入亏损。当总资产报酬率比同期债务利息率低时,负债经营就带来了负杠杆效应。若企业经营和财务状况进一步恶化,就可能导致资金紧张,严重的还可能造成企业破产清算。这是负债经营潜在的重大风险。

四是负债经营所产生的再筹资风险。负债经营使企业的负债率增大,对债权人的债权保障程度降低,这就在很大程度上限制了企业日后增加负债筹资的能力,使未来筹资成本增加、筹资难度加大。

负债经营犹如"带刺的玫瑰",负债分析的焦点是如何得到"玫瑰的芳香"且不被扎伤。为此，企业必须树立风险意识，既要承认风险和认知风险，也要科学预测与防范风险。一方面，企业应当树立正确的风险意识，从经济上、法律上确定自己的职责，正确引导管理者居安思危，谨慎行动，不断改善企业的财务状况；另一方面，企业要有健全的财务分析机制，制定符合自身实际情况的风险防范方案，通过适当的筹资规模和合理的筹资结构分散风险。

在筹资前，应当通过合理分析，确定资金的需要量。不仅要注意产品的生产规模，而且要注意产品的销售趋势，搞好市场调查与预测，防止盲目生产造成资金积压；还需要全面研究投资方向，提高投资效益。企业应当充分考虑未来时期销售收入的增长幅度及稳定程度、所处行业的竞争等因素，确定最佳负债规模，保持负债比例，适度负债经营。企业负债经营是否适度是指企业的资金结构是否合理，即企业的负债比率是否与企业的具体情况相适应，以实现风险与报酬的最优组合。合理、稳定的资本结构可以减少债务风险，是维持企业偿债能力的基本前提。

在筹资时，还要认真选择负债资金的来源，以求最大限度降低资金成本。不同资金来源的资金成本不同，因此，要考虑筹集资金的渠道和方式，这是控制资金成本的有效途径。

在资金使用过程中，应不断进行风险分析，谨防负债失控。企业可以建立以资产负债率为核心，以成长性、效益性、偿债能力等方面指标为辅助的企业资产负债监测与预警体系，综合分析企业所在行业的特点、发展阶段、有息负债和经营性负债等债务类型结构、短期负债和中长期负债等债务期限结构，以及息税前利润、利息保障倍数、流动比率、速动比率、经营活动现金净流量等指标，科学评估债务风险状况，对自己的债务风险情况进行持续监测。

老法师提醒 5.2 | **"借鸡生蛋"可以，"拆东墙，补西墙"不行**

"借鸡生蛋"就是借钱经营，可能会有四两拨千斤之效，但前提是企业必须具备一定的偿债能力，而不能依赖于举借新的债务来归还旧债，也不能靠"公关"搞定银行，更不能习惯于"拆东墙，补西墙"。临时救急不是根本办法，顾此失彼终将大难临头。

一家企业跑得多快、多远、多稳健，取决于"发动机"和"刹车"的共同作用。经过财务分析后的债务管理好比给汽车安装刹车和油门，财务总监必须懂得及时踩刹车的重要性；也好比给负债这匹"快马"套上一根缰绳，得控制好才行。

5.3 慧识融资优化

5.3.1 不同融资结构的基本特征

融资结构(广义上的资本结构)分析主要是对负债和所有者权益中包含的各个项目进行比较分析,以便进一步分析资本结构是否稳健、安全。融资结构各个项目之间存在来源与占用的数量平衡关系,这种总量相等的平衡关系是以各构成项目的分量平衡为基础的。

不同的融资结构有不同的财务风险。企业现有融资结构的状况以及对具有不同风险的融资种类的偏好反映了企业对融资风险的态度,这种态度的不同形成了不同的融资风险结构及其类型。

一是保守型融资结构,即全部采用主权资本融资,或主要采用主权资本融资,即使有负债融资,也以长期负债融资为主,短期负债融资较少,也就是尽可能采用主权性融资和长期负债融资,营运资金有其相应稳定的来源。这是一种资本成本相对较高、风险性和收益性相对较低的资本结构。

二是中庸型融资结构,即主权性融资和负债融资的比重主要根据资金的用途确定。通常,用于长期资产的资金由主权性融资和长期负债提供,用于流动资产的资金由流动负债提供。处于这种融资结构的企业,对各种融资具有稳健的态度,取中庸之道。

三是风险型融资结构,即主要采用负债融资,并且流动负债融资超出流动资产的部分被用于长期资产,这时营运资金短缺。风险型融资倾向于采用短期负债融资,降低资本成本。这是一种资本成本相对较低、风险性和收益性相对较高的融资结构。

四是危机型融资结构。风险不被控制,任其蔓延,就会使企业陷入财务危机。亏损将部分所有者权益(净资产)吞噬,净资产的比重大幅度降低。如果亏损不仅吃掉了全部净资产,而且把部分债务也吃掉了,就表明企业已经处于严重资不抵债的境地。许多陷入破产境地的企业的资产负债表就反映了这样糟糕的融资结构。

不同的企业之所以对风险持有不同的偏好,是因为这些企业对收益的期望程度不同。凡是期望寻求高收益的企业,往往会冒险去取得相应的风险收入;凡是期望不高但有稳定收益的企业,往往不想冒太大的风险,当然也就难以得到相应的风险收入。风险与收益之间存在对等(均衡)关系,高收益补偿高风险,高风险期望有高报酬。

企业改变融资结构的目的是尽可能地调整所面临的财务风险,并使融资成本趋于合理。一般情况下,主权性融资的成本高于长期负债,而长期负债的成本高于流动负债。当然,当企业经营不景气时,也可能会出现负债成本高于主权性融资成本的情况。

由于各种融资的成本不同,调整融资结构必然引起融资的成本结构和融资总成本的变化,包括调整负债与所有者权益结构、长期负债与流动负债结构,以及普通股与优先股结构等。当资本结构的调整向融资成本较高的融资种类倾斜时,必然使融资总成本相对增加;当资本结构的调整向融资成本较低的融资种类倾斜时,必然使融资总成本相对减少。资本结构调整和变动的直接结果一方面是财务风险发生变动,另一方面是所有者收益率发生变动。

5.3.2 融资结构的内在逻辑与平衡关系

短期融资一般需要由流动资产来保证。流动资产能在短时间内实现、转移、摊销其价值,也就能保证短期融资的清欠和退还在时间上的要求。所以说,企业可以用流动资产来保证短期融资,而一般不能用长期资产来作保证。

长期资产一般需要由长期融资来源作为支持。如果企业以短期融资来支持长期资产,就会有不断的偿债压力,有可能到期不能偿债,从而陷入财务困境。当然,企业可以用不断借新债还旧债的方法,以短期融资来支持长期资产,这时可获得低融资成本的好处。但一旦新债难以筹措,企业仍将陷入财务困境。所以,在正常情况下,企业不会以短期融资来支持长期资产。

短期资产也可以由长期融资来支持。这是一种较为保险的方法,但其成本较高。这时,企业一般不会面临偿债或流动性压力。从短期资产的占用来看,其中有一部分会成为一种经常、持续的占用从而具有长期资产的性质。只有临时波动的短期资产占用才是一种纯粹的短期占用。为了保证这种经常、持续的占用所需资金的稳定性和安全性,企业有时不得不依靠一部分长期融资的支持。

长期债务一般不应超过营运资金。长期债务如果超过营运资金,营运资金就有可能失去其来源。这是因为营运资金在量上等于流动资产减去流动负债后的差额,且长期债务会随时间的延续不断转化为流动负债,并需要动用流动资产来补偿。如果能保持长期债务不超过营运资金,就不会因为这种转化而造成流动资产小于流动负债,从而使长期债权人感到贷款有保障。

5.3.3 短期债务优化的路径

短期负债最终是由企业经营中产生的现金流量来偿还的,以现金流量为基础来确定流动负债水平是合理的。在确定负债结构时应充分考虑现金流量的作用。

通常,只要在一个年度内需要归还的负债小于或等于该期间企业的营业现金净流量,即使在该年度内企业发生筹资困难,也能用营业产生的现金流量来归还到期债务,也就是说,企业有一定的偿债能力。这种以企业营业现金净流量为基础来保证企业短期偿债能力的方法是从动态上保证企业的短期偿债能力,比以流动资产、速动资产等从静态上来保证更客观、更可信。

由于流动资产的变现能力较强,在实际确定负债结构时,还可以将流动资产与现金流量结合起来使用。于是,负债结构有如下三种计算基础:一是以流动资产为计算基础,二是以营业现金净流量为计算基础,三是将流动资产和营业现金净流量结合起来作为计算基础。当把两者结合在一起时,又可细分为如下几种方法:

一是简单最低限额法。在采用此种方法时,流动负债不能低于流动资产和营业现金净流量中的较低者。

二是简单最高限额法。在采用此种方法时,流动负债不能超过流动资产和营业现金净流量中的较高者。

三是加权平均法。在采用此种方法时,流动负债不能超过流动资产和营业现金净流量的加权平均数(权数可根据具体情况确定)。

在实际工作中需要结合企业的具体情况合理确定负债结构。除了进行定量分析外,还要结合行业特点、经营规模、销售状况、资产结构、利率状况等因素合理确定。

5.3.4 分析负债杠杆的放大作用

利用一条杠杆和一个支点,以极小的力量挑起极重的物体,被称为杠杆原理。

财务上,狭义的杠杆是指资产与股东权益之比;广义的杠杆是指通过负债实现以较小的资本金控制较大的资产规模,从而扩大盈利规模。

财务杠杆原理是指由于固定性财务费用(如利息)的存在,使息税前利润(EBIT)的微量变化引起每股收益(EPS)更大幅度变动的现象,即以负债为支点,为企业带来更丰厚的利润回报。

财务杠杆系数的计算公式为:

$$DFL = \frac{\Delta EPS/EPS}{\Delta EBIT/EBIT}$$

式中：DFL 为财务杠杆系数；ΔEPS 为普通股每股利润变动额；EPS 为变动前的普通股每股利润，即主权资本收益率；$\Delta EBIT$ 为息税前利润变动额；$EBIT$ 为变动前的息税前利润。

DFL 表示当 EBIT 变动 1 倍时 EPS 变动的倍数，用来衡量筹资风险。DFL 的值越大，筹资风险越大，财务风险也越大。在资本结构不变的前提下，EBIT 值越大，DFL 值就越小。在资本总额、息税前利润相同的条件下，负债比率越高，财务风险越大。该公式的计算表明，企业财务风险的大小取决于财务杠杆系数的高低。如果 EBIT 上升，EPS 会以更快的速度上升；如果 EBIT 下降，那么 EPS 会以更快的速度下降，从而风险也更大。财务风险存在的实质是由于负债经营使得负债所负担的那一部分经营风险转嫁给了权益资本。

为了便于计算，可将上式变换如下：

由于：
$$EPS = \frac{(EBIT - I)(1 - T)}{N}$$

$$\Delta EPS = \frac{\Delta EBIT(1 - T)}{N}$$

得：
$$DFL = \frac{EBIT}{EBIT - I}$$

式中：I 为利息；T 为所得税税率；N 为流通在外的普通股股数。

由于利息是固定的，因此举债具有财务杠杆效应。在有息负债规模确定，其负担的利息水平不变的前提下，企业盈利水平越高，扣除债权人拿走的固定利息之后，投资者（股东）得到的回报也就越多；相反，企业盈利水平越低，债权人照样拿走某一固定利息，留余给股东的回报也就越少。在盈利水平低于利率水平的情况下，投资者不但得不到回报，甚至可能损失。

杠杆化是指以较少的本金获取高收益的模式，这是一把"双刃剑"。当资本市场向好时，这种模式带来的高收益使人们忽视了高风险的存在，等到资本市场开始走下坡路时，杠杆效应的负面作用开始凸显，风险被迅速放大。

"去杠杆化"就是减少使用金融杠杆，把原先通过各种金融工具"借"到的钱退回去，将负债程度降下来。负债比率是可以控制的，如合理安排资本结构、适度负债等。利用财务杠杆可以带来正面、积极的影响，也可以带来负面、消极的影响。当总资产报酬率大于负债利率时，举债经营具有正向效应；当总资产报酬率小于负债利率时，举债经营会带来负面影响。这一重要规律对于企业制定融资策略至关重要。在其他条件不变时，负债比率越高，财务杠杆的作用强度越大，财务杠杆的作用越突出,企业收益不足以支付利息费用的可能性越大,从而对投资者收益的影响越大,企业所承受的财务风险越大。

影响财务杠杆作用的有两大因素:一是负债利息,这与负债程度相关,与财务杠杆系数呈正方向变化;二是息税前利润,与总资产报酬率相关,与财务杠杆系数呈反方向变化。当总资产报酬率减去平均负债利率(利息支出/平均有息负债)的差异为正值时,借款会增加股东财富;当该差异为负值时,借款会减少股东财富。这就是说,总资产报酬率是一个约束性指标,道明了企业可以承担的借款利息的上限。

财务能够获得杠杆利益的根本原因在于:当总资产报酬率高于借入资金的利息率时,通过负债融资所创造的利润在支付利息费用后还有剩余,这个余额可以并入自有资金的收益中,从而提高净资产收益率。但是,当总资产报酬率低于借入资金的利息率时,通过负债融通的资金所创造的营业利润还不足以支付利息费用,就需要从自有资金所创造的利润中拿出一部分予以补偿,在这种情况下,投资人的收益就会下降。财务风险实质上是指因使用负债资金而产生的未来收益的不确定性。(关于总资产报酬率、负债比率、净资产收益率三者之间的关系及其分析原理详见第6章的说明。)

老法师提醒 5.3 │ 财务总监应当具备主动调节杠杆效应的能力

从静态角度分析,企业应不断优化资本结构,增加主权资本的比重,降低债务风险。从动态角度分析,企业应当经常比较和分析总资产报酬率与借款利息的内在关系,根据企业的需要与负债的可能性,自动调节债务结构,加强财务杠杆对企业筹资的自我约束。记住:在总资产报酬率下降时,企业应当自动降低负债比例,从而减少财务杠杆系数,降低债务风险;在总资产报酬率上升时,可以主动调高负债比例,从而提高财务杠杆系数,提高资本净利润率。

5.4 智谋偿债能力

5.4.1 债务管理效能与偿债能力指标

按照资产负债表的排序结构,资产方分为流动资产和长期资产,其流动性表明资产价值实现、转移或摊销的时间长度;负债及所有者权益方分为短期融资和长期融资,其流动性表明融资清欠、退还或可用时间的长度。会计要平衡,财务看均衡。

进一步观察资产负债表的左右两方,其流动性或时间长度隐含着财务风险。

资产方从流动资产到长期资产的风险逐渐由小到大,这是指资产能否迅速实现和补偿其价值的资产风险;负债及所有者权益方由短期融资到长期融资的风险逐渐由大到小,是指到期能否及时偿债的风险。将两者对应进行平衡分析:如果资产负债表两方的结构基本对称,则一方的较大风险恰好与另一方的较小风险中和,从而使总风险逐步趋小。也就是说,企业的偿债风险或财务风险是否能降低,取决于资产风险是否能够消减。经营风险降低了,资产价值能够顺利实现补偿了,到期偿债就具备了相应的能力,财务风险也就可以化解了。如果融资结构本身不对称,即使资产价值能顺利得以实现和补偿,财务风险仍然会由于企业收现期与支付期的不一致而继续存在。可见,财务风险既存在于融资结构的运作中,也取决于资产经营的成效和顺利程度等方面。

立于不败之地的企业必须遵守契约规定,因而十分关注债务风险,保持适度的偿债能力。一家企业偿债能力的强弱与其经营管理水平和信誉的高低密不可分。尤其是对短期偿债能力的管理更显示出财务主管的理财能力。所以,不少成功的财务总监特别注意维护适度的、富有弹性的偿债能力。

偿债能力指标反映企业偿还到期债务(包括本息)的能力,是企业财务管理的重要管理指标,包括短期偿债能力和长期偿债能力两个方面。

短期偿债能力是以流动资产偿还流动负债的能力,反映企业偿付日常到期债务的实力,应为日常资金周转关注的重点之一。企业能否及时偿付到期的流动负债,是日常资金运作与财务状况好坏的重要标志。定期分析流动比率、速动比率、现金比率和现金流动负债比率等财务指标,有助于知晓企业的短期偿债能力。(现金流动负债比率在第7章现金流量指标中集中介绍。)

长期偿债能力是指企业偿还长期债务的能力。从债权人考察借出款项的安全程度分析,其更关心负债经营的合理性以及长期负债还本与付息的能力,主要指标包括资产负债率、股东权益比率、权益乘数、产权比率、已获利息倍数等。

依赖债务发展的企业如何提升偿债效能是一道费解的难题。债务管理的效能主要体现在物质保障程度(效率)和债务偿付能力(效果)两大方面。

物质保障程度是指存量资产对债务的保障程度,相当于企业以其拥有的相关资产(包括总资产、流动资产、速动资产、现金资产、净资产等)对负债偿还的一种"背书"。"背书"的人会对债务负某种程度、类似担保的偿还责任。债务的保障程度高,债务就安全,偿债的可能性就大。从静态看,企业的偿债能力实质上是用有效资产清偿债务的能力。

债务偿付能力主要是指企业还本付息的能力,包括资产变现、现金回收、经营收益等状况对支付债务产生直接或间接影响的程度。从动态看,企业的偿债能力实际上是用资产和经营过程创造收益或现金净流量偿还债务的能力。

2015年至2019年,反映全国中型企业偿债能力指标的平均值汇总如表5.3所示。其中,资产负债率维持在65%左右并略有降低态势,已获利息倍数呈现波动向上趋势,带息负债比率稳中向下,速动比率与或有负债比率处于相对稳定状态,中型企业的总体债务管理效能在稳中提升。

表5.3　　　　　　衡量中型企业偿债能力相关绩效指标的平均值

偿债能力指标	2015年	2016年	2017年	2018年	2019年
资产负债率(%)	65.0	65.0	65.0	64.5	64.0
已获利息倍数	1.3	0.9	2.0	2.1	2.3
速动比率(%)	74.3	74.3	74.3	74.3	74.3
带息负债比率(%)	49.4	49.4	49.4	47.6	48.8
或有负债比率(%)	4.7	4.7	4.7	4.7	4.7

通过偿债能力分析,可以揭示企业长期债务和短期债务的构成及其举债的合理性、举债经营的效果、清偿债务的能力等。

2019年度反映中型企业偿债能力状况的绩效评价标准值的具体分布情况如表5.4所示。

表5.4　　　　　　2019年中型企业偿债能力状况指标评价标准值

偿债能力指标	优秀值	良好值	平均值	较低值	较差值
资产负债率(%)	49.0	54.0	64.0	74.0	89.0
已获利息倍数	4.9	3.7	2.3	1.1	−0.7
速动比率(%)	126.3	94.9	74.3	64.3	39.8
带息负债比率(%)	23.6	34.8	48.8	72.6	83.8
或有负债比率(%)	0.3	1.8	4.7	12.0	19.8

5.4.2　短期偿债能力分析

反映短期偿债能力的财务比率也称流动性比率,用以说明企业短期负债的偿付能力和短期财务风险。流动负债一般需要以流动资产来偿还,所以流动资产(及各组成部分)与流动负债之间应保持合理的比率关系,只有这样才能将财务风险控制在合理的范围内。

企业有无偿付能力是企业能否健康发展的关键。流动负债所产生的财务风险可能对企业伤害最大,一旦现金管理失控,就可能直接导致企业破产。一些企业利润较多但却难以偿还到期债务,可以通过分析流动比率、速动比率、现金比率的增减变动情况,检讨影响短期偿债能力的各项因素。如果短期偿债能力出现问题,就会牵制经营管理人员的大量精力去筹措资金、应付还债,还会增加筹资难度或加大临时性紧急筹资的成本与相应的风险。

(1) 流动比率分析

流动比率是流动资产与流动负债的比率,表明企业每1元流动负债有多少流动资产作为偿还的物质保证,计算公式如下：

$$流动比率 = \frac{流动资产}{流动负债}$$

流动比率体现企业偿还短期债务的能力。流动资产越多,短期债务越少,则流动比率越大,企业的短期偿债能力越强。如果该比率低于正常值,企业就存在短期偿债风险。一般情况下,营业周期、应收账款和存货的周转速度都是影响流动比率的主要因素。

根据表2.1提供的资料,申良公司的流动比率计算如下：

$$2018年流动比率 = \frac{6\ 742.64}{4\ 106.97} = 1.64$$

$$2019年流动比率 = \frac{7\ 398.89}{3\ 642.05} = 2.03$$

申良公司2019年的流动比率比2018年增长23.78%,且高于一般公认标准2[1]和绩效评价平均值,反映其短期偿债能力在增强,短期债务的安全程度在提高。

从债权人的角度看,流动比率越高越好;但流动比率高不一定等于企业有足够的货币资金用来偿债,所以,需要进一步分析流动资产的构成状况与流动性强弱。流动比率过高,可能表明企业流动资产占用较多,不仅丧失机会收益,而且会影响

---

[1] 公认标准是指经过长期实践经验的总结,为人们所共同接受,约定俗成的某些标准,如流动比率为2、速动比率为1等。但如果有行业平均数或行业标准值的话,可取之作为比较的基准。或者说,不同企业以及同一企业不同时期的评价标准是不同的,可资参考的评价标准应当是行业平均数。

资金的使用效率和企业的获利能力;还可能是应收账款占用过多,在产品、产成品呆滞或积压的结果。

流动性资不抵债是指企业流动比率小于1的情形,这时,企业已不能用其流动资产来偿付到期债务。如果债权人不能宽限债权期限,债务人就只能出售长期资产来偿还到期债务,这将使企业遭受沉重的打击。流动性资不抵债还可能是导致企业清盘的重要原因之一。

流动比率的高低与营运资金的多少内在关联。当流动资产大于流动负债时,营运资金为正数,差额越大,营运资金越多,流动比率越高。申良公司2018年和2019年营运资金的对比情况如下:

2018年年末营运资金=6 742.64－4 106.97=2 635.67(万元)

2019年年末营运资金=7 398.89－3 642.05=3 756.84(万元)

申良公司2019年年末的营运资金比2018年年末增加了1 121.17万元,增长了42.53%,表明可用以偿还流动负债的资金增多了,短期偿债的安全程度有所增强。

分析时还应当关注影响流动比率计算公式中分子与分母变化的因素,如用现金购买固定资产、用存货进行对外长期投资会导致流动资产减少,流动比率降低;但从银行取得长期借款会导致流动资产增加,流动比率提高;而用现金购买短期债券,流动资产不变,流动负债不变,流动比率也不变。

经常分析流动资产、流动负债和营运资金的现状有助于平衡财务状况,有效利用好营运资金。

实证分析5.1 | 流动比率上升一定会导致营运资金增加吗?

现以流动比率大于1、等于1、小于1三种情况为例,分析说明同时增减流动资产与流动负债对流动比率和营运资金的影响。

第一种情况:假如原流动资产为4 000万元,流动负债为2 000万元,流动比率为2(大于1)。这时,同时增加流动资产与流动负债,会导致原流动比率下降。例如,同时增加500万元,流动比率为1.8,但营运资金不变,还是2 000万元。同时减少流动资产与流动负债,会导致流动比率上升。例如,同时减少500万元,流动比率为2.3,但营运资金仍然不变,还是2 000万元。

第二种情况:假如原流动资产为2 000万元,流动负债为2 000万元,流动比率为1。这时,同时增加流动资产与流动负债,流动比率不变。例如,同时增加500万元,流动比率还是1,但营运资金不变。同时减少流动资产与流动负债,流动比率不变。例如,同时减少500万元,流动比率仍然为1,营运资金仍然不变。

第三种情况:假如原流动资产为1 000万元,流动负债为2 000万元,流动比率为0.5(小于1)。这时,同时增加流动资产与流动负债,会导致流动比率上升。例如,同时增加500万元,流动比率为0.6,但营运资金不变,还是—1 000万元。同时减少流动资产与流动负债,会导致流动比率下降。例如,同时减少500万元,流动比率为0.3,但营运资金仍然不变,还是—1 000万元。

所以,流动比率上升不一定会导致营运资金增加。

由于流动比率的分子是流动资产,是对流动负债起到保证作用的物质条件,因此,影响流动比率质量的主要因素就是流动资产,其中,应收账款和存货的质量是最为重要的。企业流动资产中最主要的是现金、应收账款和存货。现金本身具有直接的偿债能力,因而应收账款和存货的变现能力直接影响流动比率的质量。如果大量应收账款是无法收回的坏账,或大量存货是无法变现的呆滞物品,而企业没有按规定计提坏账准备和存货跌价准备,那么再大的流动比率也不一定有实际意义。此外,流动性往往与收益性成反比。流动比率过高,说明企业流动资产的占用量过大,流动资金周转速度过慢,也说明企业的资金管理政策过于保守,长此以往会导致企业的流动资金利用水平下降,影响企业资金的盈利能力。如果一家企业的长期盈利能力低下,就必然会反过来影响企业的长期偿债能力。

流动比率一般是将期末流动资产与期末流动负债相比。其比率是一个静态指标,只说明某企业期末的短期偿债能力,较容易受财务上的操纵。如果将一定时期的平均流动资产额与平均流动负债额相比,可能不易被财务操纵。

(2)速动比率分析

速动比率是企业速动资产与流动负债的比率,用以衡量企业流动资产中可以立即用于偿付流动负债的财力。计算速动资产时,之所以要扣除存货,是因为存货是流动资产中变现较慢的部分,它通常在经过产品售出和款项收回两个过程后才能变为现金,存货中还可能包括不适销对路而难以变现的产品等。速动资产的多少与短期支付能力相关,是短期债务安全性的重要保障之一。速动比率的计算公式如下:

$$\text{速动比率} = \frac{\text{速动资产}}{\text{流动负债}} = \frac{\text{流动资产} - \text{存货}}{\text{流动负债}}$$

速动比率能更准确地反映企业的短期偿债能力。一般认为,速动比率为1左右较合适,它表明每 1 元短期负债有 1 元易于变现的资产作为抵偿。如果速动比率过低,说明企业的偿债能力存在问题;但如果速动比率过高,又说明企业因拥有过多速动资产而可能失去一些有利的投资和获利机会。

根据表 2.1 提供的资料,申良公司的速动比率可计算如下:

2018 年速动比率 $=\dfrac{6\,742.64-1\,017.82}{4\,106.97}=1.393\,9(139.39\%)$

2019 年速动比率 $=\dfrac{7\,398.89-1\,260.74}{3\,642.05}=1.685\,4(168.54\%)$

对照 2019 年全国中型企业全行业绩效评价标准值,申良公司的速动比率连续两年均超过公认标准,达到中型企业优秀水平。2019 年的速动比率比 2018 年的更高,增长率为 20.91%,说明申良公司的短期偿债能力在增强。

从谨慎出发,企业还可以计算分析保守速动比率,计算公式如下:

$$\text{保守速动比率}=\dfrac{\text{货币资金}+\text{短期投资或交易性金融资产}+\text{应收账款净额}+\text{应收票据}}{\text{流动负债}}\times 100\%$$

在保守速动比率中,没有把预付货款视为速动资产,原因是它的下一个周转目标可能是存货中的原材料,也可能是固定资产或长期投资,但不是现金,当然不能直接用来偿债。将其他应收款也排除在外,是由于它往往与企业的主营业务没有直接联系。而待摊费用、待处理资产一般不会有未来现金流入。

速动比率比流动比率更敏感,因为速动资产比流动资产的变现能力更强,更能直接地说明企业的短期偿债能力。但企业的速动比率过大并不一定是好事,可能说明企业现金或应收账款等流动资产周转慢,利用水平低,反而会影响企业的盈利能力和长期偿债能力。该比率要定期与本企业前期和同行业水平比较,才能说明其变化程度和发展规律。

速动比率的高低主要取决于应收账款的质量,因为在速动资产中应收账款占了主要部分,而且存在坏账的可能,如果企业的应收账款大多属于无法收回的坏账,那么,速动比率的高低可能没有实际意义。只有在企业的应收账款周转水平有所提高的前提下,速动比率的提高才对企业的偿债能力具有实际意义。

(3)现金比率

企业的偿债能力应结合企业的现金或现金流量进行分析,观察企业当期取得的现金,在满足生产经营活动的基本支出后,是否有足够的余量用于偿还到期债务的本息。

现金比率是企业现金类资产与流动负债的比率。现金类资产包括企业所有的

货币资金和现金等价物(指易于变现的有价证券),它最能反映企业直接偿付流动负债的能力。其计算公式如下:

$$现金比率 = \frac{现金 + 现金等价物}{流动负债}$$

根据表2.1提供的资料,申良公司的现金比率计算如下:

$$2018年现金比率 = \frac{1\,297.1}{4\,106.97} = 0.32$$

$$2019年现金比率 = \frac{673.13}{3\,642.05} = 0.18$$

申良公司2019年由于应收账款占用额上升及还本付息大于借款等原因,现金比率比2018年下降了43.75%,即期偿付能力大幅减弱。

现金比率高说明企业用现金偿付流动负债的能力强,从偿债角度讲是好的。多大的现金比率是合适的并无严格标准,需要根据企业的具体债务状况而定。但如果长期保持较高的现金比率,则说明企业的资金利用效果较差,因为现金是企业的各类资产中盈利能力最强的,持有过量现金会使企业承担额外的机会成本。

5.4.3 长期偿债能力分析

持续稳定发展的企业必须保持合理的资本结构。长期偿债能力指标直接反映了企业的资本结构是否合理、企业未来还本付息的能力和有无导致企业破产的财务风险存在等。

偿债能力的强弱与债务风险的高低密切相关,直接关系到企业持续经营能力的强弱,是企业各方面利害关系所重点关心的财务能力之一。从考察借出款项的安全程度来看,债权人更关心企业负债经营的合理性以及长期负债还本与付息的能力。

(1) 资产负债率分析

资产负债率表明企业资产总额中负债资金所占的比重,说明资产对债权人权益的保障程度,是评价企业负债水平和偿债能力的综合指标。其计算公式如下:

$$资产负债率 = \frac{负债总额}{资产总额}$$

适度的资产负债率既能表明企业投资人、债权人的投资风险较小,又能表明企业经营安全、稳健、有效,具有较强的筹资能力。

根据表2.1提供的资料,申良公司资产负债率计算如下:

$$2018 年资产负债率 = \frac{5\,106.97}{15\,470.52} = 0.330\,1(33.01\%)$$

$$2019 年资产负债率 = \frac{4\,732.05}{15\,712} = 0.301\,2(30.12\%)$$

从比较优势看,申良公司的资产负债率一直较低,资本金对负债和企业发展有较强的支撑作用。2019 年由于盈利致使资本增值,资产负债率比 2018 年下降了 8.75%。每 1 元债权有 3 元自有资金作为抵偿,债权人的保障程度在稳步提升。现在的问题是,管理层如何利用这一优势,尽快发展生产与扩大销售,在寻求合理资本结构的同时,提高资金的利用水平,发挥资本充足的优势,促使企业更快更可持续地发展。

从债权人角度看,资产负债率应该低一些好,这说明企业有充分的资产保障能力来确保其负债的按时偿还,债务较安全。所以,资产负债率也被称为债权人投资安全系数。

从投资者角度看,适度负债可能会带来以下好处:一是当息税前资产利润率高于借款利率时,由于财务杠杆的作用,可以提高资本利润率,使资本获利能力增强;二是可以较少的资本(或股本)投入获得企业的控制权,并且将企业的一部分风险转嫁给债权人;三是可以获得资金成本较低和利息抵税政策的好处。

企业应当坚持资产大于负债,保持适度的"准平衡"。资产负债率 50% 以下可能是保守的,保持在 50%~65% 是稳健的,65%~75% 可能出现危机信号,75%~90% 的危险在放大,90% 以上危害在增大,100% 及以上就资不抵债了。

资产负债率是全球公认的衡量企业债务程度、偿债能力及其债务安全程度的重要指标。《企业绩效评价标准值(2019)》表明,全国中型企业全行业资产负债率的平均值为 64%。考察近 10 年的资产负债率绩效评价标准值并进行比较可以看出,我国中型企业的负债程度在略有波动的基础上,平均值总体维持在 65% 左右,存有一定的财务风险;较低值在 75% 左右,财务风险较大;较差值在 90% 以上,财务风险放大。

企业应当自觉纳入资产负债约束管理体制。资产负债约束以资产负债率为基础约束指标,对不同行业、不同类型的企业实行分类管理并动态调整。目前,我国国资委已制定了降杠杆、减负债、控风险的指导意见,[①]确定了能够保证企业稳健

---

① 《中共中央办公厅、国务院办公厅印发〈关于加强国有企业资产负债约束的指导意见〉的通知》(厅字〔2018〕75 号)。

发展的合理资产负债率控制标准：国有工业企业资产负债率预警线为65%，重点监管线为70%；国有非工业企业资产负债率预警线为70%，重点监管线为75%；国有科研技术企业资产负债率预警线为60%，重点监管线为65%；国有企业集团合并报表资产负债率预警线为65%，重点监管线为70%。通过分类管控，使得国有企业的总体负债率在现有基础上稳定下降，如推动国有企业平均资产负债率到2020年年末比2017年年末降低2个百分点左右。

资产负债率的临界控制是在经验积累基础上的理性判断，并不意味着绝对不能超越，而是要根据宏观经济环境和企业的实际财务状况来决定，并将负债比率与盈利状况和资产利用状况结合起来分析。

长期偿债能力指标为什么要将短期负债也包含在内呢？这是因为在现实的偿债过程中，资产变现后首先要用来偿还短期负债，总资产在保障短期负债的偿还后，才能保证长期债务的偿还，更何况长期负债最终也是要转化为短期负债的。出于稳健原则的考虑，在衡量企业资产的长期偿债能力时，应将短期负债包含在内一起计算。

盈利能力强的企业就有较强的获得贷款的能力，由于资金充裕，发展迅速，企业进一步保持了良好的盈利能力，而这反过来又增强了企业的偿债能力。然而，负债程度与盈利能力也会产生矛盾。如果企业负债过高，财务风险突现，就不可能进一步获得贷款，由于利息负担过高，企业盈利能力就会下降，偿债能力减弱，最终影响发展前景。

(2) 资产权益率和权益乘数分析

资产权益率又称股东权益比率，是所有者权益与资产总额的比率，反映企业资产中有多少是所有者投入的。其计算公式如下：

$$资产权益率 = \frac{所有者权益}{资产总额}$$

根据表2.1提供的资料，申良公司的资产权益率计算如下：

$$2018年资产权益率 = \frac{10\,363.55}{15\,470.52} = 0.669\,9(66.99\%)$$

$$2019年资产权益率 = \frac{10\,979.95}{15\,712} = 0.698\,8(69.88\%)$$

资产权益率与资产负债率之和按同口径计算应等于1。资产权益率越大，资产负债率就越小，企业的财务风险也就越小。资产权益率是从另一个侧面反映企业长期财务状况和长期偿债能力的指标。

资产权益率是资产负债率的反指标,它们的计算公式中的分母是相同的,都是企业资产总额,所以资产权益率也可以用"1-资产负债率"来表述。两个比率互为消长,两者之和必然是100%。但两个指标的性质和作用是不同的。资产负债率主要说明企业总资产对负债的保障程度,是衡量企业偿债风险的根本性指标。资产权益率虽然也表示企业的偿债风险,但重点是说明企业的资本结构,说明所有者对企业的控制程度和稳定性,当然,该指标通过对企业资本结构变动的反映,相对隐含地揭示了企业的偿债风险,这种风险在该指标中直接表现为一种产权风险,会引起投资者的关注。

资产权益率可以表明,在企业所融通的全部资金中,有多少是由股东提供的,它揭示了所有者对企业资产的净权益。这个比率越高,说明所有者对企业的控制权越稳固,债权人的权益越有保障,对市场秩序的稳定也越有利,企业可以面临较低的偿债本息压力。但是,对一家利润稳定增长或经营状况良好的企业来说,资本结构偏重于所有者权益必然使企业的融资成本提高,所有者将难以获得财务杠杆利益。所以,在确定和维持所有者权益比率时,存在互相矛盾的两种趋向,为此,企业应权衡利弊得失,追求风险相对较小且资金成本相对较低的资本结构。经计算,申良公司 2019 年的资产权益率为 69.88%,比 2018 年的 66.99% 增长了 4.31%,资产对负债的保障程度提高,融资结构更加稳健。

资产权益率的倒数为权益乘数,说明企业资产总额是股东权益的多少倍。该比率越大,表明股东投入的资本在资产总额中所占的比重越小,对负债经营利用得越充分。其计算公式如下:

$$权益乘数 = \frac{资产总额}{所有者权益}$$

根据表 2.1 提供的资料,申良公司的权益乘数可计算如下:

$$2018 年权益乘数 = \frac{15\,470.52}{10\,363.55} = 1.49$$

$$2019 年权益乘数 = \frac{15\,712}{10\,979.95} = 1.43$$

(3) 产权比率分析

产权比率又称权益负债率,是负债总额与所有者权益的比率,反映所有者权益对债权人权益的保障程度。这一比率越低,表明企业的长期偿债能力越强,债权人的保障程度越高,承担的风险越小。在这种情况下,债权人就愿意向企业增加借款。其计算公式如下:

$$产权比率 = \frac{负债总额}{所有者权益}$$

根据表2.1提供的资料，申良公司的产权比率可计算如下：

$$2018年产权比率 = \frac{5\,106.97}{10\,363.55} = 0.492\,8(49.28\%)$$

$$2019年产权比率 = \frac{4\,732.05}{10\,979.95} = 0.431(43.1\%)$$

经计算，申良公司2019年度的产权比率为43.1%，比2018年度的49.28%下降了12.54%，表明申良公司承担的财务风险在减小。

产权比率降低或较低时：企业偿债能力强，破产风险小，股东及企业外的第三方对企业的信心增强。但产权比率过低说明企业没有充分利用自有资金，企业的借款能力较强，发展潜力较大。

产权比率提高或较高时，财务结构的稳定性和资金来源的独立性降低，债权人所得到的偿债保障下降，企业的借款能力减弱。

产权比率与负债比率的计算都以负债总额作为分子。负债比率的分母是资产总额，表明资产对负债的物质保障程度以及偿付的安全性；产权比率的分母是所有者权益，说明净资产对负债的保障程度以及财务结构的稳健性。两者分别从不同的角度表示对债权的保障程度并反映长期偿债能力，经济意义基本相同，具有相互补充的作用。

产权比率揭示了负债占所有者权益（股东权益）的比例，可以在企业清算时确定对债权人利益的保障程度。当企业破产清算时，债权人对企业的资产具有优先索偿权，而股东只是对企业清理债务后的净资产享有权益。一般来说，产权比率低，表示企业有较多资本作为偿债保证，偿债能力强，对债权人权益的保障可靠；相反，这个比率高，债权人资金的安全性和市场稳定性就弱。如果负债比率想保持在50%以下，那么，产权比率一般应小于100%。

从稳健性原则出发，产权比率的计算调整为以下公式更加谨慎：

$$有形净值负债率 = \frac{负债总额}{有形净值总额} \times 100\%$$

$$有形净值总额 = 有形资产总额 - 负债总额$$

长期负债与资本化资产总额的比率反映长期负债占企业总资本化资产的比重。总资本化资产是企业的全部权益资本加上长期负债的总额。该比率介于资产负债率与产权比率之间：从分母来看，它在总资产中扣除了流动负债，即在净资产上加上长期负债,使其成为真正的长期资本;从分子来看,它在总负债中扣除了流动负债,使其成为真正的长期负债,可以有效说明长期偿债能力。其计算公式如下:

$$长期负债对资本化比率 = \frac{长期负债}{权益资本 + 长期负债}$$

综上所述,资产负债率、资产权益率、产权比率、权益乘数这4项财务指标之间的关系可进行公式的换算(如图5.2所示)。这4项指标都是用以反映企业财务状况和长期债务安全程度的,作用基本相同,但侧重点不同,可以联系起来理解与记忆。例如,权益乘数为4,则资产权益率为1/4,即25%;资产权益率+资产负债率=1,则资产负债率为75%;产权比率=权益乘数-1=300%。

$$资产负债率 = \frac{负债}{资产} = 1 - 资产权益率$$

$$资产权益率 = \frac{净资产}{资产} = 1 - 资产负债率 = \frac{1}{权益乘数}$$

$$权益乘数 = \frac{资产}{净资产} = \frac{净资产}{净资产} + \frac{负债}{净资产} = 1 + 产权比率$$
$$= 1 \div 资产权益率 = 1 \div (1 - 资产负债率)$$

$$产权比率 = \frac{负债}{净资产} = 权益乘数 - 1$$

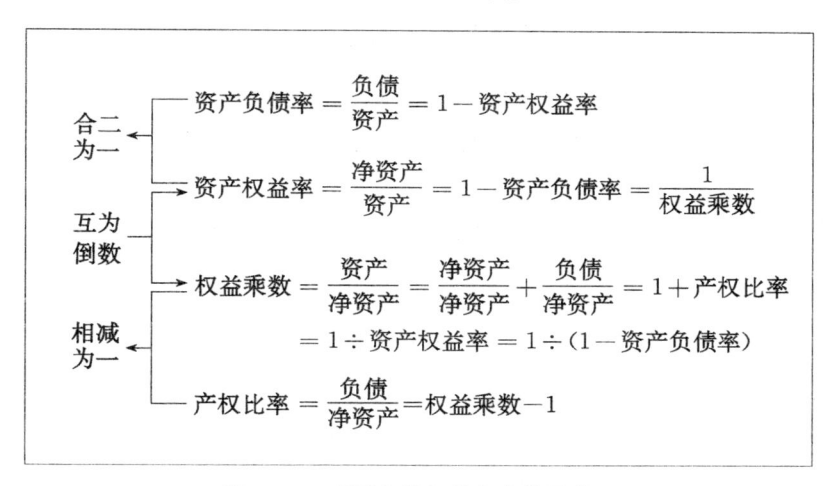

(合二为一、互为倒数、相减为一)

图 5.2　4项财务指标的内在推导关系

专题讨论 5.2 | 不需支付的款项可以转入资本公积吗?

采信数据需要经过仔细推敲,否则会付出代价。

某房地产公司的资产负债率已经超过70%,为了向银行继续借款,经营者授意主管会计将应付某投资者的暂借款项5 000万元作为不需支付款项处理转入资本公积,其处理结果反映负债减少的同时净资产增加,随之而来的是资产负债率和产权比率都下降了。但这样的会计处理并不合法:一是债权人并没有书面同意过放弃债权;二是该行为必须经过股东会批准等法定手续才能生效;三是必须缴纳企业所得税。经审计发现,该房地产公司除了没有履行上述三项手续外,并没有编制过任何记账凭证,也没有登记账簿,只是在资产负债表上"做做手脚"罢了。

(4) 已获利息倍数分析

已获利息倍数又称利息保障倍数,是指企业生产经营所获得的息税前利润(EBIT)与利息费用的比率,是衡量企业稳定偿付长期债务利息的能力和安全程度的指标。

在正常生产经营的情况下,企业不可能也不应该依靠变卖资产还债,而应当依靠收回的资金和创造的利润来偿还长期债务的本息。当息税前利润(利润总额+利息费用)大于应当偿付的利息时,负债不仅有相应的资金来源,而且安全程度较高。所以,企业的长期偿债能力与其获利能力相关。

企业生产经营所获得的息税前利润相对于利息费用的倍数越多,说明企业支付利息费用的能力越强;相反,则表明企业没有足够的资金来源偿还债务利息,企业偿债能力较弱。利息保障倍数可按以下公式计算:

$$已获利息倍数 = \frac{利润总额 + 利息费用}{利息费用}$$

已获利息倍数指标反映了当期息税前利润是所需支付债务利息的多少倍,从偿债资金来源角度考察企业债务利息的偿还能力。该指标越高,表明企业的债务偿还越有保证。

根据表2.3提供的资料,申良公司的已获利息倍数计算如下:

$$已获利息倍数 = \frac{713.68 + 120.95}{120.95} = 6.90$$

对照2019年全国中型企业全行业的评价标准值,申良公司的已获利息倍数处于优秀水平。

通常,已获利息倍数为3左右较适当,从长期来看至少应大于1。如果该指标等于1,就说明企业一定时期获取的收益正好用于各期利息费用的支付,企业在支付了全部利息费用后将盈亏平衡,达到临界点。如果该指标小于1,就说明企业无法用其经营所得支付其全部债务利息,企业的经营状况较差,偿债能力很弱,其财务风险已经明显地表露出来。如果利息倍数减少,低于行业平均值并呈下降趋势,则说明企业偿债的安全性和稳定性将面临下降的风险。

通常,息税前利润中的利润应是正常经营活动产生的利润,利息费用应是财务费用下的利息,包括借款利息、债券利息。这样考虑主要是基于以下原因:

一是息税前利润是企业占用资产所获得的正常经营利润,而无论这些资产的资金来源是负债筹资还是权益筹资。

二是企业的权益资本和负债资本所创造的息税前利润是分不开的,但按照筹资成本补偿的程序来看,必然是先支付债务利息费用,再进行利润分配,该指标实际反映了企业赚取的利润首先用于利息偿付的能力。

三是计算公式的分子和分母在概念上应保持统一,因为该公式的分母是利息费用,而利息费用是用企业经营利润偿付的,这样才可比。

但如果利润表中的"利息费用"没有单列,而是包含在"财务费用"中,外部报表使用者就只能采用"利润总额+财务费用"来估算了。

已获利息倍数的缺陷是只考虑利息的偿付而没有考虑债务本金的偿付,本息保障倍率指标对此做了弥补。因为企业的盈利不但要满足支付利息的需要,而且要有能力偿还到期的债务本金。该指标是企业一定时期的息税前利润与年度应付债务本息的比率。其计算公式如下:

$$本息保障倍率 = \frac{息税前利润}{利息费用 + 债务本金 \div (1 - 所得税税率)}$$

该指标中的数据一般是年度数据。在上述公式中,息税前利润和利息都是税前项目,但债务本金是税后项目,要用税后利润来偿付,因此要将其除以(1-所得税税率),调整为税前水平,以使分子、分母的计算口径一致。

该指标反映了企业一定时期的盈利水平对于当期债务利息和本金偿还的保障能力。如果该指标大于1,就说明企业的盈利足以偿还本期的债务本息,并有剩余可向投资者分配。如果该指标等于1,就说明企业的盈利正好全部用于当期的债务本息。如果该指标小于1,则说明企业当期的盈利不足以支付当期应付的本息,企业有明显的财务困难。对于债权人来说,该指标越大越好,说明企业债务本息的安全性有充分的保障。但从财务管理角度看,如果企业采用保守的资本结构政策,由于不能获得财务杠杆收益,也就难以获得更强的盈利能力。

上述两个指标都是基于 EBIT 的。但 EBIT 并不能真正度量可用于支付利息的现金有多少,而利息却是对债权人的现金流出,所以还可以分析经营活动现金净流量与利息费用的关系,被称为现金流量利息保障倍数。

$$现金流量利息保障倍数 = \frac{经营现金净流量}{利息费用}$$

现金流量利息保障倍数表明1元利息费用有多少倍经营现金净流量作保障。该比率比以收益为基础的利息保障倍数可靠,因为实际用以支付利息的是现金,而非收益。

(5) 带息负债和或有负债比率分析

带息负债比率是指企业某一时点的带息负债总额与负债总额的比率,反映企业负债中带息负债的比重,在一定程度上体现了企业未来的偿债(尤其是偿还利息)压力。

$$带息负债比率 = \frac{带息负债总额}{负债总额} \times 100\%$$

带息负债总额＝短期借款＋一年内到期的长期负债＋长期借款＋应付债券＋应付利息
(如有带息应付票据和带息交易性金融资产,也要考虑在内)

根据表2.1提供的资料,申良公司的带息负债比率可计算如下：

$$2018年带息负债比率 = \frac{1\,827+3.73+1\,000}{5\,106.97} \times 100\% = 55.43\%$$

$$2019年带息负债比率 = \frac{1\,900+1\,090}{4\,732.05} \times 100\% = 63.19\%$$

计算结果表明,申良公司还本付息的压力有所增大。

对照2019年全国中型企业全行业绩效评价标准值,申良公司的带息负债比率处于平均值与较低值之间。

或有负债是指有可能发生的债务,包括已贴现商业承兑汇票金额、对外担保金额、未决诉讼和未决仲裁金额、其他或有负债金额等,其与所有者权益总额的比率反映净资产对或有负债的保障程度。其计算公式如下。

$$或有负债比率 = \frac{或有负债总额}{所有者权益总额} \times 100\%$$

由于是可能发生的债务,或有负债并不登记入账,也不在财务报表中反映,因此,应当通过阅读报表附注或其他信息予以知晓,并谨防或有负债风险。例如,销售的产品可能会发生的质量事故赔偿、诉讼案件或经济纠纷可能败诉并需赔偿等,这些或有负债在资产负债表编制日还不能确定未来的结果如何,一旦将来成为企业现实的负债,则会对企业的财务状况产生重大影响,尤其是金额巨大的或有负债项目,在进行财务分析时不能不予以考虑。

在经济活动中,企业还可能会以本企业的资产为其他企业提供担保,如为其他企业的银行借款担保、为其他企业履行有关经济合同提供法律担保等。这种担保责任在被担保人没有履行合同时,就有可能成为企业的负债,增加企业的债务负担,但是,这种担保责任在财务报表中并未得到反映,因此,在进行财务分析时,必须要考虑企业是否有巨额的法律担保责任。企业应当时刻关注已提供的资产或信誉担保,减少相关风险。被担保企业往往是在自身不具备到期偿还债务本息能力的情况下才向外寻求担保的。被担保企业一旦经营不善或者不能到期偿还债务本息,担保人必须承担连带责任,负责偿还被担保人的债务本息,从而给担保企业带来不应有的损失,增加了财务风险。

《企业绩效评价标准值(2019)》表明,或有负债比率全国中型企业全行业平均值为4.7%,低于1.8%的为良好及以上,高于12.0%的跌入较差值及以下。或有负债比率低,表明企业或有风险小,股东权益对或有负债的保障程度高。或有负债比率越高,表明企业承担的相关风险可能越大。

综上所述,企业管理层要勤勉履职,审慎开展债务融资、投资、支出、对外担保等业务活动,防止有息负债和或有债务过度累积,将资产负债率控制在合理水平。在年度董事会或股东(大)会议案中,要就资产负债状况及未来资产负债计划进行专项说明,并按照规范的公司治理程序,提交董事会或股东(大)会审议。在企业可能或已实质陷入财务困境时,要及时主动向相关债权人通报有关情况,依法依规与相关债权人协商,分类稳妥处置相关债务。

5.4.4 企业信用要素分析

"信"由"人"和"言"两个部分组成。能够言而有信的人才有信用。企业的偿债能力与其信用程度休戚相关。信用要素反映人们对信用管理的认识水平,是对信用状况的分类描述。信用管理越发展,对信用要素的认识越全面。

最早出现的三"C"学说是指Character(品格)、Capacity(能力)、Capital(资本),这是企业信用要素的基本形式。1910年,美国费城中央国民银行的银行家维席·波士特增加了一个"C"——Collateral(担保品)。1943年,美国弗吉尼亚州开拓移民商业银行的银行家爱德华又加上一个"C"——Condition(又称Circumstance,指环境状况,或称Economic Factor)。六"C"学说是在五"C"理论的基础上演进而来的,增加了Coverage Insurance(保险)。

一是品格。企业的品格是指企业和管理者在经营活动中的品德、性格、行为和作风。企业的品格主要通过其管理者的行为表现出来,是企业信用要素中最为重要的因素之一。影响品格的要素有企业的组织形式、基本情况与发展历史,经营者的素养与道德品质,企业内部管理与控制的现状,银行的授信情况与信用评价等。

二是能力。能力既包含经营者经营管理、资金运营、信用调度等方面的个人能力,又包含企业自身规模所决定的营运、获利和偿债等方面的企业能力。影响能力的要素有经营者能力、基础设施条件、规模和设备条件、员工能力、生产能力、销售能力和盈利能力等。

三是资本。资本现状能够反映一家企业的信用本质。借款出资、虚假出资、抽逃出资等不良行为将导致一定的经营或法律后果。如果一家企业的资本与资产质量不佳，负债急剧上升，或资本来源有限、资本结构失调、负债无度，完全可能直接危及企业的健康。因此，企业资本的安全性、资本结构的合理性、资产的流动性及其获利能力等财务状况是授信者考察的主要方面。影响资本的要素有资本构成、资本关系和增资能力等。

四是担保品。担保是指保证人和债权人双方约定，当债务人不履行债务时，保证人按照约定履行债务或者承担责任的行为。如果受信者能够提供足以偿还授予信用价值的担保品，那么授信者可以有放心的理由。实际情况也确实如此，许多信用交易是在担保品作为信用媒介的情况下顺利完成的。担保品可能成为某些交易行为的首要考虑因素。影响担保品的要素有授信状态、担保合约和担保品的质量等。

五是经济要素。凡是一切可能影响企业经营活动的外部因素，大到政治、经济、地理位置、市场变化、季节更替、战乱等，小到行业趋势、工作方法、竞争现状等，都体现在这一要素中。经济要素有别于上述4个要素，它是企业外部因素造成的企业内部变化，不是其自身能力所能控制和操纵的。影响经济的要素有经济政策的鼓励与限制、同业状况、供需状况、地位状况和竞争状况等。

六是保险。狭义的保险只表示保险公司提供的传统保险业务；广义的保险涉及债权保障方面的各种作业方式，如信用保险、保理、信用证等众多具有保障作用的业务。影响保险的要素有保险状况和承保状况等。

5.4.5　借款企业的信用评级要素

信用评级机构对借款企业进行信用评级主要考察以下6个方面的内容：一是企业素质，包括法人代表素质、员工素质、管理素质、发展潜力等；二是经营能力，包括销售收入增长率、流动资产周转次数、应收账款周转率、存货周转率等；三是获利能力，包括资本金利润率、成本费用利润率、销售利润率、总资产利润率等；四是偿债能力，包括资产负债率、流动比率、速动比率、现金流等；五是履约情况，包括贷款到期偿还率、贷款利息偿还率等；六是发展前景，包括宏观经济形势、行业产业政策对企业的影响，行业特征、市场需求对企业的影响，企业的成长性和抗风险能力等。

借款企业的信用等级被分为三等九级，其等级含义如图5.3所示。每一个信用等级可用"＋""－"符号进行微调，表示略高或略低于本等级，但不包括AAA＋。

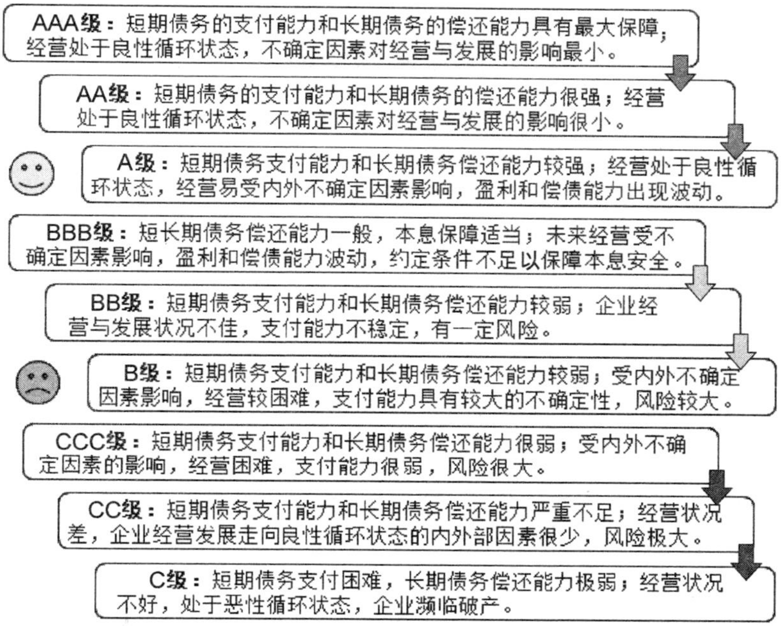

AAA级：短期债务的支付能力和长期债务的偿还能力具有最大保障；经营处于良性循环状态，不确定因素对经营与发展的影响最小。

AA级：短期债务的支付能力和长期债务的偿还能力很强；经营处于良性循环状态，不确定因素对经营与发展的影响很小。

A级：短期债务支付能力和长期债务偿还能力较强；经营处于良性循环状态，经营易受内外不确定因素影响，盈利和偿债能力出现波动。

BBB级：短长期债务偿还能力一般，本息保障适当；未来经营受不确定因素影响，盈利和偿债能力波动，约定条件不足以保障本息安全。

BB级：短期债务支付能力和长期债务偿还能力较弱；企业经营与发展状况不佳，支付能力不稳定，有一定风险。

B级：短期债务支付能力和长期债务偿还能力较弱；受内外不确定因素影响，经营较困难，支付能力具有较大的不确定性，风险较大。

CCC级：短期债务支付能力和长期债务偿还能力很弱；受内外不确定因素的影响，经营困难，支付能力很弱，风险很大。

CC级：短期债务支付能力和长期债务偿还能力严重不足；经营状况差，企业经营发展走向良性循环状态的内外部因素很少，风险极大。

C级：短期债务支付困难，长期债务偿还能力极弱；经营状况不好，处于恶性循环状态，企业濒临破产。

图 5.3　借款企业的三等九级信用的基本含义

5.4.6　综合考虑其他信用评级现状

财政部门制定的财务会计信用等级管理办法中信用等级评定的内容包括：① 单位负责人重视、支持财务会计工作的情况；② 财务会计机构和人员的配备及履职情况；③ 单位建立和实施内部财务会计控制制度的情况；④ 财务会计信息的真实性和完整性情况；⑤ 会计基础工作规范的考核情况；⑥ 单位年度财务会计报告依法实施注册会计师审计的情况；⑦ 有关财税法规、财经纪律专项检查的情况。

财务会计信用等级评定实行百分制考核。考核得分高于90分(含90分)且无违规情形的，为财务会计信用等级A类单位并实施A类管理；考核得分高于75分(含75分)低于90分的，为财务会计信用等级B类单位并实施B类管理；考核得分高于60分(含60分)低于75分的，为财务会计信用等级C类单位并实施C类管理；考核得分低于60分或存在违规行为的，为财务会计信用等级D类单位并实施D类管理。

税务机关通过对纳税人遵守税收法律、法规和财务基础管理情况的评估，评定纳税人的纳税信用等级，分别设置A、B、C、D、M类纳税人并实施分类管理。

我国正在加强社会信用体系建设，完善企业财务失信行为联合惩戒机制等。查阅企业公示的信用信息有助于把握企业的信用现状。

经典案例评析

华为负债经营与信用评级展望

研判企业的运营状况与相关风险不能只看资产,不看负债。不少企业出现资金短缺等问题,很多情况下是资产负债不匹配,债务结构不合理、不稳定导致的。

正常运营的企业不仅会产生负债,而且可能会依赖负债。发展中的企业筹措资金应当规模适当,足量而不过量;筹措应当及时,适时而不闲置或滞后;方式应当经济,并注意合理的资金结构和资金成本,从而降低筹资风险。

华为也是负债经营的,且其负债水平并不低。截至2019年年底,华为的长短期借款合计人民币1 121.62亿元,较2018年年底增加了60.4%,主要是为了保障公司重点业务、面向未来研究与创新的持续投入和对品牌与渠道建设等。

近12年的数据显示,华为的资产负债率始终控制在60%～70%,没有突破70%这条"红线",因而风险总体可控。其近5年的资产负债率分别为68%、68.4%、65.2%、65%、65.6%,均略高于2019年全国大型企业债务风险绩效评价标准的平均值,存在一定的风险。2019年全国大型企业债务风险绩效评价标准值如下表所示:

2019年全国大型企业债务风险绩效评价标准值

项　　目	优秀值	良好值	平均值	较低值	较差值
资产负债率(%)	49.0	54.0	64.0	74.0	89.0
已获利息倍数	6.3	4.5	2.9	0.6	−1.9
速动比率(%)	145.2	118.1	77.5	65.1	45.4
现金流动负债比率(%)	28.5	21.7	12.0	−5.8	−11.8
带息负债比率(%)	19.5	28.7	43.1	65.0	77.3
或有负债比率(%)	0.2	1.4	5.3	11.3	17.3

任何快速发展的企业都渴求资金来源。作为非上市公司的华为,其所需要的资金一部分来自企业自身的经营积累,另一部分为负债,包括银行借款与发行债券等。2016～2018年末及2019年6月末,华为的长期借款不断新增,分别为201.99亿元、91.93亿元、355.03亿元和435.11亿元。截至2019年6月底,有息债务合计为964.311亿元,其中,长期借款435.11亿元、应付债券余额达307.82亿元。华为

自称公司运营所需要的资金主要来自企业自身的经营积累和外部融资两个部分,并以企业自身的经营积累为主(过去5年占比约90%),外部融资作为补充(过去5年占比约10%)。

2019年9月华为首次在境内发行公募债券。联合资信给华为的主体长期信用评级和债项评级均为AAA。AAA级为信用等级的最高等级,代表"偿还债务的能力极强,基本不受不利经济环境的影响,违约风险极低"。

联合资信认为,近年来华为的核心运营商业务经营稳健,消费者及企业业务快速拓展,具备很强的整体盈利能力、现金获取能力和再投入能力;资产、权益规模持续增长,现金类资产充裕,债务负担较轻。

发债前,华为2016~2018年年末及2019年上半年这三年半的数据资料具有以下特点:资产负债程度稳定,这三年半的资产负债率分别为68.41%、65.24%、64.99%和65.21%;在负债结构中,流动负债(以应付款项为主)占总负债的比重较高,分别为85.31%、87.00%、83.02%和82.44%;实际有息负债率(有息负债÷总资产)占比不高,分别为11.49%、9.04%、12.29%和14.13%;营业收入保持稳定增长趋势,分别为5 180.68亿元、5 984.80亿元、7 151.92亿元和3 965.38亿元,同比分别增长31.58%、15.52%、19.50%和22.86%;货币资金相对充裕,余额分别为1 254.82亿元、1 572.65亿元、1 840.87亿元和2 497.31亿元。2018年年末货币资金余额较2017年年末增加268.22亿元,增幅为17.06%;2019年上半年年末货币资金余额较2018年年末增加656.44亿元,增幅为35.66%;这三年半的利息保障倍数一直在20倍左右,流动比率也基本维持在1.5倍左右,具有较强的债务保障和偿债能力。

华为重视债务风险,注重信用管理,制定和实施了全球统一的信用管理政策制度、流程、IT系统和风险量化评估工具,并在各个区域和业务单元建立了专门的信用管理组织,在欧洲及亚太地区建立了信用能力中心;同时,公司利用风险量化模型,评定客户信用等级,确定客户授信额度,量化交易风险并通过在端到端销售流程的关键环节设置风险管控点,形成了闭环的管理机制。公司信用管理部门定期审视全球信用风险敞口,并开发相应的IT工具协助一线监控风险状态及预测可能的损失,计提相应的坏账准备,对于已经或可能出险的客户启动风险处理机制。

华为2019年两次发行中期票据累计融资60亿元。2020年上半年又三次发行中期票据累计融资60亿元。华为债券评级为3A级,评级展望为稳定。

第6章 经营业绩与盈利效能

> 经营增长的可持续性根源于盈利效能的提升和收益质量的提高。

6.1 洞悉经营成果

6.1.1 经营谋利与经济效益

企业运营各项资产是有所图的,利润是最简洁明了的"风向标"。

"营利"就是"谋取利润"。利润是企业通过精心筹划、有效管理后谋取的,不是天上掉下来的"馅饼"。

"营利"就是要"赢利"并产生"盈利"。"赢"是指获取、获胜。"盈"是指充满、多余。"盈利"是指收入扣除成本后赚到了钱,有盈余。

盈利的绝对值是利润表内列示的各项收益减去各项费用后的余额,如营业利润、利润总额、净利润等。利润可以反映企业目标的实现程度,并有助于其他目标的实现。

盈利的相对数是反映获利能力的利润率,说明企业一定时期的各项盈利水平。企业的各项盈利水平都应达到相应的标准,才能确保具有良好的发展势头。盈利能力财务比率在企业财务分析中具有重要地位。企业经营失败和财务状况恶化无不是由于盈利效能的衰退造成的。

经济效益就是以尽量少的劳动耗费取得尽量多的经营成果,或者以同等的劳动耗费取得更多的经营成果,这正是企业提高盈利效能的基本路径与应有的逻辑(如图6.1所示)。在利润率的相关指标中,几乎每一项投入(分母)都能够与产出

(分子)的任何一项对应成比率,以衡量企业某一方面的经营业绩或管理效果。经济效益好,就是资金占用少,成本支出少,有用成果多。提高盈利效能对于提高企业的经济效益和可持续发展具有积极意义。

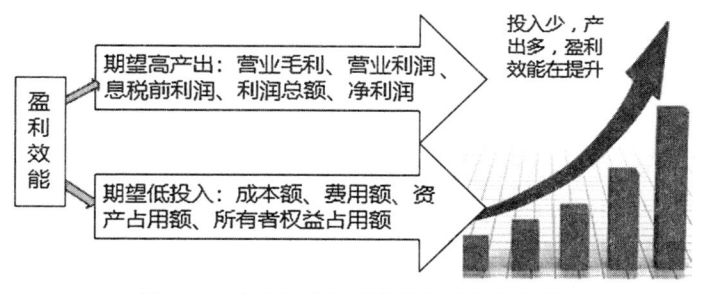

图 6.1　企业提高盈利效能的路径与逻辑

"善始善终,善作善成"(《史记·乐毅列传》),是指做事情既要有好的开头,也要有好的结尾;既要善于做事,更要善于把事做成。在市场竞争的初期和企业成长的不成熟阶段,企业的盈利可能处于自发状态,缺乏明晰的认知和主动适应性。随着市场竞争的加剧和企业的不断成熟,企业开始重视对市场竞争和自身盈利模式的研究,加以自觉调整和设计。盈利分析要求通过分析盈利的实现方式、路径与模式,对现有的盈利状况进行改进,使之具有清晰性、针对性、相对稳定性和主动适应性。

6.1.2　掌握收支结构与经营成果的总体情况

利润表从上到下反映收入、支出(成本费用)和利润三大组成部分。其中,利润是某一会计期间的收入和同一期与之相联系的费用相配比之后的差额,其计量与分配基准具有不同的计算口径,取决于收入、费用、损失或利得的配比情况等。

利润表分析的起点就是了解企业在一定时期的总收入是多少、总支出是多少、各项收入减去各项支出后的相关利润是多少,用以判明盈利形成的收支成因,揭示企业的各项支出占收入的比重,从整体上说明收支水平及其增减变动状况。

由于不同业务在企业经营中的作用不同,对企业生存和发展的影响程度也不一样,因此不同的业务取得的收入对企业盈利能力的影响不仅有量的差别,而且有质的不同;同时,不同性质的支出对企业盈利能力的影响也有差别,分析支出结构,把握差别缘由,能进一步判断支出的有效性。

企业可以通过编制经营成果(收支结构)分析表,用以观察企业收支的动态及其变化趋势,探求某些规律性的现象。

申良公司近 3 年全部经营成果结构及其变动趋势分析如表 6.1 所示。

表 6.1　经营成果(收支结构)分析一览表

单位：万元，%

分析项目	2017年 金额	2017年 占比	2018年 金额	2018年 占比	2019年 金额	2019年 占比	2019年比2017年增减 金额	2019年比2017年增减 占比	2019年比2018年增减 金额	2019年比2018年增减 占比
营业收入	6 936.02	100.00	7 237.35	100.00	8 430.89	100.00	1 494.87	0.00	1 193.54	0.00
减：营业成本	4 854.80	70.00	5 407.54	74.72	6 638.30	78.74	1 783.50	8.74	1 230.76	4.02
税金及附加	69.36	1.00	72.40	1.00	84.30	1.00	14.94	0.00	11.90	0.00
销售费用	548.34	7.91	506.22	6.99	482.32	5.72	−66.02	−2.19	−23.9	−1.27
管理费用	761.74	10.98	680.90	9.41	716.01	8.49	−45.73	−2.49	35.11	−0.92
财务费用	17.75	0.26	85.74	1.18	108.95	1.29	91.20	1.03	23.21	0.11
研发费用	140.06	2.02	144.74	2.00	168.62	2.00	28.56	−0.02	23.88	0.00
加：投资收益	452.14	6.52	471.40	6.51	424.86	5.04	−27.28	−1.48	−46.54	−1.47
减：减值损失			50.00	0.69	30.00	0.36	30.00	0.36	−20.00	−0.33
营业利润	996.11	14.36	761.21	10.52	627.25	7.44	−368.86	−6.92	−133.96	−3.08
加：营业外收入	36.51	0.53	155.42	2.15	105.52	1.25	69.01	0.72	−49.90	−0.90
减：营业外支出	12.38	0.18	6.62	0.09	19.09	0.23	6.71	0.05	12.47	0.14
利润总额	1 020.24	14.71	910.01	12.57	713.68	8.47	−306.56	−6.24	−196.33	−4.10
减：所得税费用	103.26	1.49	87.24	1.21	97.28	1.15	−5.98	−0.34	10.04	−0.06
净利润	916.98	13.22	822.77	11.37	616.40	7.31	−300.58	−5.91	−206.37	−4.06

从表 6.1 所示的结构与趋势分析中可以做出对申良公司的初步评价如下：

一是营业收入持续增长。2019 年的营业收入为 8 430.89 万元，比 2018 年的 7 237.35 万元增加了 1 193.54 万元，增长率为 16.49%；比 2017 年的 6 936.02 万元增加了 1 494.87 万元，增长率为 21.55%。

二是全部成本费用不断上升。2019 年申良公司的成本费用总额（营业成本、税金及附加、销售费用、管理费用、财务费用、研发费用）为 8 198.5 万元，占全部营业收入 8 430.89 万元的 97.24%，接近 2019 年全国中型企业绩效评价平均值 98.5%，与同口径的 2018 年的 95.30%（6 897.54÷7 237.35×100%）和 2017 年的 92.16%（6 392.05÷6 936.02×100%）相比分别有所上升。其中，营业成本增长是应当予以关注的最重要的问题。

三是营业成本持续增长。与 2018 年相比，2019 年的营业成本增长幅度为 22.76%，大于营业收入增长幅度 16.49%，这是造成营业毛利下降的主要原因，应当特别予以关注。

近 3 年申良公司的产品生产变化不大，新产品虽然在开发，但市场推销乏力，而营业成本额却在增加，其构成比重也在持续上升。2019 年的营业成本为 6 638.3 万元，营业成本率为 78.74%，比 2018 年的营业成本率 74.72% 上升了 5.38%，比 2017 年的 70% 增加了 8.74 个百分点。

联系申良公司 2019 年存货库存情况和表 4.6 的产品售价与其成本的对比分析资料可以看出：① 甲产品由于供大于求且库存太多，单位售价从 580 元下降到 540 元，减少 40 元，下降 6.90%，而单位成本却居高不下，还是 500 元，毛利微薄，只有 7.41%，这是导致企业营业成本上升与利润下降最主要、最直接的原因，也是"去库存"的难点和发展过程中的"瓶颈"；② 乙产品供求大致平衡，库存与价格相对稳定，成本微降，目前的库存成本率为 82.5%；③ 丙产品是刚开发投产的新产品，价格较高且毛利较厚，成本相对较低，只有 71.43%。在分析盈利水平时能够关注产品，就是在关注市场、关注企业的发展方向与发展前景。

四是期间费用正在减少。期间费用是指企业本期发生的、不能计入产品成本的销售费用、管理费用和财务费用，它被认为是为赚取整体收入而发生的，应该在发生的当期计入损益。申良公司由于抓费用预算管理和勤俭节约，"三项期间费用"2017 年为 1 327.83 万元，2018 年为 1 272.86 万元，2019 年为 1 307.28 万元，平稳中略有下降，占营业收入的比重从 2018 年的 17.58% 下降为 2019 年的 15.51%，减少了 2.07 个百分点，比 2017 年的 19.14% 减少了 3.63 个百分点，效果比较明显。

五是利润指标直线下降。2019年的利润总额为713.68万元,比2017年的1 020.24万元减少了306.56万元,下降率为30.05%;比2018年的910.01万元减少了196.33万元,下降率为21.57%;3年来,利润总额和净利润均连续下降,且各项利润率指标也在下降。分析其下降的原因主要有以下几点:一是营业成本增长,营业成本占营业收入的比重不断上升;二是投资收益、营业外收入呈下降趋势,不仅绝对额减少,相对比例也在下降;三是营业外支出有所增长,尤其是2019年的营业外支出为19.09万元,比2018年的6.62万元增加了12.47万元,增长了188.37%。

综合以上损益基本情况的研判可以看出,申良公司属于收入上升、成本上升、利润下降、经济效益不断滑坡的企业。

6.1.3 辨析盈余管理与会计造假

企业通常按照营业额的高低排序,收入及其增量成为盈利的主要源泉。但当下财务分析与业绩评价的难题之一就是盈余管理的普遍存在。会计政策的可选择性和会计估计的不确定性为管理层提供了一定的自由裁量空间。是适度调节、平滑利润,还是财务操纵甚至营私舞弊?各种手段林林总总,黑白颠倒,因果扭曲,真伪莫辨。

如何才能发现盈余管理呢?透视与诊断异常信息、提炼与归纳操作手法是一条有效的路径。

财务操纵包括财务舞弊(会计造假)和财务粉饰(盈余管理)。盈余管理与会计造假虽然本质不同(是否违法),但两者有时比较接近,甚至有交叉部分。

盈余管理通常以会计政策的可选择性为前提条件,或利用生产经营及关联交易的调节,在一段时间内并不增减实际盈余,但会影响实际盈余在不同会计期间的反映和分布。从性质上分析,盈余管理是企业管理当局借助会计政策的选择和会计估计的变更寻求对自己有利结果的行为,是在会计准则框架之内,在不越界为会计造假的底线之上的"数字游戏"。

不少舞弊的企业知道投资者在寻找什么,更知道如何将自己定位成一家有精彩故事的企业,以及操纵哪些关键指标来促使投资者的信心最大化,于是,欺诈、伪造应运而生,财务造假成为一些企业营造虚假繁荣的重要手段。

"数字游戏"超出了底线就会沦为会计造假。剖析报表应当聚焦会计造假,因为这是随意改造、蓄意变造、虚假伪造的舞弊行为,它不以客观业务为基础,而是随心所欲胡乱编造;它没有限度,使会计报表失去真实可靠性;不少会计造假还是企业管理层精心策划、用心组织,然后在财务报表中蓄意错报、漏报数据,以虚构利润等为目的的系统性舞弊行为。《公司欺诈》([英]迈克尔·J.康默著,沈阳出版社出版)、《会计数字游戏:美国十大财务舞弊案例剖析》(黄世忠主编,中国财政经济出版社出版)等就对造假者贪婪和欺诈者真相有生动写照。我国证券监督管理委员会的处罚公告更是一次次严正的警示。

大多数财务舞弊是为了制造虚假利润,有"舞弊规律"可循。根据会计恒等式的原理,如果贷方虚增利润,借方就有虚增资产、虚减负债的可能,或者贷方利润的虚增是由虚增(多计)收入或虚减(少计)成本费用所导致的。

实证分析6.1 | 连续3年十多倍虚增利润的财务造假案

2015年1月至2017年12月,金刚玻璃通过伪造定期存款合同和虚构利息收款方式虚增利息收入,通过虚构销售业务方式虚增销售收入及回款,并通过虚增产量分配真实成本的方式虚增营业成本。其2015年年度报告虚增营业收入5 458.76万元,虚增利息收入919.54万元,虚增利润6 205.34万元,占当期披露利润总额的1 072.90%。其2016年年度报告虚增营业收入4 177.61万元,虚增利息收入878.05万元,虚增利润4 987.67万元,占当期披露利润总额的622.26%。其2017年年度报告虚增利息收入610.71万元,虚增利润610.71万元,占当期披露利润总额的28.04%。

造假手法有迹可循:毛利异常波动;虚构收入后无货款回笼;使用自有货币资金配合货款回笼;通过虚假预付款项套取资金用于虚增收入的货款回笼;伪造回款单据进行虚假货款回笼;等等。甚至可能采用以上几种手段的组合,企图蒙混过关。例如,金刚玻璃在2015年1月至2016年12月期间,通过财务不记账、虚假记账,伪造定期存款合同,配合营业收入造假虚构销售回款等方式,虚增货币资金。其2015年年度报告虚增货币资金45 088.1万元,占当期披露总资产的27.75%和净资产的51.62%;其2016年年度报告虚增货币资金32 497.22万元,占当期披露总资产的25.41%和净资产的37.22%。

不少会计造假的结果是利润率畸高的同时存在异常资产。最常见的造假流程是:虚构业务收入,生造资金流→伪造客户和供应商,变造资金凭证→在虚增利润的同时影响资产负债表项目,造成资产负债表某些项目异常变动等(如康得新案例,详见本书第2章实证分析2.1)。

仔细识别反常信息有助于提高对造假逻辑的认知,因为一些企业有预谋、有组织、长期系统实施的会计造假行为是有内在规律可循的。例如，一家企业连续多年虚增收入、虚减成本、虚增利润，其资产负债表中的某个项目或某几个项目会出现异常，如应收账款、存货等资产项目余额很大，居高不下，且资金周转相当缓慢。又如，主营业务利润下降的企业，为什么其他利润会急剧上升？经营现金流缺乏的企业，为什么货币资金会迅猛增加？为什么会存在数目特别大的异常项目？等等（如图 6.2 所示）。面对诸如此类不平衡的现状、不一致的说法、不对称的信息、无法自圆其说的解释、难以入耳的强词夺理，应当擦亮眼睛，警觉这些异常背后不可告人的勾当。反常就会有异常，这一认知通常是识别会计造假的基本逻辑。

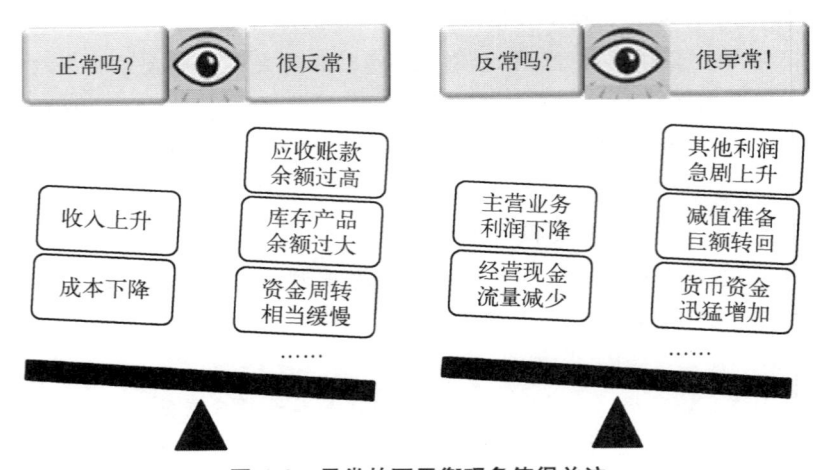

图 6.2　异常的不平衡现象值得关注

"要识企业真面目，跳出财务看业务。"因为绝大部分会计造假与业务相关，财务"暴雷"的背后实际上是管理层的丑闻。中国注册会计师协会发布《审计技术提示第 1 号——财务欺诈风险》（会协〔2002〕203 号）列举的九大类 54 项财务舞弊预警信号都与业务或管理层相关，值得重点关注：第一类是财务稳定性或盈利能力受到威胁；第二类是管理层承受异常压力；第三类是管理层受到个人经济利益驱使；第四类是特殊的行业或经营性质；第五类是特殊的交易或事项；第六类是企业治理缺陷；第七类是内部控制缺陷；第八类是管理层态度不端或缺乏诚信；第九类是管理层与注册会计师关系异常或紧张。

6.1.4　洞察收入的异常变动

收入是企业在日常活动中形成的、会导致所有者权益增加的、与所有者投入资本无关的经济利益的总流入，包括营业收入、投资收益和营业外收入等，应当是真实、可靠、有质量的。

在财务报表舞弊案件中，涉及收入确认的舞弊占比最高，销售与收款环节的营私舞弊已成为一些企业常用的"调节器"。例如，虚假交易、虚增成交金额、通过签订虚假购销合同虚构存货，并伪造出库单、发运单、验收单等单据虚构收入；或者为了虚构销售收入，将商品从某一地点移送至另一地点，并以虚假的出库单、发运单、验收单为依据记录销售收入。毛利为负数还在挣扎的企业最容易有猫腻，最容易靠不断做大营收来维持面子，靠"输血"过日子，这是最容易"爆雷"的。

实证分析6.2 │ 识破虚构收入的造假行为

由于收入是利润的来源，直接关系到企业的财务状况和经营成果，因此，一些企业为了达到粉饰财务报表的目的采用虚增、隐瞒、提前或延后确认收入等方式实施舞弊。

虚构收入主要分为两种方法：一种是虚构收入后无货款回笼，虚增的应收账款/合同资产通过日后不当计提减值准备予以消化，这种方法可通过函证等程序识破。如藏格控股股份有限公司在2017年7月至2018年12月期间，通过开展虚假贸易业务的方式，虚增营业收入和营业利润。2017年虚增营业收入131 663 826.82元，虚增利润总额128 325 919.05元，占合并利润表当期披露利润总额的8.89％。2018年虚增营业收入468 491 820.48元，虚增利润总额477 383 385.51元（含相关的其他收益），占合并利润表当期披露利润总额的29.90％。其对应的轨迹就是虚增应收账款和预付账款。2017年虚增预付账款240 788 270.93元，占公司披露总资产的3.11％和净资产的3.68％。2018年虚增应收账款4 710 000.00元，占公司披露总资产的0.05％和净资产的0.06％，虚增预付账款281 329 947.78元，占公司披露总资产的2.99％和净资产的3.59％。

另一种方法相对复杂和隐蔽，设法解决因虚构收入而带来的虚增资产或虚减负债问题，包括但不限于货币资金、存货、投资、固定资产、在建工程、无形资产、开发支出、短期借款、应付票据、应付账款、其他应付款、营业收入、营业成本等；胆子大的还会使用货币资金配合货款回笼，如湖南千山制药机械股份有限公司违规确认与华冠花炮的设备销售收入，整个销售及回款过程中，没有向华冠花炮开具烟花生产线的销售发票，其账目所附银行回单显示上述销售回款主要通过华冠花炮的建设银行账户转入，而华冠花炮在建设银行并不存在该账户。

2019年发布的《中国注册会计师审计准则问题解答第4号——收入确认》中，对上市公司财务舞弊中收入舞弊的12种手段进行归纳，同时详细列示了如何识别上市公司37种收入舞弊的迹象，可资参考。

下面是对操纵收入手段的归纳，像顺口溜一样便于记忆：

虚开发票，随意做大收入；瞒天过海，虚构经营收入；

提前确认，夸大收入规模；互换贸易，蓄意增加收入；

寅吃卯粮，透支未来收入；鱼目混珠，伪装收入性质；

张冠李戴，歪曲部分收入；里应外合，相互抬高收入；

沾亲带故，利用关联收入；以丰补歉，储备当期收入；

随心所欲，篡改收入分配；如此等等，真的层出不穷。

专题讨论 6.1 │ 虚开销售发票会引起哪些财务变化？

虚开发票是不如实开具发票的舞弊行为。企业为了达到偷税或虚构交易事项等目的，会在商品名称、商品数量、商品单价以及金额上采取弄虚作假的手法。

虚开发票后：一是流动资产与资产总额虚增，从而形成虚资产，会影响相关偿债能力与管理能力财务指标计算的准确性；二是主营业务收入虚增，经营成果将出现虚假盈利，影响盈利能力财务指标的计算；三是净资产虚增，会导致账面所有者权益增加，似乎提高了净资产对负债的保障程度；四是虚开发票虚增收益，但不会带来现金流量的增量，相反，随着流转税费与企业所得税的上交，会相应减少现金流量。总之，这样的财务报表是虚假的，不值得信赖。

对此种造假手段，一要检查企业的年度生产能力和生产规模，对照企业的销售量看是否出现销售总量大于生产能力的异常情况；二要抽查企业年末、季末的销售合同、出库凭证等原始资料，看其手续是否完整、是否有异常情况；三要对客户单位发询证函进行函证，以确认对方单位是否欠款；四可以进入税务局网站，查阅相关企业的发票信息；如此等等。

6.1.5 洞察支出或费用的异常变动

凡支出的效益仅及于本年度（或一个营业周期）的，应当作为收益性支出。根据配比原则，收益性支出形成成本费用，资本性支出通过折旧或摊销等形式进入成本费用，这些都是对收入的抵扣。利润来源的逻辑关系如图6.3所示。将不同性质的收入和支出按业务加以配比，可计算出不同的利润，包括主营业务利润、其他业务利润、投资收益和营业外收支净额等。

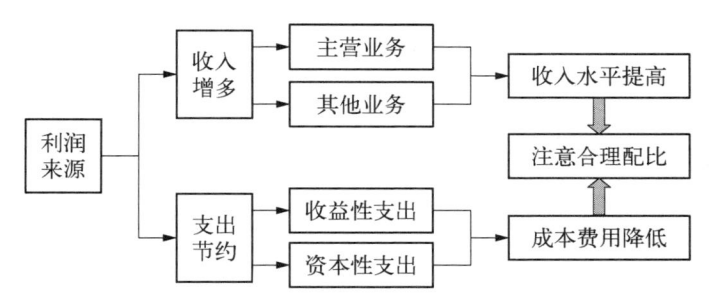

图 6.3　形成利润的路径及其逻辑关系

成本费用一般可以分为营业成本、期间费用、资产减值准备、所得税费用等。营业成本是指销售商品或提供劳务的成本,应当与营业收入配比;期间费用包括销售费用、管理费用和财务费用,应当与会计期间匹配;资产减值准备是指企业根据资产减值等准则计提各项资产减值准备所形成的损失,应当全部计入当期损益;所得税费用是指企业根据所得税准则确认的应当从当期利润总额中扣除的所得税费用。

成本费用是经营耗费的综合表现,在产品价格不变的条件下,其增减变动影响企业的盈利水平。企业通过分析增收节支、挖潜增盈的措施,可以达到不断降低产品成本、提高经济效益的目的。

对成本费用的分析应当着重研究影响成本费用增减变动的各种因素,从而寻求增收节支、挖潜增盈的途径与方法。其主要内容包括:成本计划完成情况的分析,包括商品产品成本计划完成情况的分析,可比产品成本降低指标完成情况的分析,主要商品产品单位成本计划完成情况的分析和生产费用计划完成情况的分析,以及本期成本与历史水平(或同行业同类型产品成本)的对比分析、主要指标变动对成本影响的分析等。①

企业操纵支出与费用的手段林立,概括起来包括该列支的不列支、该计提的不计提、该摊销的不摊销、该核销的不核销、费用与损失空挂某些账目或随意调整某些会计科目等增减费用,如将本期费用推至未来、延长折旧摊销年限、漠视已经形成损失的坏账、不适当使用费用资本化手段、不对受损资产或过时存货提取减值准备、将费用暂时挂在往来科目等。有些手法看上去似是而非,其实蓄谋已久、居心叵测、相当隐秘,给识别带来一定的困难。

---

① 详见李敏主编的《成本会计学》上海财经大学出版社出版。

实证分析 6.3 | 虚增存货是为了虚减成本、虚增利润

抚顺特钢于 2010 年至 2016 年度、2017 年 1 月至 9 月,通过虚增存货、减少生产成本、将部分虚增存货转入在建工程和固定资产进行资本化等方式,累计虚增利润总额高达 1 901 945 340.86 元。

皇台酒业 2015 年存货达到峰值 1.99 亿元,但与存货增长不匹配的是,销售额却在不断下滑。2016 年皇台酒业账面存货为 1.63 亿元,通过虚构委托代销存货等形式,虚增库存商品账面余额 1.02 亿元,超过账面价值 60%。2017 年 12 月末,皇台酒业盘亏成品酒 7 139.34 万元,并在该年年报中将上述盘亏存货全额计提减值准备。

虚增虚转存货会造成流动资产或资产总额虚列,形成虚资产,影响相关偿债能力与管理能力指标的准确性。产品成本少计,报表利润虚假,反映盈利能力的指标都不正确,最终会影响报表信息的可靠性。

6.1.6　警惕税负率变动及其异常风险

税务风险是指由于违反税法而被政府课以补税、罚款或追究刑事责任的风险。所以,应当关注税收申报数额是否与原始报表存在重大不一致,关注以前年度是否存在偷漏税的情况,以及报告期受到税务处罚的情形,关注税收优惠和政府补助占当期利润的比重及其依赖程度等。

审阅分析法对于纳税情况的把控具有针对性。例如,审核纳税人是否按照税法规定的程序、手续和时限履行申报纳税义务,各项纳税申报附送的各类抵扣、列支凭证是否合法、真实、完整,纳税申报主表、附表及项目、数据之间的逻辑关系是否正确,适用的税目、税率及各项数据的计算是否准确,申报数据与所掌握的相关数据是否相符,与上期和同期申报纳税情况有无较大差异等。

对比分析可以发现问题,引导关注异常情况。例如,可以将纳税人的申报数据与财务报表数据、同行业相关数据或类似行业同期相关数据进行横向比较,将纳税人的申报数据与历史同期相关数据进行纵向比较,根据不同税种之间的关联性和勾稽关系等分析应纳相关税种的异常变化,还可以应用日常管理中所掌握的情况和积累的经验,将纳税人的申报情况与其生产经营实际情况相对照,分析其合理性,以确定纳税人申报纳税中存在的问题及其原因,也可以通过对纳税人的生产经营结构、主要产品能耗、物耗等生产经营要素的当期数据、历史平均数据、同行业平均数据以及其他相关经济指标进行比较,推测纳税人的实际纳税能力。

税负率是最常见的纳税情况分析指标之一,也是警觉税负风险的分析重点,其计算公式如下:

$$税负率 = \frac{本期应纳税额}{本期应税营业收入} \times 100\%$$

分析申良公司近3年利润表及其纳税申报资料,其流转税的税负平稳;企业所得税税负率分别为1.49%、1.21%和1.15%,略有下降,与利润连年下降同步,通常是合理的。

计算分析纳税人的税负率可以与销售额变动率等指标配合使用,如将销售额变动率和税负率与相应的正常峰值进行比较,销售额变动率高于正常峰值,而税负率低于正常峰值等情况可列入分析疑点的范围,尤其可将进项税额作为分析重点,查证有无扩大进项税额抵扣范围、骗抵进项税额、不按规定申报抵扣等问题;也可对销项税额进行分析,查证有无账外经营、瞒报、迟报计税销售额,错用税率等问题。

6.2 明察盈利结构

6.2.1 盈利结构与盈利品质分析

报表利润多并不等于企业的盈利能力强,这可以从分析盈利结构说起(入手)。

盈利结构是指企业利润中各种不同性质盈利情况的有机搭配比例,包括不同性质的收入和支出配比、不同盈利品质的产品有机搭配的比例等。不同的利润具有不同的品质。

观察盈利结构的质,表现为利润是由什么样的盈利项目组成的,风险影响的具体程度如何。因为不同盈利项目对企业的盈利能力有不同的作用和影响。

观察盈利结构的量,表现为不同的盈利占总利润的比重。不同的盈利比重对企业盈利能力的作用和影响程度也不相同。

观察申良公司近3年的盈利结构,其对比分析情况如表6.2所示。

表6.2 盈利结构部分指标对比分析表 单位:万元,%

分析项目	2017年 金额	2017年 占比	2018年 金额	2018年 占比	2019年 金额	2019年 占比
营业收入	6 936.02	100.00	7 237.35	100.00	8 430.89	100.00
减:营业成本	4 854.80	70.00	5 407.54	74.72	6 638.30	78.74

续表

分析项目	2017 年 金额	2017 年 占比	2018 年 金额	2018 年 占比	2019 年 金额	2019 年 占比
营业毛利	2 081.22	30.00	1 829.81	25.28	1 792.59	21.26
投资收益	452.14	6.52	471.40	6.51	424.86	5.04
营业利润	996.11	14.36	761.21	10.52	627.25	7.44
营业外收支净额	24.13	0.35	148.80	2.06	86.43	1.02
利润总额	1 020.24	14.71	910.01	12.57	713.68	8.47
净利润	916.98	13.22	822.77	11.37	616.40	7.31

主营业务应当质优量大。主营业务是指企业营业执照上规定的企业主要经营的业务。企业投入大量人、财、物都是为主营业务服务的，主营业务是企业生存和发展的关键，是企业成长的引擎，也是形成企业利润的主要因素，对企业盈利水平的高低起着决定性的作用。主营业务经营得好的一个重要标志就是主营业务利润在总利润中占较大的比重，且一直保持这种趋势。主营业务越扩展，主营业务利润占总利润的比重越高，企业的盈利水平也会越高，企业盈利结构的安全稳定性就好，即波动性小。

近 3 年来，申良公司的营业收入持续增长，说明该公司聚焦主业，是件好事；但其营业成本上升更快，导致 2019 年的营业毛利率为 21.26%，比 2018 年减少 4.02 个百分点，比 2017 年减少 8.74 个百分点，说明其主营业务的品质在下降，这是件坏事。营业毛利占利润的比重大会导致利润总额、净利润乃至公司的整体盈利水平下降。

申良公司的投资收益占比不高、营业外收支净额所占的比重更小，说明营业毛利或主营业务利润是公司利润的主要来源，是分析盈利品质的关键。所以，申良公司经营管理的重点应该迅速转向开发新产品与开拓新市场，在增加新产品收入的同时获得更多经营利润。

与经营性损益对应的是非经营性损益，是指企业发生的与经营业务无直接关系，以及虽与经营业务相关，但由于其性质、金额或发生频率而影响了真实、公允地反映企业正常盈利能力的各项收入、支出。非经营性损益不仅可能是偶发的、一次性的，而且会影响真实、公允地反映企业的盈利能力，如股票投资损益、资产置换损益等。证监会在《公开发行证券的公司信息披露规范问答第 1 号——非经营性损益》中特别指出，注册会计师应单独对非经营性损益项目予以充分关注，对企业在财务报告附注中披露的非经营性损益的真实性、准确性和完整性进行核实。

目前,一些上市公司面临主业不强或定位不清晰的问题,甚至出现主业不够副业补的情况,这样的公司原则上暂不具有投资价值,除非有确定的经营转型和资产重组计划,否则难以享受较高的市值溢价。好高骛远、心猿意马无疑会浪费资源,实在是事倍功半、得不偿失。

总之,企业的主业应当集中而突出,不能分散和杂乱,忌讳定位不清晰。纵观中外大蓝筹公司,只有专注于某一领域的才能具备持久的核心竞争力,包括品牌、技术和精准的生产经营控制等。主业相对稳定且具有广阔市场空间和一定产品定价权的企业才会享受更多市场溢价。

实证分析 6.4 | 专注是金,是成功的秘诀

一家只有 7 个人的日本小企业,生产不起眼的哨子,其产品却成为"世界杯"官方公认使用商品,在世界杯足球赛上,裁判用的哨子都出自该企业。该企业生产的哨子种类多达上万种,有给美国警察生产的专用哨子,还有给狗生产的无声哨子,世界著名的马戏团大多使用该企业生产的无声哨子。可以说,哨子被该企业做绝了,最贵的哨子卖到 2 万美元一个。

任何人和任何企业的能力都有边界。把自己当成万能的、无敌的,忘乎所以地在什么领域都插手,全然不知隔行如隔山、山外有山、人外有人的道理,就难免要吃亏。而利用有限的能效尽可能把事做好才会脱颖而出。只搞零售业成就了沃尔玛,只做汉堡成就了麦当劳,只卖纽扣才有了"纽扣大王",坚持聚焦主业造就了当今的华为……专注是金,日积月累、积少成多,离成功就会越来越近。

6.2.2 盈利结构与盈利稳定性分析

盈利稳定性是指企业盈利水平变动的基本态势。盈利稳定性程度可以表明盈利风险的大小。如果企业盈利水平很高,但缺乏稳定性,这也是一种不够好的经营状况。

对盈利的稳定性有两种理解:一是企业盈利水平上下波动的波幅较小,盈利稳定;二是企业盈利水平向下波动的波幅小,向上波动的波幅大,也说明企业的盈利稳定。实务中,一般是按第二种理解来解释盈利的稳定性。一家企业在一定盈利水平的基础上,盈利水平不断上扬是企业盈利稳定的现实表现。

盈利的稳定性首先取决于收支结构的稳定性。当收入和支出同方向变动时,只要收入增长不低于支出增长,或者收入下降不超过支出下降,盈利就具备稳定性；当收入和支出反方向变动时，收入增长而支出下降，盈利稳定，反之则不稳定。除此之外，收入和支出各项目所占的比重不同，会对盈利的稳定性产生影响。一般来说，主营业务收和支的关系及其增长势头较为稳定，则企业盈利的稳定性就有了根本保障。

企业的盈利结构也会影响盈利的稳定性。由于企业一般会力求保持主营业务利润稳定，主营业务利润的变动性相对非主营业务来说较小，因此，主营业务利润所占比重的高低可以透视企业盈利稳定性的强弱。

6.2.3 盈利结构与盈利持续性分析

盈利的持续性与稳定性有一定的关联度。稳定性是指盈利在持续时不发生较大的向下波动。持续性是指盈利水平能较长时间地保持下去。持续性是盈利的发展趋势，稳定性是发展趋势中的波动程度。

盈利结构对盈利持续性有较大影响。企业的业务一般可以分为长久性业务和临时性业务。长久性业务是企业设立、存在和发展的基础，企业正是靠它们才能保持持久盈利。临时性业务是由于市场或企业经营的突然变动或突发事件所引起的，由此产生的利润不会持久。长久性业务主要是指企业的主营业务，所以，企业的主营业务比重越大，主营业务利润水平越高，盈利水平持续下去的可能性就越大。

6.2.4 盈利结构与盈利趋高性分析

盈利的趋高性是指企业的盈利水平保持不断增长的趋势。持续性和趋高性都是指盈利的长期趋势。持续性是指盈利水平能否长久保持，趋高性是指在保持现有盈利水平的同时体现一种上升的趋势。盈利趋高性是盈利持续性的一种特殊表现。

盈利是否具有趋高性与企业产品所处的市场生命周期相关。产品一般要经历启动期、成长期、成熟期和衰退期等阶段。处于启动期和成长期的产品会给企业带来不断增加的收益，处于成熟期的产品给企业带来较稳定的收益，而处于衰退期的产品的收益呈现下降态势。

盈利结构对盈利的趋高性有不可忽视的影响。企业的利润如果主要来自启动期或成长期的产品，盈利一般具有趋高性；如果主要来自处于成熟期甚至衰退期的产品，则盈利非但不具有趋高性，甚至难以持续下去。

保持盈利趋高性的关键在于企业在经营上要密切关注产品所处的生命周期，在产品进入衰退期之前就要开发新产品，努力做到"生产一个，设计一个，构思一个"，做好创新转型的各种准备。

通过对盈利结构的分析,不仅要认识其对企业盈利水平的现实影响,更要预计其对企业未来盈利水平变动趋势的影响程度。

6.3 慧识盈亏平衡

6.3.1 本量利分析的基本原理

产品利润的高低取决于产品售价、成本、业务量等诸多因素,产品的成本影响售价,售价影响销售量,销售量直接影响产量,而产量反过来又影响成本。企业通过对成本、业务量和利润相互之间的分析,掌握有关因素变动对企业盈亏影响的规律,可以为改善经营管理和正确进行经营决策提供有用的信息。

本量利分析是成本、产量(或销售量)、利润三者依存关系分析的简称,即 CVP 分析(Cost-Volume-Profit Analysis),是指在变动成本计算模式的基础上,以数学化的会计模型和图文来揭示固定成本、变动成本、销售量、单价、销售额、利润等变量之间的内在规律性联系,为财务预测、决策和规划提供必要的财务信息的一种定量分析方法。

本量利分析是在成本性态分析的基础上发展起来的。在相关范围内,固定成本总额保持不变,变动成本总额随业务量的变化成正比例变化,总成本与业务量呈线性关系,即:

$$总成本 = 固定成本总额 + 单位变动成本 \times 业务量$$

设销售单价为 P,销售量为 x,单位变动成本为 b,固定成本总额为 a。当利润为 0 时,本量利分析的基本方程式如下:

$$Px - bx - a = 0$$

上述公式表明,P、x、b、a 中任何一项或多项变动,都会对利润的增减变动产生影响。当企业需要达到一定的目标利润时,成本、业务量和利润之间的关系可表示如下:

$$目标利润 = (售价 - 单位变动成本) \times 业务量 - 固定成本总额$$

6.3.2 单一产品盈亏临界分析

盈亏临界点也称盈亏平衡点或保本点,是指企业全部销售收入等于全部成本费用时的销售量或销售额,即在这一销售量或销售额上,企业正好不盈也不亏,也就是说,达到这一销售量或销售额时,企业产品提供的边际贡献正好抵偿固定成本总额。

盈亏临界点的分析对利润相当重要。冰在超过0℃之后就化成了水,水在超过100℃之后就变成了水蒸气。临界点前后的状态和性质会发生质的变化,所以需要格外关注。

分析保本点可借助保本图。保本图是围绕保本点,将影响企业利润的有关因素集中在一张图上形象而具体地表现出来,从而揭示成本、业务量和利润三者之间的规律性联系(如图6.4所示)。

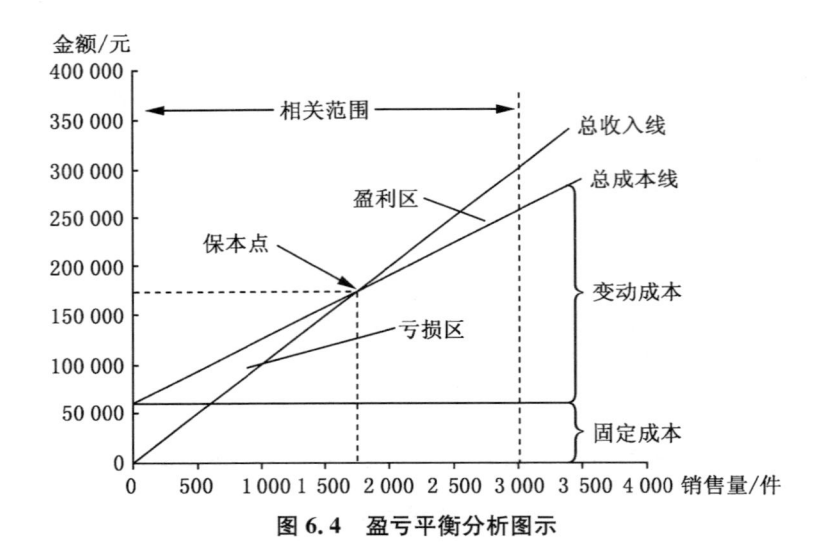

图6.4 盈亏平衡分析图示

由于本量利分析的基本模型可知,保本点是企业利润等于0时的销售量,即 $Px=bx+a+0$,由此可推导出:

$$保本销售量 = \frac{a}{p-b}$$

保本销售额＝保本销售量(x)×销售单价(P)

实证分析6.5 | 预算单一产品盈亏临界点的销售量

申良公司2020年提出试销某新产品,根据设计部门的有关资料计算,该产品的变动成本为26元,为制造该产品新增添一台设备,新增固定成本108 000元。预计该产品的销售单价为 50 元,那么,申良公司必须售出多少数量的该产品才能保本?

$$保本销售量 = \frac{108\,000}{50-26} = 4\,500(件)$$

$$保本销售额 = 50 \times 4\,500 = 225\,000(元)$$

边际贡献也称边际利润,是指单位售价超过单位变动成本的金额。实证分析 6.5 中所述新产品的单位售价预计为 50 元,扣除单位变动成本 26 元后的差额 24 元就是单位边际贡献。单位边际贡献乘以单价就是边际贡献。单位边际贡献除以单价就是边际贡献率(24÷50×100%=48%)。

边际贡献首先用来补偿固定成本,如补偿后有余额,才能为企业提供利润。若边际贡献总额不能补偿固定成本总额,则为亏损。如果边际贡献总额等于固定成本总额,则正好是不盈不亏,即达到保本点(或称盈亏临界点)。

6.3.3　多种产品盈亏临界分析

企业生产多种产品的保本计算一般不用销售量,而是采用销售额来反映。
由于:利润 = 销售额 × 边际贡献率 − 固定成本
令利润等于 0,此时的销售额为盈亏临界点销售额,
即:0 = 盈亏临界点销售额 × 边际贡献率 − 固定成本

$$盈亏临界点销售额 = \frac{固定成本}{平均边际贡献率}$$

其中:

$$预计销售额(总收入) = \sum 各种产品的单位售价 \times 各该产品预计销量$$

$$边际贡献总额 = 预计销售总收入 - \sum 各种产品的单位变动成本 \times 各该产品的预计销量$$

$$平均边际贡献率 = \frac{边际贡献总额}{预计销售总收入}$$

实证分析 6.6 | **预计多种产品盈亏临界点的销售额**

申良公司内的某承包体在 2020 年预计固定成本总额为 10 000 元,计划生产 A、B、C 三种产品,三种产品的产量、售价和成本数据如表 6.3 所示。

表 6.3　　　　　　　　　　产品产量、售价和成本资料

摘　　要	A 产品	B 产品	C 产品
产　　量	1 000 件	2 000 件	3 000 件
单位售价	20 元	16 元	10 元
单位变动成本	14 元	12 元	8 元
单位边际贡献	6 元	4 元	2 元
边际贡献率	30%	25%	20%

根据以上资料，计算三种产品的加权平均边际贡献率，可编制表6.4。

表 6.4　　　　　　　　　　边际贡献计算表

摘　　要	A 产品	B 产品	C 产品	合　　计
销售收入	20 000 元	32 000 元	30 000 元	82 000 元
变动成本总额	14 000 元	24 000 元	24 000 元	62 000 元
边际贡献总额	6 000 元	8 000 元	6 000 元	20 000 元
边际贡献率	30%	25%	20%	24.39%

通过以上计算，求得三种产品的加权平均边际贡献率为24.39%，据此即可算出保本销售额如下：

保本销售额＝10 000÷24.39%＝41 000（元）

在上述情况下，根据该承包体计划期内的销售收入总额可计算出预计实现的利润。

预期利润＝超过保本点的销售金额×平均边际贡献率
　　　　＝（销售收入总额－保本销售金额）×平均边际贡献率
　　　　＝（82 000－41 000）×24.39%
　　　　＝10 000（元）

6.3.4　盈亏临界点作业率分析

盈亏临界点作业率是指盈亏临界点销售量占企业正常销售量的比重。正常销售量是指正常市场和正常开工情况下的销售数量，也可以用销售金额表示。盈亏临界点作业率的计算公式如下：

$$盈亏临界点作业率 = \frac{盈亏临界点销售量}{正常销售量} \times 100\%$$

这个比率表明保本的业务量在正常业务量中所占的比重。由于多数企业的生产经营能力是按正常销售量来规划的,生产经营能力与正常销售量基本相同,因此,盈亏临界点作业率还表明保本状态下生产经营能力的利用程度。

在实证分析 6.6 中,该承包体的正常销售额为 82 000 元,盈亏临界点销售额为 41 000 元,则:

盈亏临界点作业率＝41 000÷82 000×100％＝50％

计算表明,该承包体的作业率必须达到正常作业的 50％以上才能取得盈利,否则就会发生亏损。

6.3.5 安全边际和安全边际率分析

安全边际是指正常销售额超过盈亏临界点销售额(保本销售量)的差额,它表明销售额下降多少企业仍不致亏损。其计算公式如下(如图 6.5 所示):

安全边际＝正常销售额(量)－盈亏临界点销售额(量)

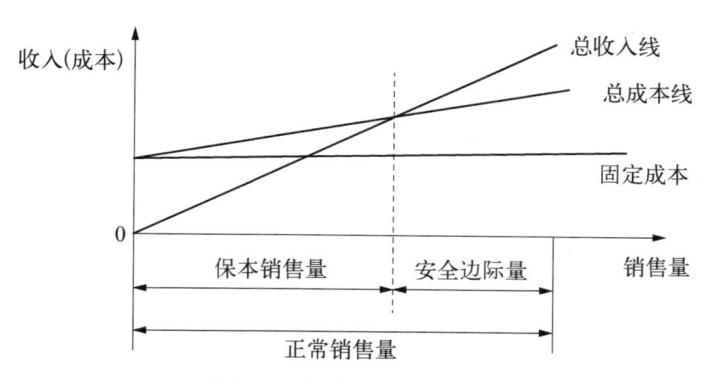

图 6.5 安全边际分析图示

根据表 6.3 的有关数据计算该承包体的安全边际如下:

安全边际＝82 000－41 000＝41 000(元)

有时企业为了考察当年的生产经营安全情况,还会用本年实际订货额代替正常销售额来计算安全边际。

企业生产经营的安全性还可以用安全边际率来表示,即安全边际与正常销售额(或当年实际订货额)的比值。安全边际率的计算公式如下:

$$安全边际率 = \frac{安全边际}{正常销售额(或实际订货额)} \times 100\%$$

根据表 6.3 的有关资料计算的安全边际率如下：

安全边际率＝41 000÷82 000×100％＝50％

安全边际和安全边际率的数值越大，企业发生亏损的可能性越小，企业就越安全。安全边际率是相对指标，便于不同企业和不同行业之间的比较。企业安全性的经验数据如表 6.5 所示（根据行业性质的不同会有变化）。

表 6.5　　　　　　　　评价企业安全性的参考标准

安全边际率	40％以上	30％～40％	20％～30％	10％～20％	10％以下
安全等级	很安全	安全	较安全	值得注意	危险

盈亏临界点分析是把正常销售分为两个部分：一部分是盈亏临界点销售额，另一部分是安全边际。

正常销售额＝盈亏临界点销售额＋安全边际

上述公式的两端同时除以正常销售额，可得公式如下：

1＝盈亏临界点作业率＋安全边际率

根据上述有关数据计算可得：

盈亏临界点作业率＋安全边际率＝50％＋50％＝1

盈亏临界点分析还告诉我们：只有安全边际才能为企业提供利润，盈亏临界点销售额扣除变动成本后只能为企业收回固定成本。安全边际部分的销售减去其自身变动成本后成为企业利润，即安全边际中的边际贡献等于企业利润。

这个结论可以通过下列分析予以证明：

因为：利润＝销售收入－变动成本－固定成本

　　　　＝边际贡献－固定成本

　　　　＝销售收入×边际贡献率－固定成本

　　　　＝销售收入×边际贡献率－盈亏临界点销售收入×边际贡献率

　　　　＝（销售收入－盈亏临界点销售收入）×边际贡献率

所以：利润＝安全边际×边际贡献率

将上述公式的两端同时除以销售收入，可得：

$$\frac{利润}{销售收入} = \frac{安全边际}{销售收入} \times 边际贡献率$$

第6章 经营业绩与盈利效能

销售利润率＝安全边际率×边际贡献率

这个公式为我们提供了一种分析销售利润率的方法,并且表明,企业要提高销售利润率,就必须提高安全边际率(即降低盈亏临界点作业率),或提高边际贡献率(即降低变动成本率)。

6.3.6 分析有关因素变动对利润的影响程度

在决定生产经营问题时,应事先分析拟采取的行动对利润有何影响。如果该行动产生的收益大于所引起的支出,可以增加企业的盈利,则这项行动在经济上是可取的。

申良公司目前正在运用管理会计对某新产品进行分析。预计新产品销售数量为1 000件,每件100元,销售收入为100 000元;销售成本中变动成本每件60元,变动成本总额为60 000元;固定成本为20 000元;全部固定销售和管理费为10 000元。

如果上述销量、单价、单位变动成本、固定成本诸因素中的一项或多项同时变动,就会对利润产生影响。

(1) 单一因素发生变化的分析

当外界某一因素发生变化时,企业需要测定其对利润的影响,预计未来期间的利润。本例中,由于原材料涨价,使新产品的单位变动成本上升到70元,利润将变为:

(变动前)利润＝销售收入－变动成本－固定成本
＝1 000×100－1 000×60－(20 000＋10 000)＝10 000(元)

(变动后)利润＝1 000×100－1 000×70－(20 000＋10 000)＝0(元)

单位变动成本上升10元,使企业的最终利润减少10 000元。企业应根据这种预见到的变化,采取措施,设法抵消这种影响。

如果价格、固定成本或销量发生变动,也可以用同样的方法测定其对利润的影响。

假设拟采取更有效的广告方式,从而使销量增加10%,利润将因此变为:

利润＝1 000×(1＋10%)×100－1 000×(1＋10%)×60－(20 000＋10 000)
＝14 000(元)

这项措施将使企业利润增加4 000元,它是增加广告开支的上限。如果广告宣传的支出超过4 000元,就可能得不偿失。

如果企业通过实施一项技术培训计划以提高工效,使单位变动成本由目前的60元降至57.5元,利润将因此变为:

利润＝1 000×100－1 000×57.5－(20 000＋10 000)＝12 500(元)

这项措施的实施将使企业利润增加2 500元,它是培训计划开支的上限。如果培训计划的开支不超过2 500元,则可从当年新增利润中得到补偿,并可获得长期收益;如果开支超过2 500元,则要慎重考虑这项计划是否真的具有意义。

(2) 多项因素发生关联变化的分析

由于外界因素变化或企业拟采取某项行动,有关因素发生相互关联的影响,企业需要分析其引起的利润变动,以便选择较好的方案。

假设上例中申良公司预计增加职工工资,使单位变动成本增加4%,此外,预计固定成本增加1%,结果会导致利润下降。有关部门提出了抵消以上影响的两个应对方案:一是提高销售价格5%,但提价会使销量减少10%;二是增加产量20%,为使这些产品能销售出去,需要追加5 000元广告费。

调整工资后不采取任何措施的利润如下:

利润＝1 000×[100－60×(1＋4%)]－(20 000＋10 000)×(1＋1%)＝7 300(元)

采取第一种方案的预计利润如下:

利润＝1 000×(1－10%)×[100×(1＋5%)－60×(1＋4%)]－(20 000＋10 000)×(1＋1%)＝8 040(元)

采取第二种方案的预计利润如下:

利润＝1 000×(1＋20%)×[100－60×(1＋4%)]－[(20 000＋10 000)×(1＋1%)＋5 000]＝9 820(元)

经分析比较可知,第二个方案较好。

6.3.7 分析实现目标利润的因素变动情况

(1) 采取单项措施分析目标利润的变动条件

沿用上例,假设申良公司要求目标利润增加50%,即达到15 000元,则可以从以下几个方面着手采取相应的措施:

一是减少固定成本。减少固定成本可使利润增加。现在的问题是确定需减少多少固定成本才能使原来的利润增加50%,达到15 000元。

现将固定成本(a)作为未知数,目标利润15 000元作为已知数,其他因素不变,代入本量利关系方程式:

15 000＝1 000×100－1 000×60－a

a＝25 000(元)

计算分析表明,如果其他条件不变,固定成本从 30 000 元减少到 25 000 元,降低 16.7%,可保证实现目标利润。

二是减少变动成本。将单位变动成本(b)作为未知数代入本量利关系方程式:

15 000＝1 000×100－1 000×b－30 000

b＝55(元)

计算分析表明,如果其他条件不变,单位变动成本从 60 元降低到 55 元,减少 8.3%,可保证实现目标利润。

三是提高售价。将单位产品的售价(P)作为未知数代入本量利关系方程式:

15 000＝1 000×P－1 000×60－30 000

P＝105(元)

计算分析表明,如果其他条件不变,单位产品的售价从 100 元提高到 105 元,提高 5%,可保证实现目标利润。

四是增加产销量。将产销数量(x)作为未知数代入本量利关系方程式:

15 000＝x×100－x×60－30 000

x＝1 125(件)

计算分析表明,如果其他条件不变,产销量从 1 000 件增加到 1 125 件,增加 12.5%,可保证实现目标利润。

(2) 采取多项措施分析实现目标利润的变动条件

影响利润的诸多因素可能是相互关联的。为了提高产量,往往需要增加固定成本,与此同时,为了把产品顺利地销售出去,有时又需要降低售价或增加广告费等固定成本。所以,企业很少采取单项措施来提高利润,大多采取多项或综合措施以实现利润目标,这就需要进行综合计算分析和平衡。

假设上例中申良公司有剩余的生产能力,可以进一步增加产量,但由于售价偏高,使销路受到限制。为了打开销路,公司拟降价 10%,采取薄利多销的方式,争取实现利润 15 000 元的目标,要求计算分析降价后实现目标利润所需的销售量。

$$销售量 = \frac{固定成本 + 目标利润}{单位边际贡献}$$

$$= \frac{20\ 000 + 10\ 000 + 15\ 000}{100 \times (1 - 10\%) - 60}$$

$$= 1\ 500(件)$$

假设销售部门认为，上述1 500件销量是达不到的，降价10%后只能使销量增至1 300件。为此，需要在降低单位变动成本上挖潜。

$$单位变动成本 = \frac{单价 \times 销量 - (固定成本 + 目标利润)}{销量}$$

$$= \frac{100 \times (1-10\%) \times 1\,300 - (30\,000 + 15\,000)}{1\,300}$$

$$= 55.38(元)$$

如果生产部门认为，通过降低原材料和人工成本，这个目标是可以实现的，则预定的利润目标可以落实；否则，还要寻找进一步增收节支的办法，重新分析计算并分别落实，或者考虑修改目标利润。

6.3.8 本量利敏感分析

本量利关系的敏感分析主要研究与分析有关的参数发生多大变化会使盈利转为亏损，各参数变化对利润变化的影响程度，以及各因素变动时如何调整销量以保证原目标利润的实现等问题。

申良公司下属某单位只生产一种产品，单价为20元，单位变动成本为12元，预计明年该产品的固定成本为40 000元，产销量计划达10 000件。

预计明年的利润 = 10 000 × (20-12) - 40 000 = 40 000(元)

单价、单位变动成本、产销量和固定成本的变化会影响利润。这种变化达到一定程度会使企业利润消失，进入盈亏临界状态，使企业的经营状况发生质变。敏感分析的目的之一就是提供能引起目标发生质变的各参数变化的界限，其方法称为最大最小法。

一是单价的最小值。单价下降会使利润下降，下降到一定程度，利润将变为0，它是企业能忍受的单价最小值。

设单价为 P：

10 000 × (P - 12) - 40 000 = 0

P = 16(元)

单价降至16元，即降低20%时，企业由盈利转为亏损。

二是单位变动成本的最大值。单位变动成本上升会使利润下降，并逐渐趋近0，此时，单位变动成本是企业能忍受的最大值。设单位变动成本为 b，由此可得：

10 000 × (20 - b) - 40 000 = 0

$b=16$（元）

单位变动成本由 12 元上升至 16 元时，企业的利润由 40 000 元降至 0。此时，单位变动成本上升了 33.3%。

三是固定成本最大值。固定成本上升会使利润下降，并趋近 0。设固定成本为 a，由此可得：

$10\,000×(20-12)-a=0$

$a=80\,000$（元）

固定成本增至 80 000 元时，企业由盈利转为亏损，此时固定成本增加了 100%。

四是销售量最小值。销售量最小值是指使利润为 0 的销售量，即盈亏临界点销售量。设销售量为 x，由此可得：

$$x=\frac{40\,000}{20-12}=5\,000（件）$$

销售计划如果只完成 50%，则利润为 0。

6.4 智谋盈利能力

6.4.1 收益效能与盈利能力指标

企业经营的可持续性大多是以盈利能力的可持续性为基础的，即使是流动性的可持续性在很大程度上也是取决于盈利能力的水平，所以，将收益效能分析作为财务分析的重点关注内容是有道理的。

利润虽然具有不同的计算口径，但都是企业在经营活动中运用其所支配的经济资源赚取的，所以作为综合体现营运能力、收现能力、降本增效能力的盈利能力，侧重于投入产出效益的报告，集中反映企业运作资产、资本的最终成果。由于影响盈利能力的因素较多，因此，反映盈利能力的指标也较多，包括生产经营获利能力、资产营运获利能力、投资获利能力等。企业通过计算分析反映盈利能力的指标可以知晓其盈利水平和持续程度等。

2015 年至 2019 年，全国中型企业反映盈利能力状况指标的平均值汇总如表 6.6 所示。近 5 年来，除销售（营业）利润率外，我国中型企业的盈利能力指标呈现波动向上的走势。

表 6.6　　　　　衡量中型企业盈利能力相关绩效指标的平均值

盈利能力指标	2015 年	2016 年	2017 年	2018 年	2019 年
净资产收益率(%)	4.6	4.4	4.9	5.1	5.2
总资产报酬率(%)	2.6	2.4	2.8	2.8	3.1
销售(营业)利润率(%)	8.8	9.3	10.3	6.2	6.2
成本费用利润率(%)	4.3	4.4	3.7	4.8	5.0
资本收益率(%)	5.0	4.7	5.2	5.5	5.7

反映 2019 年度中型企业盈利能力状况的绩效评价标准值的分布情况如表 6.7 所示。

表 6.7　　　　　2019 年中型企业盈利能力状况指标评价标准值

盈利能力指标	优秀值	良好值	平均值	较低值	较差值
净资产收益率(%)	11.7	9.1	5.2	1.7	−8.7
总资产报酬率(%)	7.4	5.2	3.1	−1.4	−6.1
销售(营业)利润率(%)	20.3	13.5	6.2	−1.0	−7.7
成本费用利润率(%)	13.1	9.3	5.0	0.2	−8.1
资本收益率(%)	13.4	9.6	5.7	−1.6	−10.2

6.4.2　营业毛利率分析

营业收入的多少不能用以衡量企业盈利能力的大小,因为营业收入中包括营业成本。营业收入扣除营业成本之后形成营业毛利。毛利空间越大,企业营业获利的能力就越强。

营业毛利率(简称毛利率)是营业毛利额(简称毛利)与营业净收入的比率,用以反映企业每 1 元营业收入中含有多少毛利额,可以直接衡量企业的核心获利能力,是反映企业产品市场竞争能力的重要指标,最终体现企业的行业特征和经营能力。毛利率高,企业产品的盈利能力就强。如果毛利率持续下降,应该引起充分重视,及时找出下降的原因并予以制止。其计算公式如下:

$$营业毛利率 = \frac{营业收入 - 营业成本}{营业收入} \times 100\%$$

申良公司 2019 年度与 2018 年度有关营业毛利率的对比数据如表 6.8 所示。

表 6.8　　　　　　　　　　　毛利指标对比分析表

项　目	2019 年度	2018 年度	差异额	差异率
营业收入(万元)	7 237.35	8 430.89	1 193.54	16.49%
减：营业成本(万元)	5 407.54	6 638.30	1 230.76	22.76%
营业毛利额(万元)	1 829.81	1 792.59	−37.22	−2.03%
营业毛利率(%)	25.28	21.26	−4.02	−15.90%

在竞争的市场中,营业毛利的高低主要取决于营业收入(单位售价)和营业成本(单位成本)的双重挤压,可以对此展开因素分析。

营业收入主要是指销售商品(或产成品、材料)取得的收入,其数额的大小受销售数量、价格和品种等诸多因素的影响。

营业成本主要是指所销售商品的成本和所提供劳务的成本,一般由直接材料、直接人工、制造费用等构成。

在同行之间,如果原材料消耗、生产设备及工资支出大体一致,营业成本比率(营业成本比率=营业成本÷营业收入×100%)可能最具有可比性,发生在这一指标上的差异可以说明各企业之间在资源优势、区位优势、技术优势及劳动生产率等方面的状况。那些营业成本比率较低的同行往往存在某种优势,这些优势也造成了盈利能力上的差异;相反,那些营业成本比率较高的同行,在盈利能力方面就不免处于劣势。

按照绝对数比较,申良公司 2019 年度营业毛利比 2018 年度减少了 37.22 万元,原因是 2019 年度营业成本比 2018 年度增加了 1 230.76 万元,大于营业收入增加的金额。

相对数分析可以将不同时期的相对数直接进行比较。2019 年度申良公司的营业毛利率为 21.26%,比 2018 年的营业毛利率下降了 4.02 个百分点,下降率为 15.90%,说明其核心业务受到了严峻的挑战。究其原因,一方面是由于产品能级不高,竞争的结果导致销售单价下降;另一方面是成本上升趋势明显。这些都是导致申良公司 2019 年营业毛利减少的主要原因。

表 6.8 的对比数据清晰地反映了营业毛利额和营业毛利率增减变动的原因,如采用直方图(如图 6.6 所示)将连续多年的毛利加以对比能更直观地看出,由于营业收入上升的幅度小于营业成本上升的幅度,因此申良公司的营业毛利率连年直线下降。建议申良公司经营管理的重点应当立足于产品的创新转型,在不断增

加营业收入的同时,努力提高产品的能级,不断降低成本费用,促使其获得更多营业毛利,这才是经营之本和创利之源。

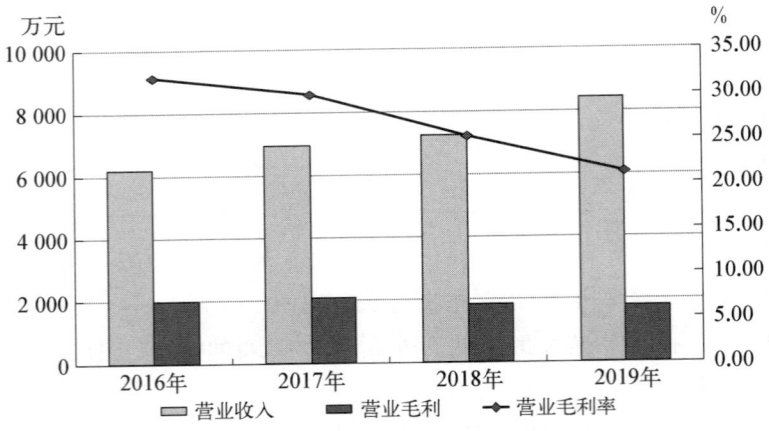

图 6.6 营业收入、营业毛利、营业毛利率趋势分析

联系第 4 章表 4.6,对申良公司三种具有代表性的产品进行毛利率分析后可以看出:① 甲产品由于不适销对路且库存量大,毛利率从 2018 年的 13.79% 下降为 2019 年的 7.41%;② 乙产品产销基本平衡,在成本略有下降的情况下,毛利率从 2018 年的 16.67% 上升为 2019 年的 17.50%,但销量不大;③ 新产品丙的毛利率高达 28.57%,受到市场追捧,但刚进入市场不久。由于产销多年的甲产品占销售量的比重较高,因此最终拖累申良公司整体经济效益下降,这是导致申良公司整体毛利率下降最主要的原因。产品更新是企业之本,由此说明了淘汰落后产品、加快转型创新对企业发展的极端重要性。

通常,企业的营业毛利率越大,盈利能力越强,产品在市场上的竞争能力也就越强。但绝对不能简单地认为本期的营业毛利率比上期低就一定不好。因为如果企业采取薄利多销的经营政策,适度降低产品的销售价格,使企业的销售规模不断上升,会使企业的利润总额有较大幅度的提高,并且扩大了企业产品的市场占有率。但如果企业并未采用薄利多销政策,其营业毛利率却持续下降,这应该引起充分重视,及时寻找下降的原因并予以制止。

应当十分关注毛利率畸高且资金周转缓慢的异常情况。其造假的基本轨迹是:利润表中毛利虚增导致资产负债表虚增资产、虚减负债或虚减权益等。其中,营业收入、应收账款、存货、现金流等往往是造假的"重灾区"。分析者因此可以从这些"重灾区"的科目入手,分析这些数据的异动背后可能存在的问题,尤其关注新增客户、新增订单的合理性以及由此带来业务增量的可信程度。

老法师提醒6.1 │ **请特别关注"异常毛利率"现象**

为什么一家企业的毛利率会大幅高于同行业平均水平？为什么某一年度或季度的毛利率突然大幅上涨且波动异常？为什么毛利率升高的同时应收账款增加、应付账款减少、存货周转缓慢？……"异常毛利率"正在成为财务"爆雷"的"重灾区"，也是发现财务舞弊的重要信号或线索。

毛利率分析一定要基于行业，因为不同行业的毛利率差异较大。高科技行业的毛利率非常高，但对应的研发投入也非常大。通常，高周转率的行业毛利率较低，低周转率的行业毛利率较高。观察行业平均值大致可以找到相应的认知规律，超过行业极限的数据就违背常识了。

毛利率高的产品具有成本低、售价高、产品结构优化等优势，理应具有较强的市场竞争力，产品应该更紧俏，面对下游客户的控制力应更强，其存货及应收款的周转效率一般较高。毛利率连续多年提升且存货周转率连续多年下降的报表值得怀疑。如果相关数据相互背离、无法印证，财务舞弊就是大概率事件了，应当顺藤摸瓜，追本溯源。

6.4.3 销售（营业）利润率分析

销售（营业）利润率指标是企业的营业利润与营业收入的比率。该比率越大，说明企业销售的盈利能力越强，也说明每1元营业收入能为企业带来更多营业利润。其计算公式如下：

$$销售（营业）利润率 = \frac{营业利润}{营业收入} \times 100\%$$

该比率越高，表明企业的经营业务为社会创造的价值越多、贡献越大，也反映企业在增产增销的同时，为企业多创造了营业利润。

根据表2.3提供的资料，申良公司2019年的营业利润率计算如下：

$$销售（营业）利润率 = \frac{627.25}{8\,430.89} \times 100\% = 7.44\%$$

申良公司2019年的营业利润率为7.44%，比2018年的10.52%下降了3.08个百分点，略高于绩效评价平均标准值。

通常，销售（营业）利润占全部利润的比重高，说明企业能突出经营业务，集中力量抓经营业务，收益发展前景良好。所以，销售（营业）利润率是评价企业盈利能力的重要指标。近5年来，该指标的中型企业评价标准值情况如表6.9所示，呈现逐年下降的态势。

表 6.9　　　　中型企业销售(营业)利润率评价值汇总对比一览表

年度与指标	优秀值	良好值	平均值	较低值	较差值
2015 年销售(营业)利润率	22.6	15.9	8.8	1.8	−5.0
2016 年销售(营业)利润率	23.9	16.8	9.3	1.9	−4.7
2017 年销售(营业)利润率	24.0	17.3	10.3	3.3	−3.5
2018 年销售(营业)利润率	20.2	13.4	6.2	0.9	−7.7
2019 年销售(营业)利润率	20.3	13.5	6.2	−1.0	−7.7

影响销售(营业)利润率指标增减变动的因素包括销售数量、单位产品平均售价、单位产品制造成本、相关费用等。

营业利润还需要扣除期间费用。影响期间费用的因素很多,如固定资产折旧政策或存货计价方法变更、不恰当地将本期发生的广告费用计入长期待摊费用、某些费用被挂账或被隐匿、财务费用不恰当地被资本化等。

营业利润还包括各种非经常或非经营性损益,如投资净损益、公允价值变动损益、资产处置损益、资产减值损失等。非经常或非经营性损益一般属于偶发性因素,不具有可持续性。

营业利润取自利润表,包括主营业务利润和其他业务利润。当企业没有其他业务利润时,或重点考评主营业务利润时,主营业务利润就是营业利润。

会计上应当分别核算主营业务收入和其他业务收入、主营业务成本和其他业务成本,从而分别核算主营业务利润和其他业务利润。

主营业务利润率是指企业一定时期主营业务利润与主营业务收入净额的比率,表明每单位主营业务收入能带来多少主营业务利润,反映了主营业务的获利能力,是评价企业经营效益的主要指标。其计算公式如下：

$$主营业务利润率 = \frac{主营业务利润}{主营业务收入} \times 100\%$$

提高主营业务利润率应当是产品核心竞争能力优势的体现,是企业面对市场创新发展、转型升级的优秀表现,但这绝不是靠"做账"做出来的。所以,应当关注主营业务利润率水平是否明显偏离行业公允水平,存货和应收账款的周转率及其现金的流动性是否对利润的增长构成支撑等。例如,红光实业 1995 年的主营业务利润率高达 118%,但同期存货周转率却明显低于行业水平,1996 年年末存货总额甚至同比增长了 110%。该公司最终被曝光财务造假而受到重罚。

专题讨论 6.2 | **主营业务利润增减变动情况的因素分析**

不少企业是以考核利润指标为主的。利润分析一般是根据实际和计划(预算)资料,对利润总额及其构成项目先进行对比分析,并在了解利润计划完成情况的基础上进行因素分析,寻找其增减变动的原因,确定改进工作的方向。

主营业务利润(销售利润)是企业基本生产经营的财务成果,是利润总额的主要组成部分,它的完成情况直接关系到企业的利润计划能否完成以及完成的好坏,是利润分析的重点。单一产品销售利润的多少受销售数量、销售单价、销售成本、销售费用和税率(价内税)的影响。在生产多种产品的企业中,主营业务利润的多少还受到销售结构变动的影响。销售结构是指各种主营业务收入占全部主营业务收入的比重。由于各种产品的单位售价不同,单位销售税金(指价内税)和销售成本不同,因而产品的销售利润水平也不同。只要销售结构发生变化,主营业务利润就会随之发生变化。[①]

6.4.4 营业净利润率分析

营业净利润率指标反映了企业营业收入最终获取净利润(税后利润)的能力,计算公式如下:

$$营业净利润率 = \frac{净利润}{营业收入} \times 100\%$$

根据表 2.3 提供的资料,申良公司 2019 年的营业净利润率计算如下:

$$营业净利润率 = \frac{616.4}{8\,430.89} \times 100\% = 7.31\%$$

经分析,申良公司 2019 年的营业净利润率为 7.31%,比 2018 年的 11.37% 下降了 4.06 个百分点。

通常,营业净利润率指标越大,说明企业的盈利能力越强。一家企业如果能保持持续增长的营业净利润率,该企业的财务状况就是好的,但并不能绝对地讲营业净利润率越大越好,还必须看企业的销售增长情况和净利润的变动情况。如果企业放弃销售规模和市场占有率,一味提高销售价格,也可能用较少的销售额换来较高的营业净利润率,但这会导致企业缺乏发展价值和可持续增长的潜力。相反,企业为了扩大产品销量和增加其市场占有份额而主动降低售价,增强产品市场竞争能力,因此而使营业净利润率有适度下降,这是企业经营和财务政策调整的结果,

---

① 详见李敏主编的《财务分析与报表解读》,上海财经大学出版社出版。

并不一定会使财务状况不佳。

上述营业净利润率公式的分子也可按照需要改为息税前利润（净利润＋所得税＋利息支出）或息税折旧摊销前利润（息税前利润＋折旧费用＋摊销费用）。

老法师提醒 6.2 ｜ 利润并不一定都是经营业绩

凡是毛利率很高而净利率很低的企业，除了应关注其毛利率是否异常之外，还要关注为什么会被拔去了这么多的"毛"？

反过来，毛利低、净利高，之间的差量很可能包含非经营利润或非经常性利润，甚至含有持有利润或"空头利润"等。从衡量企业的盈利能力来看，营业净利润率并不一定比主营业务利润率（或营业利润率）有效，因为净利润不但包含销售业务创造的利润，而且包含各项非正常经营业务所造成的损益，如营业外收入、补贴收入等偶然性和非正常性因素，这些因素往往较容易被操纵，且不够稳定，使营业净利润率的可比性较差。

以营业收入为基础的获利能力指标也不是典型的投入产出分析，而是属于产出与产出之间的比较分析。较高的营业净利润率完全可能是依靠巨额资产和大量投资来维持的，因而要深入分析成本费用利润率、资产利用效益和资本报酬水平，才能辨明企业获利能力的强弱。

6.4.5　成本费用利润率分析

成本费用利润率是指企业利润总额与成本费用总额（营业成本＋税金及附加＋销售费用＋管理费用＋研发费用＋财务费用）的比率，是反映企业生产经营过程中发生的耗费与获得的收益之间关系的指标，计算公式如下：

$$成本费用利润率 = \frac{利润总额}{成本费用总额} \times 100\%$$

成本费用利润率是一个能直接反映增收节支、增产节约效益的指标。该比率越高，表明企业耗费所取得的收益越高。企业销售增加和成本费用开支节约都能促使该比率提高。

根据表 2.3 提供的资料，申良公司 2019 年的成本费用利润率计算如下：

$$成本费用利润率 = \frac{713.68}{6\,638.30 + 84.30 + 482.32 + 716.01 + 168.62 + 108.95} \times 100\%$$
$$= 8.71\%$$

成本费用利润率是评价企业投入产出能力的重要财务指标。近5年来,该指标的中型企业评价标准值情况如表6.10所示。经分析,申良公司2019年度的成本费用利润率为8.71%,比2018年的13.19%下降了4.48个百分点,说明其投入产出的效益明显下降,但高于2019年绩效评价平均值,接近良好值。

表6.10　　　　中型企业成本费用利润率评价值汇总对比一览表

年度与指标	优秀值	良好值	平均值	较低值	较差值
2015年成本费用利润率	12.3	8.5	4.3	−0.4	−8.9
2016年成本费用利润率	12.6	8.7	4.4	−0.4	−8.7
2017年成本费用利润率	11.9	8.0	3.7	−1.0	−9.4
2018年成本费用利润率	12.9	9.0	4.8	0.1	−8.4
2019年成本费用利润率	13.1	9.3	5.0	0.2	−8.1

辛勤耕耘是为了有所收获。成本费用是资产的耗费,是投入量指标,而利润是经营所得,是产出量指标,两者相比说明了企业每1元成本费用的耗用能为其创造多大的收益。一般来说,该指标越大越好,反映了企业能用较少的成本费用获取较多的利润收益。该比率的高低也是评价企业是否具有较强市场竞争能力的关键,因为没有成本费用控制能力的企业是缺乏市场竞争能力的。

成本费用利润率指标说明了本期投入成本与获取利润之间的关系,但本期成本的盈利能力是否比上期有所提高,还要与上期的成本利润率进行比较后才能做出判断。为了了解本企业成本利用水平在同行业中所处的位置,还要与同行业的平均水平和先进水平进行比较。但这种分析只能了解成本利润率的变化程度,而不能了解企业投入成本变动与利润增长变动之间的对应关系,为此还需要计算分析成本利润变动的相关系数。其计算公式如下:

$$成本利润变动相关系数 = \frac{利润增长率}{成本增长率}$$

根据表2.3提供的资料,申良公司2019年的成本利润变动相关系数计算如下:

$$成本利润变动相关系数 = \frac{(713.68 - 910.01) \div 910.01}{(6\,638.3 - 5\,407.54) \div 5\,407.54} = -0.95$$

该系数表明,按申良公司目前的资产结构和经营管理水平,利润的下降幅度是成本增长幅度的−0.95倍,即成本增长1倍,相应的利润就减少0.95倍,说明本期投入产出的经济效益不佳,成本费用管理水平有待提高。

6.4.6 总资产利润率分析

总资产利润率是利润总额与平均资产总额的比率,是反映企业资产综合利用效果的指标,也是衡量企业利用债权人和所有者权益总额所取得盈利的重要指标。根据表 2.1 和表 2.3 提供的资料,总资产利润率的计算公式与计算结果如下:

$$总资产利润率 = \frac{利润总额}{总资产平均余额} \times 100\%$$

$$= \frac{713.68}{(15\,470.52 + 15\,712) \div 2} \times 100\%$$

$$= 4.58\%$$

总资产利润率是按照税前利润计算的,而按照税后口径计算的指标被称为总资产净利润率,其计算公式与计算结果如下:

$$总资产净利润率 = \frac{净利润}{总资产平均余额} \times 100\%$$

$$= \frac{616.40}{(15\,470.52 + 15\,712) \div 2} \times 100\%$$

$$= 3.95\%$$

净利润中包含非经常性损益,如申良公司 2019 年度收到的一次性政府补助,应还原为税后收益,即 $105.52 \times (1-25\%) = 79.14$(万元)。扣除非经常性损益后计算的经常性总资产收益率指标更加谨慎,其计算公式与计算结果如下:

$$经常性总资产收益率 = \frac{扣除非经常性损益后的净利润}{总资产平均余额} \times 100\%$$

$$= \frac{616.40 - 105.52 \times (1-25\%)}{(15\,470.52 + 15\,712) \div 2} \times 100\%$$

$$= 3.45\%$$

上述三个比率指标越高,表明企业资产的利用效益越好,获利能力越强,资产管理水平越高。

申良公司 2019 年的总资产利润率为 4.58%,比 2018 年的 6% 下降了 1.42 个百分点,是由多种原因引起的,可将该指标在进一步分解的基础上寻找引起变化的诸多因素。

第一步:由于总资产利润率是分子与分母相除的商,因此,影响该指标增减变

第 6 章
经营业绩与盈利效能

动的因素可以分解为利润总额和总资产平均余额两个方面。总资产利润率与利润总额成正比,与资产平均余额成反比。申良公司在资产扩张的同时,利润却下降了。一个比率指标的分子减少而分母增大,势必导致该比率指标下降,可在此基础上进一步探求其增减变动的原因。

第二步:由于总资产主要包括流动资产和固定资产两个方面,因此,探求总资产利润率增减变动的原因可以进一步分析流动资产利润率和固定资产利润率两个指标。其中:

流动资产利润率是企业一定时期的利润总额与流动资产平均占用额的比率,它综合反映流动资产的利用效益。流动资产周转越快,流动资产利用水平越高就越好,其计算公式和常见的分解如下:

$$流动资产利润率 = \frac{利润总额}{流动资产平均占用额} \times 100\%$$

$$= \frac{营业收入}{流动资产平均占用额} \times \frac{利润总额}{营业收入}$$

从上述分解可知,流动资产利润率受流动资产周转率和营业利润率的影响。在营业利润率不变的情况下,流动资产周转速度越快,流动资产的获利能力就越强。同样,在流动资产周转速度稳定的情况下,营业利润率水平越高,运用同样的流动资产就能获得更多收益。

固定资产利润率指标反映了企业一定时期利润总额与固定资产平均占用额的比率关系,体现固定资产综合利用水平。该指标越大,通常说明企业固定资产的利用水平越高,固定资产有较强的盈利能力,也说明固定资产周转较快。其计算公式和常见的分解方式如下:

$$固定资产利润率 = \frac{利润总额}{固定资产平均占用额} \times 100\%$$

$$固定资产利润率 = \frac{利润总额}{营业收入} \times \frac{营业收入}{工业总产值} \times \frac{工业总产值}{固定资产平均占用额}$$

经过分解发现,固定资产利润率受多种因素的影响,如营业利润率、产值收入率和固定资产产值率等。在其他因素基本稳定的情况下,如果其中某一个或几个因素有所改善,就会使固定资产利用水平有所提高。

此外,也可以将总资产利润率分解为营业利润率×总资产周转率,或营业利润率×产值销售率×资金产值率等。

6.4.7 总资产报酬率分析

总资产报酬率是指企业一定时期获得的报酬总额(包括利润与利息费用)与资产平均总额(包括净资产和负债)的比率,用以评价经营者运作全部资产的总报酬能力(水平),是评价企业全部资产运营效益或资产回报能力的综合性指标。其计算公式如下:

$$总资产报酬率 = \frac{息税前利润}{资产平均占用额} \times 100\%$$

总资产报酬率的分子采用息税前利润,即全部资产的投资回报,全面反映企业获取报酬的能力和投入产出状况,适用于企业不同时期和与其他企业的比较。不同时期和不同企业的资本结构虽然是不同的,但有息负债高则利息多,有息负债低则利息少,而利息也是要通过盈利来补偿的。

根据表 2.1 和表 2.3 提供的资料,申良公司 2019 年的总资产报酬率的计算如下:

$$总资产报酬率 = \frac{713.68 + 120.95}{(15\ 470.52 + 15\ 712) \div 2} \times 100\% = 5.35\%$$

经比对,申良公司 2019 年总资产报酬率超过全国中型企业绩效评价良好值 5.20%。该指标越高,表明企业全部资产的使用效益越好,企业的回报能力越强。利润是对投资人(净资产)的贡献,利息费用是对债权人(负债)的贡献。息税前利润是指剔除利息支出前的利润,如果企业有大量银行存款,财务费用就会出现负值,但这又不是经营收入,所以在计算企业实际经营利润时将其剔除。当利润总额与利息费用都是正数时,说明对投资人和债权人都有回报;当息税前利润为正数,而其中利息大于亏损,说明剔除利息后,经营已经亏损了。

总资产报酬率还是一个约束性指标,要求大于有息负债平均资本成本,详见第 5 章的相关介绍。

6.4.8 净资产收益率分析

净资产收益率(ROE)又称股东权益报酬率/净值报酬率/权益报酬率/权益利润率/净资产利润率,是企业净利润与净资产(所有者权益)的比率,反映股东权益的收益水平,用以衡量企业运用自有资本的效率和投资者的回报。其计算公式如下:

$$净资产收益率 = \frac{净利润}{(期初所有者权益 + 期末所有者权益) \div 2} \times 100\%$$

净资产收益率的高低反映资本获取收益能力的强弱和运营效益的好坏。该指标是一个具有约束性的财务指标,应当大于或等于投资要求的最低报酬率,否则投资没有经济意义,详见第8章经济增加值分析的说明。

净资产收益率历来受到高度重视,被称为盈利能力的核心指标或财务指标中最综合的指标。近5年来,中型企业该指标的评价标准值分布情况如表6.11所示,呈现逐年上升态势。

表6.11　　　　　中型企业净资产收益率评价值汇总对比一览表

年度与指标	优秀值	良好值	平均值	较低值	较差值
2015年净资产收益率	11.3	8.5	4.6	−0.9	−9.2
2016年净资产收益率	10.8	8.2	4.4	−0.9	−9.6
2017年净资产收益率	11.5	8.8	4.9	−0.6	−9.0
2018年净资产收益率	11.7	9.0	5.1	1.7	−8.8
2019年净资产收益率	11.7	9.1	5.2	1.7	−8.7

根据表2.1和表2.3提供的资料,申良公司2019年的净资产收益率计算如下:

$$净资产收益率 = \frac{616.40}{(10\,363.55 + 10\,979.95) \div 2} \times 100\% = 5.78\%$$

经分析,申良公司2019年的净资产收益率为5.78%,介于绩效评价平均值与良好值之间,比2018年的8.27%下降了2.49个百分点,下降率为30.11%。

净资产收益率与净利润成正比,与净资产成反比,其增减变动受多重因素的影响,其综合分析与因素分析详见第9章杜邦财务分析体系法的介绍。

净资产收益率是国内证券市场上使用频率最高的一个财务比率,被视为衡量上市公司首发、增发、配股资格的主要指标之一。如果净资产收益率能在一段较长时间内保持持续增长,就说明资本盈利能力在稳定上升,企业的股票市价可能会上扬。如果在企业净资产收益率上升的同时,财务风险没有增长,就能够更好地说明企业的财务状况是良好的。

专题讨论6.3 | 净资产收益率越高越好吗?

企业的收益最终归属于投资人,净资产收益率的高低直接关系到投资者的收益。只有当净资产收益率大于投资者的必要报酬率时,这项投资才是有利可图的,或者说是有价值的,从这个角度来分析,净资产收益率应当越高越好。

但假如一家企业过度使用财务杠杆,资产占用规模因负债而扩张,获得的收益是建立在负债过度基础上的,可持续性就极差,一旦市场情况发生变化,就很难继续增加负债来维持正常经营,相反,发生资产减值的可能性极大。

做财务分析,不能单看谁的净资产收益率高就认为谁好,还需要更细地研究毛利率、净利润、周转速度、财务杠杆,发现不同企业之间的差异,研究造成这些差异的原因,然后根据众多因素判断企业未来可能发生的变化情况。

此外,由于净利润包含非经常性损益,个别上市公司为了迷惑社会公众,或为了保牌或再融资而利用非经常性损益提升报表利润的案例屡见不鲜,因此,重要的不是净资产收益率,而是经常性净资产收益率(扣除非经常性损益后的净利润÷股东权益合计×100%)。

如果发生非经常性收益,就会导致企业经常性活动产生的净利润低于利润表所反映的当期净利润,从而在扣除非经常性损益后,企业的净资产收益率和每股收益等盈利指标小于按照当期净利润计算得出的结果;如果发生非经常性损失,则会导致企业经常性活动产生的净利润高于利润表所反映的当期净利润,企业的净资产收益率和每股收益等盈利指标高于按照当期净利润计算得出的结果。

净资产收益率在计算中还可以有一些变化,以满足不同分析目标的要求。例如,计算公式中的分母一般用全部权益资本,但有时也可用原始投入的"实收资本"来计算。究其原因:一是投资者更关心他们原始投资的获利能力,并且只有原始投资的份额才是分配净利的法定依据之一;二是若用全部权益资本计算,分子的净利润在部分内容上与分母是重叠的,因为权益资本中的盈余公积和未分配利润等本身就是净利润的一部分。所以,采用实收资本来计算该指标有其特殊意义。也有人主张分子应采用利润总额,而不应用净利润,认为净利润的大小可能会受税收政策的影响,在税制变动的时候,不同行业和不同时期的可比性可能较差,不能真正反映权益资本创造利润的能力等。

与净资产收益率近似的财务指标是资本收益率。资本收益率是指净利润与平均资本(即资本性投入及其资本溢价)的比率,用以反映企业运用资本获得收益的能力。

$$平均资本 = \frac{年初实收资本 + 年初资本公积 + 年末实收资本 + 年末资本公积}{2}$$

资本收益率越高,说明企业自有投资的经济效益越好,投资者的风险越小,值得继续投资;对股份有限公司来说,则意味着股票升值。

资本收益直接关系到投资者的利益,投资者最关心。观察资产负债表可以看出,申良公司 2019 年年末累计未分配利润为 2 347.78 万元,加上应付股利 653.29 万元,都归属于投资人。

净资产收益率和总资产报酬率是两个综合性很强的指标。一般来讲,总资产报酬率越高,净资产收益率也越高。净资产收益率变动的敏感程度比总资产报酬率强,因为当总资产报酬率大于负债利率时,超额利差的收益部分归投资者所有,会使净资产收益率有较大幅度的提高。两者的关系可用以下公式表示:

$$净资产收益率 = \left[总资产报酬率 + \frac{负债总额}{权益总额} \times (总资产报酬率 - 负债利率)\right] \times (1 - 企业所得税税率)$$

上述公式表明,影响净资产收益率的因素主要有三个:总资产报酬率、负债比率、总资产报酬率与负债利率之间利差的大小。当总资产报酬率大于负债利率时,适度负债会导致净资产收益率上升。所以,总资产报酬率对净资产收益率的影响最重要,它是净资产收益率的基础。企业应定期进行对比分析,了解这些指标的变化规律。还可以通过其相关系数指标做进一步分析,计算方法如下:

$$总资产报酬率与净资产收益率的相关系数 = \frac{净资产收益率增长率}{总资产报酬率增长率}$$

根据申良公司的有关分析资料,总资产报酬率与净资产收益率的相关系数计算如下:

$$总资产报酬率与净资产收益率的相关系数 = \frac{(5.78\% - 8.27\%) \div 8.27\%}{(5.28\% - 6.56\%) \div 6.56\%} = 1.54$$

该系数大于 1 是正常的,说明净资产收益率的增长幅度大于总资产报酬率的增长幅度。这时,如果总资产报酬率大于负债利率,企业适度增加负债比例就会使净资产收益率有较大幅度的增长。但该系数并非越大越好,因为该系数越大,说明负债程度越高,潜在的财务风险就越大。上述指标计算结果说明,在当前的资本结构下,如果总资产报酬率提高 1 倍,资本净利润率会相应提高 1.54 倍。

该系数小于1，说明本期的负债利率可能过高，甚至超过了企业的总资产报酬率，进一步追加负债只会使净资产收益率水平下降，应当予以关注。

综上所述，当企业以资本为基础，吸收一部分负债资金进行生产经营时，净资产收益率就会因财务杠杆原理的利用而得到提高，前提条件是企业的总资产报酬率大于负债利率。提高的利润部分虽然不是资本金直接带来的，但也可视为资本金有效利用的结果。它还表明企业经营者精明能干，善于利用他人资金为本企业增加盈利。反之，如果负债资金利息太高，使净资产收益率降低，则应视为财务杠杆原理利用不善的表现。

6.4.9 市场表现相关指标分析

股民关心上市公司的市场表现，通过分析反映市场表现的财务比率可以增强上市公司会计信息的透明度。一家上市公司要在证券交易市场上有良好的表现，并实现股东财富最大化的目标，最直接的途径就是使股票价值最大化。如果一家企业反映市场表现的指标急剧恶化，投资者对该企业就会丧失信心，企业将面临危机。

在评价上市公司的指标中，最重要的是每股收益、每股净资产和净资产收益率。其中，普通股每股净收益简称每股收益，是指股份公司本年盈余（净利润）与普通股流通股数的比值，是衡量上市公司盈利能力最常用的财务指标；每股净资产是期末净资产（股东权益）与发行在外的普通股股数的比率，反映每股股票的净资产价值，是判断企业内在价值最重要的参考指标之一；净资产收益率是企业税后利润除以所有者权益得到的百分比，用以衡量企业运用自有资本的效率。例如，某上市公司的税后利润为2亿元，净资产为15亿元，总股本为10亿股，每股收益为0.2元（2亿元÷10亿股），每股净资产值为1.5元（15亿元÷10亿股），净资产收益率为13.33%（2亿元÷15亿元×100%）。

每股股利是指股利总额与期末普通股股份总数之比，股利支付率是普通股每股股利与每股收益的比率，股票获利率是指每股股利与每股市价的比率，市盈率是普通股每股市价（指每股普通股在证券市场上的买卖价格）与每股收益的比率，市净率是每股市价与每股净值的比值。

———— **经典案例评析** ————

华为聚焦主业与竞争能力分析

审视企业的重要入口之一就是"做什么"与"不做什么"，以及"怎么做"与"做什么"是否相匹配等,从而研判企业能否可持续发展。

企业做什么,是指企业的业务类型、盈利模式、关键资源、与供应商的关系等是不是都集中在自身想做好又能够做好的业务上,以避免有限资源的无谓消耗。通常,企业应集中力量专攻某一领域的业务而不在非核心业务上多消磨。盈利质量应首先体现在核心业务中,业务品质高,盈利品质就高。所以,从企业做什么与不做什么中可以窥得企业盈利与生存发展的逻辑。

华为在成长道路上曾盲目跟随过西方公司,有过一些教训。所以,任正非多次提到,华为长期坚持的战略是基于"鲜花插在牛粪上"的战略,是从不离开传统去盲目创新,是基于原有的存在去开放、创新。鲜花长好后,又成为新的牛粪。"我从来不主张凭空创造出一个东西、好高骛远地去规划一个未来看不见的情景,我认为要踩在现有的基础上前进。……我们坚持在'牛粪'上长出'鲜花'来,那就是一步一步地延伸。我们以通信电源为起点,逐步扩展。我们不指望'天上掉下林妹妹'。"

华为产品的竞争能力之所以强盛,是因为其长期聚焦在核心产品上做足规模。华为的经验是,只有将产品做到业内数一数二,才能真正具有核心竞争力。而现在有些企业所面临的问题:一是业务太多元,好高骛远;二是产品太多太乱,心猿意马。

"我们坚持什么?""华为基本法"的第一条就是:为了使华为成为世界一流的设备供应商,我们将永不进入信息服务业。将核心产品做到世界第一,就是"聚焦"主业。华为在官网上声称:"华为30年坚持聚焦在主航道,抵制一切诱惑;坚持不走捷径,拒绝机会主义,踏踏实实,长期投入,厚积薄发;坚持以客户为中心,以奋斗者为本,长期艰苦奋斗,坚持自我批判。我们不会辜负时代慷慨赋予我们的历史性机遇,为构建万物互联的智能世界,一往无前。"

坚持聚焦主业就能不断提升核心竞争能力。任正非以为,"一个人一辈子能做成一件事已经很不简单。"他清楚地认识到"不是做什么事好、做什么事不好,关键在于有无核心竞争力。"30年来,华为在突出主业时心无旁骛,致力于把数字世界带入每个人、每个家庭、每个组织,构建万物互联的智能世界。不搞金融、不炒房地产的华为能够以实业发展至今,很大程度上得益于其一条路走到底的坚持。华为严格规定,决不进行金融投机,决不使用金融杠杆工具,即便未来可能达到五六万亿美元的资金流水。任正非说:"我只想做好我这块长板,然后再找别人的长板拼起来,这样就是一个高桶了。"

2019年对华为来说是极其不平凡的,在极为严苛的外部挑战下,取得经营业绩的数据摘要如下:

华为利润表分析摘要

单位：人民币百万元

项　　目	2019 年	2018 年	同比变动
销售收入	858 833	721 202	19.1%
销售毛利	322 689	278 171	16.0%
销售毛利率	37.6%	38.6%	−1.0%
期间费用	244 854	204 884	19.5%
期间费用率	28.5%	28.4%	0.1%
营业利润	77 835	73 287	6.2%
营业利润率	9.1%	10.2%	−1.1%
净利润	62 656	59 345	5.6%
销售净利润率	7.30%	8.23%	−0.93%

2019 年华为实现销售收入 8 588.33 亿元，比 2018 年增长 19.1%。在 2019 年如此严峻的形势下能够取得如此销售业绩难能可贵，但低于前 12 年平均增长速度 19.13%。从 2019 年的季度增速来看，华为的销售增长呈前高后低态势。受到被美国政府列入"实体清单"等影响，华为 2019 年上半年营收同比增长 23.2%；但下半年营收开始放缓，第四季度同比增长只有 7.7%。

华为的销售年年在增长，已连续多年在我国民营企业中排名第一，近 5 年的销售收入分别为 3 950 亿元、5 216 亿元、6 036 亿元、7 212 亿元和 8 588 亿元，增长率分别为 37.06%、32.04%、15.72%、19.48% 和 19.08%，年均复合增长率（CACR）为 21%。但其增长率却出现前高后低的态势。再放大些年份看，华为 12 年中销售环比增长最高峰在 2015 年和 2016 年，分别为 37.06% 和 32.04%，增长最低时期的 2012 年和 2013 年分别增长 7.98% 和 8.55%。

在华为 2019 年的销售收入结构中：消费者业务为 4 673 亿元，占比为 54.4%，增长为 34.0%；运营商业务为 2 967 亿元，占比为 34.5%，增长为 3.8%；企业业务为 897 亿元，占比为 10.4%，增长为 8.6%；而其他业务为 51.3 亿元，占比为 0.7%，增长为 30.6%。这些数据可以透视华为 2019 年业务分布与增长趋势等（见右图）。

企业不做什么不是指其没能力做什么，而

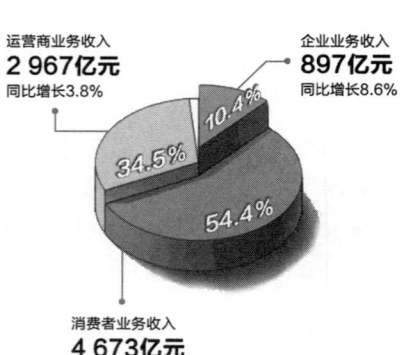

运营商业务收入 **2 967亿元** 同比增长3.8%
企业业务收入 **897亿元** 同比增长8.6%
消费者业务收入 **4 673亿元** 同比增长34.0%

华为收入分布图示

是指其能做但不去做，包括尽管现在没能力做但今后有能力了也不会去做的是什么，也就是其舍弃了什么，这反映企业的价值观。

有时候，选择不做什么比选择做什么更重要。专注意味着有所放弃和牺牲，大舍才能大得。1997年苹果公司接近破产时，把乔布斯请了回去。一回到苹果公司，乔布斯就传达了一个理念：决定不做什么跟决定做什么一样重要。乔布斯只用"专注"这一招杀手锏就让苹果从1997年亏损10.4亿美元变成1998年盈利3.09亿美元。

据报道，2019年一些大集团崩盘的最大元凶是"多元化扩张"，做了自己不应该做的事和做不好的事。一些企业采用"能吃就吃，能喝就喝"的发展模式，充满了盲目性、短期性，铺就的摊子不能长期发挥作用，却占据了有限的空间和宝贵的资金，最后成了"野草疯长、野兔出没"的地方。由于力量分散，甚至盲目进入自己不熟悉的领域，后果是"一年投资，二年支撑，三年破产"。

目前，不少企业尚处于"信息过剩"与"注意力稀缺"并存的状况。如何在"无限的信息"中攫取"有限的注意力"？"专注"很重要。越专注越专业，因为专注既有质量又有力量，是竞争制胜的重要法宝，只有专注才能解决用户的迫切需求，也只有专注才可能将产品做到极致，才能在产品制胜的年代获得并积累竞争优势。尤其在创业初期，做不到专注就难以生存！因为只有将有限的资源进行聚焦，才可能更加有效地解决问题。企业家应专注于他所熟悉或感兴趣的行业或领域，切忌好高骛远、三心二意、一无所长。

巴菲特把自己的成功归结为"专注"。专注不但是做事情成功的关键，也是健康心灵的一个特质。马云认为：企业也罢，人也罢，做到了一定程度，重要的不是把握机会的能力，而是拒绝机会的能力。勇于拒绝，聚精会神，让马云经营的品牌扬名四海。所以，请学会做一个潜心专注的创造者，心无旁骛做好主业，专心致志追求卓越。

第 7 章　流量平衡与收现效能

> 现金有流量，盈利有质量。只要兜里有钱，就能心中不慌。

7.1　洞悉收支结构

7.1.1　收支管理与现金流量

企业的现金流量就像人体中的血液。人体缺乏血液，机体会病变甚至死亡；企业缺乏现金流量，缺乏偿债能力，就会破产倒闭。在"现金为王"的时代，现金流量越来越受到人们的重视。

企业的各项收支业务活动导致现金发生了流入与流出，并由此产生管理现金的需求。现金流量管理应当从每一笔收支业务开始（如图 7.1 所示）。企业要保持稳定的发展，将财务风险控制在一定的范围内，就必须维持其合理、稳定的现金流量状态。

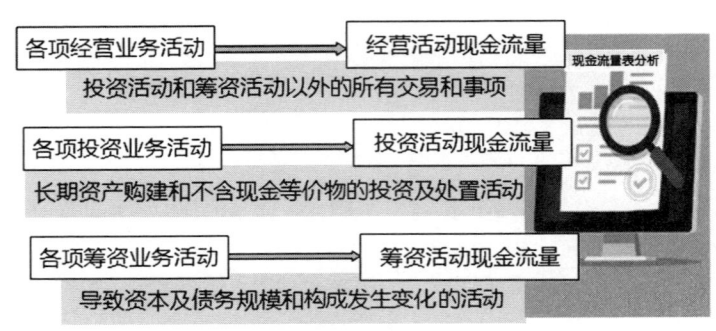

图 7.1　业务活动导致现金流动

现金流量是指企业在一定会计期间按照现金收付实现制计算的现金和现金等价物的流入与流出的数量。会计上采用三段式结构编制现金流量表,分别反映经营活动、投资活动、筹资活动现金流量的分布状态及其形成过程,其内容概括起来主要回答了以下三个问题:本期现金从何而来?本期现金用在何处?现金余额发生了什么变化?(如图7.2所示)。这三个部分相互关联又各具特点,分析时既要关注每类现金流的表象及反映的个别问题,又要重视相关性其对总体的影响程度。三类现金的流入量与流出量之间的平衡很重要(这里所说的平衡是"大于等于"的含义)。

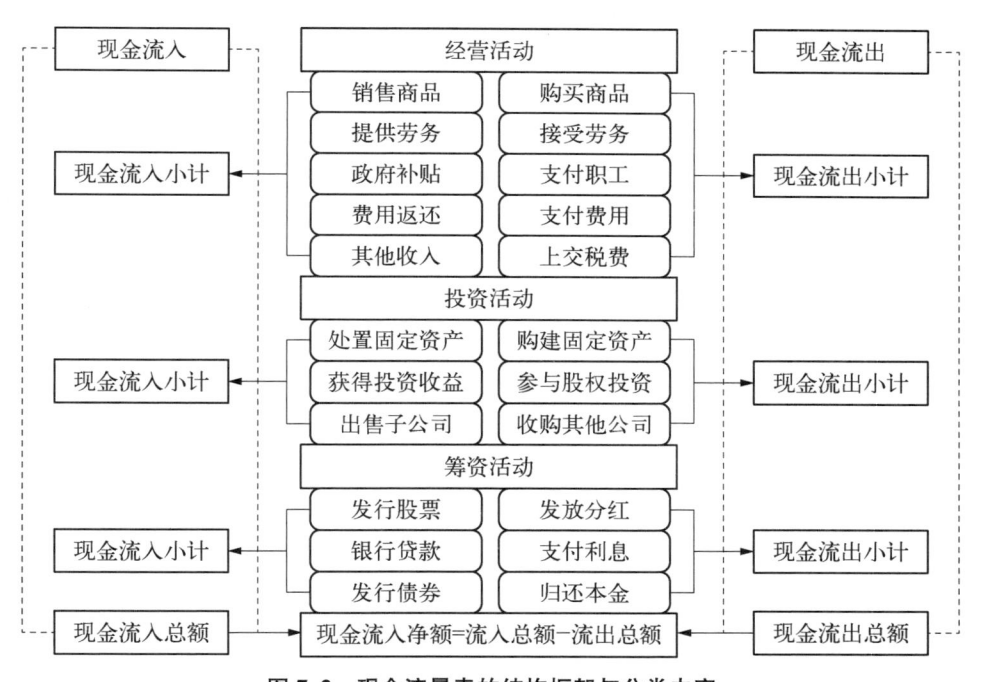

```
现金流入                      经营活动                       现金流出
              ┌─────────────┬─────────────┐
              │  销售商品    │  购买商品    │
              │  提供劳务    │  接受劳务    │
现金流入小计←─┤  政府补贴    │  支付职工    ├→现金流出小计
              │  费用返还    │  支付费用    │
              │  其他收入    │  上交税费    │
              └─────────────┴─────────────┘
                            投资活动
              ┌─────────────┬─────────────┐
              │  处置固定资产│  购建固定资产│
现金流入小计←─┤  获得投资收益│  参与股权投资├→现金流出小计
              │  出售子公司  │  收购其他公司│
              └─────────────┴─────────────┘
                            筹资活动
              ┌─────────────┬─────────────┐
              │  发行股票    │  发放分红    │
现金流入小计←─┤  银行贷款    │  支付利息    ├→现金流出小计
              │  发行债券    │  归还本金    │
              └─────────────┴─────────────┘
现金流入总额   现金流入净额=流入总额-流出总额   现金流出总额
```

图 7.2 现金流量表的结构框架与分类内容

分析现金流量结构通常以直接法编制的现金流量表为资料,采用垂直分析法编制结构分析表,目的在于揭示现金流入量和流出量的结构情况,从而抓住现金流量管理的重点。结构分析包括流入结构、流出结构、净流量结构、流入流出比分析等。结构分析还可以与水平分析相结合,通过流入与流出结构的不同期间和同行业比较,得到更有意义的信息。

企业财务状况的优劣和发展前景的好坏与现金净流量的多寡相关。通过分析现金流量,至少可以对现金流入和流出的具体活动内容进行解析,并对企业获取现金的能力、偿债的能力、收益质量等做出恰当的评价。

7.1.2 现金流入结构分析

现金流入结构分析是反映企业各项业务活动的现金流入,如经营活动现金流入、投资活动现金流入、筹资活动现金流入等在全部现金流入中的比重以及各项业务活动现金流入中具体项目的构成情况,明确企业的现金究竟来自何方、要增加现金流入主要依靠什么等。其计算公式如下:

$$现金流入量结构比率 = \frac{单项现金流入量}{现金流入总额} \times 100\%$$

利用这一公式分别计算经营活动的现金流入、投资活动的现金流入、筹资活动的现金流入的结构比率,以及各个具体的流入项目分别占经营活动、投资活动和筹资活动的结构比率,从而更加明确现金流量的来源。根据表2.5编制的申良公司2019年现金流入结构分析表如表7.1所示。

表7.1　　　　　　　　　现金流入结构分析简表

项　　目	金额(万元)	结构百分比(%)
一、经营活动的现金流入	10 949.17	70.41
其中:来自销售的现金流入	8 808.10	56.64
二、投资活动的现金流入	291.87	1.88
其中:投资收益所收到的现金	291.65	1.88
三、筹资活动的现金流入	4 309.55	27.71
其中:借款收到的现金	4 309.55	27.71
现金流入合计	15 550.59	100.00

从表7.1可以看出,在申良公司2019年流入的现金中,经营活动流入的现金占70.41%,是流入现金的主要来源,其中,主要来自销售的现金收入占56.64%,其次是筹资活动中的借款,而投资收到的现金仅占1.88%,这说明申良公司的主业比较突出。

7.1.3 现金流出结构分析

现金流出结构是指各项现金流出占企业当期全部现金流出的百分比,反映企

业的现金用在哪些方面,从而可以知道要节约开支应从哪些方面入手。其计算公式如下:

$$现金流出量结构比率 = \frac{单项现金流出量}{现金流出总额} \times 100\%$$

利用这一公式分别计算经营活动的现金流出、投资活动的现金流出、筹资活动的现金流出的结构比率,以及各具体项目分别占经营活动、投资活动和筹资活动的结构比率,可以较好地说明企业现金的流向。根据表2.5编制的申良公司2019年现金流出结构分析表如表7.2所示。

表7.2　　　　　　　　　　现金流出结构分析简表

项　目	金额(万元)	结构百分比(%)
一、经营活动流出现金	10 850.27	67.10
其中:现金购货支出	6 509.49	40.26
支付职工工资	1 475.39	9.12
二、投资活动支付的现金	265.55	1.64
其中:购置固定资产支付的现金	100.10	0.62
三、筹资活动支付的现金	5 054.70	31.26
其中:偿还债务支付的现金	4 331.18	26.78
现金流出合计	16 170.52	100.00

从表7.2可以看出,在申良公司2019年流出的现金中,经营活动流出的现金占67.10%,是引起大量现金流出的主要原因,其中,现金购货支出占40.26%、职工工资占9.12%;其次是筹资活动流出的现金,占31.26%;投资活动流出的现金仅占1.64%。

7.1.4　现金净流量结构分析

有能力获取现金净流量才是企业的立身之本。

现金净流量是指现金流入量减去现金流出量的差量。现金净流量结构是指经营活动、投资活动、筹资活动以及汇率变动影响的现金收支净额占全部现金净流量的百分比,反映现金净流量是如何形成与分布的,还可以反映收大于支或支大于收的原因,为进一步分析现金净流量的增减变动因素指明方向。其计算公式如下:

$$现金流量净(余)额结构比率 = \frac{单项现金收支净额}{全部现金余额} \times 100\%$$

申良公司2019年度现金净流量结构分析如表7.3所示。

表7.3　　　　　　　　　现金净流量结构分析简表

项　　目	金额(万元)	结构百分比(%)
经营活动现金净流量	98.90	15.85
投资活动现金净流量	26.32	4.22
筹资活动现金净流量	−745.15	−119.42
汇率变动的影响	−4.04	−0.65
现金净流量合计	−623.97	−100.00

从表7.3可以看出，申良公司2019年的经营活动和投资活动的现金净流量均为正数，由于筹资活动现金净额的负数大于经营活动和投资活动现金净额的正数，该公司全部现金净流量为负数，说明支大于收，主要原因是筹资活动偿还债务的金额大于举借资金的金额。

在经营、投资和筹资活动过程中，最主要的是经营活动产生现金流量的状况，因为这是企业的基本业务，如果经营活动长期没有创造现金流量的能力，那么企业的财务状况就不可能是良好的。所以，需要单独分析企业经营活动的现金净流量占总现金净流量的比重，以反映企业现金流量的真实构成，对企业经营活动的创现能力做出正确的评价。其计算公式如下：

$$经营现金比率 = \frac{经营活动的现金净流量}{经营、投资、筹资活动总的现金净流量} \times 100\%$$

申良公司2019年的经营现金比只有15.85%，较低，说明其经营活动现金净流量对总的现金净流量贡献不大。该比率高，说明在整体现金净流量中，经营活动的创现占了主要部分，经营现金流贡献大。如果企业经营活动的现金净流量能持续上升，就说明企业的经营和财务状况是良好的。但由于这是一个相对数指标，有时该比率上升并不一定是企业经营活动创现能力提高所引起的，而可能是本期有大量投资或筹资活动的现金流出，使企业总的现金净流量下降所导致的。相反，有时该比率下降也不一定说明企业经营活动的创现能力弱，而可能是因为本期的投资和筹资业务产生了大量现金流入所造成的。所以，评价该指标应当结合企业当期的经营规模和销售状况等。

7.1.5 现金流量趋势分析

现金流入与流出之间有一定的内在联系。流入流出比分析即现金流量指数分析,包括经营活动流入流出比、投资活动流入流出比和筹资活动流入流出比等。

现金流量指数＝现金流入量÷现金流出量

该指标主要用于分析或估测企业现金流入对现金流出的总体保障能力。如果现金流量指数大于1,即现金流入量大于现金流出量,就表明从整体上讲,企业对各种现金支付的需要是有保障的。其中,营业现金流量指数应当是企业关注的重点。

营业现金流量指数＝营业现金流入量÷营业现金流出量

营业活动的现金流量是整体现金流量的构成主体,营业现金流入对相关流出的保障程度是整个现金流量结构稳健的前提与基础。如果该指数大于1,就表明企业有良好的现金支付保障能力基础;反之,当该指数小于1时,就意味着企业收益质量低下,营业现金流入匮乏,甚至处于过度经营的危险状态。倘若企业的营业现金流量长期处于短缺状态,企业必然会陷入严重的财务危机甚至破产倒闭的境地。

将申良公司不同时期的三类现金流量进行比较,可以观察现金流量结构的变化状况及其变化趋势(如表7.4、表7.5、表7.6和表7.7所示)。

根据表7.4提供的资料,一般可重点关注以下三个方面的动态发展趋势：

一是将销售商品、提供劳务收到的现金与购进商品、接受劳务付出的现金进行比较,大于0,表示增值,也可计算增值率。在企业经营正常、购销平衡的情况下,两者的比较是有意义的,比率大,说明产品适销对路,销售回款良好;反之则可能较差。

二是将销售商品、提供劳务收到的现金与经营活动流入的现金总额进行比较,可说明企业产品销售现款占经营活动流入现金的比重,比重大,说明企业突出主营业务,营销状况良好,企业持续发展动力较足。

三是将本期经营活动现金净流量与上期比较,增长率越高,说明企业的成长性越好。

分析表7.4可以看出,申良公司经营活动的现金流入量虽然呈上升趋势,但经营活动的现金流出量比流入量上升幅度更大,导致经营活动现金净流量呈下降趋势。其中,销售商品、提供劳务收到的现金呈下降趋势令人担忧,说明收入的质量出现了问题;而购买商品、接受劳务支付的现金呈上升趋势,说明收支平衡和收付现金管理应引为关注。

表7.4 经营活动现金流量动态结构与趋势分析表

单位：万元，%

分析项目	2017年 金额	2017年 占比	2018年 金额	2018年 占比	2019年 金额	2019年 占比	2019年比2017年增减 金额	2019年比2017年增减 占比	2019年比2018年增减 金额	2019年比2018年增减 占比
销售商品、提供劳务收到的现金	9 700.00	95.10	9 604.87	92.32	8 808.10	80.45	−891.9	−14.65	−796.77	−11.87
收到的税费返还	100.00	0.98	125.33	1.20	94.17	0.86	−5.83	−0.12	−31.16	−0.34
收到其他经营活动现金	400.00	3.92	673.77	6.48	2 046.90	18.69	1 646.90	14.77	1 373.13	12.21
现金流入小计	10 200.00	100.00	10 403.97	100.00	10 949.17	100.00	749.17	0.00	545.20	0.00
购买商品、接受劳务支付的现金	6 100.00	70.93	6 180.37	71.50	6 509.49	59.99	409.49	−10.94	329.12	−11.51
支付给职工的现金	1 200.00	13.95	1 312.95	15.19	1 475.39	13.60	275.39	−0.35	162.44	−1.59
支付的增值税税款	300.00	3.49	310.13	3.59	133.23	1.23	−166.77	−2.26	−176.90	−2.36
支付的所得税税款	100.00	1.16	83.29	0.96	98.16	0.90	−1.84	−0.26	14.87	−0.06
支付的其他税费	100.00	1.16	51.94	0.60	109.86	1.01	9.86	−0.15	57.92	0.41

续表

分析项目	2017年 金额	2017年 占比	2018年 金额	2018年 占比	2019年 金额	2019年 占比	2019年比2017年增减 金额	2019年比2017年增减 占比	2019年比2018年增减 金额	2019年比2018年增减 占比
支付其他经营活动现金	800.00	9.30	705.70	8.16	2 524.14	23.26	1 724.14	13.96	1 818.44	15.10
现金流出小计	8 600.00	100.00	8 644.38	100.00	10 850.27	100.00	2 250.27	0.00	2 205.89	0.00

表7.5　投资活动现金流量动态结构与趋势分析表

单位：万元，%

分析项目	2017年 金额	2017年 占比	2018年 金额	2018年 占比	2019年 金额	2019年 占比	2019年比2017年增减 金额	2019年比2017年增减 占比	2019年比2018年增减 金额	2019年比2018年增减 占比
分得股利或利润收到的现金	600.00	85.71	465.14	99.12	261.77	89.69	−338.23	3.98	−203.37	−9.43
取得债券利息收入收到的现金					29.88	10.24	29.88	10.24	29.88	10.24
处置长期资产收到的现金净额	100.00	14.29	4.11	0.88	0.22	0.08	−99.78	−14.21	−3.89	−0.80
现金流入小计	700.00	100.00	469.25	100.00	291.87	100.00	−408.13	0.00	−177.38	0.00
购建长期资产支付的现金	851.79	100.00	359.43	31.36	100.10	37.70	−751.69	−62.30	−259.33	6.34

续表

分析项目	2017年 金额	2017年 占比	2018年 金额	2018年 占比	2019年 金额	2019年 占比	2019年比2017年增减 金额	2019年比2017年增减 占比	2019年比2018年增减 金额	2019年比2018年增减 占比
支付其他投资活动的现金			786.53	68.64	165.45	62.30	165.45	62.30	−621.08	−6.34
现金流出小计	851.79	100.00	1145.96	100.00	265.55	100.00	−586.24	0.00	−880.41	0.00

表 7.6 筹资活动现金流量动态结构与趋势分析表

单位：万元，%

分析项目	2017年 金额	2017年 占比	2018年 金额	2018年 占比	2019年 金额	2019年 占比	2019年比2017年增减 金额	2019年比2017年增减 占比	2019年比2018年增减 金额	2019年比2018年增减 占比
借款收到的现金	4000.00	100.00	2727.00	100.00	4309.55	100.00	309.55	0.00	1582.55	0.00
现金流入小计	4000.00	100.00	2727.00	100.00	4309.55	100.00	309.55	0.00	1582.55	0.00
偿还债务支付的现金	5000.00	88.57	2577.00	85.47	4331.18	85.69	−668.82	−2.88	1754.18	0.22
分配股利或利润支付的现金	500.00	8.86	325.00	10.78	300.00	5.94	−200.00	−2.92	−25.00	−4.84
偿付利息支付的现金	145.15	2.57	113.22	3.75	116.52	2.31	−28.63	−0.26	3.30	−1.44

续表

分析项目	2017年 金额	2017年 占比	2018年 金额	2018年 占比	2019年 金额	2019年 占比	2019年比2017年增减 金额	2019年比2017年增减 占比	2019年比2018年增减 金额	2019年比2018年增减 占比
支付其他筹资活动现金					307.00	6.07	307.00	6.06	307.00	6.06
现金流出小计	5 645.15	100.00	3 015.22	100.00	5 054.70	100.00	−590.45	0.00	2 039.48	0.00

表7.7 全部现金净流量动态结构与趋势分析表

单位：万元，%

分析项目	2017年 金额	2017年 占比	2018年 金额	2018年 占比	2019年 金额	2019年 占比	2019年比2017年增减 金额	2019年比2017年增减 占比	2019年比2018年增减 金额	2019年比2018年增减 占比
经营活动现金流量净额	1 600.00	200.00	1 759.59	222.09	98.90	15.85	−1 501.10	−184.15	−1 660.69	−206.24
投资活动现金流量净额	−151.79	−18.97	−676.71	−85.41	26.32	4.22	178.11	23.19	703.03	89.63
筹资活动现金流量净额	−645.15	−80.64	−288.22	−36.38	−745.15	−119.42	−100.00	−38.78	−456.93	−83.04
汇率变动影响额	−3.06	−0.38	−2.39	−0.30	−4.04	−0.65	−0.98	−0.27	−1.65	−0.35
现金净增加额	800.00	100.00	792.27	100.00	−623.97	100.00	−1 423.97	0.00	−1 416.24	0.00

企业在扩大规模或寻求增长时,需要投入大量资金,投资活动现金净流量为负数。如果企业投资有效,会在未来产生现金净流入并用于偿还债务、创造收益,不会因此而出现偿债困难。所以,分析投资活动现金流量,应结合企业目前的投资项目进行,不能简单地以现金净流入或净流出论优劣。

分析表 7.5 可以看出,申良公司投资活动的现金流量中,长期资产的支出在逐步减少,分得股利或利润收到的现金呈下降趋势。

筹资活动中借款的净流量越大,说明企业面临的偿债压力越大,但如果筹资净流入量来自吸收的权益性资本,则说明企业自有资金实力增强,财务风险降低。

分析表 7.6 可以看出,申良公司筹资活动中的借款和还本付息所引起的现金流入和流出量呈现配合型的波动状态,并且流出量大于流入量,财务人员在经营活动现金净流量减少的同时,正在努力还本付息。

表 7.7 提供的趋势分析表明,申良公司全部现金净增加额呈急剧下降趋势,由正数变为负数,主要原因是经营活动现金净流量大幅度下降,2019 年的问题尤其严重,说明公司的资金周转发生困难,如不扭转局面,会引发财务危机。

企业管理应该追求盈利,但更应重视现金流量,在竞争的市场经济中,不断提高收益质量和收现效能才能保持可持续发展的动能。在现代企业的发展过程中,决定企业兴衰存亡的是现金流,最能反映收益本质的也是现金流,在众多价值评价指标中基于现金流的评价是最具权威性的。现金流量管理是现代企业理财活动的一项重要职能,建立完善的现金流量管理体系是确保企业生存与发展、提高企业市场竞争力的重要保障,企业应当建立以现金流量管理为核心的管理信息系统,真正提高企业的核心竞争力。

老法师提醒 7.1 | **要利润更要现金流量**

对一家盈利的、健康的、发展中的企业来说,其经营活动现金净流量应保持正数,投资活动和筹资活动现金净流量可以正负相间,但全部现金净流量不是越多越好,而是适时、足够、有用就好,因为现金流量也是有机会成本的,闲置是一种浪费。

要利润更要现金流量,最重要的是经营活动现金流。一家企业的经营活动现金流应当具有稳定性和可靠性,只有"钱"途似锦,才能前景辉煌。如果出现由多变少、由少变多、由正转负、由负转正等明显的"拐点",就是非常值得关注的信号。

假如一家企业的利润为正数,而经营活动的现金净流量为负数,投资活动的现金净流量也为负数,但筹资活动的现金净流量却为正数,就说明该企业的经营活动没有创造现金净流入,扩大投资需要的大量资金是通过新增借款解决的。若连续多年如此，那么这就是一家财务风险很大、盈余质量低劣、靠借款度日的企业。

切记：任何收支失控行为都是愚蠢的，任何缺乏现金流量的企业都是难以存续的。

7.2 明察流量平衡

7.2.1 现金流转不平衡及其成因分析

企业在参与市场竞争的过程中，为了提高竞争力，大量采用信用结算方式。随着销售额的大幅上升，伴随而来的可能是大量逾期应收账款。企业应充分认识到逾期应收账款长期被拖欠的危害。追账的成功率与逾期的天数成反比，逾期越久，追收的成功率越低，账款追讨的障碍越大。所以，企业应当清楚地认识到，收益是按权责发生制计算的，有收益不等于有现金流量。现金流转是否平衡会直接影响收益质量。

资金运动与实物运动相背离、与价值运动不一致的现象随处可见。从事生产与销售等的业务主管往往比较重视实物运动，希望产品尽快生产出来并销售出去，所以，有可能出现销售实现了，但应收账款也增加了的局面。而财务主管往往更加重视资金运动（即价值运动），希望商品卖出去后尽快收回货款，关注现金流量是否到位。由于市场经济本身就是信用经济，赊销会导致延期付款或延期交货，因此，在日常的理财活动中，时常会发生资金运动与实物运动相背离、现金流转不同步或不同量等现象。

现金流入量与流出量不同步、不同量等不平衡现象可以分为以下几种情况：

一是现金流转同步不同量。例如，某企业销售商品100万元，销售成本为90万元，由于质次价高，削价销售为80万元，当即收到货款。

二是现金流转同量不同步。例如，某企业销售商品100万元，销售成本为90万元，开出发票100万元，相隔半年或一年后才收到这笔货款。

三是现金流转不同步不同量。例如，某企业销售商品100万元，销售成本为90万元，由于质次价高，削价销售为80万元，相隔半年后才收到这笔货款。

现状总是有成因的。面对诸如此类的情况，首先应当正视现金流转不平衡的客观现状。现金流转的平衡是相对的，是有条件的；而不平衡是绝对的，是客观存在的。财务管理的任务之一就在于从不平衡中发现平衡、找到平衡、组织起新的平衡。而后是对现金流转的不平衡现象及时提供信息，分析成因，提出警告，并重在控制,力争现金流转既同步又同量,保持实物运动与资金运动的衔接,平衡现金收支与现金流转,这是日常理财活动的重要内容。例如,某企业销售商品100万元,销售成本为90万元,售价为100万元,力争当即收到货款或在信用期内收到货款,这就是现金流转既同步又同量的表现。应当看到,控制现金流转既同步又同量的一个有效的办法就是销售业务与回笼货款同时抓,既考核销售业绩,也考核应收账款回收率,并且以考核应收账款回收率为主,将考核工作落到实处。

抓现金流入量就是要"开源",不断扩大市场占有率和客户渠道,不断增产增收,千方百计提高销售收入,并尽快收回应收账款,不断降低应收账款占销售收入的比重;抓现金流出量就是要"节流",要千方百计节约开支,减少支出,不断降低成本费用开支。现金流入量与现金流出量必须两手同时抓,两手都要硬。从提高企业收益质量的要求出发,对企业经济效益的认识不能停留在投入量和产出量的比较上,还应该深入流入量和流出量的比较,即应当考虑会计收益和现金流量的平衡问题。

7.2.2 现金持续运营与平衡管理分析

持续经营企业的现金流转是不会静止不动的,现金流入与现金流出会相继而行或同时并行或此增彼减。现金流量管理应当重视收支平衡,努力实现现金流动均衡。只有满足现金的流入与流出始终处于动态均衡,才能使企业持续健康地运营。

一是立足于收大于支。长期收不抵支必然导致企业资金周转的停滞从而影响正常经营。

二是保持合理的构成比例。只有三类现金流量的各个部分在数量上的比例关系相对合理,才能实现平衡管控。

三是进行动态平衡管理,包括三类现金流量在数量和时间上的平衡,及其成本与收益的动态平衡。

当企业需要发生现金流出时,必须有足够的现金流入与之配合,否则就会出现现金周转不灵,轻者导致经营受损,重者导致企业破产。

当企业取得适当的现金流入后,除了尽可能维持经营需要的最低占用量外,应尽量使充裕的现金及时找到有利的投资机会,使现金增值。过多现金流入的沉淀将会使企业蒙受机会损失。

现金流量管理应当灵活,富有弹性,在追求准确预测和节约使用的同时,留有余地以备不时之需。这是因为企业所面临的环境是复杂多变的,有可能出现非常好的投资机会,也有可能出现无法预见的障碍。留有可调节的余地,才能防患于未然。

三类现金流入量与流出量之间的一般情形汇总对比分析如表7.8所示,由此可做出现金流转现状、可能出现的问题的简要说明如下:

表 7.8　　　　　　三类现金流转平衡分析一般情况对比说明

现金流量存在状况举例	1	2	3	4	5	6	7	8
经营活动现金流入与流出比	≥	≥	≥	≥	<	<	<	<
投资活动现金流入与流出比	≥	<	≥	<	≥	<	≥	<
筹资活动现金流入与流出比	≥	≥	<	<	≥	≥	<	<
全部现金净流量	正	正	正	正/负	正/负	负	负	负

在第1种情况下,三类现金流均有多余,现金净流量富裕,现金流转状况良好,但要注意对投资项目的可行性研究,谨防盲目投资造成浪费与损失。

在第2种情况下,经营活动和筹资活动产生现金净流入,现金流转状况较稳定,扩张时期投资活动负向净流入也许正常,但投资规模应适度。

在第3种情况下,经营活动和投资活动均产生现金净流入,现金流转状况较稳定,大量债务到期偿还导致筹资活动现金净流出,应关注偿债压力。

在第4种情况下,主要依靠经营活动现金流入运营的企业需关注投资状况危机信号,谨防资金短缺造成资金链断裂。此时,经营活动现金净流量可能大于也可能小于投资与筹资的现金净流量,因而全部现金净流量可能为正也可能为负。

在第5种情况下,经营活动现金流入量不足,主要靠借贷维持经营,如果投资活动现金净流入量是依靠收回投资或处置长期资产所得,财务状况就较为严峻,企业发展缺乏后劲。此时,筹资活动现金净流量可能大于也可能小于经营与投资的现金净流量,因而全部现金净流量可能为正也可能为负,但多数为负。

在第6种情况下,经营活动和投资活动均不能产生足够的现金流入,各项营运活动完全依赖借债维系,一旦举债困难,财务状况将十分危险。

在第7种情况下,经营活动产生的现金流入严重不足,筹集资金发生困难,可能主要依靠收回投资或处置长期资产所得维持运营,财务状况陷入困境。

在第8种情况下,三类活动均不能产生现金净流入,企业的财务状况处于瘫痪状态,面临破产清盘的危险。

事实上,企业现金流量时常处于不均衡状态,因而需要加强资金动态管理,努力使其在不均衡中实现基本均衡,在整体上平衡运作、协调运行。

7.2.3 现金流转与企业生命周期关联性分析

企业是以持续经营为前提的,会经历幼稚、成长、成熟以及衰退的生命历程。但企业生命周期不是对企业存续时间长短的描述,而是对企业灵活性、成长性及竞争性本质的揭示,不能简单地认为"百年老店"该死,而一家年轻的小公司就一定能活。

处于生命周期不同阶段的企业,其现金流量的增减变动可能会有不同的表现(如表 7.9 所示)。

表 7.9　　　　　　　现金流量在企业不同发展时期的一般规律

分析项目	经营活动	投资活动	筹资活动	现金净流量	净利润
初创时期	－	－	＋	＋	－
上升时期	＋	－	＋	＋	＋
稳定时期	＋	＋	－	＋	＋
衰退时期	－	＋	－	－	－

企业在初创时期幼稚且好动,对资金如饥似渴。购买厂房、设备、材料,支付工薪等都急需资金,但销售收回现金少且资源有限,所以筹资活动的现金流入很重要。由于投资活动具有先行性,在相当长的一段时间内现金流出比较多;同时,企业缺乏利润,也没有可供使用的过去积累的折旧等,所以初创期企业的经营活动现金流量是负值。

销售不断增长或快速上升的企业正在"青春勃发"期(上升时期),其经营活动正常运行且不断扩大,经营活动的现金净流量为正数。为了获取和维持较高的市场份额,企业不仅需要继续进行设备投资,而且要追加其他投资以谋求规模经济,渴求投资活动资金。由于该阶段经营活动现金净流量可能仍低于投资活动需要的现金流量,因此筹资活动引入的现金流量相当巨大。

成熟阶段企业的经营活动已经步入稳定发展的状态,经营活动的现金净流量通常为正数。许多处于这种状态的企业依旧谋求扩张,实施多元化经营,导致重组频繁。该阶段现金流量状况的特点是:折旧和摊销通常可以满足投资支出的需要,投资的收获期已经来临。企业倾向于向股东支付股利,甚至回购股票,筹资活动产生的现金流量通常为负数。

处于衰退阶段的企业往往是净现金的使用者。微薄的净利润(甚至出现亏损)

和折旧等已无法满足再投资所需的资金,为弥补现金流量的不足,企业常常要增加债务或者清理证券、财产,从而出现投资或筹资活动产生现金流入量。处于"严冬"阶段的企业应当防止出现不能支付的被动局面而招致惨败。

企业的生命周期与现金流量状况密切相关。通过分析现金流量,可以知晓企业的经营发展阶段及其对现金的需求。为此,在解析现金流量表时,不应当只关心现金增减额的最终结果,而应当理解各项现金净增加额或净减少额的内在含义与变动原因,结合考虑企业发展前景、产品结构、市场变动等各方面的综合因素,并结合利润表、资产负债表等相关信息科学研判企业创造现金的能力、偿债的能力及企业的成长性等。

了解并管理好企业发展周期也是获取成功、减少失误的一把"钥匙"。通过分析现金流量状况,企业可以意识到自身处于哪个阶段,对制订战略目标、从事战略管理、采取恰当的理财措施、延长企业成熟期、延缓衰退期的到来都具有积极的作用。

7.3 慧识收益质量

7.3.1 分析会计政策对收益质量的影响

收益质量是指会计收益(通常是指报表收益)所表达的信息和企业经济价值的可靠程度。高质量的收益是指报表收益对企业过去、现在的经济成果和未来的经济前景的描述是可靠和可信任的;反之,如果报表收益对过去的经营业绩、目前的经济成果和未来的经济前景的描述具有误导性,那么该收益就被认为是低质量的。

分析企业执行会计政策与所反映的经济现象和经济实质之间的偏差至少应当关注以下几个方面:

一是分析会计政策的完善性。在会计报表编制过程中所应用的会计政策对收益质量起到很大的影响作用。由于会计政策本身在制定时不可能十分完美,考虑到会计处理的方方面面,许多问题需要在会计实践中被不断发现,以对会计政策进行完善和修订。但在修订完善之前就很有可能发生企业在不违反制度规定的前提下"合法"运用政策"漏洞"的情况。

企业管理层对可接受的会计政策有一个可供选择的范围,可以依据企业管理层和企业会计人员的职业判断操作。企业管理层会按照"自利"的原则行事,在选择会计政策时,既可能稳健,也可能激进。稳健政策减少了高估收益的可能性。分析人员从管理层的会计政策选择中可以看出企业的倾向和态度,也可以对收益质量做出判断。

二是分析会计政策运用的具体情况。在选定会计政策后,对于如何运用该会计政策,企业管理层有一定的自由裁量权。例如,企业利用应收应付账户、跨期摊提账户和待摊递延账户来调节成本、费用与利润,精心设计出利润稳步增长的趋势,以获取较高的资信等级,如果存在蓄意操纵,一定会使报告收益与实际业绩的相关性减少,降低收益质量。

三是分析会计估计对会计收益质量的影响程度。例如,对于确定坏账准备的计提方法和计提比例等,企业可以根据以往的经验、债务单位的实际财务状况以及现金流量等相关信息,合理估计。不少企业的销售额、应收账款、坏账准备三者的变化是同方向的,如果其数量的变化比率或变化方向不一致,如销售额和应收账款增加,但坏账准备减少或增加的比例很小,那么分析人员就此应当留心观察。由于坏账准备的减少对企业税前利润有直接的影响,因此企业有可能以此行为来增加收益,这样报告的收益质量就下降了。所以,为了透视收益质量,应当对企业会计政策和会计估计的变更调节情况予以持续关注。

7.3.2 分析资产质量对收益质量的影响

资产既是一种实物资源,也是一种价值资源,其价值的确定可能会受到人为因素的影响,所以,企业的资产质量与企业收益、未来的经营能力休戚相关。企业管理当局为了当期的收益水平而"贴现"未来的收益,有可能会降低当期资产的质量,如调整信用政策使应收账款增加、调整应付账款展期信用、增加借款使负债程度上升、费用不摊销或少摊销、不良资产长期挂在账上等。

通过编造理由进行资产评估、虚构资产交易业务等方法高估资产,除了可获得改善企业财务状况以有利于对外筹资的利益外,还可获得股权方面的潜在利益。因而当企业对外投资和进行股份制改造时,往往倾向于高估资产价值,以便获得较大比例的股权。

资产溢价转让是提高当期收益的一种最便捷的手段,特别是对于那些控股股东实力雄厚的上市公司,控股股东对其支持的主要手段便是溢价收购上市公司的不良资产,包括应收账款、存货、投资以及固定资产等。有些企业溢价转让资产后再以溢价收回,转让可以增加利润,而收回可以增加资产。以不良实物资产对外投资或实施资产剥离也被"誉为"资产重组的"灵丹妙药"。

分析敏感账户很重要。敏感账户是指有可能被用于操纵利润的账户,如无形资产、递延资产、应收账款、其他应收应付款、各种准备金账户等。对无形资产和递延资产账户的分析应着重于其列支项目的合理性。一些企业为了操纵利润,不把当期费用计入损益而将其资本化——列入无形资产或递延资产,该账户中不合理的列支会影响收益质量。对应收账款的分析应注意其增长与过去的经验是否一致。为了达到利润目标,企业可能放松信用政策,或者将以后年度的销售提前到当年,这些都可能影响收益质量。对其他应收应付款账户的分析应注意余额的大小。在正常情况下,该类账户的余额应该不大;如果出现余额过大,一定是发生了异常情况——"其他应收款"往往用于隐藏潜亏,而"其他应付款"往往用于隐瞒利润。对各种准备金账户的分析应注意准备金的计提是否足额,有无大额转回。准备金的计提不充足会造成当期利润虚增;发生大额转回则有可能是企业将以前年度的收益转到当年,这需要进一步深入分析。

调节相关指标会影响收益质量,如管理费用占销售收入的比率急剧下降、一次性收入来源占总收入的比重很快上升、非核心业务收入占总收入的比重很高、毛利率下降、存货周转率下降、应收账款周转率下降等变动情况的发生。

分析收益质量的目的在于评价盈利的可靠程度,包括现金流的支撑程度等。蓄意制造经营活动现金流会混淆视听。例如,互换贸易,我买入你的设备,你买入我的产品;收购时让收购者付清应付款、制造应收款,从而获得收购对象的经营性现金流入;先销售存货给出借方(银行或财务公司),到期再加价回购,创造本期经营活动现金流入;如此等等。

7.3.3 分析净利润与现金净流量的关系

从因果关系分析,现金净流量来源于一定时期的净利润和非付现费用之和,净利润应当成为现金净流量最主要的来源之一。尤其是在快速发展的盈利企业中,经营活动现金净流量或全部现金净流量应当与企业的发展和盈利趋势一致。

从会计核算基础看,净利润以权责发生制为基础,按照收入与费用配比原则计算产生,在一定程度上体现了企业经济效益的高低。现金净流量以收付实现制为基础,计算出企业在一定期间全部现金流入和流出的差额。净利润属于会计利润,与现金净流量之间既有联系又有区别。

两者的计量基础不同。会计利润以权责发生制为基础计算,即收入与支出均要考虑其受益期。现金流量却不同,它是以收付实现制为基础计算出来的,不论该笔收入与支出属于哪个会计期间,只要是在此期间实际收到或支出的现金,就作为此期间的现金流量。

两者包含的内容不同。会计利润被划分为营业利润、投资净收益、营业外收支等部分，而现金流量分为经营活动、投资活动与筹资活动等，两者之间无法一一对应。

两者的经济含义不同。会计利润的大小在很大程度上反映企业生产经营过程中所取得的经济效益，表明企业某一会计期间的最终经营成果。现金流量的多少能清楚地表明企业的资金周转是否顺畅、资金是否紧缺、支付能力的强弱或债务风险的大小等。

所以从过程来看，有净利润并不等于有现金净流量，现金流量对收益质量的影响是客观存在的。

又由于会计上广泛使用权责发生制和配比原则，使利润的计算包含太多估计和假设，令人们难以确信账面利润所代表的真正意义，因此，按照权责发生制计算的利润是存在风险的。

首先，权责发生制对一些未收到的收入予以确认后带有一定的风险性，如导致财务虚收、分配超前等。滥用权责发生制还会导致资产负债表中隐藏较多递延损益的风险。

其次，权责发生制确定的折旧方法、存货计价方法、费用分配方法、成本计算方法等可能使净利润受人为因素的影响较大。例如，采用直线法折旧时的利润分布与采用快速折旧法时的利润分布不同，但它们的营业现金流量大致相等。

最后，按权责发生制反映的资金运动与实际资金运动不尽相同。在考虑时间价值的情况下，早期的收益与晚期的收益有明显的区别。一个项目能否维持，不取决于一定期间是否盈利，而取决于有没有现金用于各种支付。只有将现金收回后才能再投资。

任何造成经营活动现金净流量与净利润之间差异的因素都可以追本溯源。根据间接法编制现金流量表的原理，财务分析可以将净利润调整为经营活动现金流量，并找到其增减变动的原因（如图 7.3 所示）。

净利润
＋各项非付现费用　－各项非经营性税前收益
±各项存货　±经营性应收　±经营性应付
经营活动现金流量净额

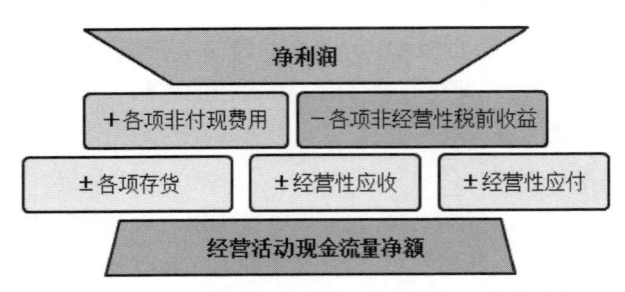

图 7.3　净利润调整为经营活动现金净流量的过程

经分析,造成净利润和经营活动现金净流量之间差异的因素主要有以下几个方面:

一是关注当年净利润计算的真实可靠性,看其是否符合会计准则等相关规定。因为任何账面徒增的虚假利润都不会产生相应的现金流入。

二是需要准确计算各项非付现费用。非付现费用包括计提的资产减值准备、固定资产折旧、无形资产摊销(减少)、待摊费用和长期待摊费用摊销(减少)等,这些项目虽然抵减当期利润,但不减少当期现金,相反随着销售收入的实现可以得到补偿,所以应将其加入经营活动现金流量。

三是计算各项非经营性税前收益。非经营性税前损益是指投资活动和筹资活动产生的投资收益、财务费用和营业外收支等,包括处置固定资产收益、固定资产报废损失、财务费用、投资收益等,由于不属于经营活动现金流量,因此应予以扣除。

四是计算各项存货和经营性应收项目增减变动的数额。经营性资产净增加会导致现金减少、收益质量下降,应将其扣除。

五是计算各项经营性应付项目增减变动的数额。应付款的减少会减少相应的现金。

六是验算净利润与经营活动现金流量净额的勾稽关系。净利润经过上述几个步骤的加减计算后就等于经营活动现金流量净额。

经过上述仔细分析后的结果会告诉我们,净利润与现金净流量的差异是客观存在的,但其差异的性质和所造成的后果可能截然不同(如图 7.4 所示)。我们应当谨防永久性差异,关注暂时性差异,重视或然性差异。

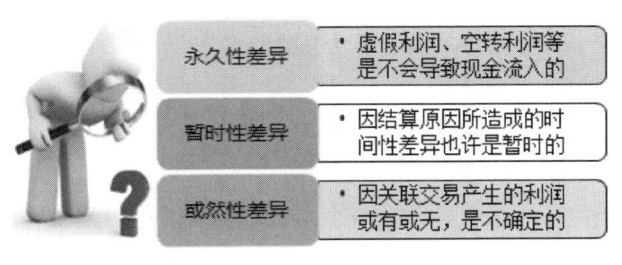

图 7.4 分析净利润与现金净流量差异形成的原因

总而言之,不同口径计算的利润的质量大相径庭,如经营毛利是核心竞争能力的体现,主营业务利润反映利润的质量,而其他利润,如公允价值变动净收益、资产减值损失变动、投资净收益、营业外收支等,一般不具有持续性,没有预测价值。

企业应当追求现金利润,因为它有现金流量支撑;而持有利润(如公允价值变动净收益、减值准备转回产生的净收益、权益法核算产生的投资净收益)不一定存在现实的现金流量,其质量不如现金利润;至于空转利润(如债务重组、非货币交易、企业重整产生的报表利润),大多不会导致现金流入,其质量最差。

利润有账面、虚假、或有之分。账面利润可能受到会计政策、会计估计、会计差错的影响,需要进一步分析鉴别;通过虚计收入与成本、少提或不提费用、少摊或不摊费用、空挂资产、账外负债等舞弊产生的虚假利润不可取,是违法行为;对于诉讼事项、或有事项、关联交易产生的或有利润更要具体情况具体分析,谨防风险。

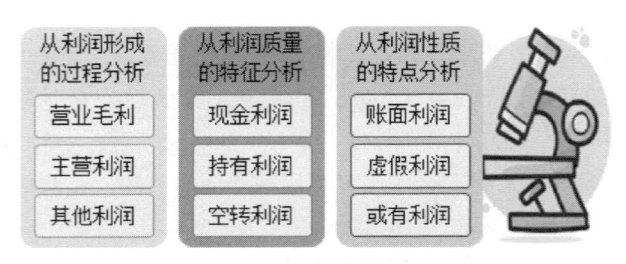

图 7.5　不同口径利润的质量大相径庭

7.3.4　分析收益构成与净收益营运指数

如果企业的收益是由经常性的、企业的基本业务(主营业务)所带来的,而不是偶发性或一次性的,会计上反映的销售能迅速转化为现金,而且收益趋势稳定、可预测、有现金流量支撑,在收益创造过程中所使用的资产质量至今完好,其收益就符合可持续发展的要求。

收益多并不等于收益质量高。有些收益来源于非主营业务,来源于股票、期货等投资活动,本身就带有偶然性和非经常性,过去有的,现在及今后不一定会有,即使有也不稳定、风险很大、收益质量不高;有些收益来源于关联交易,要分析其正常程度和经常可能性,尤其要注意交易定价的合理性;有些收益来源于所谓的"资产重组""债务重组""非货币交易",重组完了、交易完了,以后就没有了,这样的收益如果没有现金流入量支撑,就更应当予以关注。

只有经营性收益或经常性收益才是可靠的、可持续的,而各种非经营性收益具有一定的偶然性、非经常性,可持续性弱。所以,在企业的全部收益中,经营性收益所占的比重越大,收益质量就越好;反之就越差。

资产处置不是企业的主要业务,不能反映企业的核心能力,而一些企业却热衷于利用"资产置换"来达到操纵利润的目的。假如某企业将一项较大的资产出售，那么会获得大量现金收入，就会使当期的收益增加，如果该企业正处于运营困难时期，那就会将所获得的大量资金用于周转。但这样的交易并不是正常经营的一部分，不是经常发生的，只是偶然的因素，但对当期收益有很大的影响，所以，在考虑企业的收益质量和未来的经营潜力时，要将其从净收入中排除。

资本市场的有效性比商品市场强，通常只能取得与其风险相同的收益率。一般企业进行短期证券的买卖只是现金管理的一部分，目的是减少持有现金的损失。由于通过证券交易增加股东财富主要靠运气，而一家企业的运气不会总是那么好，如同买彩票不会每次都中奖一样，所以，非经营性收益虽然也是"收益"，但不能代表企业收益的"能力"。

除了金融类特定企业外，一般企业的利息收入也是非营业收入。利息收入是通过市场上可以信赖的短期投资获得的，是现金的回流。在收益质量评估中，由于利息收入不是营业收入的一部分，因此分析人员要对利息收入数量的具体性和易变性多加留意。

在权益法下确认的投资收益是按照投资者拥有的被投资企业的股份及被投资企业的报告来计量的，可能与实际收到的现金股利不一致。例如，A 公司拥有 B 公司 30% 的股权，B 公司当年净收益 100 万元，预计发放股利 80 万元，A 公司因此可以确认投资收益 30 万元，而实际收到多少或者什么时候收到却很难说准。

利用关联方交易来调节利润的案例屡见不鲜。例如，GD 股份某年将 6 926 万元土地卖给关联企业，卖价为 2.192 6 亿元，获利 1.5 亿元；将净资产为 1 454 万元的下属企业卖给关联方，定价为 9 414 万元，获利 7 960 万元；而 GD 股份该年的利润为 9 733 万元，剔除上述两项就亏损 1.322 7 亿元。关联方交易不可能时时发生，但关联方交易的手段却不断"创新"。对此，分析时要掌握控股股东及所属子公司等的相关情况，特别关注交易的价格和支付手段是否异常等。

临时发生的收益项目具有偶发的性质，如转让股权、政府一次性补贴、土地使用权转让、年末发生的非常规业务等。当出现这样的项目时，分析人员要对其进行重点考察。例如，财政补贴收入是从政府调拨来的，在发生的当年会增加企业的收益，但财政补贴不是年年都有，当年的收益并不能反映企业正常的经营状况及长期发展趋势。所以，在分析时要剔除这样的因素，准确地估量。

衡量收益质量还可以通过分析、比较净收益营运指数等重要指标来做出恰当的判断。

净收益营运指数是经营活动净收益与全部净收益（净利润）的比值。

经营活动净收益是指经营活动本身产生的净利润,应当扣除非经营净损益。非经营净损益是指投资活动和筹资活动创造的净收益,应当从全部净收益中扣除。该扣除部分如果已经是税前列支的,应调整为税后,即非经营税前损益×(1－企业所得税税率)。

净收益营运指数越大,表明经营活动产生的净收益越多,会计收益质量就越高。净收益营运指数越小,经常性收益所占比例越小,利润越不稳定,潜在风险就越大。将该指标与历史指标和行业平均指标进行比较,可以考察一家企业的收益质量情况。

实证分析 7.1 │ 申良公司的收益质量较差

申良公司 2019 年的非经营净收益由两个部分组成:一是按照权益法核算确认的投资收益 424.86 万元,为税后利润;二是固定资产报废损失 19.09 万元和财务费用 108.95 万元,两者合计 128.04 万元,为税前列支,应还原为税后 96.03 万元[128.04×(1－25％)]。

经营活动净收益＝净收益－非经营净损益
　　　　　　　＝616.40－(424.86－96.03)
　　　　　　　＝287.57(万元)

净收益营运指数＝经营活动净收益÷净收益
　　　　　　　＝287.57÷616.40
　　　　　　　＝0.47(46.65％)

分析结果表明,申良公司的净利润中间,只有不到一半的利润是来源于经营收益的。如果剔除营业外收入中的政府一次性补助收入 105.52 万元(属于非经常性收益),其收益质量则更低。

7.3.5　分析现金营运指数

现金营运指数可以反映企业经营活动现金流量与经营应得现金的比值,是用以观察企业现金回收质量、衡量收益风险的重要指标。其计算公式如下:

现金营运指数＝经营活动现金净流量÷经营应得现金

上式中的经营应得现金可以通过分析财务报表计算得出,它等于经营活动净收益加上非付现费用。

申良公司现金营运指数计算结果如下:

经营应得现金＝经营活动净收益＋计提减值准备＋提取折旧＋
　　　　　　　无形资产摊销＋待摊费用摊销
　　　　　　＝287.57＋30＋446.79＋58.31＋33
　　　　　　＝855.67(万元)
现金营运指数＝98.90÷855.67＝0.12(11.56%)

理想的现金营运指数应当接近1或围绕1上下波动。如果现金营运指数小于1,说明一部分收益还没有取得现金,仍停留在实物或债权形态,而实物或债权资产的风险大于现金,因为应收账款是否足额变现是不确定的,存货也有贬值的风险,未收现的收益质量远低于已收现的收益质量。

现金营运指数的分子和分母是同口径的,申良公司对其的计算结果只有0.12,即每100元利润只收回16元现金。收益质量差的原因主要是产品落后导致已实现的经营收益未能及时收到现金。任何企业都应当关注存货的增加、应收款的增加和应付款的减少,这些都会使收现数减少。应收款如不能收回,已实现的收益就会落空;即使能延迟收现,其收益质量也低于已收现的收益。所以,企业应经常分析营运指数的增减变动情况及其变化趋势,谨防收益风险。

综上所述,收益质量实质上是指报告收益与企业实际业绩之间的关联性。如果收益能如实反映实际业绩,就认为收益质量好;如果收益不能很好地反映实际业绩,就认为收益质量差。

专题讨论7.1 ｜ 越来越差的收益质量就是危险信号

美国安然公司成立于1985年,曾是世界上最大的天然气采购商和出售商、最大的电力交易商、最领先的能源批发做市商和最大的电子商务交易平台。从1990年到2000年,安然公司的销售收入从59亿美元上升到1008亿美元,净利润从2.02亿美元上升到9.79亿美元,2000年8月,安然公司的股票每股高达90.56美元,2000年在美国《财富》杂志的"美国500强"中位列第七位,在世界500强中位列第十六位。

安然公司从1997年开始净利润逐年大幅度上升,而经营利润却逐年下降,非经营利润的比重逐年加大。该公司的收益越来越依靠能源证券交易和资产处置,这是收益质量越来越差的明显标志。安然公司的营运现金流在1998年为16亿美元,1999年为12亿美元,而2000年的头9个月仅为1亿美元。在营运现金流逐步减少的同时,安然公司所公告的净利润却在逐年上升。这是安然公司利用资本重组、错综复杂的关联交易和财务制度上的漏洞在造假,而造出来的利润是不会有现金流量的。

2001年12月2日，安然公司正式向法院申请破产保护，破产清单中所列的资产高达498亿美元，成为美国历史上最大的破产企业。安然公司财务造假被罚5亿美元，直接退市，CEO被判刑24年并罚款4 500万美元。涉事会计师事务所被判处妨碍司法公正罪而宣告破产。涉案的美国三大投资银行遭到重罚。投资者通过集体诉讼获得了高达71.4亿美元的和解赔偿。

7.4 智谋收现能力

7.4.1 现金流量管理效能与收现能力指标

现金流量管理效能主要体现在现金流量回收效率和现金保障效果(效益)两大方面。

现金流量管理的效率主要是指资产的现金回收速度，如资产现金回收率等。

现金流量管理的效益主要是指现金对负债、收入、利润的保障效果，如现金到期负债比、现金流动负债比、现金债务总额比、销售收现比率、购货付现比率、盈余现金保障倍数等。

企业一定时期现金流量状况的财务比率不仅反映了企业的短期财务风险，而且反映了企业的长期财务风险，能揭示许多一般财务指标无法反映的内在财务质量因素。一家现金状况不好的企业往往与较大的财务风险形影相随。所以，在财务分析时，应对企业的现金流转状况财务比率予以充分关注，它是企业财务预警的重要标志。

从2015年至2019年，全国中型企业反映现金流量与收益质量指标的平均值汇总如表7.10所示。

表7.10　衡量中型企业收现能力相关绩效指标的平均值

收现能力指标	2015年	2016年	2017年	2018年	2019年
现金流动负债比率(%)	5.2	5.2	5.2	5.2	4.6
资产现金回收率(%)	3.3	3.3	3.3	3.3	3.3
盈余现金保障倍数	0.7	1.0	0.9	1.3	1.3

目前，对企业获取现金流量能力的分析已经成为现代企业财务分析的重要内容，从维持企业生存能力的意义上来看，它比盈利能力分析更重要。因为，一家没

有利润的企业暂时可以生存,而一家持续缺乏现金的企业是难以生存下去的。通过对企业现金流量的分析,能使我们真正理解企业现金增减变动的原因、盈利能力的真实性和企业潜在财务风险的程度等。

反映 2019 年度中型企业现金流量与收益质量的绩效评价标准值的分布情况如表 7.11 所示。

表 7.11　　**2019 年中型企业现金流量与收益质量状况指标评价标准值**

盈利能力指标	优秀值	良好值	平均值	较低值	较差值
现金流动负债比率(%)	24.5	15.9	4.6	−9.2	−14.4
资产现金回收率(%)	19.1	11.5	3.3	−1.3	−9.0
盈余现金保障倍数	12.6	5.7	1.3	−1.0	−5.6

现金流量与收益质量指标较为敏感。宏观经济环境是否好转、企业产品是否适销对路、现金流动的快慢、经营管理能力的强弱及其财务状况恶化与否都可以从这些指标中表现出来。产品滞销、市场前景恶化或收款情况不良等都必然会集中反映在这些财务比率上。所以,应高度重视这些财务比率。

7.4.2　反映偿还债务能力的现金流量比率

现金的流动性最强,企业真正能用于偿还债务的是现金流量。在现金流量信息中,经营活动的现金净流量信息最重要、最值得关注。将经营活动的现金净流量与资产相关项目进行比较,可以分析企业获取现金的能力;与相关负债项目进行比较,可以分析企业现金的流动性以及现金的偿付能力;与相关收入或利润项目进行比较,可以反映收益的质量等。如果经营活动现金净流量大而债务少,就表明企业的偿债能力强;反之,就表明企业的偿债能力弱。重视分析经营活动现金净流量及其增减变动的相关信息,可以衡量企业短期偿债能力、应变能力和信用能力,是财务分析的重要内容之一。

（1）现金流动负债比率

现金流动负债比率是反映企业一定时期经营活动的现金净流量与流动负债的比率,用以说明企业的短期偿债能力。其计算公式如下:

$$现金流动负债比率 = \frac{经营活动现金净流量}{流动负债}$$

申良公司 2019 年的现金流动负债比率计算如下:

$$现金流动负债比率 = \frac{98.9}{3\,642.05} = 0.027\,2\,(2.72\%)$$

将经营活动的现金净流量与流动负债进行比较,可以看出流动负债所能得到经营现金净流量的保障程度,反映企业获得经营现金净流量用以偿付短期债务的能力。这个比率越大,说明企业的短期偿债能力越强。与2019年中型企业评价标准值比较,申良公司处于平均值以下的状态,说明其立即还债的能力不强。

(2) 现金债务总额比率

现金债务总额比率是反映企业一定时期经营活动的现金净流量与全部负债的比率,用以说明企业偿付全部债务的能力。其计算公式如下:

$$现金债务总额比率 = \frac{经营活动现金净流量}{债务总额}$$

申良公司2019年的现金债务总额比率计算如下:

$$现金债务总额比率 = \frac{98.9}{4\,732.05} = 0.020\,9\,(2.09\%)$$

将经营活动的现金净流量与全部债务(包括流动负债和长期负债)进行比较,可以反映企业用每年的经营活动现金流量偿付所有债务的能力。这个比率越大,说明企业承担债务的能力越强。

另一种现金与全部负债比率的分析是将企业一定时期期末的现金余额与期末全部负债进行比较,以反映企业从现金角度观察的偿债能力。其计算公式如下:

$$现金与全部负债比率 = \frac{期末现金余额}{期末负债总额}$$

申良公司2019年的现金与全部负债比率计算如下:

$$现金与全部负债比率 = \frac{673.13}{4\,732.05} = 0.142\,2\,(14.22\%)$$

该指标说明了企业现金余额与当期全部负债总额的对应关系,反映了企业现金对全部负债的保障程度。但由于现金收益性差,因此这一比率并非越大越好。

从对上述指标的分析可以看出,比率越大,企业的现金状况或经营活动的创现能力越强,现金对企业债务的偿付能力越强。因此,企业的债权人特别重视上述指标。当然,上述指标低并不一定说明企业的现金状况差,需对企业负债的构成进行分析。如果企业以长期负债为主要负债来源,则上述比率较低并不表明有很大的财务风险。

（3）现金到期负债比率

现金到期负债比率是反映企业一定时期经营活动的现金净流量（或期末现金余额）与本期到期负债的比率，用以说明企业到期债务的清偿能力。本期到期负债通常是指应付票据、到期的长期债务等。其计算公式如下：

$$现金到期负债比率 = \frac{经营活动净现金流量}{本期到期负债}$$

申良公司2019年的现金到期负债比率计算如下（假定本期到期负债为300万元）：

$$现金到期负债比率 = \frac{98.90}{300} = 0.3297(32.97\%)$$

这个比率越大，说明企业清偿到期债务的能力越强。

（4）短期现金流量比率

短期现金流量比率是反映企业一定时期全部现金净流量与流动负债的比率，用以说明企业短期债务的清偿能力。其计算公式如下：

$$短期现金流量比率 = \frac{全部净现金流量}{流动负债}$$

申良公司2019年的短期现金流量比率计算如下：

$$短期现金流量比率 = \frac{-623.97}{3\,642.05} = -0.1713(-17.13\%)$$

该比率表明企业在不变现资产的情况下，全部现金净流量偿还流动负债的能力。该比率越高，说明企业的短期偿债能力越强；该比率越低，说明企业的短期偿债能力越弱。该比率为负数，表明依靠全部现金净流量已无法清偿短期债务。

（5）现金纳税保障能力

营业现金流量纳税保障率具有刚性要求，因为税收具有固定性、强制性和无偿性的特征，所以纳税所需的现金流出是一种"刚性支出"。一家企业如果缺乏支付税金的现金流，就一定出现了严重的财务问题。

$$营业现金流量纳税保障率 = \frac{经营现金净流量 + 所得税 + 增值税等}{增值税 + 所得税等}$$

任何企业，一旦取得了账面收入和账面利润，无论其质量如何或有无足够的现金流入保障,都必须严格地依法履行纳税义务。如果营业现金流量纳税保障比率小于1,企业就不得不通过借款甚至压缩未来营业活动必要的现金支出进行弥补,这不仅会增大企业的财务风险,而且会对其未来的经营活动以及现金流入能力造成极大的危害。为此,营业现金流量纳税保障率应尽可能大于1。

(6) 现金偿债保障能力

企业还应当关注维持当前现金流量能力的保障率和营业现金净流量偿债贡献率等指标的增减变动情况,其中:

$$维持当前现金流量能力的保障率 = \frac{经营现金净流量}{必需的维持性资本支出}$$

随着使用或时间的推移,作为创造营业现金流量的物质基础,如机器设备等的功能及效率会随之损耗,如果不及时维修或技术改造,必将危害企业的营运能力基础,以致未来无法维持当前的营业现金流量能力。因此,当企业取得了营业现金净流量后,应当拿出其中的一部分作为维持当前现金流量能力所必需的资本性支出,并确保未来现金流量能力至少能维持在当前的水平。该比率小于1,表明取得的营业现金净流量水平不足以维持简单再生产的需要;而当该比率大于1时,表明所取得的营业现金净流量不仅能够为简单再生产提供良好的保障,而且有剩余能力用于扩大再生产或对其他方面的现金需要发挥贡献作用。

$$营业现金净流量偿债贡献率 = \frac{经营现金净流量 - 维持性资本支出}{到期债务本息}$$

该比率意味着企业所取得的营业现金流入量在弥补了营业现金流出量、支付了应纳税款并满足了维持当前现金流量能力必要的追加性现金支出后,可用于偿付到期债务的水平,即剩余营业现金净流量对偿债的贡献能力。该比率大于1,表明企业完全可以依靠营业活动的现金流量偿付到期债务;反之,该比率小于1,则表明企业不得不通过举借新的债务或其他途径来偿付到期债务。假设该比率为0.6,到期债务为300万元,表明企业拥有180万元的剩余营业现金净流量可用于偿付到期债务,贡献程度为60%;其余120万元,即40%的到期债务只得通过其他途径加以解决。

7.4.3 反映管理现金能力的现金流量比率

(1) 销售收现比率与购货付现比率

销售收现比率也称收现能力比率或营业收入现金保障倍数,是指企业一定时期销售商品、提供劳务收到的现金(不含增值税)与营业收入的比值,反映现金流入对营业收入的保障程度,可以真实地反映企业收入的质量。其计算公式如下:

$$销售收现比率=\frac{销售商品、提供劳务收到的现金}{营业收入净额}$$

营业收入是按照权责发生制原则核算的本期日常经营活动的经济利益总流入,销售商品、提供劳务所收到的现金是按照收付实现制反映的本期实际收到的现金,包括本期销售本期实收的现金,也包括收回前期销售的赊销款和预收的后期销售的现金,还包括收取的销项税额。其与营业收入不具有简单的可比性,或者说,该指标中的分母来源于利润表,是不含价外税的;而分子的数据可从企业现金流量表中分析获得。申良公司2019年度已收现金的销售收入为8 808.1万元,包括价外税金和上期销售在本期收到的现金,应当还原为不含税价格。至于该指标的分母与分子是否应当包含价外税,口径要一致。

申良公司2019年的销售收现比率计算如下:

$$销售收现比率=\frac{8\ 808.1 \div 1.13}{8\ 430.89}=0.924\ 5(92.45\%)$$

销售收现比率反映企业每1元营业收入中有多少已实际收到现金。一家企业如果能保持较高的销售收现比率,就说明其现金流量状况和收益质量是良好的,数值越大表明企业的销售收现能力越强,是衡量销售质量或收益质量的根本性指标。

该比率等于或基本等于1或围绕1上下波动,都说明本期销售收到的现金与本期的销售收入基本一致,没有形成资金挂账,资金周转情况良好。

该比率大于1,即本期收到的销售现金大于本期营业收入,说明不仅当期销售全部变现,部分前期应收款项也被收回,这种状况与应收款项下降相对应。

该比率小于1,即本期销售收到的现金小于当期的营业收入,说明账面收入多而变现收入少,应收款项增多,必须关注其债权资产的质量和信用政策的调整。若该比率连续几期下降且都小于1,则预示着可能存在大量坏账损失,利润质量的稳定性会受到不利影响,应当予以关注。

但也不能简单地认为该指标一旦下降,企业的财务状况必定不佳,因为企业在一定时期采用放宽信用政策、促进销售和扩大市场占有的经营方针时,可能会使本期收现能力指标有所下降,应关注其潜在的收现风险是否有所增长。

与销售收现比率对应的是购货付现比率,反映企业每1元购货成本中有多少实际付现的成本。其计算公式如下:

$$购货付现比率=\frac{购买商品、接受劳务支付的现金}{营业成本}$$

该比率等于或接近1,说明企业本期购货现金与营业成本相当,购货成本基本上是付现成本,表明企业没有因购货形成新的债务。

该比率大于1,即本期购货现金大于营业成本,表明企业不仅支付了本期全部货款,而且偿还了前期欠款,虽然现金流出增多,但可能因此树立良好的信誉。

该比率小于1,即本期购货现金小于营业成本,表明赊购较多,虽节约了现金,充分利用了财务杠杆效应,但增加了负债,加大了企业以后的偿债压力。

企业还可以通过分析经营活动现金净流量与营业收入的比率来说明营业收入获取净现金的能力。其计算公式如下:

$$营业净收现率=\frac{经营活动现金净流量}{营业收入}$$

申良公司2019年的营业净收现率计算如下:

$$营业净收现率=\frac{98.9}{8\,430.89}=0.011\,7(1.17\%)$$

申良公司2019年的营业净利润率为7.31%,而营业净收现率只有1.17%,相差6.14个百分点,表明其收益质量较差。

(2)资产现金回收率

资产现金回收率是反映企业一定时期经营活动的现金净流量与全部资产的比率,用以说明全部资产产生现金的能力。其计算公式如下:

$$资产现金回收率=\frac{经营活动现金净流量}{平均资产总额}\times 100\%$$

申良公司2019年的全部资产现金回收率计算如下:

$$全部资产现金回收率=\frac{98.9}{(15\,470.52+15\,712)\div 2}\times 100\%=0.63\%$$

与2019年中型企业评价标准值比较,申良公司处于平均值以下,说明其全部资产创造现金的能力不强。与申良公司资产净利润率3.95%相比,差异3.32个百分点,说明其在运作相同数额资产的情况下,所产生的经营现金净流量低于所创造的净利润,经营活动现金净流量的减少是导致盈利质量下降的重要原因。

如果对资产现金回收率的公式求倒数,就可分析全部资产用经营活动现金回收需要的时间,体现了资产回收的经济含义。回收期越短,说明资产获现能力越强。

7.4.4 反映现金获利能力的现金流量比率

盈利应当是企业经济利益的净流入,而不是"账面富贵"。企业账面利润高,不一定很有钱,甚至也可能没有钱。经营活动现金净流量与净利润严重背离是一个值得关注的财务信号。

盈余现金保障倍数又称利润现金保障倍数/净利实现率/净现比,是指企业一定时期经营现金净流量与净利润的比值,反映了企业当期净利润中现金收益的保障程度(即含金量)。分析该指标能够在一定程度上透视企业盈余的质量。其计算公式如下:

$$盈余现金保障倍数 = \frac{经营活动现金净流量}{净利润}$$

盈余现金保障倍数反映企业当期净收益中有多少是有现金保障的,体现其当期收益的质量状况;同时,减少了权责发生制对收益的操纵,即该比率反映经营活动的现金净流量与当期净利润的差异,说明当期实现的净利润中有多少经营活动现金净流量作保证。正常盈利的企业,由于经营活动现金净流量来源于净利润和折旧等非付现费用,因此盈余现金保障倍数应当保持大于等于1的状态,其正数值越高,表示利润越可靠,收益质量越高,就具有一定的派现能力;反之,利润的可靠性与派现能力就值得怀疑。

申良公司 2019 年的盈余现金保障倍数计算如下:

$$盈余现金保障倍数 = \frac{98.9}{616.04} = 0.1605(16.05\%)$$

如果当期净利润大于 0,则该指标应当大于 1,即对于盈利的、健康的企业来说,盈余现金保障倍数不仅是正数,而且应当保持在 1 以上,最好大于行业平均数或评价标准的平均值。该比率若等于 1,则表明企业的收现能力不强,利润质量不高;若小于 1(尤其是远小于 1),则表明企业的盈利质量较差;若出现负数(如经营活动现金净流量是负值,而净利润是正数),则可能存在大量应收账项或盈余管理等现象。

近 5 年来,企业盈余现金保障倍数的评价标准值分布情况如表 7.12 所示。随着人们对收益质量的重视,盈余现金保障倍数出现逐步回升的趋势。

表 7.12　　　　　中型企业盈余现金保障倍数标准值汇总对比一览表

年度与指标	优秀值	良好值	平均值	较低值	较差值
2015 年盈余现金保障倍数	12.0	5.1	0.7	−1.6	−6.2
2016 年盈余现金保障倍数	12.3	5.4	1.0	−1.3	−5.9
2017 年盈余现金保障倍数	12.2	5.3	0.9	−1.4	−6.0
2018 年盈余现金保障倍数	12.6	5.7	1.3	−1.0	−5.6
2019 年盈余现金保障倍数	12.6	5.7	1.3	−1.0	−5.6

与 2019 年中型企业评价标准值比较，申良公司处于平均值以下的状态，说明其收益质量不高，对照前几年的情况，存在滑坡趋势。

盈余现金保障倍数反映现金净流量与净利润的差异，即当期实现的净利润中有多少现金作为保证。分析该指标有利于识别企业是否有操纵利润的行为。企业操纵账面利润，一般是没有相应的现金流量的。当净利润为正数时，该指标过低，就有虚盈实亏的可能性，应进一步分析关联交易、会计政策、会计估计和会计差错变更的影响等。

在实务中，盈余现金保障倍数分子和分母变动的具体情况比较复杂。一般该指标在临界值（0）上下变动的情况对比分析可参见表 7.13。

表 7.13　　　　　盈余现金保障倍数一般情况分析表

临界值	分子	分母	具体情况分析与评价
>0	>0	>0	经营现金净流入且盈利，指标越大，利润质量可能越好
>0	<0	<0	经营现金净流出且亏损，指标越大，利润质量可能越差
<0	>0	<0	经营现金净流入且亏损，绝对值越大，收现情况越好
<0	<0	>0	经营现金净流出且盈利，绝对值越大，利润质量越差
=0	=0	=0	经营现金流量与盈亏平衡，收现能力和获利能力有待提高

盈余现金保障倍数的分子与分母不同口径，分子仅指经营活动创造的现金净流量，是按照收付实现制计算得出的；而净利润却包含经营活动、投资活动和筹资活动的收益，是按照权责发生制计算的，不同于经营活动现金流量的口径。所以，可以通过计算分析现金营运指数来弥补这个缺憾。

为了同口径计算，还可以将盈余现金保障倍数公式的分子替换为期末现金余额，用来分析净利现金比率，用以说明净利润的现金（指货币资金）保障程度。其计算公式如下：

$$净利现金比率=\frac{期末现金余额}{期末净利润}$$

申良公司2019年的净利现金比率计算如下：

$$净利现金比率=\frac{673.13}{616.4}=1.0920(109.20\%)$$

净利现金比率的分子与分母都是按照权责发生制计算的同口径数据，分别来源于资产负债表和利润表，说明了现金余额对净利润的支撑程度，内含经营活动、投资活动和筹资活动的运营结果，不能单独显现经营活动状况的优劣。

将经营活动的现金净流量与现金股利相比较进行分析，可以反映企业用年度经营活动的现金流量支付现金股利的能力。这个比率越大，说明企业支付现金股利的能力越强。其计算公式如下：

$$现金股利支付比率=\frac{经营活动现金净流量}{现金股利}$$

当企业已有的现金或经营活动现金净流量不足以支撑现金股利时，就可能出现借钱分利的情况。

老法师提醒 7.2 ｜ 警惕操纵现金流量的狡诈手段

利润可以"做"出来，但现钞不能是假币。现钞中会混入假币，所以鉴别能力特别重要。在分析现金流量指标时，应结合一些重要科目的增减变化进行，如银行存款、各项应收预付款、存货、各项应付款等，观察是否有异常状况。如果企业进行财务欺诈时既虚构利润，又操纵现金流量，就必然会留下"蛛丝马迹"于账上，也可能会找途径"消化"或"转移"这些痕迹，所以对一些操纵现金流量的手段应当特别关注。尤其是虚构进账单、对账单，虚增银行存款；利用未达账项操纵银行存款余额；隐瞒银行贷款，虚增经营性现金流入；虚增预收款项，增加经营性现金流入；将投资性或筹资性现金流入粉饰为经营性现金流入；等等。

———— 经典案例评析 ————

华为盈利能力与收益质量解析

收益能否持续，请分析盈利效能。有利润不等于收益无风险，有利润不等于收益有质量,有利润不等于有现金流量,有利润不等于持续稳定增长。收益的"质"和"量"应当辩证统一。没有收益"质"的保证,"量"就没有意义;没有收益"量"的支撑,"质"就失去了应有的作用。

华为的发展是有起有伏的,但不是大起大伏。华为是一家稳健赚钱的公司,而不是突然就赚了很多钱的公司。

洞察华为,最令人称道的就是始终聚焦主业,其利润主要来源于经营利润。

华为2019年的营业毛利额为人民币3 226.89亿元,比2018年增长16%;营业毛利率为37.6%,比2018年的38.6%下降了1个百分点。纵观过去12年,华为的营业毛利水平始终在37%~45%,最高年份是2014年,达到44.22%,最低年份是2011年,为37.49%,平均营业毛利率为40%左右,这在全国高科技企业中是领先的,这与华为坚持聚焦主业的发展宗旨密切相关。

毛利空间越大,营业利润为正数的空间也就越大。华为2019年的营业利润为778.35亿元,比2018年的732.87亿元增长了6.2%。营业利润率却从2018年的10.2%下滑至9.1%,下降了1.1个百分点。近年来,随着销售额的不断增加,华为的营业利润也在不断增多,呈现正相关状态,但增长率却出现前高后低的态势。

华为的净利润年年都在增长,近5年的净利润分别为369.10亿元、370.52亿元、474.55亿元、593.45亿元和626.56亿元,增长率分别为32.46%、0.38%、28.08%、25.06%和5.58%,年均复合增长率为14%。由此可见,2019年华为的净利润增长率出现明显下滑态势,明显低于前12年的平均增长速度20.79%。

令人称道的是,华为的经营活动现金净流量年年都是正数,近5年分别为523亿元、492.18亿元、963.36亿元、746.59亿元和913.84亿元,其增长率分别为25.25%、-5.89%、95.73%、-22.50%和22.40%,年均复合增长率为15%。观察近5年的数据可以看出,华为每年的经营现金净流量都大于净利润,分别是净利润的1.42倍、1.33倍、2.03倍、1.26倍和1.46倍,这表明华为的收益质量一直比较高,说明华为的税后净利润是有现金支持的,具有较高的含金量。长期如此,难能可贵。

2019年华为的盈余现金保障倍数是1.46,与2018年的1.26相比增加了0.2倍,原因是华为2019年的净利润增长5.6%,而经营活动现金净流量增长22.4%,但该指标还未达到2019年全国大型企业盈余现金保障倍数绩效评价的平均值,详见下表。

2019年华为净利润与经营现金净流量比较分析　　单位：人民币百万元

项　　目	2019年	2018年	同比变动
净利润	62 656	59 345	5.6%
折旧、摊销、净汇兑损失和非经营性损失	25 814	14 090	83.2%
运营资产及负债变动前经营活动现金流	88 470	73 435	20.5%
运营资产及负债变动	2 914	1 224	138.1%
经营活动现金流	91 384	74 659	22.4%

收益质量是收益综合管理结果的忠实体现,一般是指会计收益所表达的与企业经济价值有关信息的可靠程度。一般来说,没有相应现金净流入的利润,其质量是不可靠的。如果企业现金净流量长期低于净利润,已经确认的应收款项可能属于不能转化为现金流量的虚资产。如果企业的银根长期很紧,现金流量经常是支大于收,则说明该企业的资产质量处于恶化状态。现金流量信息能够反映企业的经营情况是否良好、资金是否短缺、资产质量的优劣、偿付能力的大小等。2019年全国大型企业盈利能力状况绩效评价标准值如下表所示。

2019年全国大型企业盈利能力绩效评价标准值

项　　目	优秀值	良好值	平均值	较低值	较差值
净资产收益率(%)	13.4	10.5	6.9	4.0	−5.6
总资产报酬率(%)	8.6	7.2	4.3	3.0	−4.8
销售(营业)利润率(%)	18.4	12.6	5.4	−0.4	−8.0
盈余现金保障倍数	11.7	6.2	1.7	−1.6	−3.1
成本费用利润率(%)	13.3	10.3	6.8	2.6	−3.2

根据2019年华为披露的年报数据进行计算与分析,2019年华为盈利能力指标的绩效评价情况如下表所示。

华为2019年盈利能力指标绩效评价表

指标名称	实际数据	绩效平均值	增减百分点	对比评价结果
净资产收益率(%)	23.71	6.90	16.81	大于优秀值
总资产报酬率(%)	10.04	4.30	5.74	大于优秀值

续表

指 标 名 称	实际数据	绩效平均值	增减百分点	对比评价结果
销售（营业）利润率（%）	9.10	5.40	3.71	大于平均值
盈余现金保障倍数	1.46	1.70	−0.24	低于平均值
成本费用利润率（%）	9.98	6.80	8.49	大于平均值

研判上表数据可以看出，2019年华为由于继续重视收益管理，其盈利能力指标除了盈余现金保障倍数外，均高于全国大型企业平均值，收益质量总体良好，尤其是净资产收益率和总资产报酬率远高于全国大型企业绩效评价优秀值。

净资产收益率是所有盈利能力指标中的核心指标。华为近12年的财报显示，其平均净资产收益率为27%左右，2018年度股东权益报酬率为29.04%，2019年度股东权益报酬率为23.71%，是一家对投资者回报很高的公司。

华为十分注重自我批评和"练内功"，既增收又节支。任正非认为："管理中最难的是成本控制。没有科学合理的成本控制方法，企业就处在生死关头。""华为基本法"明确规定："成本是市场竞争的关键制胜因素。成本控制应当从产品价值链的角度权衡投入产出的综合效益，合理地确定控制策略。应重点控制的主要成本驱动因素包括：① 设计成本；② 采购成本和外协成本；③ 质量成本，特别是因产品质量和工作质量问题引起的维护成本；④ 库存成本，特别是由于版本升级而造成的呆料和死料；⑤ 期间费用中的浪费。"华为对产品成本实行目标成本控制，在产品的立项和设计中实行成本否决。目标成本的确定依据是产品的竞争性市场价格。必须把降低成本的绩效改进指标纳入各部门的绩效考核体系，与部门主管和员工的切身利益挂钩，建立自觉降低成本的机制。任正非反复强调，如果华为不能控制成本，随着市场竞争越来越激烈，利润空间越来越小，公司的生存和发展将面临很大的困难。在这种情况下，必须加强财务管理，避免浪费，控制成本，从而使收益质量具备内在的可靠基础。

第 8 章　经营增长与发展效能

既谋求经营增长又提升发展效能的企业才能行稳致远、守正出新。

8.1　洞悉趋势变异

8.1.1　解析企业成长的内因变动趋势

业务增长既是企业发展的"根",也是指标数据的"源",它既不应像广告一样"喊"出来,也不可如空穴来风"吹"出来,更不能随心所欲"变"出来。任何增长都应当根源于发展的内在逻辑与运行规律,应当是"做"出来的趋势所致,而不是"写"出来或"算"出来的数字。所以,财务分析既不是数学计算,也不是统计推算,而是有"分"有"析"后的专业判断。

解析变动趋势不是数字游戏。某企业当年的利润总额为 3 000 万元,比上年的 2 000 万元(基本是经营利润)增加了 1 000 万元,增长 50%,这是算术,是简单运算的记录结果。有人据此推算出 3 年后该企业的利润将超过亿元,这是从 3 000 万元推算出的对该企业总体情况的粗略估计或大胆判断。事实上,在该企业 3 000 万元的利润中,有 1 200 万元左右是公允价值变动的账面浮盈,还有 800 万元是一次性补助,剔除这两项因素的话,与上年相比,该企业的经营利润减少了近千万元,预计未来的经营利润将大幅下降。这是不同的眼光看待同一家企业的发展数据的举例。

经营利润体现企业经营活动最基本的获利能力。只有在企业的主营业务突出且营业利润率较高的情况下,企业才能在竞争中占据优势地位。企业应当特别关注主营业务的获利能力,突出主打产品。提高主营业务利润率就是提升核心竞争力,如此才能有良好的发展前景。

如果一家企业的报告期业绩存在过多非经常性损益,那么,这家企业下一个会计期间的经营业绩可能会有大幅滑坡,原因是非经常性损益因素将来不一定有,所以可能没有预测价值。

上述企业当年非经常性损益合计对利润总额的比率高达67%,尽管到第二年可能有所改善,但由于失去以往那样的非经常性损益的支持,利润表提供的利润会明显下降,照此运作下去就可能出现亏损。正是由于这一原因,在分析一家企业的盈利能力时,应重点分析其主营业务利润率(或营业利润率)的增减变动情况。如果报告期一家企业的主营业务利润率(或营业利润率)能够保持同比和环比增长,那就可以确认其具有一定的业绩成长性;相反则存在问题。

在证券市场上,有些企业将上市前3年的业绩做大,上市后业绩出现"大变脸",营业收入和利润指标大幅下滑甚至亏损,这也道出一个事实:仅仅根据以前年度的业绩就推算出以后业绩的做法并不可取,一定要注意挤出业绩中的"水分",包括偶然性的、人为操作的、不可比的因素等,才能使趋势分析具有科学性。

一家企业能否健康发展、砥砺前行取决于多种因素,包括外部经营环境、企业内在素质及资源条件等。其中,内因是根本,企业财务分析的主要任务之一在于解析内因变动的现状及其趋势,所以需要培养洞察趋势的眼光。

财务趋势分析是通过比较企业连续几期的财务报表或财务比率来了解企业财务状况变化的趋势,并以此来预测企业未来的财务状况,判断企业的发展前景。

趋势分析可以通过剖析数据相互之间的因果关系或关联程度,观察其发展趋势,推断其可能的结果,从而达到分析的目的。趋势分析法可用相对数,也可用绝对数。通过趋势分析可以知道企业财务经营的变化情况,为预测未来发展方向提供帮助。例如,通过对应收账款的趋势分析,可对坏账发生的可能性与应催收的货款做出一般评价。

巴菲特进行长期投资时,特别重视对企业净资产、盈利、销售收入的长期趋势分析。"我们不仅要在合理的价格上买入,而且我们买入的公司的未来业绩还要与我们的预测相符。这种投资方法——寻找超级明星——给我们提供了走向真正成功的唯一机会。"巴菲特明确表示:"我关注的是公司未来20年甚至30年的盈利能力。"

专题讨论8.1 | CFO需要具有CEO那样洞察趋势的眼光

CFO一般习惯于看到数据结果以后才相信某件事情能够做,CEO却可能因为相信所以才"看见",他有个初创时的想法,但当时还无法拿出数据依据。趋势就像一匹马,如果一直在马的后面追,那永远都追不上,只有骑在马上,才能和马一样快。CEO和CFO应当成为一块镜子的两面,配合协调。CFO要学会站在CEO的角度考虑问题,具有CEO观察趋势的分析眼光,从而使财务分析对决策有用,承担起受托责任。阿里巴巴的新掌门人张勇也是CFO出身,但他在阿里巴巴做的不仅仅是财务总监的工作。他选择离开盛大而进入阿里巴巴时说:"在盛大我更多是典型意义上的CFO,工作内容更多是财务上的,包括投资以及投资者关系。但在阿里巴巴,角色不一样了。我其实从2008年就开始慢慢地管业务了。"张勇的经历验证了任正非的那句话:财务一定要融入业务。

8.1.2 警惕趋势出现变异

趋势分为上升趋势和下降趋势。通过对有关指标各期对基期的变化趋势的分析,既要善于发现有价值的企业,也要善于发现问题,为检查与追责提供线索。所以,学会跟踪分析与趋势分析,全面考查主要的财务趋势变异状况,是识别"庐山真面目"的有效方法。

任何造假行为都是难以为继的,一旦伪造报表,就如同走在绷紧的钢丝绳上一样,每年都会产生更大的摇摆,说不定什么时候会从绳子上掉下来。有时候仔细阅读财务报表附注及财务情况说明书,对理解财务信息会有意想不到的收获。

对于趋势变异状况不可掉以轻心。眼前的高速增长不能代表永恒,30%以上的高增长大多难以为继,一旦高成长不再,业绩和预期的"双杀"往往十分惨烈。否极泰来、乐尽哀生的都是增减变异后的物极必反。

趋势变异是最令人伤心的,尤其是盈利性破产和成长性破产。

盈利性破产是指某家企业的账面利润为正数,但由于缺乏足够的资金维持日常运作而被迫破产。例如,某企业的赊销比例大,但对应收账款管理得不好,坏账损失严重,以至于对应收账款失去控制,或者该企业持续让产量远大于销售量。会计报表反映企业是盈利的,但由于收回的现金不足以抵补生产和投资所需的现金或应偿还的债务,该企业会面临破产的危险。

成长性破产是指某企业发展过快导致现金不能满足投资需求而引发破产。即使是有利可图的业务,快速扩张时在固定资产、人员、存货、广告等多方面均需要大量现金投入,因此现金流往往为负。增长得越快,现金流的"窟窿"就越大,极端情况导致资金链断裂,引发成长性破产,不少拿地过多的地产商和开店过快的直营连锁就是这样败下阵来的。

8.1.3 提高察势、趋势与驭势能力

"察势者明,趋势者智,驭势者独步天下。"(《鬼谷子》)。察势者是能看清大势大局的人,是聪明的;趋势者是不仅看清楚大势而且能顺应大势的人,是明智的;驭势者不仅能看清时势,而且能驾驭时势,让时势为自己服务,这种人能独步天下。

进入 2020 年,随着"新冠"病毒疫情的爆发,全球经济低迷,经济增速普遍回落,国内经济下行压力加大。越是经济出现转折点,越是竞争惨烈,越要瞻前顾后、观察动态。经营企业需要洞悉趋势、明察大势、应势而谋、因势而动、固本强基、张弛有度,所以,必须高瞻远瞩、未雨绸缪,以便在竞争中既"知己知彼,百战不殆",又谨慎从事、防患于未然。

在趋势分析时,要善于扬长避短、趋利避害,既要看到企业销售、利润、资产、资本的增长幅度和发展趋势,又要充分揭示企业经营中的不利因素及预计影响程度,更要对企业的经营前景进行预测分析,还要找出制约企业发展的问题点、风险点、危机点及改善现状的着眼点、控制点与着力点,从而引导企业正确把握经营方向,因势利导,顺势而为。

随着科学技术的不断进步,要求企业不断变革已有的技术和产品,从长计议,进行战略规划;尤其是在转型发展和创新发展的当下,资源供应越紧张,生存问题越艰难,结构调整越重要,谋划经营增长与发展战略的现实意义越重大。

总之,谋划经营增长与提升发展效能并举才能谨防乐极生悲,避免好景不长的窘境。企业要行稳致远,应当保持好经济发展的定力,通过开拓进取和加强管理,使"稳"的格局更加牢固、"进"的姿态更加凸显、稳中向好的态势更趋显著。

8.2 明察增长能力

8.2.1 企业发展效能与增长能力指标

企业发展效能是指企业现在或未来的发展趋势和发展速度,包括企业规模的扩大、利润的增加和所有者权益的增值等。洞悉企业发展效能及其变动趋势,可以反映企业的成长性,明确企业通过自身的经营不断扩大积累而形成的发展潜能。

企业发展效能主要体现在增长速度(效率)和增值质量(效益)两大方面。

企业发展的效率主要是指企业相关指标的增长速度,包括资产、收入、利润、资本的增长率等。

第 8 章 经营增长与发展效能

企业发展的效益主要是指企业增长内涵的质量,包括技术投入比率(%)、资本保值增值率(%)、经济增加值率(%)、资本积累率(%)等。

衡量企业发展能力的核心是能够反映企业价值的增长率指标。影响企业价值增长的因素包括销售、利润、资产、资本等的增长率,资本保值增值率、技术投入比率、经济增加值率、平均增长率、人均平均增长率等指标。

2015～2019 年,全国中型企业反映经营增长状况指标的平均值汇总如表 8.1 所示。

表 8.1 **衡量中型企业经营增长指标平均值的汇总表**

经营增长状况指标	2015 年	2016 年	2017 年	2018 年	2019 年
销售(营业)增长率(%)	5.3	−6.7	3.8	12.5	8.0
销售利润增长率(%)	3.2	−2.6	1.2	9.3	9.5
总资产增长率(%)	8.8	7.2	6.4	8.8	8.8
资本保值增值率(%)	102.5	102.0	103.0	104.2	104.2
资本积累率(%)	8.0	8.3	8.4	8.7	8.0
技术投入比率(%)	2.0	2.0	2.0	2.0	2.0
经济增加值率(%)	0.1	0.1	0.1	0.3	0.3

2019 年中型企业经营增长状况指标评价标准值的分布情况如表 8.2 所示。

表 8.2 **2019 年中型企业经营增长状况指标评价标准值**

经营增长状况指标	优秀值	良好值	平均值	较低值	较差值
销售(营业)增长率(%)	21.7	14.8	8.0	−9.6	−19.2
销售利润增长率(%)	23.0	15.8	9.5	−4.4	−14.0
总资产增长率(%)	19.3	14.2	8.8	−5.9	−14.0
资本保值增值率(%)	110.6	108.0	104.2	100.7	90.4
资本积累率(%)	35.2	20.3	8.0	−2.2	−12.6
技术投入比率(%)	3.1	2.3	2.0	1.7	0.9
经济增加值率(%)	7.8	5.2	0.3	−0.6	−11.9

透视经营增长相关指标的增减变动可以观察企业的发展效能。通过多年财务资料的比较进行经营增长、经济增加值、持续发展和企业价值等方面的分析,可以

了解企业的发展轨迹和运行规律,观察其发展趋势和财务危机信号。

8.2.2 本期增长率分析

(1) 销售(营业)增长率分析

销售状况变动趋势是反映企业是否有良好发展前景的关键。企业多年的销售增长率变动状况可以说明企业未来的成长潜力。销售(营业)增长率是本期销售额或销售量与上期销售额或销售量的比率。其计算公式如下:

$$销售(营业)增长率=\frac{本期销售额(量)-上期销售额(量)}{上期销售额(量)}\times100\%$$

申良公司 2019 年的营业收入为 8 430.89 万元,比 2018 年的 7 237.35 万元增加了 1 193.54 万元,增长率为 16.49%,超过 2019 年中型企业绩效评价良好值 14.8%。

销售增长与市场占有增长相关。市场占有率是将本企业的销售额(量)与市场总销售额(量)相比计算的,反映企业产品的市场竞争能力和是否具有良好的发展前景。其计算公式如下:

$$市场占有率=\frac{企业年度销售额(量)}{市场年度销售额(量)}\times100\%$$

$$市场占有增长率=\frac{本期市场占有率-上期市场占有率}{上期市场占有率}\times100\%$$

市场占有增长率指标越大,说明企业的市场占有水平越高,企业的产品在市场上有很强的竞争能力,并已得到消费者的充分认可。如果一家企业的产品的市场占有率能长期保持一定的增长态势,并在同行业中处于领先地位,应该认为该企业具有良好的成长能力,企业的经营和财务管理水平较高。如果该企业的盈利能力和现金净流量也能保持同步增长,那必然是一家财务状况良好的企业。

(2) 销售(营业)利润增长率

销售(营业)利润增长率是本期营业利润减去上期营业利润后与上期营业利润的比值,体现营业利润的增长速度。其计算公式如下:

$$销售(营业)利润增长率=\frac{本期营业利润-上期营业利润}{上期营业利润}\times100\%$$

营业利润的稳定增长且占利润总额的比例呈上升趋势是值得称道的。但申良公司 2019 年的营业利润为 627.25 万元,比 2018 年的 761.21 万元减少了 133.96

万元,下降了17.60%,尤其是在营业收入上升前提下的营业利润下降趋势值得重点关注。营业利润大幅下降,不仅利润质量不高,而且蕴藏着持续发展的风险。

(3) 净利润增长率分析

净利润是企业创造的财富,是企业经营实力和未来发展能力的重要表现之一。净利润增长率就是本期净利润减去上期净利润后除以上期净利润所得到的比率。其计算公式如下:

$$净利润增长率 = \frac{期末净利润 - 期初净利润}{期初净利润} \times 100\%$$

申良公司2019年的净利润为616.40万元,比2018年的822.77万元减少了206.37万元,下降了25.08%,净利润下降幅度过大的现状值得关注。

净利润增长率越高,企业的获利能力越强,企业发展所需的自有资金积累会越充分。如果企业能在一个较长的时期内持续稳定地保持净利润的增长,就应该是一家经营成果良好的企业。企业只有不断增长净利润,才能更好地生存与发展。

(4) 总资产增长率分析

总资产增长率又称总资产扩张率,是企业本年总资产增长额与年初资产总额的比率,反映企业本期资产规模的增长情况。其计算公式如下:

$$总资产增长率 = \frac{年末资产总额 - 年初资产总额}{年初资产总额} \times 100\%$$

申良公司2019年年末资产总额为15 712万元,比2018年的15 470.52万元增加了241.48万元,增长1.56%,说明资产规模有所扩张。

总资产增长率越大,说明企业的经营规模越大。企业能在一个较长的时期内持续稳定地保持其总资产的增长,是发展中企业的标志之一。不断增加企业的总资产可能有助于企业增强竞争实力。

(5) 资本保值增值率分析

资本保值增值率是指企业本年末的所有者权益扣除客观增减因素后与年初所有者权益的比率,表示当年的资本在企业自身努力下的实际增减变动情况,是评价企业效益的辅助指标。其计算公式如下:

$$资本保值增值率 = \frac{扣除客观因素后的年末所有者权益}{年初所有者权益} \times 100\%$$

申良公司2019年年末所有者权益总额(净资产)为10 979.95万元,没有调整因素,与2018年的10 363.55万元相比,资本保值增值率为105.95%,超过2019年中型企业绩效评价良好值,说明其资本不仅保值,而且在增值。

资本保值增值率若为100%,说明企业不盈不亏,保本经营,资本保值;若大于100%,说明企业有经济效益,资本在原有基础上实现了增值;若小于100%,则表明企业资本受到侵蚀,没有实现资本保全,损害了所有者的权益。

净资产(所有者权益)是企业真正的自有资本,是企业经营实力和未来发展能力的重要表现。净资产增长率就是本期净资产减去上期净资产后除以上期净资产所得的比率,也称资本积累率,可以反映企业创造财富的速度。其计算公式如下:

$$净资产增长率 = \frac{期末净资产 - 期初净资产}{期初净资产} \times 100\%$$

申良公司2019年年末净资产为10 979.95万元,比2018年的10 363.55万元增加616.40万元(来源于当年净利润),增长率为5.95%。净资产增长率越大,说明企业的经营实力越强,企业的资金积累越充分。如果企业能在一个较长的时期内持续稳定地保持净资产的增长,这就是一家经营和财务状况良好的企业,只有不断增长企业的净资产,才能确保股东财富的最大化。

老法师提醒8.1 | 到底"净"还是"不净"

净利润到底"净"还是"不净"对增长的真实趋势很重要,因为净利润既是现金净流量的主要来源,也是净资产的主要构成内容。净利润越"干净",现金净流量和净资产就越可靠。

净资产由实收资本、资本公积、盈余公积和未分配利润等构成,其中任何一个变动都将引起所有者权益总额的变动。但至少有两种情形并不反映真正意义的资本保值增值:一是本期投资者追加投资,使实收资本增加,并产生资本溢价或资本折算差额引起资本公积的变动;二是本期公允价值变动损益等情况导致资本公积增加。所以,不能简单地将期末净资产的增加理解为资本增值,期末净资产未减少就理解为资本保值。真正意义的资本保值增值取决于已经实现的"干净"的净利润。

8.2.3 人均增长率分析

(1) 人均销售增长率分析

人均销售(简称人效比)是体现企业劳动生产力水平高低的重要指标。人均销售增长率是企业本期人均销售减去上期人均销售后除以上期人均销售所得的比率。其计算公式如下：

$$人均销售 = \frac{营业收入}{全员人数}$$

$$人均销售增长率 = \frac{本期人均销售 - 上期人均销售}{上期人均销售} \times 100\%$$

该比率越大，说明企业生产和经营的管理水平越高，人员的素质在不断提高，可能正在从劳动密集型转向技术密集型，具有良好的发展后劲。如果企业多年来能具有持续的人均销售增长率，就说明这是一家成长型的企业。

（2）人均利润增长率分析

人均利润和人均利润增长率是企业人均创利能力和增长能力的重要标志，直接关系到企业的长久发展能力。其计算公式如下：

$$人均利润 = \frac{一定时期的总利润}{该期全员人数}$$

$$人均利润增长率 = \frac{本期人均利润 - 上期人均利润}{上期人均利润} \times 100\%$$

人的因素在企业发展中占有重要地位，企业人均利润多，员工收入必定高，而且各项福利也能得到改善和提高，这势必使企业的专业人才稳定，并能不断吸引更多优秀人才，为企业的良性发展打下基础。

以上两个指标又称人均效能或人均劳动效率，是考核企业每位员工在一定时期内完成工作量的指标，体现活劳动消耗与经营成果的比较。

8.2.4 内在增长率分析

（1）产品更新率分析

企业的产品更新是企业在竞争激烈的市场环境中立于不败之地的重要保证，这对于产品更新换代较快的行业更为重要。产品更新率是企业本期的新产品种数与上期老产品种数的比率。其计算公式如下：

$$产品更新率 = \frac{本期新产品种数}{上期老产品种数} \times 100\%$$

产品更新率越高，或长期保持一定的更新率水平，说明开发新品的能力越强。企业能自觉引进新技术和新工艺，可以确保产品具有长久的市场竞争力。在新产品开发和试销的早期，企业需要有一定的研发支出，并不一定马上能创造出大量利润,因而主要观察其后续发展能力。新产品也不一定就是成功的产品,所以要对新产品进行跟踪分析,计算新产品的市场占有率和创利率等指标。

(2) 固定资产成新率分析

固定资产是企业必要的劳动资料。固定资产成新率是将企业的本期固定资产平均净值与固定资产平均原值进行比较,反映固定资产的新旧程度。其计算公式如下:

$$固定资产成新率 = \frac{固定资产平均净值}{固定资产平均原值} \times 100\%$$

固定资产成新率越高,说明企业固定资产较新或新投资从而形成新的生产能力的固定资产较多,企业发展的后劲在增强,有助于企业更好地生存与发展。

(3) 成本降低率分析

企业的成本管理水平是企业能否保持长久发展能力的重要前提。如果企业没有良好的成本控制机制,就随时可能被激烈的市场竞争所淘汰。成本降低率是将上期成本额减去本期成本额后除以上期成本额得出的。其计算公式如下:

$$成本降低率 = \frac{上期成本(费用)额 - 本期成本(费用)额}{上期成本(费用)额} \times 100\%$$

成本降低是企业"练内功"的表现,该比率越大或在较长一个时期内能保持稳定及下降的态势,说明企业有良好的成本控制能力,并可能通过技术手段的提高来加强企业产品成本的竞争能力。这种分析不应只注重某一期或某一时的成本增长或降低的变动,其可能由特殊原因引起,因此要重视长期的发展趋势。

(4) 折旧提足率分析

折旧额的提取是否充足,直接关系到设备更新换代和引进新技术资金来源的保证程度,也直接影响本期成本费用和利润的可靠性。企业如果为了短期利益而少提或不提折旧,势必会影响企业的长远发展实力。折旧提足率是企业当期实提折旧额除以当期应提折旧额的比率。其计算公式如下:

$$折旧提足率 = \frac{本期实提折旧额}{本期应提折旧额} \times 100\%$$

如果提足折旧,该指标应为1;如果小于1,则说明企业没有提足折旧,企业的利润有部分虚假,企业的净利率、保值率等一系列指标都含有水分。当然,多提、乱提折旧也是错的,会虚减利润,有逃税的嫌疑。

参考折旧提足率的计算与分析,企业还可以计算费用提足率(指待摊预提的费用)、减值准备提足率等。

(5) 潜亏挂账率分析

一些企业为了使已经发生的特殊损失,如坏账损失和投资损失等,对本期利润的冲击不至于太大而予以挂账,不计入或不全部计入当期损益。但这却是企业实实在在的亏损,直接影响企业的未来发展能力,对此应给予高度重视。潜亏挂账率是本期的潜亏挂账额与企业所确认的利润额的比率。其计算公式如下:

$$潜亏挂账率 = \frac{本期潜亏挂账金额}{本期净利润} \times 100\%$$

企业潜亏挂账越多,该指标就越大,说明企业的潜在风险越大,企业未来的发展前景不容乐观,可能会陷入严重的财务困境。如果企业上期已有潜亏挂账额存在,则还应计算潜亏挂账变动率指标,即将本期的潜亏挂账额减去上期的潜亏挂账额,再除以上期的潜亏挂账额,进一步分析潜亏挂账增减变动的程度。

(6) 综合资金成本变动率分析

综合资金成本率的高低与企业是否具有良好的资本结构、是否具有进一步举债的能力,以及债权人对企业是否有信心等密切相关。如果企业的综合资金成本率长期居高不下,经营或财务状况就可能存在一定的问题。综合资金成本变动率是企业本期综合资金成本率减去上期综合资金成本率后与上期综合资金成本率的比率。其计算公式如下:

$$综合资金成本率 = \sum 某种资金成本率 \times 该种资金占总资金的比重$$

$$综合资金成本变动率 = \frac{本期综合资金成本率 - 上期综合资金成本率}{上期综合资金成本率} \times 100\%$$

如果该变动率不断下降,并能保持较长的时间,就说明企业的资本结构状况良好,财务风险正在降低。降低资金成本会使企业保持良好的盈利能力,还能获得债权人的信任,有利于企业长期稳定发展。

8.2.5 技术投入比率分析

随着知识生产在现代经济中的地位日益重要,一些经济学家开始尝试直接将知识的产生和积累过程纳入经济增长的分析框架中,即把知识和技术的生产在宏观经济模型中"内生化"。内生增长理论指出,经济增长的动力来自对人力资本、创新和知识的投资。"科学技术就是第一生产力。"

技术投入比率是企业本年科技支出(包括用于研究开发、技术改造、科技创新等方面的支出)与本年营业收入(或主营业务收入)的比率,反映企业在科技进步方面的投入,在一定程度上可以体现企业的创新能力和发展潜力。

$$技术投入比率 = \frac{本年科技支出合计}{本年营业收入} \times 100\%$$

申良公司最近3年每年研发技术的投入比率在2%左右,达到中型企业绩效评价的平均水平,问题是如何迅速将其转化为生产力并赢得市场还未见显著成果,刺激不足、动力不够可能是制约发展的内在原因。

内生增长理论的核心思想是认为内生的技术进步是保证经济持续增长的决定因素,包括产品种类增加型、产品质量升级型、专业化加深型。其中,企业能否及时实现技术创新与产品更新是企业能否成功的关键,所以,应当注意对企业引进人才、引进设备、引进外资、新产品投产、新市场开拓、新技术使用、高新技术开发等方面进行分析与评价。

8.2.6 社会贡献指标分析

社会贡献指标可以衡量企业对国家或社会贡献水平的高低,主要有社会贡献率、社会积累率等。

社会贡献率是用以衡量企业运用全部资产为国家或社会创造或支付价值的能力的比率。其计算公式如下:

$$社会贡献率 = \frac{企业社会贡献总额}{企业平均资产总额} \times 100\%$$

企业社会贡献总额即企业为国家或社会创造或支付的价值总额,包括工资(含奖金、津贴等工资性收入)、劳保退休统筹及其他社会福利支出、利息支出净额、应交增值税等流转税费、应交所得税及其他税收、净利润等。

社会积累率是用以衡量企业社会贡献总额中上交国家财政的比率。其计算公式如下:

$$社会积累率 = \frac{上交国家财政总额}{企业社会贡献总额} \times 100\%$$

上交国家财政总额包括增值税等流转税费、所得税及其他税收等。企业生产经营创造的价值中用于满足全社会需要的积累越多,说明企业的社会效益越好;反之则越差。

8.3 慧识财务弹性

8.3.1 财务弹性与财务适应能力分析

适者生存是自然界的生存法则。在市场经济条件下,企业若不能适应经济环境的变化,就会陷入危机,最终被市场淘汰。

财务弹性是指企业及时采取行动来改变其现金流入的金额、时间分布,使企业能够应对意外现金需求并把握意外有利投资机遇的能力,包括动用闲置资金和剩余负债的能力、应对可能发生的或无法预见的紧急情况的能力,以及把握未来投资机会的能力,所以也称财务适应能力,即企业对内外环境的反应能力、适应程度及调整的余地等。

当经营现金流量超过需要,有剩余的现金,企业适应经济环境变化的能力就强。一旦市场出现千载难逢的投资机会或其他有利可图的机遇,就可以迅速利用,而一旦出现意想不到的市场逆境,也可以游刃有余、坦然应对。对于经营性现金流捉襟见肘的企业,再好的投资机会也只能望洋兴叹,对于始料不及的市场逆境,很可能应丧失还本付息的能力而一蹶不振。

财务弹性的实质在于预防性、适应性、灵活性、权变性,并要求资本结构的安排对内外环境的变化有一定的响应能力及调节余地。

通常,一家企业完全通过权益资本筹集资金是不明智的,因为其筹集方式使之不能得到负债经营的好处。保持适度的财务弹性是灵活适应资本市场变动的必要条件,是合理运用财务杠杆收益的前提,是调整融资规模、融资结构的基础。

通过分析债务水平和现金持有水平,可以判断企业的财务是否具有弹性及弹性的大小。

衡量负债程度的比率主要有资产负债率、长期负债比率、短期负债比率、剩余负债能力等。如果企业有剩余负债能力,就表明企业未来可使用的债务资金更多,财务弹性更大。财务张力是在未使用负债能力的基础上加上现金持有量的指标,更加全面地衡量了企业面对不确定事项的应变能力。

当企业有剩余的现金时,企业的财务弹性就强。因此,通常用经营现金流量与支付要求进行比较来衡量企业的财务弹性,最常用的反映财务弹性的现金类指标包括现金股利保障倍数、资本购置比率、全部现金流量比率、再投资现金比率等。

自由现金流量(FCF)是可自由运用的现金流,是在企业经营活动现金净流量的基础上扣除维持性资本支出和营运所需资本支出后的剩余部分。

自由现金流量＝税后净营业利润＋折旧及摊销－（资本支出＋营运资本增加）

如果自由现金流丰富，企业就可以偿还债务、开发新产品、回购股票、增加股息支付等。具有较多自由现金流量的企业在以后的生产经营中可以产生越来越多的现金流量，从而其市场价值会逐步提高，能够把握更多成长机会，能够应对更大负面冲击。一般来说，一家企业的自由现金流量越多，表明其内部产生现金的能力越强，其可自由运用的内源资金也越多，企业对外融资的要求就越低，企业的财务状况就越健康；反之，企业内部产生现金的能力就越差，其可自由运用的内源资金就越少。

8.3.2 财务弹性和再融资能力分析

（1）从经营现金流量获得财务弹性

企业的自由现金流量来自日常经营活动，是企业日常经营活动产生的现金流入量减去维持企业生产所需现金后的剩余净现金流，是企业当前可以支配的现金流。自由现金流充裕的企业能够有效维持日常生产经营，拥有更多机会进行扩大再生产，也能及时偿还债务、规避财务风险。拥有较多自由现金流还能多分股利以吸引投资者，从而进一步增强企业未来的融资能力。自由现金流量可以通过改变企业的现金持有量政策来获得，提高资产周转率也能为企业争取现金流量。企业根据市场环境减少低效甚至无效的资本支出也能为企业节省大量自由现金流量。

（2）利用商业信用获得财务弹性

企业可以运用规模优势和良好的商业信誉，将存货和应收账款所占用的资金成本转移给供应商，加快企业资金的周转速度，增加可用自由现金流量。商业票据也可以作为一种有效的过渡融资渠道。

（3）从债务融资获得财务弹性

债务融资是企业解决突然现金短缺的一个重要途径，也是影响财务弹性的重要因素。即使负债能给企业带来税收上的益处，企业也不会无限制地使用债务融资。资产负债率往往是金融机构发放贷款时考虑的重要因素，保持较低资产负债率的企业财务弹性较好。企业信誉也会影响企业的债务融资能力，企业应进行有效的财务管理，保证债务的及时偿还以提高债务融资能力。此外，还要考虑企业已融资额和现有的抵押担保能力等。

（4）利用股权融资获得财务弹性

股权融资往往发生在企业面临较好的投资机会且需要大量资金时，股权融资能力往往会影响企业未来的发展,所以,能否获得股权融资对企业的发展至关重要。信号传导理论认为,企业通过多发股利提高投资者信心,在企业进行股权融资时更容易募集资金。增强财务实力也是获得股权融资的重要保证,财务实力较强的企业更能得到投资者的青睐,从而更容易募集资金。

(5) 通过提高留存收益获得财务弹性

留存收益来源于企业的经营净利润,是没有分配给投资者的利润留存。利润留存可以用于弥补企业异常年度亏损,也可以进行扩大再生产。企业适当提高留存收益可以增强企业的财务弹性。

8.4 智谋持续发展

8.4.1 年均增长率分析

企业应当追求可持续发展。持续是指延续、继续,不中断、不间断。尽管企业的增长会时快时慢,盈利会时多时少,但从长期来看总是要受到可持续增长率的制约。考虑可持续增长的观念并不是说企业的增长不可以高于或低于可持续增长率,问题的关键在于应当预计、分析并且解决在超过可持续增长率之后所导致的财务问题,以不断提高企业的价值。

年均增长率是指一定年限内平均每年增长的速度。

$$年均增长率 = \left(\sqrt[N]{\frac{末年}{首年}} - 1\right) \times 100\%$$

连续计算 3 年(或更多年)销售、利润、资产、资本(净资产)等财务指标的增减变动情况,表明企业连续 3 年的增长情况和发展趋势,这是一种动态环比的趋势分析方法。例如,3 年销售平均增长率、3 年利润平均增长率的计算公式如下:

$$3 年销售平均增长率 = \left(\sqrt[3]{\frac{本年度销售收入}{3 年前销售收入}} - 1\right) \times 100\%$$

$$3 年利润平均增长率 = \left(\sqrt[3]{\frac{本年度利润总额}{3 年前利润总额}} - 1\right) \times 100\%$$

经计算,申良公司 3 年的销售平均增长率和 3 年利润平均增长率分别为 10.79% 和 −10.63%,在销售增长的同时利润却连年下降,这正是申良公司所面临的最严峻的财务问题。

平均分析(平均增长率)是为了避免某项指标受短期因素的影响而采用 3 年(或更长年份)平均数进行平均变动率的趋势计算与分析。年均复合增长率(CAGR)是指一项投资在特定时期内的年度增长率,通过总增长率百分比的 N 次方根求得,N 等于有关时期内的年数。这两个指标都可用作趋势分析。

8.4.2 可持续增长的财务分析

由于企业要以发展求生存,因此,销售增长所带来的相关问题无法回避。

按照分析逻辑看问题,企业增长的财务意义是资金增长。在销售增长时,企业需要补充资金,因为销售增长会引起存货和应收账款等资产的增加。换句话说,限制销售增长的是与此相关的资产,而限制资产增长的是与此相关的资金来源(包括所有者权益和负债)。销售增长得越快,需要的资金就越多。

企业实现资金增长的方式主要有以下三种:

一是以内部资金增长作为来源。内部积累的资金主要来源于净利润,但净利润占收入的比重不会很高,部分净利润通过分配已归属投资者而离开企业,所以对企业增长所需资金来说,其财务资源可能是有限的,有时还会限制企业的发展。

二是以外部资金增长作为来源。增加股东的投入资本可以支撑企业的发展,但会分散控制权,稀释每股盈利等。增加负债是企业主要的资金来源,但会导致资产负债率上升,使财务风险加大、筹资能力下降,而且,当息税前资产利润率低于负债利息率时,还会降低资本净利润率。负债过度会造成可怕的后患。

三是追求平衡稳定增长。平衡稳定增长就是要求在保持目前财务结构和与此相关的财务风险的前提下,按照所有者权益或股东权益的增长比率增加借款,以此支持销售的增长。由于这种增长率一般不会消耗企业的财务资源,因此它是一种可持续增长率。

财务上的可持续发展是指在企业的发展过程中寻找一条与资产增长、资金来源相互协调的,既可以满足当前企业发展的需求,又不会对满足以后需求的能力构成危害的道路。可持续发展包括两个方面的意义:一方面是指企业只有不断发展才能更好地生存;另一方面是指发展必须是可持续性的,不应当超过一定的限度。

美国财务学家罗伯特·希金斯就企业增长问题和财务问题进行过深入研究,于 1977 年提出了可持续增长模型。可持续增长模型对一定条件下企业的增长速度受经营水平、财务资源、政策制约的关系进行了描述。该模型是制定销售增长率目标的有效方法,已被许多企业广泛应用。

希金斯定义:可持续增长率是指在不需要耗尽财务资源的情况下,企业销售所能增长的最大比率。

可持续增长率的假设前提是：企业目前的资本结构和目前的股利支付率打算维持下去，企业的销售净利率和资产周转率将维持当前水平，企业没有发售新股计划，只能增加债务。

在上述假设条件成立时，有研究表明，销售的实际增长率与可持续增长率相等，即保持平衡增长。平衡稳定增长情况下的资产、负债和股东权益之间的关系如表 8.3 所示。

表 8.3　　　　　　　　可持续发展与资产负债的内在平衡关系

资　产	负　债	平　衡　关　系
原有资产 1 000 万元	原有负债 400 万元	原资产负债率 40%
	原有股东权益 600 万元	原权益乘数 1.67
新增资产 500 万元	新增负债 200 万元	新增的资产负债率 40%
	新增股东权益 300 万元	新增的权益乘数 1.67
增加后总资产 1 500 万元	增加后总负债 600 万元	保持了资产负债率 40%
	增加后总股东权益 900 万元	保持了权益乘数 1.67

可持续增长率说明了企业在原有稳定发展的基础上，留存收益水平的高低对企业未来发展的影响，从而体现了平衡增长的重要性。

可持续增长率＝年初净资产收益率×留存比率
　　　　　　＝年初总资产净利率×(总资产÷净资产)×留存比率
　　　　　　＝销售净利率×年初总资产周转率×年初权益乘数×留存比率

分析可持续增长率公式可知，销售净利率和资产周转率的乘积是总资产净利率，它体现了企业运用资产获取收益的能力，决定于企业的综合效率。收益留存率和权益乘数的大小是财务政策选择问题，取决于决策人对收益与风险的权衡。企业的综合效率和承担风险的能力决定了企业的增长速度。

从长远看，企业的价值取决于盈利及其增长能力，这又取决于产品市场战略和资本市场战略。产品市场战略包括企业的经营战略和投资战略，资本市场战略包括企业的融资战略和股利政策。财务分析就是评价企业在经营管理、投资管理、融资战略和股利政策领域的管理效果。可持续增长率是企业在保持盈利能力和财务政策不变的情况下能够达到的增长比率，它取决于净资产收益率和股利政策，用以估算企业的增长战略是否可持续。

实证分析8.1 │ **影响可持续增长率变动的因素分析**

某企业的销售净利率为10%,资产周转率为1,权益乘数为2,留存比率为0.75,此时的可持续增长率计算结果为15%(10%×1×2×0.75)。

如果企业要求增长率达到20%,可以改变股利政策,将留存比率调整为1;或者将财务杠杆(权益乘数)调整为2.67;或者提高总资产利用效果,使总资产周转率达到1.33;或者将销售净利率提高到13.33%。当然也可以对上述几个方面同时进行调整。当企业增长速度超过可持续增长率时,上述四个比率必须改变,即企业要超速发展,就必须调整经营效率(总资产周转率)、获利能力(销售净利率),或改变财务政策(股利政策和财务杠杆)。

从上述分析中可以看出,影响企业持续发展或价值增长的因素主要有销售收入、资产规模、净资产规模、资产使用效率、净收益、股利分配政策等。

企业的增长不是说不可以高于或低于可持续增长率,问题在于管理人员必须事先预计并且解决企业超过可持续增长率之后的增长所导致的财务问题。

当实际增长率大于可持续增长率时,意味着现金短缺。处于初创期和成熟期的企业最容易发生现金短缺。如果管理者认为,企业的增长速度超过可持续增长率只是短期状况,不久,随着企业逐步进入成熟阶段,增长率将会降下来,这时解决现金短缺问题最简单的办法就是增加负债,当企业在不久的将来增长率下降时,用多余现金归还借款就会自动平衡。如果管理者认为企业将长期保持高速增长,这时可采用增加权益资本、提高财务杠杆、降低股利支付率等办法谋求平衡。

当实际增长率小于可持续增长率时,意味着现金盈余。处于成熟期和衰退期的企业容易产生多余现金。此时,管理者首先应该判断较低的增长率是否会持久,是短期现象还是长期现象。如果是暂时的,可暂且不采取措施;如果这种现象长期存在,管理者可以通过提高股利支付率或股票回购等方式解决多余现金问题。

尽管企业的增长时快时慢,但从长期来看总是受可持续增长率的制约。可持续增长率模型为分析与监控企业增长情况提供了一个衡量标准。

8.4.3 经济利润分析

业绩考核一直在寻求如何使评价指标既精简、快捷又有用、有效。

一家企业经营得如何,首要的就是看企业运营资产的效率如何、资产保值增值的情况如何、为股东创造了多少财富。如果仅以净资产收益率等指标评价企业的经营业绩,企业不亏损或盈利大于零并不一定意味着资本得到了保值增值,原因是,这些指标没有考虑资本成本因素,因而不能完全反映资本净收益的真实状况和资本运营的增值效益。

在积极倡导节约型社会的今天,如果一家企业在考核资本保值增值情况、判断企业经济效益时,根本不考虑股东权益资本的成本,那么这家企业对资本的使用就会缺乏约束,势必造成投资膨胀和社会资源的浪费,对全社会的可持续发展造成影响。对投资者来说,资本成本就是最低的报酬,而资本贬值就是最大的浪费。

会计利润虽然简洁,但没有考虑企业权益资本的机会成本,难以正确反映企业的真实经营绩效;经营现金流量虽然能正确反映企业的长期绩效,但难以衡量企业年度经营绩效。经济利润能够弥补这两个指标的缺憾,因而是一种可以用于企业绩效评价的新型指标。

经济利润考虑了股权投资的机会成本,更能全面地反映经营业绩,揭示利润产生的轨迹,引导企业转变经营思维,更新管理理念,在相关性、真实性、有用性方面优于会计利润。

计算经济利润最简便的方法就是用息前税后利润减去企业的全部资本费用,或将经济利润定义如下:

经济利润＝投入资本×(投入资本报酬率－加权平均资本成本)

申良公司 2019 年的所有者权益总额为 10 979.98 万元,有息长期负债为 2 990 万元,合计投入的长期资本为 13 969.98 万元,其加权平均资金成本率为 6%。利润总额为 713.68 万元,利息为 108.95 万元,适用的所得税税率为 25%。有关经济利润的计算过程说明如下:

息税前利润＝利润总额＋利息
　　　　　＝713.68＋108.95
　　　　　＝822.63(万元)

息前税后利润＝息税前利润－息税前利润所得税
　　　　　　＝息税前利润×(1－所得税税率)
　　　　　　＝822.63×(1－25%)
　　　　　　＝616.97(万元)

投资资本报酬率(息前税后利润率)＝$\dfrac{息前税后利润}{投入资本}\times 100\%$

$$= 616.97 \div 13\,969.98 \times 100\%$$
$$= 4.42\%$$

经济利润＝息前税后利润－全部资本费用
$$= 616.97 - 13\,969.98 \times 6\%$$
$$= -221.23(万元)$$

或：

经济利润＝投资资本×(投资资本报酬率－加权平均资本成本)
$$= 13\,969.98 \times (4.42\% - 6\%)$$
$$= -221.23(万元)$$

若以会计利润作为评价标准，则申良公司为盈利企业。若以经济利润作为评价指标，申良公司的经济利润为－221.23万元，小于0，则说明申良公司并没有给股东带来价值增值。

采用的评价指标不同，有可能得出完全不同的结论。所以，现代企业管理要求企业建立以价值管理为核心的战略财务目标，应以经济利润作为绩效评价指标，以客观考评企业经营绩效，这与企业资本提供者要求比投资资本成本更高的收益的目标相吻合。

8.4.4 经济增加值分析

经济增加值法是指以经济增加值(EVA)为核心，建立绩效指标体系，引导企业注重价值创造，并据此进行绩效管理的方法。

EVA作为一种度量企业经营绩效的指标，其理论渊源是剩余收益或经济利润。EVA是通过对财务报表等资料的调整，用于企业经营绩效评价的指标，但它矫正了传统财务指标的信息失真，并引入了资本资产定价模型用以确定企业的资本成本。思腾思特咨询公司认为，无论是会计收益还是经营现金流量指标，都具有明显的缺陷：会计收益没有考虑企业权益资本的机会成本，难以正确反映企业的真实经营绩效；经营现金流量虽然能正确反映企业的长期绩效，却不是衡量企业年度经营绩效的有效指标。EVA能够将这两个方面有效地结合起来，因此，是一种可以广泛运用于企业内部和外部的绩效评价指标。

经济增加值是指企业税后净营业利润减去资本成本后的余额，经济增加值率是指经济增加值与调整后资本的比率。其计算公式如下：

$$经济增加值率 = \frac{经济增加值}{调整后资本} \times 100\%$$

经济增加值＝税后净营业利润－资本成本
　　　　＝税后净营业利润－调整后资本×平均资本成本率
税后净营业利润＝净利润＋(利息支出＋研究开发费用调整项)×(1－所得税税率)

企业通过变卖主业优质资产等取得的非经常性收益在税后净营业利润中全额扣除。

调整后资本＝平均所有者权益＋平均负债合计－平均无息流动负债－平均在建工程
平均资本成本率＝股权资本成本率×股权占总资本的比率＋债权资本成本率×债务占总资本的比例×(1－所得税税率)

EVA判断的一般标准应当是：EVA＞0,表示企业创造了价值;EVA＜0,表示企业出现了价值减损;EVA＝0,表示企业没有增加价值。

分析上述公式可知,提高EVA的主要途径:一是提高净营业利润,二是减少调整后资本,三是降低平均资本成本率。企业通过提高运营效率、加大研发投入、拓展新业务,可以提高净营业利润;通过降低资本,可以压缩投资规模、保持"低库存、高周转"策略、把握在建工程节奏等;通过降低资本成本率,可以尽量使用无息负债、尽可能少使用有息负债、拓展低成本融资渠道和新型融资方式(短融、中票)或者提高资金运作效率等。

EVA不仅考虑了资本成本,而且针对现行会计政策进行了一系列调整,缩小了进行盈余管理的空间,相对于传统会计指标,更真实地反映了企业的盈亏状况,从而向管理者提出了更高的要求。采用经济增加值评价指标,可以衡量投入资本的机会成本,使管理者不得不权衡所获得的利润与所投入的资本之间的关系,从而更加全面地反映一家企业的经营业绩。EVA的可持续增长将会带来企业市场价值的增值。

实证分析8.2 | 怎样才算是为股东创造了价值？

自国务院国资委成立以来,为了切实履行企业国有资产出资人职责、维护所有者权益、落实国有资产保值增值责任、建立健全有效的激励约束机制,每年都会对央企负责人的经营业绩进行年度考核,以及3年一次的任期考核,考核结果与央企负责人薪酬和企业工资总额挂钩。

《中央企业负责人经营业绩考核暂行办法》明确规定,年度经营业绩考核基本指标包含经济增加值指标。按照经济增加值来评价企业的经营绩效,意味着只有投资的收益超过资本成本,投资才能为投资者创造价值。例如,国资委要求得到

5.5%的投资回报率,即只有当国资委所分享的税后利润超出 5.5%的收益时才是有回报的。不能满足这项要求的投资,在某种程度上是在吞食股东的财富。

2008 年 141 家央企的 EVA 整体情况(估算)

项　　目	全　　年
营业收入	118 705.1 亿元
净利润总额	6 961.8 亿元
资产总额	176 287.6 亿元
研究费用支出	2 500 亿元(估算)
EVA	−234 亿元
经济增加值回报率	−0.13%

经过十多年的经营业绩考核,央企的经济效益、价值创造能力和国有资本保值增值水平大幅提升。2018 年度公布的央企负责人经营业绩考核结果中,48 家央企的考核结果为 A 级。

EVA 业绩评价指标的提出是财务评价思想的一次创新。尤其是在市值管理时代,EVA 成为上市公司业绩评价的一个首要指标。由于 EVA 是企业财务利润超出资本的机会成本和风险成本的剩余部分,反映的是企业在特定时间内创造的价值,因此有助于鼓励追求可持续的上市公司市值最大化。

EVA 与企业管理层、大股东等相关的治理机构关系密切。应用 EVA 指标,能够鼓励企业管理层做出给企业带来长远利益的投资决策,随着大股东与中小股东利益的一致化,以及证券市场监管制度的逐步完善,大股东侵害企业利益的行为将受到抑制,上市公司将更注重规范运作,中小股东的利益会更有保障。

任何指标都难以尽善尽美。经济增加值是绝对数指标,不便于不同企业之间的比较,也没有考虑通货膨胀等非财务因素,因而可以事先建立与每家企业的资产结构相适应的经济增加值预算,然后通过实际与预算的对比来评价业绩。

———— **经典案例评析** ————

华为持续发展与增长动能探析

为什么一家寂寂无闻的小公司可以快速成长为全球通信行业的领导者?为什

么其业务能遍及一百七十多个国家和地区,服务三十多亿人口?其发展奥秘何在?其持续发展的动能是什么?……

华为在可持续发展的道路上探索前行。其最清晰的成长轨迹就是投资未来,注重内生增长,从而增强前进的主要动力。华为的经营目标不仅仅是"有利润的收入""有现金流的利润",更关注经营结果的可持续性。

1997年在"华为基本法"的起草过程中,一位教授曾经问任正非:"人才是不是华为的核心竞争力?"任正非答道:"人才不是华为的核心竞争力,对人才进行有效管理的能力,才是企业的核心竞争力。"余胜海著的《用好人,分好钱:华为知识型员工管理之道》中把华为人才管理的经验归纳为六大法则:吸引人才的"桃子",捆绑人才的"绳子",抽打人才的"鞭子",培训人才的"路子",留住人才的"票子",淘汰劣才的"筛子"。华为推行末位淘汰制——"2—7—1法则":把20%的绩优员工定义为A类员工,把70%的业绩中等的员工定义为B类员工,把余下的10%业绩较差的员工定义为C类员工,C类员工必须走人。由此,华为团队一直保持着极强的优胜劣汰机制与价值创造能力。

人才管理必须从洞悉人性入手,形成合力。企业的发展在于选人,而选人之道在于精准。"最合适的就是最好的"。探求"企"字奥秘,有"人"才为企,无"人"则为止;有人才就会有业绩。人是企业的根基。只有合适,方为有用之才。华为人才体系的核心是"三位一体"的管理模式,也就是精准选配、加速成长、有效激励。其成功的背后有两个非常重要的底层要素,那就是获取分享制和期望值管理。

任正非说:"我不懂财务,不懂技术,不懂管理,我只有靠利益分享机制把18万人粘在一起。"华为有一套以"虚拟受限股"(ESOP)为核心的激励机制,激发广大科研人员的积极性,把他们最具创造力的青春年华绽放在华为;同时,吸纳全世界的知识精华,为华为所用。诞生于1995年的《华为之歌》唱道:"学习美国的先进技术,吸取日本的优良管理,像德国人那样一丝不苟、踏踏实实、兢兢业业。"

任正非深谙"熵"的理论。[①] 熵增的过程对于企业来说就是创立、发展、衰落、消亡的过程。繁荣不会荣恒,所以任正非说,"死亡是会到来的,这是历史规律",但是,"我们的责任应是不断延长我们的生命"。为了延长生命,我们必须不断进行熵

---

① 熵(shāng)是物理学用词,混乱度的度量单位,由德国物理学家鲁道尔夫·克劳修斯提出。在一个系统中,如果听任它自然发展,能量总是倾向于消除的。例如河水下落时,它可被用来发电,驱动水轮,或做其他形式的功,然而水一旦落到坝底,就处于不能再做功的状态了,被称为熵增。能量转换总会产生熵,如果是封闭系统,所有能量最终都会变成熵。要减少它的熵,外界必须对它做功。

减,这个过程是非常痛苦的。在华为,熵减主要体现在思想上的批判和自我批判,以及组织上的持续变革,其中有些批判和变革甚至给人以脱胎换骨的痛苦感受。华为还是一个耗散结构,任正非说,华为赚了很多钱,但没有都分掉,而是把大部分利润投资在了产品研发上,从很早开始,华为就坚持每年拿出10%的销售收入投入研发,这就是主动耗散能量,以消化吸收能量,从而形成新的势能。人和自然界因为有能量转换,才能增加势能。

华为是一家100%由员工持有的民营企业,参与人数为104 572人,持股员工选举产生115名持股员工代表,持股员工代表选举产生董事长和其他16名董事,董事会选举产生4名副董事长和3名常务董事,轮值董事长由3名副董事长担任。

华为不上市,把企业当作事业做,促使大家拧成一股绳,把事业做好。不少员工因此说,我的心里只有一件事,就是工作。华为的股东全部是自己的员工,华为的盈利让奋斗者共享,这就是华为所说的"力出一孔,利出一孔"。

有报道称华为是所有中国企业中对待员工最慷慨的,任正非把公司的大部分盈利毫不吝啬地分享给了华为员工。在华为,钱给多了,不是人才也是人才。华为2019年的年报显示,公司员工数量从2018年的18.8万名增长至2019年的19.4万名,华为2019年在工资、薪金及其他福利上的支出达1 349.37亿元,以19.4万名员工计算,华为员工人均薪酬达69.5万元。有人问任正非,华为的领先是不是成本领先、效率领先、管理领先,他说都不是,是"技术领先,人才领先,财散人聚"。

制度的"灵魂"是什么?就是激励全员奋斗,奋斗之后享受成果,同时始终让新的奋斗者看到希望和未来。这种"人本+知本"的制度安排绽放出了最宝贵的知识创造力和技术创新力,成为华为持久力、公平性、年轻化、创新爆发力的源泉。

华为可持续发展的理念是:人才的增值和发展是华为宝贵的财富,努力奋斗的优秀人才是公司价值创造之源。华为充分尊重员工的利益,关注公司与员工的共同成长,为员工创造公正和公平的成长环境并致力于为员工营造高效、轻松和充满关爱的工作氛围,让员工在获得合理回报的同时,拥有快乐和丰富的生活。面向全球各地环境的不确定性,华为更关注以防代治,为全球员工构筑起全覆盖的"安全伞"。

除了对人才进行管理外,华为对研发的投入令人震撼。2019年华为拥有联合创新中心36个,研究院/所/室14个,从事研究与开发的人员约96 000人,约占总人数的49%。其中,约15 000人从事基础研究,包括七百多位数学博士、两百多位物理和化学博士、五千多位工学博士。

华为在研发投入上的力度之大在全球罕见,每年坚持用10%以上的销售收入投入研究与开发,近10年累计投入的研发费用超过6 000亿元。2019年全国大型企业经营增长绩效评价标准值中的技术投入比率的优秀值为4.2%,平均值为2.6%。近5年华为研发投入统计汇总如下。

华为研发支出近5年分析汇总表

年　份	研发支出合计(亿元)	研发支出占销售收入百分比(%)
2015年	596	15.00%
2016年	606	14.60%
2017年	897	14.90%
2018年	1 015	14.10%
2019年	1 317	15.30%
合　计	4 431	14.29%

华为的研发投入就是对标世界最优秀企业也毫不逊色。2018年在某场产品发布会上,华为消费者业务CEO余承东曾自豪地说:"现在华为的研发费用已经超过了很多欧美大公司,按照这样的投入增长下去,三四年之内华为的研发费用将会达到全球第一。"在欧盟委员会公布的《2018年欧盟工业研发投资排名》中,华为的研发经费投入排在世界第五名。该榜单是从全球颇具影响力的2 500家企业于2018年度投入的研发经费中统计而来的。

持续大量的研发投入为华为的可持续发展注入了不竭的内生动力。华为已经是全球最大的专利持有企业之一,截至2019年年底,全球共持有有效授权专利八万五千多件,90%以上为发明专利。2019年3月19日,世界知识产权组织发布的年度报告显示,华为的专利申请量在企业中位居全球第一。2019年12月,华为在人民日报"中国品牌发展(企业)指数100"榜单中排名第一位。

透视华为近12年的报表数据可以发现,华为对研发的投入越多,其营业收入越多,营业毛利越高,三者之间呈现正相关的良性互动关系。不断持续追加研发投入就是在持续强力投资未来,这是华为引领行业发展、超越竞争对手的主要法宝之一,华为持续增长的奥秘也在于此。

第 9 章　绩效评价与业绩提升

> 企业应当用自身发展的确定性来应对内外部环境的不确定性。

9.1　洞悉绩效指标

9.1.1　关键指标分析与绩效评价

提升绩效是企业管理改进过程中始终不渝的目标,经验丰富的管理者都将绩效管理视为最有效的管理手段之一。管理学大师彼得·德鲁克认为:"绩效管理是20世纪管理学最伟大的发明之一。"

绩效管理的激励作用在于能够区分优劣、奖优罚劣、激励担当、促进发展,构成一个有效的循环(如图 9.1 所示)。其中,设计绩效指标是建立绩效体系最基础的工作,围绕绩效指标至少有两个重点过程:一是收集和传递信息的过程,二是利用信息评价绩效与绩效反馈的过程。绩效评价能否科学公正,与指标设计是否得当、评价依据是否充分、比较分析是否透彻、逻辑论证是否清晰休戚相关。

财务指标数量繁多,不胜枚举。外行看热闹,内行看门道。内行是指对某种事情或工作有丰富知识和经验的人。门道

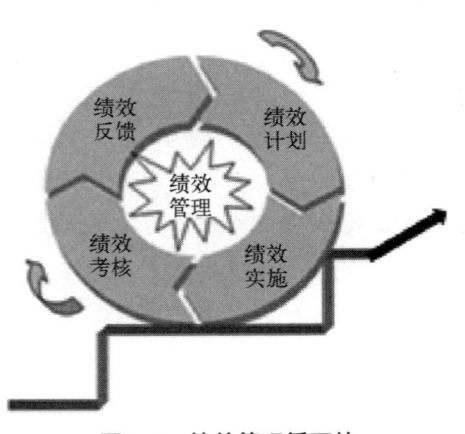

图 9.1　绩效管理循环的基本过程

是指做事的诀窍和方法。例如体检时,身高、体重、血压、血糖等都是常规指标,还有各有用途的专业指标,但并非都要去检测。专业人士"看门道"的本领就在于在关键的地方、关键的时候能够用关键的指标解释清楚关键问题。

"二八现象"是说20%的骨干创造企业80%的价值。同样,少量的关键绩效指标(KPI)对企业绩效产生关键影响,必须抓住这20%有影响力的指标进行分析和衡量,这样就能抓住业绩评价的重心。从巴菲特过去四十多年致股东的信来看,巴菲特最关注的关键指标是净资产收益率、总资产周转率、资产负债率、销售收入和利润增长率。其中,净资产收益率是杜邦分析体系和绩效评价体系中的核心指标,可能最具有综合代表性。

通常,选择关键绩效指标应当遵循经济重要性、典型代表性、数据及时性、相对权威性等原则。经济重要性是指应该选择那些对财务状况有重要影响的指标。典型代表性是指从各主要领域的大量指标中筛选出最具代表意义的指标。数据及时性是说所选指标的数据能够在要求的时限内取得。相对权威性是指选取的指标最好是权威机构发布的、具有权威性与影响力的。

不少经营管理者希望明白哪些是重要的财务评价指标,也想知道各行业这些指标的平均值等状况,以便对比分析,并激励自身。表9.1提供的是企业绩效评价标准值中5个最重要的评价指标,通常被认为是衡量企业经济效益和经营者业绩的主要财务指标或关键绩效评价指标。其中,净资产收益率是衡量盈利能力最核心的指标,总资产报酬率是衡量经营者管理资产能力的主要指标,成本费用利润率是衡量投入产出最有效的指标,资产负债率是衡量企业负债程度最理想的指标,销售增长率是目前衡量企业发展最直观的指标。这5个评价指标都具有一定程度的综合性,该表分十大行业列示了可供相关行业具体进行绩效分析与评价的平均参考值。在《企业绩效评价标准值(2019)》中,根据企业的具体业态分布以及企业规模的大小分别列举了各档次的评价标准,可参照借鉴。请注意,大型、中型、小型企业的绩效评价标准存在差异。

表 9.1　　　　　2019年全行业主要指标平均值对照表　　　　　单位:%

行业名称	净资产收益率	总资产报酬率	成本费用利润率	资产负债率	销售增长率
全行业主要指标平均值	5.7	3.6	6.0	64.0	9.0
一、工业	4.9	3.7	6.1	59.0	8.8
二、建筑业	6.2	2.0	1.9	75.0	7.4

续表

行业名称	净资产收益率	总资产报酬率	成本费用利润率	资产负债率	销售增长率
三、交通运输仓储及邮政业	3.0	1.4	2.3	64.0	4.8
四、信息技术服务业	4.2	3.2	5.4	64.0	5.6
五、批发和零售贸易业	4.8	3.4	0.9	64.0	9.4
六、住宿和餐饮业	2.5	1.6	4.0	64.0	2.1
七、房地产业	4.1	2.9	12.6	69.0	3.6
八、社会服务业	4.6	3.4	6.5	64.0	7.3
九、传播与文化业	4.8	3.8	8.1	64.0	3.8
十、农林牧渔业	3.1	2.0	2.5	64.0	5.9

申良公司属于中型企业,根据前面各章节对上述5个指标的计算分析结果,汇总指标评价情况如表9.2所示,从中可以看出,申良公司上述5项主要绩效指标都达到平均值以上,处于良好状态。

表9.2　　　　　　申良公司2019年5项指标绩效评价表　　　　　　单位:%

指标名称	实际数据	绩效平均值	增减百分点	对比评价结果
净资产收益率	5.78	5.2	0.58	略大于绩效平均值5.2
总资产报酬率	5.35	3.1	2.25	超过绩效良好值5.2
成本费用利润率	8.71	5.0	3.71	接近绩效良好值9.3
资产负债率	30.12	64.0	−33.88	超过绩效优秀值49.0
销售增长率	16.49	8.0	8.49	超过绩效良好值14.8

关键绩效指标可单独使用,也可与经济增加值法、平衡计分卡等其他方法结合使用。如果能够连续观察这些关键绩效指标的增减变动情况及其发展趋势,就可以发现经济运行的走势对某些行业发展变化的影响,并找出规律,以有助于决策或判断。

不偏不倚、客观公正的绩效评价来源于绩效分析,只有经过具体分析和综合研判后的结论才是令人信服的。绩效分析的目的在于确定和测量期望绩效与实际(当前)绩效之间的差距。改善管理的前提是通过分析找出存在的问题和差距,以便采取相应改善措施,不仅实现既定的战略目标,同时促进绩效改善。

绩效是过程与结果的统一，应当选择能够用来评价业绩实现过程中的结果目标和行为目标的关键指标，其变动趋势能够透视企业的目标行为与发展动向。虽然在分析领域中至今还没有找到能够衡量经营绩效的最好的指标，但人们仍在孜孜以求。也许没有最好的指标，只有相对适用或相对实用或相对能够说明某个或某些问题的指标，这很重要。

企业究竟应该选择什么样的指标作为关键绩效评价指标？一般应当关注以下5项具体要求，如图9.2所示：

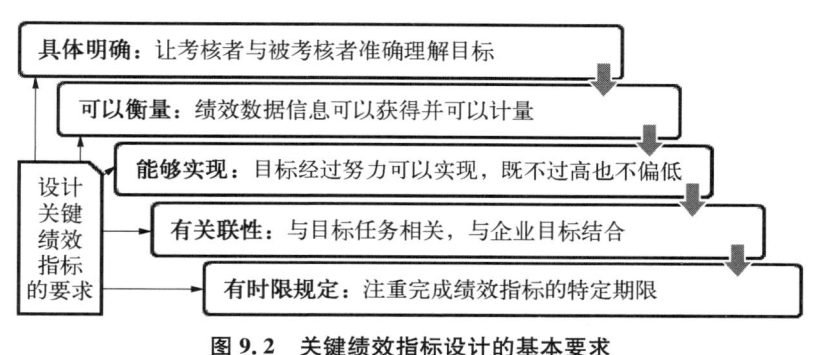

设计关键绩效指标的要求：
- 具体明确：让考核者与被考核者准确理解目标
- 可以衡量：绩效数据信息可以获得并可以计量
- 能够实现：目标经过努力可以实现，既不过高也不偏低
- 有关联性：与目标任务相关，与企业目标结合
- 有时限规定：注重完成绩效指标的特定期限

图9.2 关键绩效指标设计的基本要求

老法师提醒9.1 ｜ 设计与考核绩效指标是一道难题

好的目标既要确定实现什么结果，又要确定怎样去做才能更好地达成目标，这是一个难题。"没有绩效考核万万不行，有了绩效考核麻烦不断"，因为考核什么（绩效指标）以及如何考核（绩效评价）令管理者伤透脑筋。之所以有不少企业实施绩效管理失败，大部分原因是绩效指标选取不合理，绩效考核的"指挥棒"出现了方向性错误。

强调"量化"指标也不要片面。且不说很多事情难以量化，就是能量化也还是需要非量化的。非量化的考核也叫"质化"考核，包括素质、态度、精神、风格等。需要注意的是，有时非量化的考核比量化的考核更重要。

9.1.2 关联指标分析与绩效评价

财务与业务是关联的，报表之间是关联的，指标之间也是关联的。任何分析方法的具体运用都要注意避免以点代面、以偏概全，不能瞎子摸象、马马虎虎，而要明察秋毫、透视绩效。所以，要善于联系起来观察指标，发现问题，评价绩效。

分析对象总是具体的，分析者既要善于具体情况具体分析，也要善于对具体对象进行相互联系的分析,从而有助于在层层分析的基础上澄清事实、感知真相。一个指标所得到的结论可能是片面的,多个指标的关联分析所得到的结论可能更能说明问题。

AA公司2019年的销售收入为3 000万元,应收账款为600万元,按绝对数分析,应收账款比2018年的500万元增长了100万元,增长20%。联系相对数进行分析,2018年应收账款占全部销售额2 000万元的比重为25%,2019年下降到20%。应收账款占销售额的比重有所下降,表明随着AA公司销售业务的迅速增长,应收账款的比重相对减少了,从而相对节约了资金占用。这样联系起来看问题可以避免只看绝对数产生的错觉。

BB公司某年中期的主营业务成本与主营业务收入的比例为54.37%,但到了年末,全年该比例突然下降到35.83%,由此分析推算出下半年该比例仅为12.47%,这是很不正常的,异常数据的背后一定隐藏着问题。通过检查库存,发现通过抬高存货来压低成本已成为BB公司调节利润的惯用手段,原因是存货成本的大小与营业成本的大小密切关联,并影响与营业收入是否配比等问题。

大多数财务指标的设计是为了有助于发现和解释问题。指标与指标之间具有一定的关联性或关联度。指标设计越有针对性、越是关联、越有逻辑,越有助于层层深入研究和解决好相关问题;或者说,优秀的财务指标分析与评价是为发现和解决问题服务的。

根据分析理论与实务经验,选择或提炼存在关联度的指标进行分析有助于洞察报表与透视经营。例如,营业收入增长与应收账款增长的对比分析,存货增减与营业成本的关联分析,营业净利润率与营业收现率的比较分析,资产净利润率与资产现金回收率的比较分析,还有财务指标与非财务指标的相关性分析等。关联指标是指两个或两个以上财务指标通过一定的运算形式组合而成的财务指标,是研究者在财务分析过程中发现和总结出来的一类财务指标,其能够有效地提高财务分析的准确性。组合后的指标不仅具有特别含义,而且具有综合性,还对解析财务现状起到事半功倍的效果。

实证分析9.1 | 康美药业舞弊手段中的关联分析

2019年8月16日,证监会发布《证监会对康美药业等作出处罚及禁入告知》。康美药业2016至2018年度、半年度财务报告中累计虚增营业收入291.28亿元、多计利息收入5.1亿元,虚增营业利润41.01亿元;2016年1月至2018年6月累计虚增货币资金超过886.80亿元;在2018年度的财务报告中虚增固定资产11.89

亿元,虚增在建工程 4.01 亿元,虚增投资性房地产 20.15 亿元;同时,公司未按规定披露控股股东及其关联方非经营性占用资金的关联交易情况,属于有预谋、有组织、长期、系统实施的造假行为,造假金额巨大,影响恶劣,为我国上市公司监管和会计造假预防敲响了警钟。

经查,2016 至 2018 年,康美药业劣迹斑斑的造假在账上还是留下了舞弊的轨迹。

康美药业的现金净流量远低于净利润,从 2010 年至 2018 年上半年,其净利润总额为 201.08 亿元,而累计产生的经营活动现金流量净额却仅有 94.65 亿元,盈余现金保障倍数为 47.07%,远低于正常水平。作为行业的"领军企业",康美药业经营现金流不足的现象让人难以置信。例如,为什么康美药业利润奇高,而 2016 年至 2018 年现金流量表中的经营活动现金流量净额却出现异常,且 2017 年第四季度、2018 年第一季度、2018 年第四季度经营活动现金流量净额都呈现负数,分别为 —48.4 亿元、—16.19 亿元和 —31.92 亿元?除了 2017 年第一季度外,康美药业各报告期经营性现金流量净额均小于净利润且经营性现金流为巨额负数,说明其收入、净利润的可靠性较差,不排除人为"虚增"的嫌疑。

再联系资产负债表分析,2016 年第一季度,康美药业的应收账款周转 13.8 次,而同类型企业周转 8 次左右;但到了 2018 年第四季度,康美药业的应收账款周转 3.42 次,而同类型企业周转 16 次左右。康美药业的应收账款周转率在下降,而同类型企业的水平在提升,这说明康美药业的资金营运能力有衰退的趋势。

康美药业 2016 至 2018 年存货占流动资产的比重呈现逐年上升态势,尤其是 2017 年第四季度,该比例高达 67.3%,存货占总资产的比重也达到 54%,而整个医药行业平均存货占总资产的比重只有 12% 左右。迥异于行业平均水平的存货占比不能不引起特别关注。

存贷"双高"是指一家企业同时拥有高额的银行存款和银行贷款金额,企业一方面需要支付高额的贷款利息,另一方面银行账户上却拥有大量可用资金,这不符合正常经营的逻辑。康美药业 2018 年半年报上的货币资金余额为 399 亿元,同时拥有各种有息负债 347 亿元,分别占净资产的比例为 119% 和 104%;在利息支出方面,2018 年上半年的净利润为 25.92 亿元,利息支出高达 8 亿元,占比为 31%;2017 年的净利润为 40.95 亿元,利息支出为 12.18 亿元,占比为 30%。这种存贷"双高"和高额利息支出现象已持续多年,其必要性与合理性让人怀疑。经查,2016 年 1 月 1 日至 2018 年 6 月 30 日,康美药业通过财务不记账、虚假记账、伪造、变造大额定期存单或银行对账单，配合营业收入造假伪造销售回款等方式，虚增货币资金。

9.1.3 指标交叉印证与绩效评价

企业的管理环节是众多矛盾或问题的复杂体，即使是一套财务报告也是一系列会计要素和财务指标的组合体，分析时切不可眉毛胡子一把抓，分不清主次，要善于在细分和比较的基础上进行交叉分析与印证，从而把握问题的重点或关键点。所以，抓住几个能够说明问题的指标经过层层交叉印证，是考量绩效的一条有效路径。

企业资产状况的好坏与收益质量的优劣相互影响，必须综合考虑才能有用。一方面，企业资产状况的好坏会直接影响企业收益质量的优劣；另一方面，低质量的收益会降低因净收益变动而影响的资产的质量。资产的本质是"预期会给企业带来未来的经济利益"，如果一项资产不具备这个特征，那么它便是一项劣质资产，最终会转作费用或损失，导致企业收益减少，降低收益质量。比如，大量无法收回的应收账款最终会降低企业的未来收益，而这些应收账款的产生可能正是以前收入虚增的结果；再如，资产负债表中大金额的待摊及递延、准备项目均会降低企业未来的收益，这些项目的产生可能正是当期收益高估的结果。

以不良资产分析为例，首先可以对每个资产项目进行逐个排队分析，汇总计算出一家企业不良资产的账面值；然后将不良资产与年末总资产相比计算出不良资产比率，并将不良资产损失程度与预算指标或评价标准值进行对比分析，观察其升降变动情况。还可以通过以下几个方面实施有联系的交叉分析与综合研判：

一是与利润总额进行对比。不良资产的存在将吞噬利润，不良资产的增加额及增加幅度可以说明利润"掺水"的程度。

二是与净资产比较。如果不良资产接近或超过净资产，就说明企业的持续经营能力已经出现问题，不排除过去人为夸大利润而形成的"资产泡沫"。

三是将剔除不良资产后的资产总额与负债总额相比，计算出调整后的资产负债率，以真实地反映企业的负债程度、偿债能力和债务风险程度。

四是与总资产报酬率进行对比分析。这两个指标的分母都是资产总额，将两者联系起来考量可以观察企业总资产报酬的可靠程度。当不良资产占总资产报酬的比重上升时，真实的资产报酬水平将下降；当不良资产比率超过总资产报酬率时,真实的资产报酬水平为负值,这是令人担忧的。

对总资产报酬率与不良资产比率的关系做出趋势分析,可以发现近5年来我国中型企业不良资产比率对总资产报酬率的负面影响程度虽然趋缓,但仍不乐观(如表9.3和图9.3所示)。

表9.3　　近5年我国中型企业总资产报酬率与不良资产比率平均值的对比分析　　单位:%

项　　目	2015年	2016年	2017年	2018年	2019年
总资产报酬率	2.6	2.4	2.8	2.8	3.1
不良资产比率	2.0	2.0	2.0	2.0	2.0
两者的差量	0.6	0.4	0.8	0.8	1.1

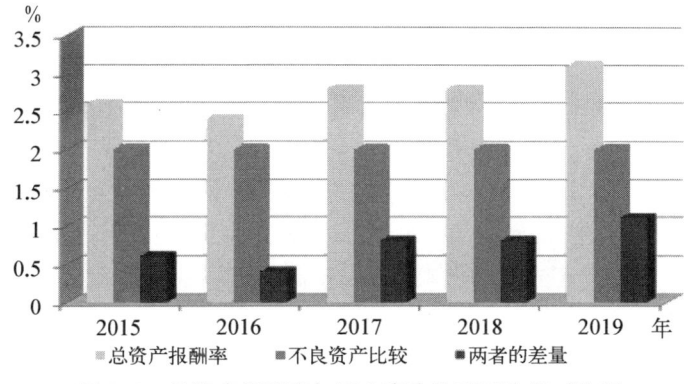

图9.3　总资产报酬率与不良资产比率平均值对比图

在总资产报酬率与不良资产比率的绩效评价值中,优秀值、良好值、平均值、较低值、较差值之间的差距较大,应积极寻求解决问题的办法,不能任其发展(如表9.4所示)。尤其是较低值和较差值的问题突出,导致总资产报酬率的可靠程度(两者的差量)均为负值,这是危机信号。

表9.4　　2019年度中型企业总资产报酬率与不良资产比率的对比分析　　单位:%

项　　目	优秀值	良好值	平均值	较低值	较差值
总资产报酬率	7.4	5.2	3.1	−1.4	−6.1
不良资产比率	0.2	0.6	2.0	7.0	18.3
两者的差量	7.2	4.6	1.1	−8.4	−24.4

9.1.4 指标归纳推算与绩效评价

人的认识过程往往是先接触到个别事物,而后推及一般。归纳是指归拢某些分析指标并使之有条理,这是一种推理方法,由一系列具体的事实概括出一般原理或普遍认知。

财务分析过程中的归纳推理往往采用简单列举法和科学归纳法。简单列举法是根据某类事物的部分对象具有某种属性,推出这类事物的所有对象都具有这种属性的推理方法。科学归纳法是依据某类事物的部分对象具有某种属性,分析出制约这种情况的条件,从而推出这类事物普遍具有这种属性的推理方法。

一家企业的现金回收状况与收益质量休戚相关,现金回收不好,收益质量好不了,这可能是整体性的问题,应当通过归纳相关信息后通盘考量才能做出判断。

申良公司2019年度的收现能力和收益质量问题诸多,经过归纳整理后的研判结论是:收现能力和收益质量大幅下降,已经出现早期危机信号。

一是货币资金急剧减少,收现能力正在减弱。申良公司2019年的货币资金从年初的1 297.10万元下降到年末的673.13万元,减少623.97万元,下降48.11%。公司全部现金净流量为−623.97万元,与2018年全部现金净流量为792.27万元相比,正负相反。其中,经营活动的现金净流量为98.9万元,仅占净利润616.4万元的16%,而2018年经营活动的现金净流量高达1 759.59万元。

二是收支管理出现问题。首先是经营活动现金流出量大于流入量,导致经营活动现金净流量呈下降趋势。其中,销售商品、提供劳务收到的现金呈下降趋势更令人担忧,说明收入质量已经产生严重问题;而购买商品、接受劳务支付的现金呈上升趋势,说明收支平衡和现金管理出现问题。

三是相关指标问题更多。公司2019年度的营业净利润率为7.31%,但营业收现率只有1.17%,相差6.14个百分点,说明在相同数额营业收入的情况下,所产生的经营现金净流量远低于所创造的净利润;资产净利润率为3.95%,但资产现金回收率为0.63%,相差3.32个百分点,说明在相同数额资产运营的情况下,所产生的经营现金净流量远低于所创造的净利润。这些差异说明了申良公司在取得利润的同时没有获取相应的现金流量。

四是产品缺乏核心竞争力,这是问题的症结所在。2019年度申良公司的销售收现率为92.45%,而经营性资产(应收账款和存货)却净增加1 115.52万元,直接导致经营活动现金净流量匮乏,这正是收益质量下降的症结所在,致使盈余现金保障倍数为0.16,净收益营运指数为0.47,现金营运指数只有0.12,各项反映收益质量的指标都很糟糕。

9.1.5　指标辩证考量与绩效评价

辩证法是思辨与实证相统一的方法,在解析各种信息的过程中相当有用。研究对立统一规律的目的在于揭示事物内部对立双方的统一和斗争,这是事物变化发展的源泉和动力;研究质量互变规律的目的是揭示经济运行、变化、发展中量变与质变以及它们之间的内在联系和规律性;研究否定之否定规律的目的在于揭示事物由矛盾引起的发展,即肯定——否定——否定之否定的螺旋式的前进运动。其中,本质与现象、内容与形式、原因与结果、必然性与偶然性、可能性与现实性等范畴都是客观事物之间的本质关系的反映,可以从不同的侧面揭示业务活动的本质与联系。

辩证法应用各种方法进行数据分析的时候,尤其应当以全面的观点(不是片面的)、辩证的观点(不是孤立的)、发展的观点(不是静止的)进行比较分析和综合研究,实事求是地反映企业经济活动中的静态和动态,找出规律性,以便总结经验、揭露矛盾、提出解决问题的方法。

千万不要绝对化、简单化,因为经济活动是相当复杂的,要想理清被揉成一团的现状并不容易,站在全局的角度通盘考量则更难。

经过分析后的信息资源应当具有全面性,但其重点不是如何获取数据,而是如何识别、分类、提炼数据信息,使之变为有用的分析对象。其中,进行连续、系统、全面的解析与甄别,在辩证考量的基础上进行综合研判,对识别信息真伪、辨明是非、感受真理具有独特优势与积极作用。

下面,以资产负债率指标为例进行辩证分析。

辩证分析1:资产负债率中的资产对债务都有保证作用吗?不一定。

并非所有资产都可以作为偿债的物质保证。待摊费用、待处理财产损失、长期待摊费用等不能或难以导致经济利益流入的资产是难以作为偿债保证的,因为这些资产本身并无直接的变现能力,相反,还会对其他资产的变现能力产生负面影响。无形资产中的商誉、商标、专利、非专利技术等能否偿债也存在较大的不确定性,尤其对于严重亏损或破产的企业而言。所以,资产负债率还可以按以下公式计算:

$$有形资产负债率 = \frac{负债总额}{有形资产总额} \times 100\%$$

有形资产总额＝资产总额－待摊费用－待处理财产损失－长期待摊费用－无形资产等

辩证分析 2：按照报表数据计算出来的资产负债率都可信吗？不一定。

一家企业财务状况的好坏与其资产负债现状密切相关，粉饰财务状况可以从操纵资产和负债入手：

一是低估负债。低估负债可以从形式上降低企业的财务风险，有利于对外筹措资金。例如，企业在争取银行贷款和发行债券时，为了提高信用级别，就有低估负债来降低财务风险的欲望。典型做法是将负债隐藏于关联企业、对或有负债不加以披露等。

二是高估资产。高估资产除了可以改善企业的财务状况从而有利于对外筹资外，还可以获得股权方面的潜在利益等。例如，在对外投资和进行股份制改造时，往往倾向于高估资产价值，以便获得较大比例的股权。典型做法是编造理由进行资产评估、虚构资产交易业务和操纵公允价值变动损益等。

粉饰报表的动机决定了粉饰报表的类型。以业绩考核、获取信贷资金、发行股票和仕途晋升等为目的，粉饰报表一般以利润最大化、利润均衡化，以及高估资产和低估负债的形式出现；以减少纳税、推卸责任等为目的，粉饰报表一般以利润最小化、利润"清洗"，以及低估资产和高估负债的形式出现。

辩证分析 3：没有粉饰过的资产负债率都是可用的吗？不一定。

资产负债率的计算所采用的资产总额是以账面价值为基础的，而资产的账面价值往往与其市场价值不一致，这就产生了是以市场价还是以账面价计算等问题。如果从企业融资总额的角度来讲，采取账面价值较有利；但如果从资产的抵债能力来说，采取市场价值较稳健。

此外，一般意义上的资产负债率是将企业期末的负债总额与期末的资产总额相比较，用以说明企业期末的长期偿债能力，是一个时点指标，并不能说明企业在整个经营期内的偿债能力状况。该指标也可以采用年度平均的负债总额与年度平均的资产总额相比较，反映企业在整个经营年度内所具有的实际偿债能力，而不是仅仅说明某一时点的偿债水平，这样的计算方法不像按期末数计算那样容易被人为操纵。

所以，仅仅根据报表数据算出的资产负债率不一定真实、可靠、有用，只有通过识别、分析后的资产负债率才有助于对企业的风险状况等做出恰如其分的判断。

辩证分析 4：资产负债率究竟是高好，还是低好？

申良公司 2019 年的资产负债率只有 30%，表明其具有保守的财务结构，债权人的权益能够得到保障，从单项指标的静态评价来看，是优秀的。但若联系其他指标进行动态分析，申良公司的收现能力在急剧下降，期末应付款项居高不下，已超过 1 700 万元,出现了支付压力信号,也就是说,其债权的保障程度高并不等于即期还债能力强。

经营者的风格——是保守经营、中庸经营还是适度负债经营——与能力相关。观察同行业情况,资产负债率为 30% 的企业并不一定比资产负债率是 60% 的企业经营状况好。在激烈的竞争环境中,负债经营可以是合理的、必需的。在身负债务的情况下,能够使企业生存下去的理由可能是该企业具有较强的盈利能力以及创造现金流量的能力。当一家企业具有良好的盈利能力和创造现金流量的能力时,其借债所带来的风险就降低了。所以,只根据资产负债率的高低去判断企业的财务状况,无论是通过趋势分析,还是通过比较分析,都不一定能得出令人满意的答案。只有将资产负债率与反映盈利能力、营运能力、收现能力及其风控能力等的指标结合起来考量,才能比较客观地描述企业的财务状况。

在资产负债率升高或较高时,虽然企业的总资产和经营规模在扩大,但独立性却相对在降低,其发展受外部负债资金的制约在增强,企业债务压力上升,财务结构的稳定性降低,财务风险增加,这时特别需要加强财务风险控制,提升风控能力。

在资产负债率下降或较低时,企业自有资金来源充足,经济实力在增强,但该指标过低也说明企业没能充分利用主权资金,企业的借款能力和发展潜力较大但没有被充分利用,说明财务过于保守,经营开拓能力不够,申良公司就存在这一问题,导致其营运能力不够强(详见第 4 章)、盈利水平较低(详见第 6 章)、生产经营规模的发展受到一定的制约,这时特别需要加强经营与市场开拓,提升创新发展的能力。

从整体来看,负债比率因企业性质和经营状况的不同而有所差异,即使同一家企业在不同的发展时期也会产生差异。产生这种差异的关键因素主要有两个:一是利润的稳定增长性,二是资产的流动状况。利润比较稳定的企业或行业,其偿债能力一般要大于利润波动较大的企业或行业,因而利润比较稳定的企业或行业的负债比率可以高一些;资产流动性强的企业或行业,其周转能力或变现能力较强,因而其偿债能力一般要大于资产流动性较弱的企业或行业。所以,在确定和评价一家企业的负债比率是否合适时,有必要结合这两个方面进行考察。

进一步联系 EVA 指标分析,以会计利润考评,申良公司为盈利企业,以经济利润考评,申良公司的经济利润为 −221.23 万元,小于 0,说明申良公司并不能给股东带来价值增值,原因是申良公司的长期资本高达 13 969.98 万元,却只能产生 8 430.89 万元营业额,经济效益不佳。

综上所述,申良公司可以在适度负债、引入资金的同时,加快新产品的开发,加大市场推广的力度,通过做大市场与做大销售,促进资金效益的提升。

9.2　明察综合评分

9.2.1　指标选择与综合汇总

所有财务指标都是人们在实际使用过程中总结提炼出来的。指标可以选择绝对数或相对数。如果将两个数据相除，就可以算出一个比率指标，关键是选择哪两个数据，去哪里找这两个数据，以及如何评价结果等。

选择什么样的指标进行分析对综合研判具有相对重要性。一个方向是选择一组（或一批）相对重要的指标进行分析，另一个方向是寻找个别具有综合性的指标进行综合分析。

反映企业生产经营过程的经济指标通常分为三类：一是反映生产成果的指标，如产品的产量、品种、质量等；二是反映劳动条件的指标，如劳动力、劳动资料、劳动对象等；三是以货币表现的财务指标，如资金、成本、利润等。

在实务操作或分析报告中，人们经常采用财务指标汇总法来体现所选择的指标体系，包括资金、成本、利润等财务指标，也涉及一些与之相关联的生产成果和劳动条件指标。

分析时，可以先把相关联的财务指标联系起来，从经济效益的角度出发进行分析、对比、评价。在财务分析实务中，通常先要编制财务指标汇总表，将一定时期内的各项财务指标的实际数与预算（计划）数相比较、与上年实际数相比较、与先进水平相比较，以总括反映企业的财务状况和财务成果等。

在汇总对比的基础上，还可以找出一些重要的或重点的指标进行深入细致的具体分析，其程序有顺分析和逆分析。顺分析是按照财务成果（如利润）的形成过程进行分析，一般次序是生产分析、成本分析、销售分析和利润分析等；逆分析是从财务成果（如利润）分析开始，层层解剖找原因，一般次序是利润分析、销售分析、生产分析、成本分析等。顺分析比较全面，但工作量大，需要的时间比较多；逆分析便于抓住重点，分析的时间较短。

财务指标有单一作用和综合作用之分，也有重要程度之别，尤其是在综合分析与评价时，所选取的指标不仅要有可比性，而且要有综合性或代表性，才能从总体上说明问题的实质。

综合指标比单项指标更能够说明问题的实质，如总资产报酬率、净资产收益率等，既是综合性较强的财务指标，又是整个财务指标体系的核心。财务分析可以利用综合性的财务指标进行卓有成效的对比分析和因素分析。

综合分析与综合评分都是庞大的数据处理过程和系统分析工程,涉及分析的方方面面。目前,常见的方法主要有指标汇总分析法、标准财务比率与综合系数分析法、杜邦财务体系分析法等。

9.2.2 综合系数分析法

综合系数分析法源于沃尔比重分析,是在对选定的财务比率进行实际值和标准值的比较的基础上,依据其重要性系数和关系比率,确定各项指标的综合系数及总体指标的累计综合系数,并据以对企业的财务状况做出综合评价的方法。

亚历山大·沃尔于1928年出版的《信用晴雨表研究》和《财务报表比率分析》中选择了7个财务比率——流动比率、产权比率、固定资产比率、存货周转率、应收账款周转率、固定资产周转率和自有资金周转率,分别给定各指标的比重,然后确定标准比率(以行业平均数为基础),将实际比率与标准比率相比,得出相对比率,将此相对比率与各指标比重相乘,得出总评分。

标准财务比率通常是指特定时期、特定行业的平均财务比率。可以用来作为标准财务比率的通常是行业平均比率。其确定方法有统计法和工业工程法两种。统计法以大量历史数据的统计结果作为标准。这种方法是假设大多数是正常的,社会平均水平是反映标准状态的,脱离了平均水平就是脱离了正常状态,如果企业的经营状况与平均水平不符,就意味着与正常状态不符。工业工程法是以实际观察和科学计算为基础,推算出一个理想状态作为评价标准。这种方法是以各变量之间有其内在的比例关系,且这种比例关系是可以被认识为假定条件的。在实际操作中,经常综合使用上述两种方法,互相补充,互相验证。目前,标准财务比率的建立主要采用统计方法,工业程序法处于次要地位。

企业为了从总体上对各种能力进行综合分析,可以设置一套财务比率,先按重要性原则给定分值,即重要性系数,总和为1;然后将实际比率与标准比率相比较,评出每项指标的得分;最后求出综合系数,与重要性系数之和相比较,从而评价企业的综合素质。这一方法又称综合系数法。我国企业经济效益评价指标体系就是综合系数法(比重评分法)的具体运用。

表9.5列示的这些指标可以分成4类:1~4项为获利能力指标,5~6项为偿债能力指标,7~8项为营运能力指标,9~10项为社会贡献指标。该套指标体系主要是从企业投资者、债权人以及企业对社会贡献等方面来考虑的,其综合评分方法如下:

① 以行业平均先进水平为标准值。

② 标准值的重要性权数总计为 100 分。其中,营业利润率为 15 分、总资产报酬率为 15 分、资本收益率为 15 分、资本保值增值率为 10 分、资产负债率为 5 分、流动比率(或速动比率)为 5 分、应收账款周转率为 5 分、存货周转率为 5 分、社会贡献率为 10 分、社会积累率为 15 分。

③ 根据财务报表等资料,分项计算上述 10 项指标的实际值,然后加权平均计算它们的综合实际分数。其计算公式如下:

$$综合实际分数 = \sum 权数 \times 关系比率$$

经计算,申良公司 2019 年度有关经济效益评价指标评分情况如表 9.5 所示。

表 9.5　　　　　　　企业经济效益评价指标比重评分表

财务评价指标	标准值	实际值	关系比率	权数	得分
销售利润率	10%	7.44%	0.74	15	11.10
总资产报酬率	6%	5.28%	0.88	15	13.20
资本收益率	12%	7.71%	0.64	15	9.60
资本保值增值率	108%	105.95%	0.98	10	9.80
资产负债率	50%	30.12%	1.66	5	8.30
流动比率(或速动比率)	2	2.03	1.02	5	5.10
应收账款周转率	8	2.32	0.42	5	2.10
存货周转率	5	7.46	1.49	5	7.45
社会贡献率	20%	20%	1.00	10	10.00
社会积累率	40%	30%	0.75	15	11.25
合计				100	87.90

综合系数分析法实际上采用了因子分析的原理,其基本目的是用几个因子去描述许多指标或因素之间的联系,即将关系比较密切的几个变量归在同一类中,每一类变量就成为一个因子,以较少的几个因子反映较多信息。至于选择哪些指标以及多少指标有赖于经验积累与逻辑判断。其中,流动比率、速动比率、现金债务总额比为适度指标,资产负债率为反向指标(逆指标),其余为正向指标。

某企业经过研究后,自选了 4 类 16 个财务指标。某年经修正后的经济效益综合评价内容与评价结果如表 9.6 所示,供参考。

第9章
绩效评价与业绩提升

表9.6 经济效益综合评价表

指　标	标准评分 ①	标准比率 ②	实际比率 ③	比率差异 ④=③−②	行业最高比率 ⑤	最高评分 ⑥	最低评分 ⑦	每分比率 ⑧=(⑤−②)÷(⑥−①)	调整分 ⑨=④÷⑧	综合评分 ⑩=①+⑨
一、盈利能力										
净资产收益率	15	12	10	−2	20	22.5	7.5	1.1	−1.80	13.20
资产报酬率	10	8	7	−1	15	15	5	1.4	−0.71	9.29
营业利润率	10	6	5	−1	15	15	5	1.5	−0.67	9.33
盈余现金保障倍数	5	150	140	−10	200	7.5	2.5	20	−0.50	4.50
每股收益（元）	5	0.3	0.25	−0.05	0.6	7.5	2.5	0.12	−0.42	4.58
二、偿债能力										
流动比率	10	200	210	+10	300	15	5	20	+0.50	10.50
负债资本比率	10	150	130	−20	200	15	5	10	−2	8.00
现金债务总额比	5	70	75	+5	100	7.5	2.5	12	+0.42	5.42
三、营运能力										
资产周转率	5	250	240	−10	450	7.5	2.5	80	−0.13	4.87
应收账款周转率	5	600	900	+300	1 200	7.5	2.5	240	+1.25	6.25
存货周转率	5	800	1 000	+200	1 300	7.5	2.5	200	+1.50	6.50
四、成长能力										
销售增长率	5	20	15	−5	40	7.5	2.5	8	−0.63	4.37
人均净利增长率	5	10	8	−2	25	7.5	2.5	6	−0.33	4.67
资本保值增值率	5	10	6	−4	25	7.5	2.5	6	−0.67	4.33
合　计	100					150	50			95.81

— 301 —

专题讨论 9.1 ｜ 运用综合系数法时把握正确程度的考量

综合系数法虽是评价企业总体财务状况的一种比较可取的方法，但这一方法的正确性取决于指标的选定、标准值的合理程度、标准值重要性权数的确定等。

首先，选择评价指标应当注重重要性和综合性，不然难以客观反映整个行业的实际情况。企业在评价经济效益时，可在上述指标的基础上，根据实际情况做适当的增减，也可以按照本书介绍过的财务指标做选择性补充，但都要对考核经济效益有用、有效。

其次，行业内每家企业采用的会计政策与会计方法不相同，经营状况也可能千差万别，如有的企业存在大量债务，有的债务则很少。把不同企业的指标值加在一起平均，可能会影响标准比率的权威性。因此，采用标准比率进行比较分析时，应根据实际情况对行业平均财务比率或权重进行修正。

最后，具体打分时可设定上下限。通常上限定为正常评分值的 1.5 倍，下限定为正常评分值的 1/2。计算得分时不采用"乘"的方法，而采用"加"或"减"的方法，以避免沃尔比重评分法中因相"乘"而产生的不合逻辑的影响等。

9.2.3　杜邦财务分析体系法

净资产收益率是所有财务比率中综合性最强、最具有代表性的指标。由于该指标是评价企业盈利能力的核心指标，因此备受人们的关注。

杜邦财务分析就是以净资产收益率为"龙头"，以总资产报酬率和权益乘数为核心，重点揭示企业获利能力及其前因后果，包括各相关财务比率指标之间的内在联系，是对企业财务状况及经济效益进行综合系统分析和评价的重要方法之一，因其由美国杜邦公司成功应用而得名。杜邦家族有 250 年的悠久历史，是目前世界 500 强企业中最长寿的公司。

杜邦分析法通过对净资产收益率的层层分解与逐层分析，可以解释净资产收益率增减变动的具体原因（如图 9.4 所示）。第一层为分析对象——净资产收益率，第二层和第三层是构成净资产收益率的两因素或三因素，第四、第五、第六层可根据分析的要求逐步深入，直至解析清楚增减变动的具体原因。该分解图使财务比率分析的层次更突出、条理更清晰，为报表分析者全面、仔细地了解企业的经营和盈利状况提供方便。

根据表 2.1 和表 2.3 提供的资料，经分析，申良公司 2019 年的净资产收益率为 5.78%，介于绩效评价平均值与良好值之间，但比 2018 年的 8.27% 减少了 2.49 个百分点，说明综合经济效益有所下降。那么，是什么原因驱使该指标下降呢？

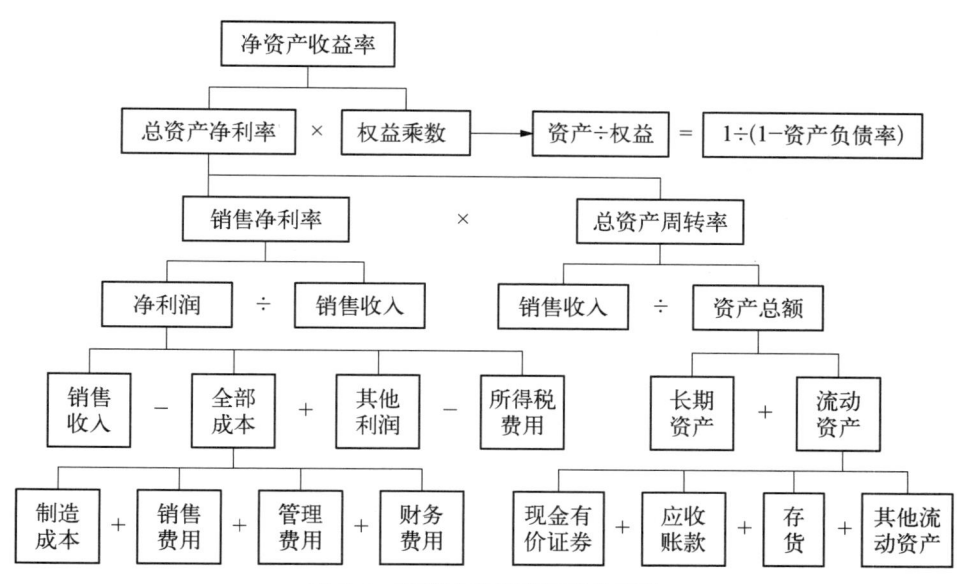

```
                    ┌──────────────┐
                    │ 净资产收益率 │
                    └──────┬───────┘
              ┌────────────┴────────────┐
         ┌────────────┐  ×  ┌────────┐ → ┌──────────┐  = 1÷(1−资产负债率)
         │ 总资产净利率│     │权益乘数│   │资产÷权益 │
         └─────┬──────┘     └────────┘   └──────────┘
     ┌─────────┴──────────┐
  ┌────────┐       ┌──────────────┐
  │销售净利率│  ×  │ 总资产周转率 │
  └────┬────┘     └──────┬───────┘
  ┌────┴────┐        ┌───┴────┐
┌────┐ ÷ ┌──────┐  ┌──────┐ ÷ ┌────────┐
│净利润│  │销售收入│ │销售收入│  │资产总额│
└──┬─┘   └──────┘  └──────┘  └───┬────┘
```

图9.4 净资产收益率因素分解图

对申良公司的净资产收益率进行因素分解并说明如下:
因为:净资产收益率＝资产净利率×权益乘数①
　　　　　　　　　＝3.953 5%×1.461 15
　　　　　　　　　＝5.78%
而且:资产净利润率＝销售净利率×资产周转率
　　　　　　　　　＝7.311 1%×0.540 7
　　　　　　　　　＝3.95%
所以:净资产收益率＝销售净利率×资产周转率×权益乘数
　　　　　　　　　＝7.311 1%×0.540 7×1.461 15
　　　　　　　　　＝5.78%

从公式中可以看出,影响净资产收益率的因素主要有三个:

一是销售净利润率,其增减变动因素分析可进一步从净利润和销售额两个方面入手,然后深入影响销售额和成本费用额的各个因素。

二是资产周转率,反映运用全部资产获取营业收入的能力。对影响资产周转的各个因素的分析涉及的面较为广泛,除了对资产各构成部分的占用量是否合理进行分析外,还可以通过对流动资产周转率(包括存货周转率和应收账款周转率)、

---

① 考虑指标还原,此处因素分析时采用权益乘数的分子与分母可按期初与期末的平均数计算。

固定资产周转率等有关各资产组成部分的使用效率进行分析,判明影响资产周转的主要问题。

三是权益乘数,主要受资产负债率的影响。负债比例大,权益乘数就大,说明企业有较高的负债程度,能给企业带来较大的杠杆利益,同时会给企业带来较大的风险。影响权益乘数的因素包括资产、负债和净资产等。

杜邦分析法采用因素分析法的作用在于解释净资产收益率增减变动的具体原因,为采取措施指明方向。先按照"资产净利率×权益乘数"两因素进行分析的计算过程如下:

2018 年净资产收益率＝5.427 4％×1.523 2＝8.27％

2019 年净资产收益率＝3.953 5％×1.461 15＝5.78％

通过上述分解可以看出,净资产收益率的下降的原因主要不在于资本结构(因为权益乘数变化不大),而是资产利用或盈利能力发生了问题,资产净利润率从 2018 年的 5.43％下降为 2019 年的 3.95％,这是发现问题的重要线索。

对资产净利率还可分解为"销售净利率×资产周转率"两因素,进一步分析如下:

2018 年资产净利率＝11.368 4％×0.477 4＝5.43％

2019 年资产净利率＝7.311 1％×0.540 7＝3.95％

通过分解可以看出,资产的使用效率提高了,但由此带来的收益不足以抵补销售净利润率下降造成的损失。因为产品不够好,所以销售净利润率下降,这才是导致资本净利润率下降的主要原因,即问题的关键所在。

杜邦分析法的原理具有广泛适用性,其最大的特点在于通过对主要财务比率之间相互关系的层层解析,全面、系统、直观地反映企业的财务状况和经营成果的层层逻辑关系,从而大大节省了财务报表分析者的时间,提高了分析效率。

在实务中,企业还可以选择其他综合指标进行分析,如净资产利润率、总资产利润率、总资产报酬率等,并采用因素分析法来观察这些指标的增减变动原因。

9.3 慧识绩效评价

9.3.1 企业绩效评价指标

评价是指进行分析研判后得出结论。

评价需要确立标准。所谓"对标",就是对比标杆找差距,明确自身与业界标准之间的差距,从而指明经营管理的改进方向。

绩效评价是指企业运用系统的工具和方法,对一定时期内企业的营运效率与效果进行综合评判的管理活动,是企业实施激励管理的重要依据。对一家企业一定经营期间的经营业绩和经营者的努力程度等各个方面要进行确切的综合研判可以说是错综复杂、难上加难。

长期以来,企业绩效习惯以销售、利润等绝对数为主要评价指标。然而,时代和环境都在变,当某种特定评价方法和指标所赖以存在的环境和治理要求发生变化时,其业绩评价方法和指标也应进行适当的变革。单纯的一两个指标可能以偏概全,只有将点连成线、线构成面去展示整体趋势,才能多维且较为客观地评价企业业绩的现状与健康度。

1992年国家计委、国务院生产办、国家统计局联合下发了工业经济评价考核指标体系,包括6项指标(1997年修改为7项指标)。1993年实施的《企业财务通则》(1992年11月30日中华人民共和国财政部令第4号)中规定了8项财务评价指标。1995年起试行的《企业经济效益评价指标体系》(财工字〔1995〕7号)包括10项指标。1999年,财政部、国家经贸委、人事部、国家计委联合颁布了《国有资本金效绩评价规则》《国有资本金效绩评价操作细则》(财统字〔1999〕2号)包括8项基本指标、16项修正指标和8项评议指标,现已改为企业综合效绩评价。这些变化汇总如表9.7所示。

表 9.7　　　　　　　　企业绩效评价指标变动对比表

1992年工业经济效益评价考核指标体系	1992年企业财务通则①	1995年企业经济效益评价指标体系	1999年国有资本金效绩评价规则②
1. 总资产报酬率	1. 流动比率	1. 销售利润率	1. 净资产收益率
2. 资本保值增值率	2. 速动比率	2. 总资产报酬率	2. 总资产报酬率

① 2006年修改后的《企业财务通则》提出评价企业的偿债能力、盈利能力、资产营运能力、发展能力和社会贡献,但没有规定具体的财务指标。目前,《企业财务通则》又在征求修改意见。

② 修正财务效益状况的指标包括资本保值增值率、销售(营业)利润率、成本费用利润率,修正资产营运状况的指标包括存货周转率、应收账款周转率、不良资产比率、资产损失比率,修正偿债能力的指标包括流动比率、速动比率、现金流动负债比率、长期资产适合率、经营亏损挂账比率,修正发展能力状况的指标包括总资产增长率、固定资产成新率、三年利润平均增长率、三年资本平均增长率。此外,首次把企业的整体素质、内部控制、公众形象和未来潜力4个方面的非财务指标纳入业绩评估系统。

续表

1992年工业经济效益评价考核指标体系	1992年企业财务通则	1995年企业经济效益评价指标体系	1999年国有资本金效绩评价规则
3. 资产负债率	3. 应收账款周转率	3. 资本收益率	3. 总资产周转率
4. 流动资产周转率	4. 存货周转率	4. 资本保值增值率	4. 流动资产周转率
5. 成本费用利润率	5. 资产负债率	5. 资产负债率	5. 资产负债率
6. 全员劳动生产率	6. 资本金利润率	6. 流动比率(或速动比率)	6. 已获利息倍数
7. 产品销售率	7. 营业收入利润率	7. 应收账款周转率	7. 销售（营业）增长率
	8. 成本费用利润率	8. 存货周转率	8. 资本积累率
		9. 社会贡献率	
		10. 社会积累率	

9.3.2 企业综合效绩评价的主要特点

企业绩效评价体系是由一系列与绩效评价相关的评价制度、评价指标体系、评价方法、评价标准以及评价机构等形成的有机整体。其中,企业绩效评价指标体系应当体现科学性、实用性和可操作性,并与财务分析密切相关。

如何有效开展综合绩效评价？经过多年的实践,目前,我国企业综合效绩评价指标的科学性、规范性、公正性可以从以下几个方面的主要特点中显现出来：

一是以净资产收益率为核心。企业综合效绩评价体系的主要内容是资本金运营效绩,第一个评价指标就是净资产收益率,这与杜邦财务分析体系的思路相近。

二是实行定量分析与定性分析相结合。经过多次修改后,目前企业综合绩效评价计分方法由两大部分组成：财务绩效采用22个定量评价指标,以功效系数法计分,指标权重为70%；管理绩效采用8个定性评价指标,以综合分析判断法计分,权重为30%,从而对以前实施的标准财务比率分析法做出较大改进。

表9.8是我国目前正在实施的企业综合效绩评价指标及其权重分配情况。

表 9.8　　　　　　　　　企业综合绩效评价指标及其权重

评价内容与权重		财务绩效(70%)				管理绩效(30%)	
评价内容	权重100	基本指标	权重100	修正指标	权重100	评议指标	权重100
一、盈利能力状况	34	净资产收益率 总资产报酬率	20 14	销售(营业)利润率 盈余现金保障倍数 成本费用利润率 资本收益率	10 9 8 7	战略管理 发展创新	18 15
二、资产质量状况	22	总资产周转率 应收账款周转率	10 12	不良资产比率 流动资产周转率 资产现金回收率	9 7 6	经营决策 风险控制	16 13
三、债务风险状况	22	资产负债率 已获利息倍数	12 10	速动比率 现金流动负债比率 带息负债比率 或有负债比率	6 6 5 5	基础管理 人力资源	14 8
四、经营增长状况	22	销售(营业)增长率 资本保值增值率	12 10	销售(营业)利润增长率 总资产增长率 技术投入比率	10 7 5	行业影响 社会贡献	8 8

企业综合绩效评价分数＝财务绩效定量评价分数×70%＋管理绩效定性评价分数×30%

三是采用多层次指标体系和多因素逐项修正的方法,并以横向对比与纵向对比互为补充,做出真实、客观、公正的综合评判。

四是公布"企业绩效评价标准值"作为参照目标值。绩效目标值的确定可参考内部标准与外部标准。内部标准有预算标准、历史标准、经验标准等,外部标准有行业标准、竞争对手标准、标杆标准等。国务院国资委财务监督与考核评价局每年出版的《企业绩效评价标准值》可作为绩效评价对照标准,具有权威性。该书不仅分别列示了全国全行业、大型企业、中型企业、小型企业及其各行业具体的绩效评价标准值和分布情况,而且有相应的计算公式与评价方法等详细内容。其中,2019年全国全行业企业绩效评价标准值如表 9.9 所示。

表 9.9　　　　　　2019 年企业绩效评价标准值(全行业)

项　　目	优秀值	良好值	平均值	较低值	较差值
一、盈利能力状况					
净资产收益率(%)	12.0	8.7	5.7	1.3	－9.6

续表

项　　目	优秀值	良好值	平均值	较低值	较差值
总资产报酬率(%)	7.3	5.5	3.6	0.4	-6.7
销售(营业)利润率(%)	18.0	10.8	5.5	-1.9	-9.0
盈余现金保障倍数	11.3	5.6	1.4	-3.0	-3.6
成本费用利润率(%)	12.8	9.5	6.0	2.4	-3.8
资本收益率(%)	12.3	9.1	6.4	1.8	-5.7
二、资产质量状况					
总资产周转率(次)	1.6	1.0	0.5	0.3	0.2
应收账款周转率(次)	21.6	12.2	7.7	3.4	1.3
不良资产比率(%)	0.2	0.8	2.5	5.4	13.0
流动资产周转率(次)	2.6	1.5	1.1	0.7	0.3
资产现金回收率(%)	20.5	8.8	2.7	-0.7	-10.1
三、债务风险状况					
资产负债率(%)	49.0	54.0	64.0	74.0	89.0
已获利息倍数	5.5	4.1	2.8	0.5	-2.1
速动比率(%)	134.9	98.2	75.0	57.6	36.7
现金流动负债比率(%)	22.3	15.5	6.0	-7.7	-14.3
带息负债比率(%)	21.1	32.6	47.7	67.0	80.0
或有负债比率(%)	0.2	1.5	4.8	11.4	17.6
四、经营增长状况					
销售(营业)增长率(%)	21.2	14.4	9.0	-4.3	-16.2
资本保值增值率(%)	110.9	107.6	104.6	100.3	89.5
销售(营业)利润增长率(%)	21.7	14.6	9.5	-4.0	-13.2
总资产增长率(%)	17.2	13.7	8.4	-5.3	-13.8
技术投入比率(%)	3.5	2.5	2.0	1.7	0.7
五、补充资料					
存货周转率(次)	17.7	11.2	4.5	2.3	1.1

续表

项　　目	优秀值	良好值	平均值	较低值	较差值
"两金"占流动资产比重(%)	14.3	29.4	42.7	53.6	63.5
成本费用占主营业务收入比重(%)	87.1	91.1	95.0	97.6	100.5
经济增加值率(%)	8.1	4.9	0.5	−2.2	−12.8
EBITDA率(%)	24.3	14.0	6.8	−0.2	−3.1
资本积累率(%)	32.2	17.7	8.0	−4.4	−15.3

9.3.3 财务绩效定量评价指标

财务绩效定量评价指标由反映企业盈利能力状况、资产质量状况、债务风险状况和经营增长状况4个方面的8个基本指标和14个修正指标构成,用于综合评价企业财务会计报告所反映的经营绩效状况。

一是企业盈利能力状况：以净资产收益率、总资产报酬率2个基本指标和销售(营业)利润率、盈余现金保障倍数、成本费用利润率、资本收益率4个修正指标进行评价,主要反映企业一定经营期间的投入产出水平和盈利质量。

二是企业资产质量状况：以总资产周转率、应收账款周转率2个基本指标和不良资产比率、流动资产周转率、资产现金回收率3个修正指标进行评价,主要反映企业所占用经济资源的利用效率、资产管理水平与资产的安全性。

三是企业债务风险状况：以资产负债率、已获利息倍数2个基本指标和速动比率、现金流动负债比率、带息负债比率、或有负债比率4个修正指标进行评价,主要反映企业的债务负担水平、偿债能力及其面临的债务风险。

四是企业经营增长状况：以销售(营业)增长率、资本保值增值率2个基本指标和销售(营业)利润增长率、总资产增长率、技术投入比率3个修正指标进行评价,主要反映企业的经营增长水平、资本增值状况及发展后劲。

表9.8中的基本指标反映企业一定期间财务绩效的主要方面,并得出财务绩效定量评价的基本结果。修正指标是根据财务指标的差异性和互补性,对基本指标的评价结果做出补充和矫正。例如,净资产收益率反映盈利能力,但其利润的质量究竟如何,需要通过盈余现金保障倍数等修正指标加以调整。

(1) 基本指标的计分步骤

财务绩效定量评价基本指标计分是按照功效系数法计分原理,将评价指标的实际值对照行业评价标准值,按照规定的计分公式计算各项基本指标的得分。

基本指标计分的计算步骤与计算公式如下:

① 根据评价年度的财务报表数据计算某项评价指标的实际值。

② 根据具体评价目的,有针对性地选择相应行业或相应规模的评价标准值。

③ 根据已选用的评价标准值,确定该指标的实际值所处的档次和对应的标准系数。本档标准值是指上下两档标准值居于较低等级一档,也就是说,实际值计算出来以后,低于实际值的属于本档标准值,高于实际值的属于上一档标准值,同时找到相应的标准系数。在确定了标准值和标准系数后,根据计分公式可以计算出基本指标的得分。

④ 根据该指标实际值所处区域的上一档标准值和本档标准值,计算功效系数。

$$功效系数 = \frac{实际值 - 本档标准值}{上一档标准值 - 本档标准值}$$

⑤ 计算该指标的基础分。

$$基础分 = 指标权数 \times 该指标对应的标准系数$$

⑥ 计算该指标的调整分。

$$调整分 = 功效系数 \times (该指标上一档基础分 - 该指标本档基础分)$$

⑦ 计算该指标的实际得分。

$$单项基本指标得分 = 本档基础分 + 调整分$$

⑧ 计算基本指标总分。基本指标总分即初步评价得分,为单项基本指标的得分之和,即:

$$基本指标总分 = \sum 单项指标得分$$

(2)修正指标的计分步骤

修正指标计分方法是在基本指标计分结果的基础上,运用修正指标对基本指标的计分结果做进一步调整。修正指标的计分方法仍运用功效系数法原理,以4个部分基本指标的评价得分为基础,计算各部分的综合修正系数,再据此计算修正指标分数。其计算公式为:

$$修正后的总得分 = \sum 各部分修正后的得分$$
$$各部分修正后的得分 = 各部分基本指标分数 \times 该部分综合修正系数$$
$$某部分综合修正系数 = \sum 该部分各修正指标加权修正系数$$

$$某指标加权修正系数 = \frac{修正指标权数}{该部分权数} \times 该指标单项修正系数$$

$$某指标单项修正系数 = 1 + (本档标准系数 + 功效系数 \times 0.2 - 该部分基本指标分析系数)$$

$$某部分基本指标分析系数 = \frac{该部分基本指标得分}{该部分权数}$$

9.3.4 管理绩效定性评价指标

企业管理绩效定性评价指标包括战略管理、发展创新、经营决策、风险控制、基础管理、人力资源、行业影响和社会贡献8个方面，主要反映企业在一定经营期间所采取的各项管理措施及其管理成效（如图9.5所示）。

管理绩效定性评价指标：

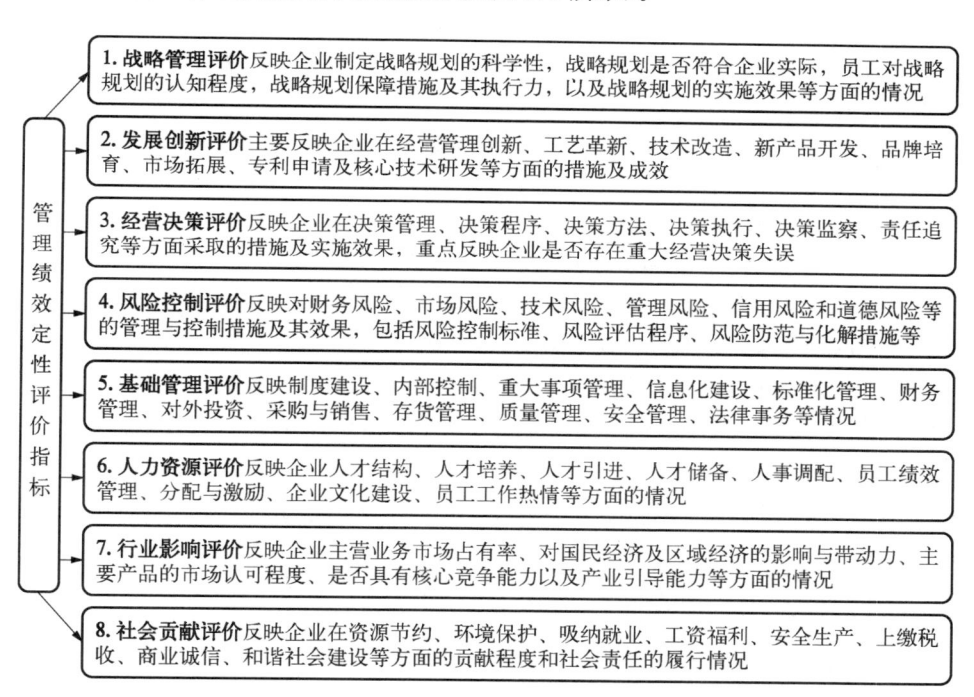

1. **战略管理评价** 反映企业制定战略规划的科学性、战略规划是否符合企业实际，员工对战略规划的认知程度，战略规划保障措施及其执行力，以及战略规划的实施效果等方面的情况

2. **发展创新评价** 主要反映企业在经营管理创新、工艺革新、技术改造、新产品开发、品牌培育、市场拓展、专利申请及核心技术研发等方面的措施及成效

3. **经营决策评价** 反映企业在决策管理、决策程序、决策方法、决策执行、决策监察、责任追究等方面采取的措施及实施效果，重点反映企业是否存在重大经营决策失误

4. **风险控制评价** 反映对财务风险、市场风险、技术风险、管理风险、信用风险和道德风险等的管理与控制措施及其效果，包括风险控制标准、风险评估程序、风险防范与化解措施等

5. **基础管理评价** 反映制度建设、内部控制、重大事项管理、信息化建设、标准化管理、财务管理、对外投资、采购与销售、存货管理、质量管理、安全管理、法律事务等情况

6. **人力资源评价** 反映企业人才结构、人才培养、人才引进、人才储备、人事调配、员工绩效管理、分配与激励、企业文化建设、员工工作热情等方面的情况

7. **行业影响评价** 反映企业主营业务市场占有率、对国民经济及区域经济的影响与带动力、主要产品的市场认可程度、是否具有核心竞争能力以及产业引导能力等方面的情况

8. **社会贡献评价** 反映企业在资源节约、环境保护、吸纳就业、工资福利、安全生产、上缴税收、商业诚信、和谐社会建设等方面的贡献程度和社会责任的履行情况

图9.5 管理绩效定性评价指标的具体内容

管理绩效定性评价标准分为优（A）、良（B）、中（C）、低（D）、差（E）五个档次。对应五档评价标准的标准系数分别为1、0.8、0.6、0.4、0.2，差（E）以下为0。

管理绩效定性评价标准具有行业普遍性和一般性，在进行评价时，应当根据不同行业的经营特点，灵活把握个别指标的标准尺度。虽然没有列示定性评价标准，但对被评价企业经营绩效产生重要影响的因素，在评价时也应予以考虑。

管理绩效定性评价指标的计分一般通过专家评议打分形式完成,聘请的专家不少于7位。评议专家在充分了解企业管理绩效状况的基础上,对照评价参考标准,采取综合分析判断法,对企业管理绩效指标做出分析、评议,评判各项指标所处的档次,并直接给出评价分数。其计分公式为:

$$管理绩效定性评价指标分数 = \sum 单项指标分数$$

$$单项指标分数 = \frac{\sum 每位专家给定的单项指标分数}{专家人数}$$

9.3.5 综合绩效评价结果及其运用

在得出财务绩效定量评价分数和管理绩效定性评价分数后,按照规定的权重,即财务绩效定量评价指标权重为70%、管理绩效定性评价指标权重为30%,两者之和形成综合绩效评价分数。

在得出评价分数后,应当计算年度之间的绩效改进度,以反映企业年度之间经营绩效的变化状况。其计算公式为:

$$绩效改进度 = \frac{本期绩效评价分数}{基期绩效评价分数}$$

绩效改进度大于1,说明经营绩效上升;绩效改进度小于1,说明经营绩效下滑。

对经济效益上升幅度显著、经营规模较大、有重大科技创新的企业可予以适当加分,以充分反映不同企业的努力程度和管理难度,激励企业加强科技创新。

上述财务绩效定量评价标准按照不同行业、不同规模及指标类别划分为优秀(A)、良好(B)、平均(C)、较低(D)、较差(E)五个档次,对应五档评价标准的标准系数分别为1、0.8、0.6、0.4、0.2,较差(E)以下为0。标准系数是评价标准的水平参数,反映了评价指标对应的评价标准所达到的水平档次。

企业综合绩效评价结果以评价类型、评价级别和评价得分表示,具体分级标准如表9.10所示。

表9.10   企业综合绩效评价结果得分

评价类型	评价级别	评价得分
优(A)	A++	100～95
	A+	94～90
	A	89～85

续表

评价类型	评价级别	评价得分
良(B)	B+	84～80
	B	79～75
	B—	74～70
中(C)	C	69～60
	C—	59～50
低(D)	D	49～40
差(E)	E	39分以下

综合绩效评价报告是根据评价结果编制的反映被评价企业综合绩效状况的书面文件,由正文和附件构成。正文应当包括评价目的、评价依据与评价方法、评价过程、评价结果及评价结论、重要事项说明等内容。正文应当做到文字简洁、重点突出、层次清晰、易于理解。附件应当包括企业经营绩效分析报告、评价结果计分表、问卷调查结果分析、专家咨询报告、评价基础数据及调整情况。其中,企业经营绩效分析报告是根据综合绩效评价结果对企业经营绩效状况进行深入分析的报告,应当包括评价对象概述、评价结果与主要绩效、存在的问题与不足、有关管理建议等。

9.4 智谋业绩提升

9.4.1 4个维度业绩指标的平衡计分法

市场经济的外部环境是变化无常的,企业应当善于用自身发展业绩的确定性来应付或抵御外部环境的不确定性。财务分析应当围绕智谋绩效而努力。实施卓越的绩效评价有助于提高企业管理水平并促进绩效不断提升。

传统财务指标以实现部门或单位职责及工作重点为目标,以财务指标为主,忽视非财务指标,注重结果指标的考核,忽视过程指标的控制。在这种模式下,部门或业务单位的利益最大化可能导致企业整体利益的损失,为追求实现短期利益可能会产生经营风险。

如何谋求绩效提升?1992年,罗伯特·卡普兰与戴维·诺顿在《哈佛商业评论》上发表了《平衡计分卡——业绩衡量与驱动的新方法》,提出了平衡计分卡方法。

平衡计分卡从财务、客户、内部业务流程、学习与成长4个维度将战略目标逐层分解转化为具体的、相互平衡的绩效指标体系,并据此进行绩效管理。在绩效管理中,财务性指标是结果性指标,而非财务性指标是决定结果性指标的驱动指标。平衡计分卡的智慧在于关注4个维度之间的平衡与效能作用,既强调指标的确定必须包含财务性和非财务性,也强调对非财务性指标的管理,因而受到世人重视,因为没有一家企业的可持续发展是可以顾此失彼的。平衡发展是可持续发展的重要基础。这种新型的绩效管理体系如图9.6所示。

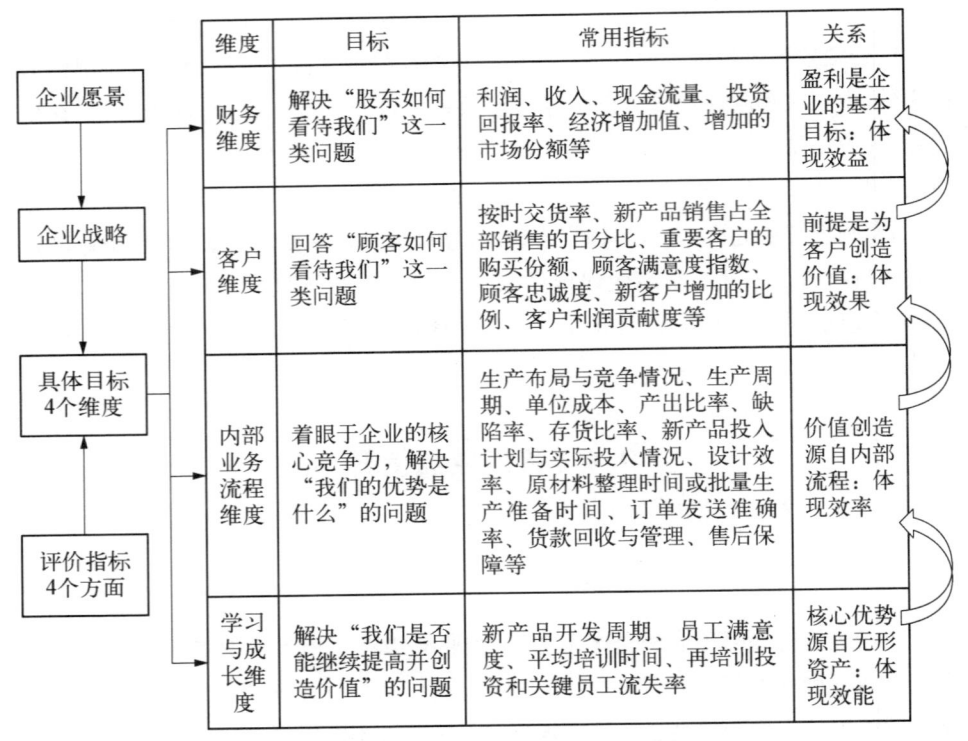

维度	目标	常用指标	关系
财务维度	解决"股东如何看待我们"这一类问题	利润、收入、现金流量、投资回报率、经济增加值、增加的市场份额等	盈利是企业的基本目标:体现效益
客户维度	回答"顾客如何看待我们"这一类问题	按时交货率、新产品销售占全部销售的百分比、重要客户的购买份额、顾客满意度指数、顾客忠诚度、新客户增加的比例、客户利润贡献度等	前提是为客户创造价值:体现效果
内部业务流程维度	着眼于企业的核心竞争力,解决"我们的优势是什么"的问题	生产布局与竞争情况、生产周期、单位成本、产出比率、缺陷率、存货比率、新产品投入计划与实际投入情况、设计效率、原材料整理时间或批量生产准备时间、订单发送准确率、货款回收与管理、售后保障等	价值创造源自内部流程:体现效率
学习与成长维度	解决"我们是否能继续提高并创造价值"的问题	新产品开发周期、员工满意度、平均培训时间、再培训投资和关键员工流失率	核心优势源自无形资产:体现效能

企业愿景 → 企业战略 → 具体目标4个维度 → 评价指标4个方面

图9.6 平衡计分卡四维结构的主要内容

平衡计分卡的4个维度在突破财务指标单一局限的基础上,使4者之间具有因果关系:学习成长指标的实现有助于内部运营的改善,内部运营的改善有助于客户满意度的提高,而内部运营的改善以及客户满意度的提高又有助于财务指标的实现。这4个部分的内容虽然各自有特定的评价对象和指标,但彼此之间存在密切的联系。其中,效益体现在盈利等相关财务指标中,效果体现在为客户创造价值的满意程度方面,效率体现在各项经营周转速度上,效能体现在学习与成长方面,是运营的基础和潜在的发展动能。从最终评价结果看,财务指标体系是根本,其他三个方面的指标体系最终都要体现在财务指标上。

上述4个维度相互支持、互为关联,告诉企业管理者:员工需要什么样的知识、技能和系统(学习与成长维度)来形成恰当的战略能力,获得适当的效率(内部流程维度),从而给市场(客户维度)带去价值,最终创造出更高的企业价值。

9.4.2 战略地图与指标之间的因果关系

平衡计分卡系统一般包括战略地图、平衡计分卡以及个人计分卡、指标卡、行动方案、绩效考核量表。在直观的图表及职能卡片的展示下,抽象而概括性的部门职责、工作任务与承接关系等显得层次分明、量化清晰。

企业战略确立后的任务就是把战略主题与平衡计分卡的4个维度联系起来,形成逻辑上具有因果关系的指标体系——战略地图,并以平衡计分卡4个层面的目标为核心,通过分析这4个层面目标之间的相互关系,绘制围绕企业战略目标的指标因果关系图。某企业绘制的战略地图如图9.7所示,供参考。

战略地图的核心内容包括:企业通过运用人力资本、信息资本和组织资本等无形资产(学习与成长方面),创新和建立战略优势及效率(内部营运方面),使企业把特定价值带给市场(客户方面),从而实现股东价值(财务方面)。通过全面描述战略,有助于管理者之间及管理者与员工之间对战略达成共识。

战略地图的优势还在于打破只注重财务指标的业绩管理方法。传统的财务会计模式只能衡量过去发生的事情(落后的结果因素),但无法评估前瞻性的投资(领先的驱动因素)。以往注重财务指标的管理方法仍然有效,但在信息社会中,传统的业绩管理方法并不全面,企业必须通过在客户、供应商、员工、组织流程、技术和革新等方面的投资,获得持续发展的动力,才能成功。

9.4.3 平衡管理就是智慧理财

平衡计分卡的关键在于能否平衡:从财务、客户、内部运营、学习与成长4个维度将总体战略由企业、部门到员工逐层分解,不仅强调纵向的一致,而且突出横向即跨部门的协调。

如何才能智慧理财?指标具有导向作用。平衡指标重视的是一种能效,体现

图 9.7 战略地图与指标平衡关系

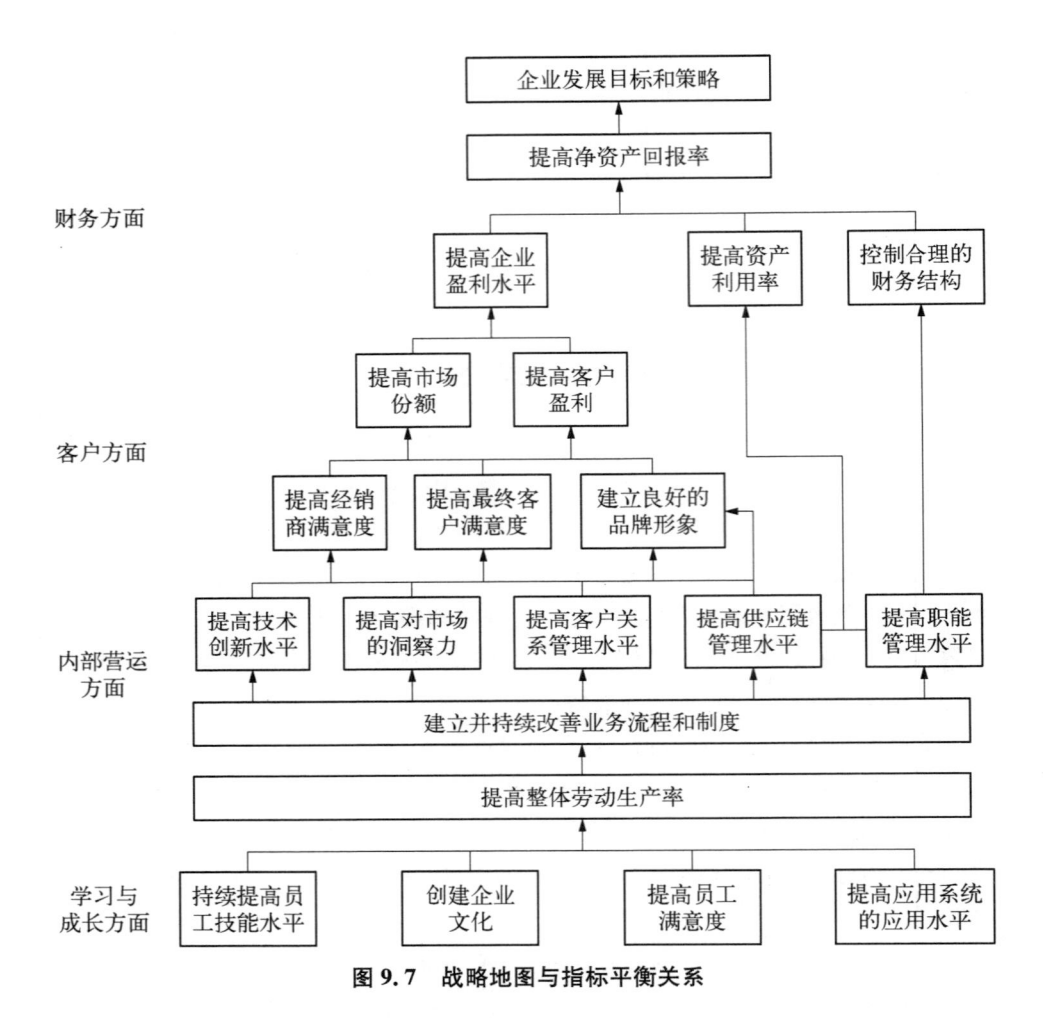

管理智慧。财务衡量指标会导致已采取的行动产生预期的结果；同时，通过对客户满意度、内部运营及员工学习与成长进行考核的业务性指标来补充财务衡量指标，业务性指标则是未来财务业绩的驱动器。也就是说，平衡计分卡一方面通过财务指标保持对企业短期业绩的关注；另一方面通过员工学习、信息技术的运用与产品、服务的创新，提高客户满意度，共同驱动企业未来的财务业绩，展示企业的发展后劲。

企业应建立高效集成的信息系统，实现绩效管理与预算管理、财务管理、生产经营等系统的紧密结合，为实施平衡计分卡与各方平衡提供信息支持，这是明智之举。管理者努力达到财务与非财务、长期目标与短期目标、外部与内部、结果与过程、管理业绩与经营业绩多方面平衡,才具有全面绩效评价的积极作用,从而有助于各级员工对企业目标和战略的沟通与理解,有利于企业和员工的学习成长及核心能力的培养,进而实现企业的长远发展目标、提高整体管理水平。

经典案例评析

华为增长速度与经营业绩评价

30年前,世界上没有华为;如今,全世界都知道华为。华为的增长速度究竟有多快?

1987年,任正非以21 000元资金在中国深圳创立了华为;2008年,华为被商业周刊评为全球十大最有影响力的公司;2018年,华为荣获第三十二届中国电子信息百强企业排名第一位。2019年8月22日,全国工商联在青海西宁发布了《2019年中国民营企业500强报告》,华为以7 212亿元的营收当之无愧地成为"中国民企500强"榜首,这已是华为蝉联"中国民企500强"榜首的第四年。2019年12月25日,华为入选《快公司》"2019中国最佳创新公司50"榜单。2020年1月9日,胡润研究院发布《2019胡润中国500强民营企业》,华为位列第四……华为的荣誉数不胜数。

华为30年的发展历程大致可划分为以下4个阶段:

1987～1992年的创业阶段:从做用户交换机代理生意转向企业用交换机研发生产,1992年进入运营商用交换机研发生产并构建了早期的核心团队。

1993～1997年的机会成长阶段:在运营商通信设备市场上迅速扩张;1992年销售额突破1亿元;1997年销售额达到41亿元,主要来自中国农村市场;为解决好快速扩张的内部组织问题,先后实施管理改革,起草了"华为基本法"等。

1998～2010年的系统成长阶段:1998年将市场拓展到中国主要城市,通过提高市场占有率、扩充品类、国际化等方式逐步缩小与行业巨头的差距;在组织层面推出了以流程化为中心的组织再造、以职业化为核心的人力资源变革、以国际化为核心的文化变革项目。

根据2007年的年报,华为的营业利润率从2003年的19%下降到了2007年的7%,净利润率从14%下降到5%。随着业务的突飞猛进,华为的利润率却逐年下滑。任正非意识到,如果没有一个全球化的财务管理,财务风险将难以控制。在任正非看来,IBM作为百年老店,其财务管理非常严谨,全球化运作最为成熟,是华为最佳的学习对象。2007年,华为启动集成财务转型(IFS)项目。IBM正式把华为升级为事业部客户,并派各个地区CFO级别的财务人员参与华为财务转型项目。任正非为什么如此大动作地进行财务转型?因为IBM能给华为的财务管理带来"脱胎换骨式的改变"。企业不能不计成本地占领市场,应当强调盈利能力,并将此体现在考核指标上。

在2009年国际金融危机的大背景下,许多企业备受考验。华为却逆势增长,全年营业额超300亿美元,步入世界500强的门槛,成为真正意义上的世界级企业。

2011年至今为重塑成长阶段:华为将业务拆为"三驾马车"——运营商业务、企业业务和消费者业务三大事业群,针对"大企业病",对组织结构和政策做了重大调整,推动了消费者业务的突破。

近年来,全球范围的不确定性增加,经济持续下滑趋势更加明显,一些投资者和管理者的短期思维变得普遍。华为却承诺以追求长期可持续的价值创造为基础制定公司战略,承诺定期审视公司的治理、长期目标和发展战略。华为将坚持以客户为中心、以奋斗者为本,持续改善公司治理架构、组织、流程和考核,使公司长期保持有效增长。

评价一家企业经营业绩的核心内容有三大指标:一是销售收入,即生意做得怎么样;二是营业利润,反映生意赚不赚钱、盈利效能强不强;三是净现金流有多少,收益质量高不高、可信不可信。华为的销售收入、营业利润和经营活动现金流的年均复合增长率(CAGR)分别为21%、14%和15%,其发展确实很快,且整体经营结果健康,财务稳健。

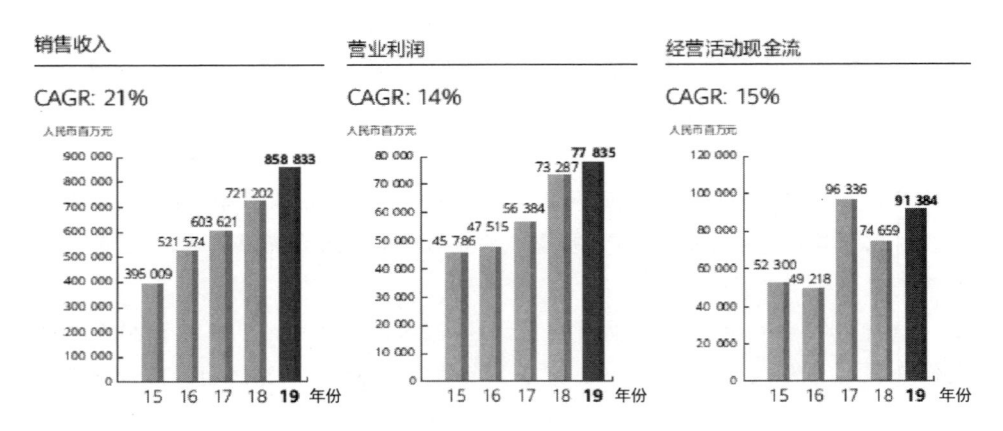

销售收入
CAGR: 21%
人民币百万元

年份	金额
15	395 009
16	521 574
17	603 621
18	721 202
19	858 833

营业利润
CAGR: 14%
人民币百万元

年份	金额
15	45 786
16	47 515
17	56 384
18	73 287
19	77 835

经营活动现金流
CAGR: 15%
人民币百万元

年份	金额
15	52 300
16	49 218
17	96 336
18	74 659
19	91 384

华为2019年的主要财务指标摘要如下:

华为 5 年主要财务指标对比分析表　　　　单位：人民币百万元

项　　目	2019 年	2018 年	2017 年	2016 年	2015 年
销售收入	858 833	721 202	603 621	521 574	395 009
营业利润	77 835	73 287	56 384	47 515	45 786
营业利润率	9.1%	10.2%	9.3%	9.1%	11.6%
净利润	62 656	59 345	47 455	37 052	36 910
经营活动现金流	91 384	74 659	96 336	49 218	52 300
现金与短期投资	371 040	265 857	199 943	145 653	125 208
运营资本	257 638	170 864	118 503	116 231	89 019
总资产	858 661	665 792	505 225	443 634	372 155
总借款	112 162	69 941	39 925	44 799	28 986
所有者权益	295 537	233 065	175 616	140 133	119 069
资产负债率	65.6%	65.0%	65.2%	68.4%	68.0%

透视上述主要财务指标的增长率可以发现，华为的增长是持续快速的，而不是突然高速的。从上表 5 年的资料中可以看出华为增长的几条重要轨迹：一是销售收入不断增长，而且集中在主营业务方面；二是各项利润指标不断上升，且随着销售额的增加而增加；三是经营现金净流量都是正数，且都大于净利润。

发展能力是指企业扩大规模、壮大实力的潜在能力，又称成长能力。从绝对数角度考察，影响企业发展能力的因素或影响企业价值增长的因素主要有：营业收入、资产规模、净资产规模、净收益等，其中，净资产规模的影响最综合。从相对数角度考察，分析发展能力主要应考察营业收入或营业利润增长率、总资产或净资产增长率、技术投入比率、经济增加值率、可持续增长率以及 3 年或 5 年的平均增长率等，其中，资本保值增值率、销售增长率、销售利润增长率、总资产增长率、技术投入比率最直观。2019 年全国大型企业经营增长绩效评价标准值如下表所示。

2019 年全国大型企业经营增长绩效评价标准值

项　　目	优秀值	良好值	平均值	较低值	较差值
销售(营业)增长率(%)	24.3	17.6	9.8	−1.1	−13.4
资本保值增值率(%)	112.2	109.4	105.8	101.3	93.5
销售利润增长率(%)	24.8	17.7	12.8	0.4	−8.8

续表

项　　目	优秀值	良好值	平均值	较低值	较差值
总资产增长率(%)	15.9	12.5	6.7	−4.5	−12.0
技术投入比率(%)	4.2	2.9	2.6	2.2	1.5

资金在周转、利润转投资、收益再增加、产出变产能,这是企业拥有活力的奥秘,也是企业发展的后劲。根据2019年华为披露的年报数据,与大型企业经营增长绩效评价标准值进行比较分析,2019年华为经营增长指标绩效评价如下表所示。

华为2019年经营增长指标绩效评价表

指　标　名　称	实际数据	绩效平均值	增减百分点	对比评价结果
销售(营业)增长率(%)	19.10	9.80	9.30	高于绩效良好值
资本保值增值率(%)	126.80	105.80	21.00	超过绩效优秀值
销售利润增长率(%)	9.10	12.80	−3.70	低于绩效平均值
总资产增长率(%)	28.97	6.70	22.27	超过绩效优秀值
技术投入比率(%)	15.30	2.60	12.70	超过绩效优秀值

研判上表数据可以看出,2019年华为的经营增长较快,其经营增长指标中,除了销售利润增长率之外,1个指标高于全国大型企业良好值,3个指标超过全国大型企业优秀值,发展前景良好。

华为对自身的发展始终充满信心,不仅坚信未来30年人类社会必然会走进智能社会,而且坚信困难从来都是更大胜利的前奏,挑战更是坚强队伍的磨刀石,即使遭遇美国遏制,狭路相逢也是勇者胜。

华为对发展中的风险与危机念念不忘,谨慎小心,防患于未然。1997年,华为在创立10年之际已是我国通信业的一家主流设备供应商,然而任正非在总结10年的发展历程时却深有感触地说:"10年来,我天天思考的都是失败,对成功视而不见,也没有什么荣誉感、自豪感,而是危机感。也许是这样,才存活了10年。"2001年任正非在散文《北国之春》中写道:"华为经历了十年高速发展,能不能长期持续发展?会不会遭遇低增长,甚至是长时间的低增长?企业的结构与管理上存在什么问题?员工在和平时期快速晋升,能否经受得起冬天的严寒?快速发展中的现金流会不会中断,如在江河凝固时,有涓涓细流,不致使企业处于完全停滞？……这些都是企业领导人应预先研究的。华为总会有冬天，准备好棉衣，比不准备好。我们该如何应对华为的冬天？"这种"生于忧患，死于安乐"的危机意识根植于华为的文化中。

华为通过"4个三"的运作机制来监管整个公司的风险。三类风险：战略风险、运营风险、财务风险；三角联动：伦敦、纽约、东京三个风险控制中心；三道防线：沿着每项业务活动建立起行政长官、内控和稽查、审计三道防线；三层审结：通过CFO组织、账务组织和资金组织三个独立组织来实现。

在2020新年致辞中，华为轮值董事长徐直军清醒地认识到，2020年将是华为艰难的一年，华为继续处于"实体清单"下，没有了2019年上半年的快速增长与下半年的市场惯性，除了自身的奋斗，华为唯一可依赖的就是客户和伙伴的信任与支持。如何在美国对领先技术持续打压的逆境中求生存、谋发展？抓住长期发展大势，聚焦战略，化危为机。

因为危中有机，机中有危，是危机感延续了华为的生命。

第 10 章　整合信息与分析报告

以解析为主,以整合为重,能解疑释惑且有中肯建议的分析报告才是上品。

10.1　解析整合与逻辑考量

10.1.1　解析整合过程+逻辑思维进程

在财务分析过程中,对信息数据的不断解析与整合应当是逻辑思维不断演绎与推进的过程。

"物有本末,事有终始,知所先后,则近道矣。"总结财务分析过程,其大致可以分为:起点是翻开财务报表进行解读,掌握并甄别相关信息;中间环节是不断进行分析与综合;终点是经过研判后做出评价或提出建议。其中,解读与分析(简称解析过程)、综合与研判(或称整合过程)是两种最基本的逻辑思维方法。财务分析的过程也可以说是解析与整合的统一。财务分析的逻辑将这种思维看作认识过程中相互联系的两个方面(如图 10.1 所示)。

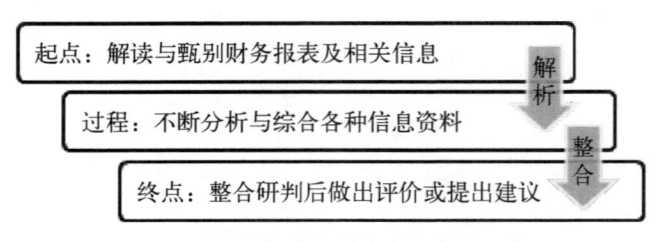

```
起点:解读与甄别财务报表及相关信息  ┐
过程:不断分析与综合各种信息资料    │解析
终点:整合研判后做出评价或提出建议  ┘整合
```

图 10.1　财务分析过程中的逻辑思维

在上述过程中,先将财务报表分解为各个组成部分、方面和因素,运用分类、对比、类比等方法进行具体的解读与分析,其基本特征:一是对整体进行分解,二是分析各构成部分的性质与重要程度,三是分析各构成部分之间的相互联系和相互作用以及对整体的影响程度等。各种财务信息与非财务信息存在着真实与虚假、有用与无用、有利与不利等区别,财务分析通过筛选、归纳、演绎等逻辑思维过程,将零碎的、个别的信息综合或整合起来。

逻辑思维是人们借助概念、判断、推理等思维形式能动地反映客观现实的理性认识过程。只有经过逻辑思维,才能达到对具体对象本质的把握,它是认识的高级阶段,即理性认识阶段。

筛选就是对各种资料和现象进行分类排序,再经过遴选过程,以便分清主次、辨析对错、鉴别真假等。

归纳和演绎反映人们认知事物的两条思维途径。归纳是从部分到整体、从特殊到一般、从个别到普遍的推理,是从许多个别事物中概括出一般性概念、原则或结论的思维方法。演绎就是从普遍性的理论知识出发去认识个别的、特殊的现象的一种逻辑推理方法。

综合和整合属于两个紧密联系、不断递进的过程。综合是指把分析过的对象或现象的各个部分、各种属性联合成一个整体,或把各种不同而有关联的事物组合在一起。整合是在综合的基础上实现信息系统的资源共享和协同工作,并最终形成有价值、有效率的整体。

经过逻辑思维过程的财务分析应以解析为主、整合为重,并提供解决问题的建议,所以,在综合基础上的整合具有特别重要的意义。整合具有全面性或全局性,是对在不同领域、管理单元中分散存储的各类信息资源,通过一定的方法和手段,将其联结成一个结构有序、管理一体、配置合理的有机整体的过程。这样做,一方面可以满足财务分析高质量信息的需求,另一方面可以为企业建立信息资源库提供有效的信息源。

"知其然,更要知其所以然。"经过逻辑思维后的财务分析是一种确定的、有条理的、有根据的、前后一贯的认知,而不能是模棱两可、自相矛盾的。逻辑思维要用到概念、判断、推理等思维形式和比较、分析、综合、抽象、概括、整合等方法,而掌握和运用这些思维形式及方法的程度就是逻辑思维的能力。

要理清一团乱麻的经济现象,就要在不断解析和不断整合上下工夫。财务分析的过程就是不断解析与不断整合的递进。财务分析应当在解析的基础上经过整合,透过现象看本质,既辨析分析对象之间的区别与联系,又找寻解析问题的逻辑,并提供解决问题的方案。

财务报表是可以读懂、读通、读准的。全面掌握分析技能与整合技巧是一个不断渐进的过程，需要勤看、勤练、勤分析、勤积累。分析者在解析与整合过程中，一方面能够感觉真相、感触真情、感悟真知、感受真理；另一方面能够在业财融合的基础上通过发问、发掘相关问题，发现运行规律、智谋管理效能、提升经营业绩。

通过综合本书各章对申良公司的分析内容，经过整合财务信息与非财务信息之后的综合研判是：申良公司属于收入增长、成本上升、利润下降、收现能力和收益质量正在不断滑坡的"收入增长型"企业，其财务稳健有余、经营开拓不够，在某些管理环节已经出现早期危机信号。

通过提炼书中各章对申良公司的分析内容并经过上述综合研判后就可以开始撰写财务分析报告了。财务分析的内在表现是业财融合中的为管而算，外在形式就是算为管用的分析报告。

10.1.2 分析+综合＝互为作用的辩证过程

财务报表是一个整体，切忌断章取义。分析报表不能将局部放大到整体，"捡了芝麻，丢了西瓜"，最好的方式是先对整体有一个全局的认识，然后在分析的基础上进行综合或整合。

会计报表可以一张一张读，财务指标可以一个一个算，管理问题可以一项一项罗列，但必须联系起来综合分析，在看结构、看比率、看趋势的基础上联系起来看问题，在看懂、看通的基础上找准问题，突出重点，抓住关键点，从而有助于管理问题的解决。

财务分析是一个研究、求证的过程，而不是简单地罗列一堆指标。分析与综合是人们在统一认识过程中的两个侧面，相互依存、相互补充、相互转化，从而形成分析法与综合法的辩证关系。

分析是把事物分解为各个部分、侧面、属性，分别加以研究，是认识事物整体的必要阶段。综合是把事物各个部分、侧面、属性按内在联系有机地统一为整体，以掌握事物的本质和规律。分析与综合互相渗透，在分析的基础上综合，在综合的指导下分析，循环往复，推动认识的深化和发展。

综合是把经济现象的各个部分、各个方面和各种因素联系起来，从总体上认识和把握的方法。"综"的原意是织机上使经线上下提放以接受纬线的机构。一综可提数千根经丝，故含有总聚、集合之意。"综合"就是将几千根不同的经线通过综丝合并起来，引申为将不同部分、不同事物的属性合并成一个整体来对待。

综合法是把研究对象的各个组成部分、方面和因素有机地联结为一个整体,从而把握其本质和规律的方法,包括定性综合法和定量综合法、静态综合法和动态综合法、现状综合法和历史综合法、比较综合法、因果综合法、结构综合法、分类综合法、层次综合法、功能综合法、系统综合法等。

综合法的实质在于抓住事物在总体上相互联结的矛盾的特殊性,研究这一矛盾如何决定事物的各种属性,如何在事物的运动中表现出整体的特性等,即要求财务分析做到善于联系起来观察问题、多角度综合起来思考问题。

一家企业本身就是一个综合性的整体,各项财务活动、各张财务报表、各个报表项目、各种财务指标是相互联系的,如果只是单独分析一项或一类财务指标,就会像盲人摸象一样,陷入片面理解的误区。只有把相互依存、相互作用的多张报表、多种财务指标结合起来,从企业整体的角度进行综合分析,才能对企业做出系统、全面的绩效评价。

分析与综合可以相互补充。对分析对象的认识往往是先通过具体分析,获得对整体的各个部分、各个方面和各种因素的认识,把握其本质和内部联系,这种认识是具体的、深刻的、必要的;但如果只停留在认识的初级阶段,形成的认识可能不完整而出现错误,因而要求在分析的基础上,对事物整体进行综合认识,以把握其本质和规律,从而获得全面的、系统的、完整的认识。从对事物的认识而言,分析可以补充综合认识的具体性和深刻性,而综合可以补充分析认识的全面性和系统性。

分析与综合是可以相互转化的。对具体分析对象的认识往往是一个分析—综合—再分析—再综合的反复多次的过程。对分析对象的认识通常是在分析的基础上进行综合而形成一定的认识。当分析对象的客观条件发生变化时,对它又要进行再认识,这时,原有的综合认识又会转化为对其进行再分析,在再分析的基础上再进行新的综合。分析转化为综合,综合是更高层次上的分析,如此相互转化有助于促进人们对分析对象的深入认识。

10.1.3 信息整合+业财融合+算管融合

整合信息比较好的结果就是将分散的各种数据等资料集中起来,建立信息(数据)库或数据中心,实现企业内部信息的集中管理与互联互动共享。通过整合后的数据资源,建立起财务和业务一体化的信息处理系统,实现财务、业务相关信息一次性处理和实时共享,这将有利于充分发挥财务分析的积极作用,有助于在大数据时代下再造财务管理流程和提高财务分析效率。

信息资源的不断整合既是信息化的发展趋势,也是财务分析的必然要求,更是现代企业管理的内在要求。通过信息整合,可以使分散的文件、资料、图纸、图片、素材、规章制度等信息资源被有效地管理起来,并寻求相关运行轨迹或运行规律。经过不断积累,一方面使之成为企业宝贵的信息资源库,提供高质量的数据资料;另一方面可以对有用信息资源实施分类甄别,提高信息系统的综合效能和管理有用性。

企业的发展不是单一的,管理是多方面的、综合的、复杂的,所以,应当在整合各方信息资源的基础上进行综合研判。例如,一家企业是否具有持续发展的能力与其目前所处的基本情况休戚相关,包括行业地位、产品竞争力、经营管理能力和企业成长性等,需要将这些信息整合起来综合分析。

一是行业地位分析。企业的行业地位分析就是找出企业在所处行业中的竞争地位,如是否是领导企业、产品在价格上是否具有影响力、有无竞争优势等。企业的行业定位决定了其盈利能力是高于还是低于行业平均水平。为此,经营者必须对本企业的行业定位有清楚的认识。衡量企业行业竞争地位的主要指标是产品的市场占有率和行业的综合排序等,其中,市场占有率指标是企业市场营销战略的核心。

市场占有率即企业的产品在市场总量中的份额。市场占有率越高,表示企业的经营能力和竞争力越强,企业的销售和利润水平越高、越稳定。分析企业的产品市场占有率在衡量企业产品竞争力方面十分重要。

二是产品竞争能力分析。产品的竞争能力主要通过其成本优势、技术优势和质量优势体现。

成本优势是指企业进行所有价值活动的累计成本低于竞争厂商的成本,从而获得高于同行业其他企业的盈利的能力。在很多行业中,成本优势是决定竞争优势的关键因素。取得了成本优势,企业在激烈的竞争中便处于优势地位。

技术优势是指企业拥有的比同行业其他竞争对手更强的技术实力及其研究与开发新产品的能力。这种能力主要体现在生产的技术水平和产品技术上的创新,其中不仅包括产品本身的技术,而且包括创新人才,因为技术资源本身就包括人才资源。具有技术优势的企业往往拥有更大的发展潜力。

质量优势是指企业的产品以高于其他企业同类产品的质量而赢得市场,取得竞争优势。企业拥有的质量优势是其在未来持续获利的关键因素之一。

三是经营管理能力分析。经营管理能力分析包括企业管理人员素质与能力、企业管理风格及经营理念、企业业务人员素质和创新能力等方面的分析。

管理人员不仅担负着对企业生产经营活动进行计划、组织、指挥、控制等管理职能,而且从不同角度和方面负责或参与对各类非管理人员的选择、使用与培训工作。从一定意义上讲,是否有卓越的企业管理人员直接决定着企业的经营成败。因此,管理人员的素质是决定企业能否取得成功的一个重要因素。它是选拔管理人员担任相应职务的依据和标准,也是决定管理者工作效能的前提条件。

管理风格是企业在管理过程中所一贯坚持的原则、目标及方式等的总称。分析企业的管理风格可以跳过现有的财务指标来预测其是否具有可持续发展的能力。

经营理念是管理者追求企业绩效的依据,是对顾客、竞争者以及职工的价值观与正确经营行为的确认,然后在此基础上形成企业的基本设想、科技优势、发展方向、共同信念和经营目标。分析企业的经营理念可据以判断其管理层如何制定企业发展战略以及如何实施等。

作为企业的员工,熟悉业务工作、具备必要的专业技能、对企业具有忠诚度、对本职工作具有责任感、具有团队合作精神等很重要。尤其是业务人员的素质、进取意识和业务技能是企业发展不可或缺的要素。对员工的素质进行分析可以判断企业发展的持久力和创新能力。

四是企业成长性分析。经营战略是企业面对激烈的变化与严峻的环境,为求得生存和不断发展而进行的总体性谋划,应当具有全局性、长远性、抗争性和纲领性,并从宏观上规划企业的成长方向、成长速度及其实现方式。

企业的规模变动和扩张潜力与其所处的行业发展阶段、市场与行业前景、经营战略、转型与创新能力等密切相关,其可以从微观方面具体考察企业的成长性。而一家企业能否健康发展取决于多种因素,包括外部经营环境、企业内在素质及资源条件等。

业财融合+算管结合的财务分析逻辑就是对财务信息和业务信息在共享的基础上进行沟通、合作与整合,这就要求财务数据不能脱离实际业务,从而可以有效避免或遏制通过调整或变造数据,忽略业务事实的财务造假行为。

在信息化时代,能够业财融合+算管融合+信息化技术是最理想的状态。一方面,从技术层面上通过与各方数据的快速比对,减少由于人为工作带来的数据错误,保证了财务数据与业务数据的一致性与可靠性,倒逼企业财务管理的优化升级。另一方面,业财融合+算管融合对基础工作与档案管理等规范性事务提出了更高的要求,对工作人员的素质要求也更高,势必引发对基础工作、人员素质等方面的新一轮升级,形成一种倒逼机制,促使企业内控的优化和财务信息质量的提高。

经过业财融合+算管融合整合后的信息互联、互动、互享将带来新价值。互联是将分散的信息相互联结,消除信息孤岛,使信息传递快捷畅通;互动是将不同的信息交融互通,产生新的、更加有效有用的信息,还可以"按需定制"信息架构;互享是将众多信息集聚在一起,既形成海量数据库,方便共享,又运用各种信息加工处理手段动态反映企业生产经营活动的全过程,整合好的信息会以各种输出形式提供给相关的信息使用者。信息共享是一种先进的管理模式,对大数据时代下的财务管理尤为必要,这也正是财务分析的价值所在。结合导致创新,融合产生优势,整合形成价值。

10.1.4 实事求是+综合研判

实事求是要求一切从实际对象和客观事实出发,探求事物的内部联系及其发展的规律性,认识事物的本质。"实事"就是客观存在的一切事物。"是"是指客观事物的内部联系,即规律性。"求是"就是认真分析研究并从中寻找事物的发展逻辑与内在规律。"务得事实,每求真是也。"

财务分析一定要以真实存在的对象及其真实的情况为前提,要揭露掩盖本质的假象,抓住经济运行的真相进行分析。既不能脱离实际主观臆断,也不可假情况假分析,更不能搞"数字游戏"、为算而算。

为此,综合研判很重要,因为这是认识不断渐进与深化的结果,也是撰写分析报告的前提条件。以下几个方面的基本要求提请注意:

一是要在正确分析的基础上进行相应的综合。任何综合的基础都应来源于对具体情况所做的具体分析,只有建立在科学、可靠分析基础上的综合才能恰如其分、具有说服力。如果分析是不正确或表面的,在此基础上的综合将是不正确的或不科学的。

二是要从整体上确定各方面的地位和作用。在综合时,要从整体上确定每一个部分的地位是主要的还是次要的、其应发挥作用的范围和程度,以及在其相互联系中的整体功能等。

三是要从整体上确定各方面的本质联系和规律性。在综合时,要从整体上确定各方面的相互联系是双向的还是多向的,是直接的还是间接的,并从整体上确定其发展变化的规律等。

综合来自分析,但要高于分析,是在高一层次上再现整体性的特点。通过综合研判可以使对事物的零星的、分散的认识上升为系统的认识,使认识具有系统性;可以使对事物的各部分的、片面的认识上升为全面的认识,使认识具有全面性;可以使对事物的表面的、粗浅的认识上升为本质的认识,使认识具有本质性,从而形成对分析对象的整体认识,有助于形成正确的概念与判断。

老法师提醒 10.1　｜　分析研判应当考虑周全

　　财务分析不能只停留在单项或局部的解读上,一定要学会综合研判的思维方法。尤其是财务报表本身具有综合性,更要从综合的角度来看待企业整体的财务状况,不能只看某一项财务指标的好坏。

　　分析研判不能只关注"结果"。因为一旦成为结果就很难改变,尤其是坏的结果更加可怕。应该换一种思维方式——强调分析与督导。管理者只有"析"而"导"之,才能在过程中发现问题与解决问题,才能保证有一个好的"结果"。

　　分析研判不要静止孤立地进行,因为评价的结论通常是在比较的基础上得出的。有比较才可能为该企业做出相对准确的定位。没有参照的评价判断价值不高。

　　分析研判不可单凭一年的数据,通常要看几年的数据,最好是三至五年的数据。有效的财务分析并不停留在分析对象的某一个方面或某张报表的某个时期,而要对整体财务状况做出连续系统的具体分析与综合评价。

10.2　信息沟通与分析报告

10.2.1　沟通信息与解疑释惑

　　财务分析的最终产品是分析报告,最终作用是信息沟通。信息沟通对提升分析价值至关重要。

　　沟通的前提之一是跨过沟通过程中的"鸿沟"。"鸿沟"比喻事物之间明显的界线。客观上,投资者、债权人、经营者、政府相关部门(如税务部门)出于不同的利益考虑,对财务信息有着各自不同的诉求,因此,财务分析满足多元化信息诉求的前提是知晓各方所需并为其提供所需信息。为此,财务分析要善于"跳出财务看业务",而不能财务是财务,业务是业务,两者之间的交流就像是"对牛弹琴"。"对牛弹琴"的沟通责任应归咎于弹琴者,因为沟通需要从对方的角度出发。

　　沟通的直接作用在于信息传导,从财务人员的共有知识向更大范围的公共知识转变。[1] 比如对于某些不良资产,财务人员知道其是"垃圾",但不知道更多的人

---

[1] 共有知识是一个群体中的每个人都知道的事实,但是不知道其他人是否知道;公共知识是指一个群体中的每个人不仅知道这个事实,而且每个人都知道该群体中的其他人知道这个事实。

是不是知道,所以"垃圾"可能仍在增多,这是一个虚资产不断增长的危险信号。通过信息沟通,一旦大家都清楚不良资产是没有价值的,"垃圾"的数量就会减少。这就是信息传导(分享)与呐喊(宣教)的力量。

沟通更重要的作用在于解释与解惑。通过对分析结果的沟通,善于解己之惑和解人之惑,包括纠正模糊观念和解释疑难问题等,就能起到求真求是和指点迷津的作用。"沟"是为了"通"。"沟"者,构筑管道也;"通"者,顺畅也。自然顺畅的沟通对于理解信息和有效利用信息相当关键。

掌握沟通方法与技巧很重要。沟通技巧是指人利用文字、语言和肢体语言等与他人进行交流时的技巧。缺乏沟通技巧会使管理遇到许多麻烦和障碍。美国普林斯顿大学对1万份人事档案进行分析,结果发现,智慧、专业技术和经验只占成功因素的25%,而75%决定于良好的人际沟通。

信息沟通的结果应当满足分析主体和分析目标的多元化需求。重要信息还应当及时传递给董事会、监事会和经理层等。通过沟通财务信息,应当有利于掌握和评价企业的财务状况、经营成果和现金流量现状,有利于制定符合客观经济规律的财务预算和经营战略,有利于改善企业的经营管理工作和提高管理水平。所以,财务分析报告既是财务分析工作成效的直接体现,也是财务活动综合分析的延续与提高。

信息的价值还在于将有用的信息在有效的时间内交付给需要的人。未来将属于那些能够驾驭所拥有的数据的企业,这些数据与企业自身的业务和客户相关,通过对数据的利用,发现新的洞见,帮助其找出竞争优势。所以,企业一方面应当关注海量数据对经营环境的影响,另一方面要挖掘和提升已有数据资料的价值。

10.2.2 财务分析报告的基本分类

财务分析报告是以财务报表为基础,根据相关资料,对某一部门或某一单位的财务活动状况进行分析、找出差距、指出方向、提出建议、指导企业管理活动的一种书面报告,是财务分析后进行信息沟通最主要的载体。

财务分析报告的种类较多,如预测分析报告、总结分析报告、定期分析报告、不定期分析报告等。其最基本的形式有以下三种:

(1) 综合分析报告

财务综合分析报告是企业对一定时期的经济活动根据财务报表或各项主要财务指标所做的全面系统分析的报告。在全面分析的基础上,着重抓住财务工作中带有普遍性和关键性的问题进行深入分析和考核,以评价企业财务活动的业绩。财务综合分析报告既可用于年度综合性的财务分析,也可用于对某一企业的综合性分析，如"××公司财务综合分析报告"。

（2）专题分析报告

专题分析报告是对某个专门问题进行深入的调查分析后所做的一种书面报告，一般是结合当前企业的理财工作，针对某些重大经济措施和业务上的重大变化，对工作中的薄弱环节和关键问题单独进行专题分析。例如，在清仓查库中对库存质量的分析、在增产节支中对产品单位成本高低因素的分析、发生经营亏损时对亏损原因的分析、扩大业务范围后对新增某项业务的开展情况的分析等。专题分析报告具有内容专一、一事一题、分析问题较深入、反映问题较及时等特点。专题分析报告是不定期的分析报告，可以随时运用。

专题分析报告没有固定的格式，结构比较灵活，通常由分析的目的和相关需要决定，如"××公司会计操纵专题分析报告"。

（3）简要分析报告

简要分析报告一般是围绕企业主要的财务现状或主要的财务指标，集中几个重点方面进行分析，以重点说明目前的财务现状、观察财务活动的发展趋势、提出改进工作的建议。这种分析报告大多是在年末、季末、月末结合编制财务报表进行，其中最典型的形式就是年度财务情况说明书等。

财务情况说明书是对企业一定会计期间生产经营、资金周转、利润实现及分配等情况的综合性分析报告，能客观反映企业运营特点及发展趋势，是年度财务会计报告的重要组成部分，采用文字与数据相结合的叙述方式编写。

按照《企业财务会计报告条例》（国务院令第287号）的规定，财务情况说明书至少应当对下列情况做出说明：① 企业生产经营的基本情况；② 企业的利润实现和分配情况；③ 企业的资金增减和周转情况；④ 对企业财务状况、经营成果和现金流量有重大影响的其他事项。

编写财务情况说明书应当在对本年度的经营成果、财务状况和资本保值增值等情况进行认真总结的基础上，以财务指标和相关统计指标为主要依据，运用趋势分析、比率分析和因素分析等方法进行横向、纵向的比较、评价和剖析，以反映企业在经营过程中的利弊得失、财务状况及发展趋势，促进企业的经营管理和业务发展；同时，便于财务报表使用者了解有关企业的生产经营和财务活动情况，考核、评价其经营业绩。

10.2.3　能算、善管、会写的应用型人才

美国社会预测家约翰·奈斯比特在著名的《大趋势——改变我们生活的十个

新方向》一书中指出:"由工业社会向信息社会的过渡中,有三件最重要的事应该记住",其中一件就是:"在这个文字密集的社会里,我们比以往更需要具备基本的读写技巧。"叶圣陶先生曾告诫学子:"工作中、学习中、生活中经常需要写作,所以写作是非学不可的,而且是非学好不可的……大学毕业生,不一定要能写小说、诗歌,但一定要写应用文,而且非写得既通顺又扎实不可。"

日常财务会计工作或经济管理工作离不开三件事——算、管、写。只算不管是不称职的,会算会管却不会写也不优秀。在日常工作中,表达账情要写,财务分析要写,规章制度也要写。算、管、写的能力可以反映财会人员对所接受的信息的利用能力和输出信息的能力(图 10.2 所示)。

能算、善管、会写是应用型人才的基本功,写好财务分析报告是胜任能力和财务价值的重要体现。市场经济需要的人才不能只有一种能力,而应是多种能力的组合。只有各种能力的组合或综合才能构成业务胜任能力。从某种意义上说,会写方面的能力还可以综合反映会算与会管方面的结果与能力。尤其是写好财务分析报告,不仅是财会人员必备的基本功,而且是胜任能力和自身价值的体现。一份具有高附加值的财务分析报告应当从信息中来,到业务中去,服务好管理。

图 10.2　培养算、管、写的综合应用能力

老法师提醒 10.2　| 鲜活的分析源于"算为管用"的亲身体验

有经验的 CFO 眼睛看着数据,手上加工着信息,脑袋思考着管理:在写作分析报告时,会用一种合适的方式去呈现各种数据,使之具有综合性;会关注管理层所关注的方面,提炼对经营管理有用、有效、有价值的数据,使之具有针对性。由于财务分析主要是为管理或决策提供信息支持,因此,在分析问题之后还应当努力提供解决问题的方案或建议,这时也需要提供足够的材料佐证,使管理层或决策层能充分信任并接受该解决方案。没有解决方案的财务分析是缺少价值的。不能对经营或决策产生影响的财务分析是纸上谈兵。事后的分析报告只有与实时动态的业务研判结合起来才具有鲜活的生命力。

10.3　财务分析报告示范

财务分析报告的格式不必拘泥于形式,重在分析内容能够真实地揭示经济活动的情况,对成绩、缺点或存在的问题及其原因做出中肯的分析,做到有情况、有分析、有结论、有建议、有措施。

财务分析报告一般应当安排以下几个组成部分:

10.3.1　标题

财务分析报告的标题可以是单标题,如"××财务分析报告",也可以是双标题,如可采用分析报告的建议或意见作为正标题,将"××年度财务情况分析说明"作为副标题。财务情况说明书的标题可以加上年度、季度或月份等时间,如"××公司××年度财务情况说明书"。

10.3.2　开头——描述型分析或概述式分析

财务分析报告的开头应当是基本财务状况的扼要反映,可以概括企业面临的产销形势、企业的财务状况特征、对分析问题的简要介绍,或提出问题、简述财务分析报告的目的。开头通常需要紧扣分析的对象和问题,以极其概括的文字说明对企业的哪一段时间的哪一个方面(或全部)的经济活动进行分析,或者用简洁的语言把分析对象的情况大致反映一下,使人看了开头就能了解概貌。

10.3.3　正文——条理型分析或诊断式分析

财务分析报告的正文应当是财务分析的具体说明。首先,可以计算说明主要财务指标的绩效情况,或用数据对比,或用表格列示,通过实际与计划的对比、本年与上年同期的对比把经济指标的完成情况和经营管理的成果反映出来(这部分也可以放入概述中)。其次,肯定所取得的成绩,哪些是好的、好在什么地方,如提高经济效益的经验、扭亏增盈的经验、增产节支的经验等,应有层次、有分析地加以说明。最后,披露经济指标完成得不好的情况和经营管理中存在的问题,哪些是差的、差在什么地方,应切中时弊,既有针对性又有重点地反映清楚。

10.3.4　总结——发现型分析或建议式分析

在评价的基础上提出改进的措施或建议,这是财务分析报告的重要目的与价值体现,或者说进行财务情况分析的最终目的是改善企业的生产经营管理和财务状况,提高经济效益,因此,建议部分应针对分析所发现的问题,提出改进建议。

10.3.5 具名和日期

财务分析报告的写法不必千篇一律,有的在前面用文字分析说明,在后面用数据列表说明;有的在文字说明中插入表格或仅列一些主要数据;也有的没有单独开头这一部分,将开头的内容直接安排在正文的分析说明中;如此等等。

以上是财务分析报告的一般内容与形式。由于年度、季度、月度报告的要求不同,每次编写财务分析报告的目的和重点也有所不同,因此,不要照套陈式。一般来说,年度财务分析报告要求比较全面、详细,有情况、有分析、有建议,大多采用工作总结式。季度财务分析报告可以有重点地做扼要的分析说明。至于月度财务分析报告,只需简要说明主要经济指标的增减变化情况就可以了,一般采用条文式,如有重大问题,再做详细分析。因此,上述几个部分在具体写作时,可以分开写,也可以合在一起写,视分析的内容和要求而定。

为了保证财务分析报告的编写质量,一般可在正式写作前先拟订编写提纲,粗线条地写下分析报告的结构和主要内容,然后对提纲进行推敲、修改。有了提纲,就有了全局的框架,可以帮助作者从全局着眼检查每一个部分在全文中所占的地位、作用以及前后的逻辑关系,有助于作者理顺思路、明确重点、突出观点。根据编定的提纲,就可以着手编写财务分析报告了。

现根据各章节对申良公司财务分析的资料与分析结果,列示"申良公司 2019 年度财务分析报告"(摘要)如下,供参考借鉴。

申良公司 2019 年度财务分析报告

申良公司的财务现状比较稳健。2019 年公司随着销量的增长,资产增加、资本增值,主要绩效指标评价处于良好状态。

申良公司 2019 年主要绩效指标评价表　　　　单位:%

指标名称	实际数据	绩效评价值	增减百分点	评价结果
净资产收益率	5.78	平均值 5.2	0.58	C+
总资产报酬率	5.35	良好值 5.2	0.15	B+
成本费用利润率	8.71	良好值 9.3	−0.59	B−

续表

指标名称	实际数据	绩效评价值	增减百分点	评价结果
资产负债率	30.12	优秀值49.0	−18.88	A+
销售增长率	16.49	良好值14.8	1.69	B+

由于公司市场开拓不力,产品竞争能力减弱,收现能力呈下降趋势;又由于应收债权增加,经营现金流量减少,收益质量下降。公司目前的产品拓展还不能适应市场经济与消费者不断变化的需求,正面临市场竞争的严峻考验。

一、盈利能力减弱,经济效益滑落

近3年来,申良公司呈现收入上升、成本上升、利润下降、经济效益不断滑坡的变动趋势。虽然公司突出主营业务,但由于营业成本增长幅度22.76%大于营业收入增长幅度16.49%,期间费用基本平稳略有下降,利润总额不断下降,如不遏制会进一步下降。其中,由于产品竞争能力不强导致毛利率下降是一个不可忽视的重要原因。公司应当加大"去落后产能、去积压库存、降生产成本和补短板"的力度,加快产品创新转型,加大市场开发力度。

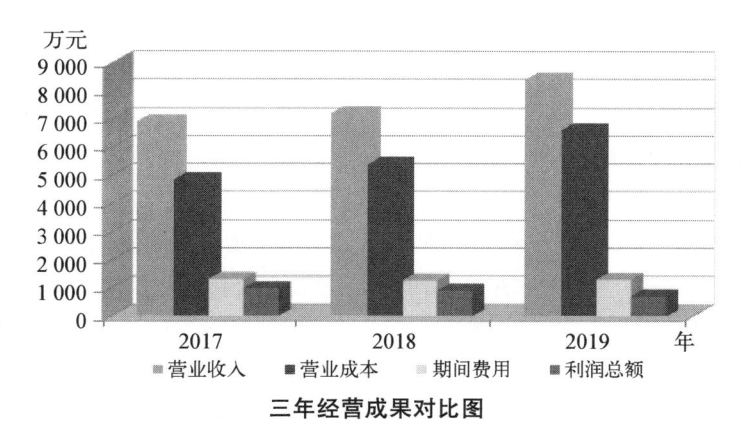

三年经营成果对比图

在利润构成中,投资收益和营业外收入占比较高,营业利润并没有形成主体地位。随着市场竞争压力的加大,产品售价还将出现下降或削价态势,公司经营管理的重点应迅速转向开发新产品与开拓新市场,在增加新产品收入的同时获得更多经营利润。

分析申良公司利润总额下降21.57%、减少196.33万元的主要原因:

一是营业利润减少133.96万元,下降17.6%(其中,投资收益减少46.54万元,下降9.87%);二是营业外收入减少而营业外支出增加。利润总额减少从而导致净利润下降。公司2019年度净利润为616.4万元,比2018年度减少206.37万元,没有完成预算的目标利润,投资者的回报有所下降。

按照EVA指标分析考评,公司长期资本高达13 969.98万元,却只能产生8 430.89万元营业额,生产效能放空,市场推销疲软,经济利润为—221.23万元,小于0,不理想。

目前,申良公司各项反映盈利能力的指标徘徊在中型企业良好值与平均值之间,营业利润率为7.44%、成本费用利润率为8.71%、总资产利润率为4.58%、总资产报酬率为5.35%、净资产利润率为5.78%,说明各项资产与资本的利用效率不高,增收节支和投入产出效益有待提高。在盈利能力不强的同时,又由于流动资产周转缓慢,可能会导致净资产利润率进一步下降。

申良公司在销售不断增长的同时,资产规模有所扩大,资本积累有所增长,2019年度销售增长率为16.49%,净利润增长率为—25.08%,总资产增长率为1.56%,净资产增长率(资本累积率)为5.95%,固定资产成新率为74.34%。但由于利润增长率呈下降趋势,因此经济效益有明显滑坡的迹象,尤其是3年销售平均增长率和3年利润平均增长率分别为10.79%和—10.63%,在销售增长的同时利润却连年下降,公司面临值得警惕的产品问题与发展"瓶颈",应尽快改变这种被动的局面。

二、"两金"占比过高,营运能力疲软

申良公司由于产品能级不高,部分产品一方面滞销,另一方面降价销售,库存居高不下且有上升趋势。

申良公司2018年应收账款占营业收入的比重为45.29%,2019年该占比为49.23%,比2018年增加了3.94个百分点。应收账款占流动资产过半且有上升趋势。又由于申良公司的应收账款上升幅度为26.62%,大于营业收入的上升幅度16.4%,导致周转速度缓慢,致使现金流量减少、收益质量降低。尤其应重视逾期应收账款,进一步分清原因、关注账龄、加快催讨、减少损失。公司管理当局还应按规定足额计提资产减值准备。

2019年申良公司的"两金"占比高达73.13%,问题严重,其流动性和收益性均受到市场竞争的严峻考验。

三、经营状态保守,财务状况稳健

申良公司一直处于保守经营状态。近3年来,随着盈利,其资产逐年增加,负债逐年减少,所有者权益(净资产)逐年上升,财务状况相当稳健,处于保守经营状态。

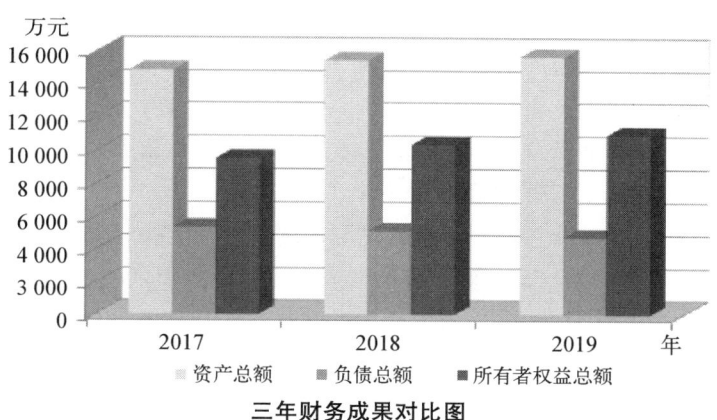

三年财务成果对比图

申良公司的总体负债水平较低,债务安全程度较高,处于中型企业优秀值以上水平。但公司盈利能力逐年下降,利息保障倍数呈减弱的趋势。

申良公司主要偿债能力指标比较

财务指标	2018 年度	2019 年度	增减额	增减百分比(%)
资产负债率(%)	33.01	30.12	−2.89	−8.75
权益乘数	1.49	1.43	−0.06	−4.03
产权比率(%)	49.28	43.10	−6.18	−12.54
利息保障倍数	11.61	6.90	−4.71	−40.57

申良公司短期偿债能力的分析对比资料如下表所示:

申良公司短期偿债能力指标比较

财务指标	2018 年度	2019 年度	增减额	增减百分比(%)
流动比率(%)	1.64	2.03	0.39	23.78
营运资金(万元)	2 635.67	3 756.84	1 121.17	42.54
速动比率(%)	1.39	1.69	0.30	21.58
现金比率(%)	0.32	0.18	−0.14	−43.75

对比分析表明,2019年申良公司的流动比率和速动比率均有所上升,且超过一般的公认标准,营运资金在增多,短期偿债保障能力有所增强,但即期还债能力有待提高,现金比率在下降,现金净流量在减少,现金流动负债比率为0.027,远低于中型企业平均值,短期资金周转与即期偿债能力呈现下降趋势。

经营开拓不够,财务过于保守,导致申良公司的营运能力不够强、盈利水平较低、生产经营规模的发展受到一定的制约,公司特别需要发挥资本充足的优势,加强经营与市场开拓,提升创新发展的能力。

四、收现能力不强,收益质量下降

申良公司2019年经营活动的现金净流量为98.9万元,全部现金净流量为-623.97万元,比净利润616.4万元大幅减少,收益质量急剧下降。营业净利润率为7.31%,但营业收现率只有1.17%,相差6.14个百分点,说明在相同数额营业收入的情况下,所产生的经营现金净流量远低于所创造的净利润;资产净利润率为3.95%,但资产现金回收率为0.63%,相差3.32个百分点,说明在相同数额资产运营的情况下,所产生的经营现金净流量远低于所创造的净利润。这些差异都说明了申良公司在取得净利润的同时没有同步获取相应的现金净流量,收现能力萎缩。

申良公司由于缺乏产品的核心竞争能力,销售收现率为92.45%,在应收账款和存货增加的同时,经营活动现金净流量匮乏,这正是收益质量下降的症结所在,致使净收益营运指数为0.47,盈余现金保障倍数为0.16,现金营运指数只有0.12,各项反映收益质量的指标比较糟糕,下滑趋势令人担忧。

申良公司对于经济效益的认识不能再停留在投入量和产出量的比较上,还应该深究流入量和流出量,更应当关注会计收益和现金流量的平衡问题。

综上所述,申良公司财务稳健有余、经营开拓不够,目前正处于收入增长、成本上升、利润下降、收现能力和收益质量不断滑坡的阶段。

建议:申良公司应当高度重视目前的财务状况,进一步加强财务诊断与对可持续发展的分析研判。公司应依托现有资源和业务,通过提高产品质量、销量与服务水平,拓展客户以及扩大市场份额,开拓创新与提高生产效率等途径,获得销售收入及利润的内生增长。为此,应抓紧创新转型,加快新产品的开发,积极开拓新的市场领域;同时,应进一步关注应收账款上升和现金流量的情况,在细分账龄与账情的基础上,加快催收力度,平衡现金流量,提高资产的利用效率,促使资产与资本的获利能力不断提高。

×××
××××年×月×日

10.4 财务分析报告要求

10.4.1 全面掌握分析资料

财务分析具有鲜明的针对性和实用性,必须依理有据,避免片面和失误,这就要求写作前已经做好资料(素材)的收集、整理和分析工作。全面占有各种分析素材是写好财务分析报告的前提。

财务信息的数量和质量决定着财务分析的质量与效果,因而需要准确识别来源于企业外部及内部、与企业经营管理相关的财务及非财务信息,为有效分析提供信息支持。

企业内部信息包括财务会计信息、生产经营信息、资本运作信息、人员变动信息、技术创新信息、综合管理信息等。企业可以通过财务会计资料、经营管理资料、调研报告、专项信息、内部刊物、办公网络等渠道获取内部信息。

企业外部信息包括政策法规信息、经济形势信息、监管要求信息、市场竞争信息、行业动态信息、客户信用信息、社会文化信息、科技进步信息等。企业可以通过行业协会组织、社会中介机构、业务往来单位、市场调查、来信来访、网络媒体以及有关监管部门等渠道获取外部信息。

10.4.2 科学运用分析方法

"分析报告无分析"是撰写分析报告的"致命伤"。没有好的分析与研判过程,就没有好的分析报告。要分析得好,一是要真正摸清情况,认真做好动笔之前深入细致的调查研究;二是要善于提出问题,多问几个"为什么"。例如,超额完成了计划,主要原因在哪里?没有完成计划,有哪些因素的影响?成本降低了,是怎样降低的?所谓分析,就是分析问题。没有问题,分析什么?提出问题是打开分析之门的"钥匙"。多问几个"为什么"有助于把分析深入下去。能够这样做,动笔时就可以把话说到点子上。财务分析报告的写作,难就难在分析上,关键应在分析上做好文章。

恰当使用分析方法可以保证经济活动分析的有效性和说服力,因为经济活动的成败、得失往往与内外部经济环境相关,如宏观上国家颁布的产业政策和经济政策等,微观上企业具体生产的产品与经营管理能力等。进行分析时要注意宏观分析与微观分析相结合,实事求是地反映企业经济活动中的静态和动态,找出其规律性,以便总结经验、揭露矛盾、提出解决问题的方法。

10.4.3 努力突出分析重点

经济活动复杂多变,各种因素都会对财务指标起作用。一方面,在收集到素材以后,应当对信息资料在加工整理、分析研究的基础上进行提炼与归纳;另一方面,财务分析不可能面面俱到,应当善于突出重点,抓住问题的关键,这是财务分析取胜的法宝。

什么才是财务分析的重点呢?

分析的重点首先根源于分析的目标与要求,所以应当具体情况具体分析,也就是说,在不同的分析目的与要求下,可以有不同的分析思路与方法,但都应当实事求是,能够透过现象看本质,探求真知灼见。

本书就是沿着业财融合、算管融合的主线,围绕主要会计报表,在透视资产质量、债务风险、经营业绩、流量平衡、增长趋势、绩效评价六个维度信息状况的基础上,达到为管而算、算为管用、提供信息支持与相关服务等目的,这就是全面分析财务报表的重点。具体到六个维度的内容还是各有重点的,如管理重在透析运营效率,财务重在透析风险程度,经营重在透析业绩增长,盈利重在透析收益质量,发展重在透析均衡趋势,绩效重在透析综合评价等。分析的重点是动态的,其中总有一定的内在规律可循。

分析的重点主要是指同类分析对象中重要的或主要的部分,从而构成分析对象的主要矛盾或矛盾的主要方面。主要矛盾是指在事物发展过程中处于支配地位、对事物发展起决定性作用的矛盾。企业能否盈利及其盈利的多少历来是经营者最关心的问题。"很多财务指标作为考核内容都是有道理的,但最关键的是净资产收益率指标。"在这句话中,"很多财务指标"可理解为"很多矛盾","但最关键的是"则表明了其中的主要矛盾。矛盾的主要方面是指在事物内部居于支配地位、起主导作用的矛盾方面,强调的是同一矛盾中,矛盾双方有主次之分,其地位和作用是不平衡的。例如,影响净资产收益率指标增减变动的原因很多,但净利润的数额及其质量的高低是最主要和最重要的。善于发现主要矛盾或矛盾的主要方面,明确问题的重点或要点(主要的构成内容或构成内容的主要方面),这正是财务分析的功力所在。

分析的重点往往就是重要的或主要的部分,如会计报表中绝对金额较大的项目(如实收资本、应收账款、存货等)或相对比率变动幅度较大的项目一定要十分重视、审核到位,不能轻易放过,因为数额巨大的项目或变动较大的项目对报表的影响举足轻重。例如,刚上市不久的科大创新股份有限公司,2001年和2002年的三项期间费用分别为2 387万元和3 226万元,各占当年主营业务收入的43%和50%,三项费率如此之高非常可疑,而真实盈利却少得可怜,令人生疑。对绝对额较大且数值增减变动超过一定比例(如20%以上)的项目更不能轻易放过,因为不明白变动的缘由(尤其是异常现象)是不能透彻理解报表信息的真实可靠程度的。

从研判财务风险的角度看,重要指标的临界点应当是最值得关注的重点。例如,财务分析不能只关注资产与规模的扩张,还应当关注负债与风险的程度,资产负债率、财务杠杆、盈余现金保障倍数、盈亏临界点等就可以成为财务分析的重点。分析运用杠杆原理与临界指标,有助于管理当局清醒认知,明辨对错,合理规避风险,关注资金营运效率与财务风险等。

分析的重点可能就是经营管理活动中的难点。难点是指问题不容易解决的地方。尤其是经营管理中还没有关注到的难点,往往就是业财融合、算管融合需要解决好的重点,或问题的症结所在。例如,申良公司随着市场竞争压力的加大,其难点就在于产品更新换代不及时,售价已经出现下降态势,所以,财务分析报告提醒公司经营管理的重点应该是迅速转向开发新产品与开拓新市场,在增加新产品收入的同时,促使公司获得更多经营利润,这才是算为管用的明智之举、财务分析报告的用功之处。

与外因相比,内因分析应当成为企业财务分析的重点。所以,在分析影响有关指标完成情况或增减变动的因素时,应特别关注对企业自身因素的分析。一般来说,影响企业各项经济指标完成情况的因素既有客观的,也有主观的。客观因素,如政策调整、市场形势、相关行业的变化等。对此应该实事求是地描述,指出其对企业产生的有利和不利影响,以便决策机构从宏观上研究和审查这些影响的利弊,并予以平衡。主观因素,如企业内部的战略决策、资产管理、经营业绩、财务风险等。对企业内部这些方面的问题应深入分析,力求抓住症结,这样才有利于企业自身机制的健全,因为在同样的客观条件下,企业经济效益的高低取决于企业内部管理水平的高低。

财务分析应能够抓住最能说明问题的数据,充分利用财务信息找到分析的重点,解析管理的难点,突出研判的要点,写出有分量的财务分析报告。这其中有分析人员对财务活动与财务数据长期观察的经验积累、对财务指标的理性选择、对财务分析方法的娴熟运用以及恰如其分的表达技巧等。

例如,贯穿全书的申良公司的财务分析内容相当多,但经过作者的归纳提炼后,在"申良公司2019年度财务分析报告"中突出写了4个方面值得注意的问题提请管理层予以重点关注:一是盈利能力减弱,经济效益出现了滑坡态势;二是"两金"占比过高,营运能力出现疲软;三是经营状态保守,财务状况比较稳健;四是收现能力不强,收益质量出现继续下降的信号。最后,在做出综合评价的基础上提出相关建议。

又如,在第9章的经典案例评析中,评价华为的增长速度与经营业绩重点观察了三大指标:一是销售收入,代表企业的生意好不好;二是营业利润,反映企业赚不赚钱,盈利效能强不强;三是净现金流,体现收益质量高不高。

然而,个别财务人员会有思维定式,对于自己经手的财务数据没办法分出层次或优先级,总是觉得样样都重要,结果全部堆进财务分析报告。这种情况下形成的结论可能头重脚轻,没办法引起读者的关注;更糟糕的是罗列完了却没有结论,读者可能会一头雾水。

撰写分析报告时应该体现重要性原则,对于重要的财务分析信息应该详细且重点报告,对于次要和不重要的信息资料可以简单或合并进行报告。

10.4.4 善于用数据说话

用大量确凿的数据进行表达是财务分析报告最显著的特色。数据的表达应力求准确、清楚,这是因为,数据是用来表述经济业务事实的根据,是说明经济业务来龙去脉以及增减变化实质的数值,是财务分析立论的依据,是组成财务分析报告材料最重要的内容之一。

由于财务分析报告需要运用大量数据做定量分析,因此一定要弄清数据的来源、注意数据的可比性以及利用分析数据的技巧等,运用数据来发现问题、分析问题、提出解决问题的办法。

专题讨论10.1 | 如何辩证分析与运用数据

要学会掌握数据绝对与相对的辩证关系,善于对数据找联系、找对比,从中发现成绩与问题。

要学会掌握数据大与小的辩证关系,懂得积少成多,在财务分析过程中会算大账、看趋势，或既会算大账，又会算小账，学会具体情况具体分析。

要学会掌握数据静与动的辩证关系，掌握数据的动态变化，在财务分析中学会算活账，学会在数据的动态变化中寻找相对稳定的规律性因素。

要学会掌握数据近与远的辩证关系，会根据现有数据，按照事物发展的趋势预见未来变化，既重视现有基础，又不浮夸冒进、保守落后。

要学会掌握数据总与分的辩证关系，对数据善于解剖分析，深入掌握数据的来龙去脉，对数据要有总体概念，善于从一斑窥全豹。

分析报告不仅要用文字说明数字，而且要善用图表加以形象说明，便于集中、直观、有序地显示数据和对比分析。

线形图：它是以各种线条的升降表示指标数值的大小及其动态趋势的图形，常用于表达两个或两个以上可变因素之间的关系，如管理会计中的损益两平图。

示意图：常用来说明某项经济或管理工作或核算的程序，如内部会计控制流程示意图、记账凭证汇总表核算形式示意图。

条形图：它是以宽度相同、长度不同的矩形表示指标数值的图形，根据表现内容的不同，可以分为单式条形图和复式条形图。

圆形图：它是以圆形内各扇形面积表示指标数值的图形，常用来说明局部各个因素占总体的比重，如某企业各种资金的比例关系图示等。

10.4.5　语言表述恰如其分

写作财务分析报告必须条理清楚、交代明白、判断明确，不能模棱两可、含糊其词，语言运用要准确、简洁、通俗易懂。

在列表、选数、用词、造句等方面要有高度的准确性，给人以准确无误、客观公正、庄重严谨、朴实无华的印象。一切事实与数据均来源于实际，并要求客观、真实，万不可粗心大意。有时，一个数字的差错、一个字的歧义都可能会引起经济纠葛或产生不良的后果。

从语言形式上来看，在写作中，除了要注意一般应用文惯用的格式和基本规范外，还要十分注意专业性，即财务分析报告有其特殊要求，包括数据的分析与运用，专门术语的表达，表格、图解与常用符号的运用等，使财务分析报告更具有会计专业的特色。

财务分析报告大多是写给企业管理层、决策层和相关部门看的，其语言应简练朴实、通俗易懂、恰如其分。报告的开头与结尾应简洁明了，不要穿靴戴帽、套话连篇;内容层次应清楚明白,不要说空话、堆砌形容词,更不要只罗列一大堆材料、数字而没有分析,或者泛泛而谈,做冗长的解释。归纳总结和提出改进建议是财务分析报告很重要的部分,是分析研究的继续和深化,应起到画龙点睛的作用。

要防止三种倾向:一是表象倾向,即只看到一个方面,没有观察到其他相关事项和原因,只看到静态,不分析动态,这样得出的结论往往形成片面的认识;二是模糊倾向,即得出的结论是模糊的概念,不能形成一个清晰的印象;三是误导倾向,即做出偏离现实的判断,造成误导性的严重后果。

建议是在归纳总结基础上的有针对性的看法,并有助于改进管理工作,其具体措施和努力方向应当具有可操作性。

财务分析报告的写作不仅是复杂的思维过程和艰苦的脑力劳动,而且是专业应用能力和文化素质的综合体现。[①]

实证分析10.1 | 精准施策的前提是精准识别问题

木桶盛水的容量不是由这个木桶最长的木板决定的,而是由其最短的木板决定的,"短板"因此成为木桶盛水量的"限制因素"。

企业的各个组成部分往往参差不齐。财务分析不仅要知晓一个木桶有多少块木板组成,更要善于发现经营活动过程中的"短板",找准"短板",补齐"短板",破解难题,谨防"短板"效应扩大化。例如,对申良公司进行财务分析以后我们会发现,该公司最"短"的那块"板"就是产品已经老化、缺乏市场竞争力,而最难的问题就是如何开发出具有核心竞争力的新产品并投放市场。

制约企业发展的可能是少数几个关键问题,如销售能力、资金营运能力、技术或人才问题等。企业怎么做,无非是扬长避短或"扬长补短"或尽力拉长板、提优势、增能级。但精准施策的前提还是要精准识别和分析问题,破解难题还是要先识别解决问题的路径与方法。

10.5 财务分析发展逻辑

随着有效理财意识的不断增强和信息技术的不断渗透,一方面财务信息在经济和社会活动中的作用越来越广泛,另一方面对财务分析的要求越来越高。信息

[①] 关于财务分析报告的写作方法与写作要求,请进一步阅读李敏主编的《财经应用文写作》(上海财经大学出版社出版)。

化水平的提升在大幅度减少具体会计核算工作量的同时,也期望财会人员可以投入更多的时间和精力在高价值的财务分析上,从而促使"以事实或数据说话"向"驱动经营或发现价值"转变。

财务分析的发展逻辑就是理论联系实际的内在运行规律。遵循规律,因势利导,顺势而为,将不断发挥财务分析在业财融合中的聪明睿智和在算为管用中的能动作用。

10.5.1 内外分析并行不悖,趋向以内部分析为主

按照分析主体的不同,财务分析可以分为内部分析和外部分析。

内部分析是企业内部对自身经营过程、财务状况所进行的分析,其不仅利用财务部门的会计信息,而且利用管理会计和其他方面所提供的信息,涉及资料面广、要求高、变化多。

外部分析"各取所需"。例如,债权人关心贷款安全,重视对企业偿债能力与风险的分析;投资者注重业绩,重视对企业获利能力的分析;合资经营者需要对企业进行全面分析;等等。

从分析的侧重面来看,以往的财务分析侧重于服务企业的外部或听取外部的要求,外部利益相关者根据自身需求对企业进行财务报表分析。然而,企业在接受银行等金融机构的评价、咨询与分析的过程中,逐渐意识到财务报表分析对于其取得外部融资、提高内部管理质量进而取得竞争优势的重要性,开始由被动地接受分析逐步转变为积极主动地开展自我分析。随着企业规模的不断扩大,经营活动日趋复杂,环境的变化也日趋加快,企业为了在激烈的市场竞争中谋求生存、快速发展,不得不借助财务报表所提供的相关信息进行资讯导向、目标管理、利润规划和前景预测。这些转变进一步表现出两个显著特征:一是企业内部分析的范围不断扩大,分析的内容不断深化;二是分析所需要的资料日趋多样化,这为扩大分析领域、提高分析效果、发展分析技术和方法提供了诸多有利条件。

从分析时效与作用看,外部分析往往是事后的,而内部财务分析正在事前、事中、事后三管齐下。

事前分析是指在某项经济活动发生以前进行的分析,它具有预测未来的性质,也叫预测分析。进行预测分析,需要根据财务活动的现状及其发展趋势,运用一定的方法,估计今后可能发生变化的各个因素对财务活动带来的影响和可能取得的经济效益。通过事前分析,可以为企业的经营决策、编制财务预算提供可靠依据。

事中分析是指在某项经济活动实施的过程中进行的差异分析,具有控制现在

的性质。通过事中分析，可以检查各项经济活动及其财务指标的进展或完成情况，及时发现生产经营过程中存在的问题，便于采取措施，合理保证实现预算管理目标。

事后分析是指对一定时期财务指标的实际完成情况进行总结分析，具有总结过去的性质。通过事后分析，将影响预算（计划）完成的各种因素一一展现出来，分清主次，便于企业找出进一步发展的潜力，采取有效措施，改进财务管理，并为今后制定和完成预算奠定基础。

从分析服务的对象看，内部分析正在飞速变革。基于事项会计理论构建的大会计体系是涵盖财务会计、管理会计、税务会计、社会责任会计、内部审计监督的综合体系。事项法也叫使用者需要法，是指按照具体的经济事项来报告企业的经济活动，并以此为基础，重新构建会计确认、计量和报告的理论与方法。事项法的思想产生于20世纪60年代，其主要倡导者是美国会计学者乔治·H.索特，其在1969年发表了《构建基本会计理论的"事项法"》，认为会计的任务是提供颗粒度尽可能细的事项信息，让信息使用者根据决策需要汇总加工这些信息，所积累的信息可生成多样化的报告，可用于不同用户的广泛且多样的决策模型，为此，内部分析将不断增加自身维度与发展空间。

采用财务分析＋信息智能化模式，拓展了大数据说明、印证、解释业务经营状况的功能，在信息资源共享中的作用越来越显著。或者说，财务信息嫁接互联网，与经济业务整合，与管理思维互联，与分析方法交融，可以获得更加强大的生命力与巨大的发展空间，或能够多维度任意分析，包括常规分析、智能取数、及时更新、实时监控、风险警示、智能预警等，以打造经营管理"驾驶舱"，并可满足资产负债观、收入费用观、决策有用观、受托责任观等不同维度的信息需求和不同维度的管理需求。

采用财务分析＋财务监管模式，扩大了财务监管在筛选、核对、抽样等方面的功能。财务监管可以根据财务分析锁定的重点和疑点进行数据挖掘，从大量数据中揭示隐含的、先前未知的并有潜在价值的信息；还可以采取"集中分析，发现疑点，分散核查，确认问题"的做法，通过数据挖掘技术发现疑点，通过分散核查确认问题，缩减核查时间，扩大核查覆盖面，提高核查效率。

采用财务分析＋管理会计模式，促使各种分析工具在管理会计应用中如火如荼，从单一内容报告向多维内容报告转变，从基于结果分析向基于过程挖掘转变，从阶段性报告向实时报告转变。随着会计、业务和信息数据的不断融合，尤其是挖掘出海量数据中有价值的信息供决策使用，或建立数据库，研发出管理会计信息系统为经营决策服务,已经成为现代企业乃至经济社会的一项基本需求而适合于各行各业。

管理会计报告是指运用管理会计方法,根据财务和业务的基础信息加工整理形成的、满足管理需要的对内报告,是管理会计活动成果的重要表现形式。与传统财务会计报告相比,管理会计报告更加强调相关性、可靠性、可理解性和灵活性。

统一或单一格式的财务报表满足不了财务分析向管理实务不断延伸的需求。通过自定义报表,在及时更新数据信息与洞察企业经营现状的基础上,快速输出企业想要的数据信息,这是经营管理所期望的。能够在数据分析中快人一步,就能在竞争中占据优势。

图 10.3　财务分析＋管理会计模式

10.5.2　数量与质量齐头并进,趋向以质量分析为主

随着转变经济增长方式的路径从外延走向内涵、从粗放走向集约,财务分析更加注重效率改善、技术进步、规模效应与运行质量等。资产负债表观因此对报表的影响也日益深化,资产负债的变化及其计量基础的选择对损益将产生直接影响。在这种情况下,财务分析在关注数量的基础上更加关注质量分析及其价值变化,强调对资产、资本、收益、现金流量质量之间辩证关系的深入研判。"质量分析"将成为财务分析的一个重要发展方向。

一是关注资产结构与资产质量。资产质量是指特定资产在经营管理系统中发挥效用的情况,具体表现为流动性质量(变现能力的强弱)、安全性质量(偿债能力保证作用)、被利用的质量(使用价值的高低)、与其他相关资产组合进而持续增值的质量(如收益能力的可持续性),为企业战略发展目标做出贡献的质量等。质量较好的资产能够满足企业长短期经营发展和偿还债务等的需要。

二是关注资本结构与资本质量。资本质量是指资本结构与企业当前以及未来发展和经营活动相协调的情况,具体表现为资本保值增值质量,资本结构的稳健程度等,资本成本小于投资回报率,资本来源期限构成与资产结构相互适应,财务杠杆水平与财务风险、未来融资需求相适应等。

三是关注利润结构与利润质量。利润质量主要涉及利润形成、利润结构以及利润结果等方面。利润质量较好表明企业具备较强的获利能力,其资金来源结构合理,有产品的核心竞争能力支撑和充足的现金流支撑,能够持续发展等。盈利能力的可持续性是利润质量的重要标志。由于企业经营的可持续性以盈利能力的可持续性为基础,资产的流动性强弱在很大程度上取决于盈利能力水平的高低,因此,随着对企业可持续发展分析的深化,收益质量分析成为可持续性分析的重要组成部分。

四是关注现金流量结构与现金流量质量。现金流量质量是指企业的现金流量按照企业预期目标运转的情况。在企业稳定发展阶段,质量较好的经营活动现金流量对经营利润有足够的支持;质量较好的投资活动现金流出能够体现企业长期发展的战略需要,并具有获利性;质量较好的筹资活动现金流量与企业投资活动现金流量、经营活动现金流量的周转相互协调;等等。提高获取现金流量的能力对现金质量的高低至关重要。

10.5.3 增长与平衡并驾齐驱,趋向以持续性分析为主

增长是指连续发生的经济事实的变动,如销售增长、利润增长等。传统的财务分析重视指标的增减变动,并寻求产生差异的原因和解决问题的路径。

经济、社会、资源和环境保护的协调发展是一个系统。可持续性是指一种可以长久维持的过程或状态,并以经济可持续发展为基础,以生态(环境)可持续发展为条件,以社会可持续发展为目的。

单纯追求数量增长和指标上升已不能体现科学发展的内涵,甚至有可能导致盲目增长、产能过剩、库存增加、发展乏力等问题。可持续发展不仅重视经济增长的数量,而且追求发展中的平衡与质量,要求改变传统的以"高投入、高消耗、高污染"为特征的粗放式生产模式和消费模式,倡导清洁生产和文明消费,节约资源和减少废物,并追求长期有效和平衡发展。

增长不等于发展,发展不等于可持续发展。可持续发展是指既满足当代人的需求,又不损害后代人满足需要的能力的发展,从财务的角度分析,就是要求企业的资产质量持续提高,营运能力、偿债能力和盈利能力持续增强,创新能力和发展能力不断提升等。

财务分析能为财务发展的战略规划服务。财务发展的战略规划实质上是在财务全面预算的基础上对资金所做的理性安排。企业发展所需资金的来源是有限的,从全社会来看所能提供的资金总量也是有限的。相对于一家特定的企业而言,在企业现状(如规模、获利水平、财务结构等)和企业环境(如经济增长速度、产业生命周期、有关法律和政策等)既定的情况下,其可能获得的资金总量也必然是有限的。由于资金的有限性,企业活动过程中资金的需要与资金的供给永远是一对需要谨慎处理的矛盾。为此,企业既需要确保各项业务活动(如营销、研究与开发、技术改造、基本建设等)的资金需要,又必须讲究资金分配和使用的合理性,尽可能节约资金占用。从长期战略分析,赚取利润很重要,然而没有足够的现金满足发展需求,即便有利可图,也可能会因现金陷于困境而发生危机。所以,现代企业不仅需要有获取利润的能力,而且必须确保赚取利润的过程中资金流转的顺畅、财务结构的合理、财务运行的安全等。

财务分析能为财务诊断和财务预警服务。财务诊断是运用财务分析等专门方法,在检查了财务报表等信息资料之后判断企业的财务现状和发展趋势的一种专门方法。财务预警是利用财务指标度量企业财务状况偏离预警线的程度、发出财务警戒信号的过程。分析好,还要诊断好,更要预警好。一方面,财务诊断是一个了解企业病症、掌握病因、找到病根、防止病变、对症下药、清除病菌、杜绝后患的过程,分析与诊断的目的都是财务预警与财务保健,促使企业健康安全地发展;另一方面,财务预警可以从分析财务指标入手,通过建立与健全财务预警系统,完善预警机制,实现财务保健与财务安全。[1]

财务分析能为企业价值评估服务。企业的价值不是会计价值,而是经济价值。财务报表数据的缺点不是没有采纳现实价格,而是没有关注未来。企业整体的经济价值是指作为一个整体的公平市场价值,其不是企业各个部分的简单相加,而是来源于企业各个要素之间的有机结合,并且企业的整体价值只有在运行中才能体现出来。从评价估值的角度看,财务分析对一家企业的财务状况、增长

---

[1] 请进一步阅读李敏所著《危机预警与财务诊断——企业医治理论与实践》(上海财经大学出版社出版)。

能力与发展趋势等的评价对一份有质量的企业价值评估报告的产生是极为重要和必不可少的,尤其是收益现值法的运用,有求于财务分析对会计数据在去粗取精、去伪存真基础上的预测。财务分析因此有助于弥补会计价值的局限,有助于架起沟通过去、现在与未来的"桥梁",有助于判明收益质量的高低,有助于探索企业价值的形成与来源,有助于关注风险的成因及趋势,有助于探索可持续发展的趋势,有助于评估结果的公允性与可靠性。有发展前景的、可持续的,才是有价值的。

财务分析是业务与财务、核算与管理相互印证、相得益彰的过程,其发展的内在逻辑在于不断探析真相、探寻真知、探明规律、探悉未来、探求真理。笔者深感如此境界的达成必然要求财务分析具有自觉性、自洽性和自愈修复机制。自觉是指自我觉悟产生的主动行为,并有意识地维护和发展自我。自洽是指按照逻辑推演证明自身的思维与行为是正确的、不矛盾的。自愈修复是指在不断完善分析功效的情况下,当企业产生病症或问题时,内部的自我修复机制就启动并运行有效。财务分析应当具有承上启下、惩前毖后、守正出新的积极作用,从而形成一个良性的管理闭环。

经典案例评析

小企业财务报表综合分析案例

开发公司为一般纳税人,以生产和经营某短线产品为主,属于生产加工型的小企业。其2019年度主营业务收入为2 833万元,2018年度主营业务收入为3 000万元,2017年度主营业务收入为3 200万元。由于市场竞争激烈,原有产品出现了滞销和削价销售等不利情况,预计2020年还会进一步折价销售,销量有较为明显的下降趋势,公司的发展面临严峻的市场考验。

目前,开发公司正在利用市政动迁取得的600万元补偿收入开发一条新产品的生产流水线,以加快产品的更新换代。该流水线预计需要固定资产投资800万元、流动资产投资至少100万元;预计2020年年初需借款300万元,借款年利息率为6%左右。公司称,该工程原计划2020年年初投产使用,投产后预计2020年当年可增加主营业务收入500万元左右,预计营业利润率为15%,对公司持续经营利好。

开发公司编制的2019年12月31日资产负债表(摘要)和2019年12月利润表(摘要)分别如下所示,还没有经过会计师事务所审计。

资产负债表(摘要)

编制单位：开发公司　　　　　　2019 年 12 月 31 日　　　　　　单位：万元

资　　产	期初数	期末数	负债及所有者权益	期初数	期末数
流动资产：			流动负债：		
货币资金	229	401	短期借款	600	500
短期投资			应付票据	107	102
应收票据			应付账款	1 516	1 450
应收账款	1 024	1 045	其他应付款	392	752
预付账款			应付工资	136	130
其他应收款	392	309	应付福利费	16	14
存货	1 421	1 224	应交税费	32	12
待摊费用	86	90	其他应付款	23	9
其他流动资产			预提费用		—19
流动资产合计	3 152	3 069	其他流动负债		
长期投资：			流动负债合计	2 822	2 950
长期股权投资	266	226	长期负债：		
固定资产：			长期借款	9	9
固定资产原价	1 027	1 035	长期应付款		
减：累计折旧	470	542	长期负债合计	9	9
固定资产净值	557	493	所有者权益：		
固定资产减值准备			实收资本	1 000	1 000
在建工程	72	391	资本公积	100	100
固定资产合计	629	884	盈余公积	110	110
无形资产					
长期待摊费用			未分配利润	6	10
其他长期资产			所有者权益合计	1 216	1 220
资产总计	4 047	4 179	负债及所有者权益总计	4 047	4 179

利润表(摘要)

编制单位：开发公司　　　　　　2019 年 12 月　　　　　　　　　单位：万元

项　　目	本 月 数	本年累计数
一、主营业务收入	329	2 833
减：主营业务成本	310	2 638
税金及附加	2	27
二、主营业务利润	17	168
加：其他业务利润	4	39
减：销售费用	12	107
管理费用	8	100
财务费用	1	35
三、营业利润	0	−35
加：投资收益	5	5
营业外收入	35	35
减：营业外支出		
四、利润总额	40	5
减：所得税费用		1
五、净利润	40	4

有关资料摘要如下：

(1) 上年期末银行存款中有 200 万元为市政动迁取得的补偿收入，本年期末银行存款中有 400 万元为市政动迁取得的补偿收入。

(2) 期末应收账款中，645 万元在一年以内，400 万元在一年以上。

(3) 期末存货中，800 万元在一年以内，424 万元在一年以上。

(4) 待摊费用为尚待摊销的挂账费用。

(5) 长期投资为投资子公司的投资额，采用成本法核算。投资收益 5 万元为 12 月份收到的子公司的税后分利。

(6) 在建工程支出为新开发的生产流水线，于上年年末开工，原预计工期需一年，现计划于 2020 年 6 月完工，所需借款于 2020 年举借。

(7) 其他应付款中列有市政动迁收入 600 万元，上年年末已收到 200 万元，本年年末收到 400 万元。上年年末已结转营业外收入 25 万元，本年 12 月转入营业外收入 35 万元。

(8) 预提费用—19 万元为当年少提多付利息的挂账数。

(9) 未分配利润中上年累计利润 6 万元、本年累计利润 10 万元,尚未进行分配。

(10) 开发公司没有编制现金流量表。根据相关资料计算,全部现金净流量为 172 万元,主要来源于年末市政动迁收入。其中:经营活动现金净流量为—12 万元,投资活动(含市政动迁收入)现金净流量为 338 万元,筹资活动现金净流量为—154 万元。

要求:

1. 请在解读开发公司上述资料的基础上进行相关财务比率的计算。
2. 请根据开发公司的相关资料进行分析与判断。
(1) 分析开发公司的短期偿债能力和长期偿债能力,并做出趋势研判。
(2) 分析开发公司的营运能力指标,并找出存在的主要问题。
(3) 分析开发公司的盈利能力和成长能力,并做出趋势研判。
(4) 会计操纵是指为了达到特定目的,通过人为地对财务数据和信息披露进行操纵,使财务报表不能真实、公允地反映企业财务状况和经营业绩的行为。你认为开发公司存在会计操纵的嫌疑吗?开发公司是否存在虚资产或不良资产?如果存在,表现在哪些方面?
(5) 开发公司 2020 年需要向银行借款 300 万元,银行愿意借款给它吗?为什么?
3. 请在以上分析的基础上,对下列判断说明你的看法:
(1) 从开发公司提供的财务报表中可以看出:"公司资产负债率较高,流动负债和长期负债的比率不合理,偿债能力较弱;流动资产中存货和应收账款的比例偏高,资产周转周期过长;生产成本居高不下,企业获利能力低下。"你同意这样的分析结论吗?开发公司是否存在财务危机?有哪些财务预警信号值得重点关注?
(2) 有分析人士阅读了上述报表后认为:"该公司 2019 年 1~11 月事实上已经累计亏损,要不是将 19 万元利息人为地挂账预提费用,又有 35 万元营业外收入弥补的话,该公司已经全年亏损了。还应关注的是,该公司的息税前资产利润率已经低于目前银行贷款的利率水平,继续扩大举债经营将进一步导致亏损。"你同意这样的趋势分析吗?为什么?
(3) 针对开发公司的财务现状,有分析人士的诊断结论如下:"开发公司随着资产负债率的不断上升,融资结构已经出现预警信号,财务状况开始恶化。随着资金周转困难的加剧与偿债能力的减弱,公司将进一步出现支付困难。目前,公司经营管理上存在的主要问题是产品更新换代不及时、不适销对路、盈利能力较弱,加上资产管理能力不强、应收账款上升、存货居高不下、流动资产利用效率较低、流动资产的运营状况不好,从而影响了资产与资本的获利能力。公司应十分重视目前的财务状况,关注已经出现的财务危机信号,在进一步加大力度开拓市场和加快开发新产品的同时,积极处理存货、挖掘内部潜力、加快资金周转速度,使公司尽快摆脱目前的困境,走上良性循环的轨道。"你觉得这样的诊断与建议确切吗?请谈谈你的看法。

4. 请根据下列提供的全国小型企业2019年度绩效评价标准值,对开发公司2019年度的相关业绩做出简要评价。

全国小型企业2019年度绩效评价标准值

项目	优秀值	良好值	平均值	较低值	较差值
一、盈利能力状况					
净资产收益率(%)	8.9	6.6	4.2	−2.9	−11.4
总资产报酬率(%)	6.2	4.7	3.0	−2.0	−5.7
销售(营业)利润率(%)	15.6	10.0	3.7	−2.5	−11.1
盈余现金保障倍数	10.9	5.4	1.0	−2.3	−5.6
成本费用利润率(%)	10.5	6.5	3.9	−1.2	−9.9
资本收益率(%)	9.4	6.7	4.3	−4.1	−14.1
二、资产质量状况					
总资产周转率(次)	1.8	1.2	0.5	0.3	0.1
应收账款周转率(次)	19.4	10.7	5.1	2.0	0.3
不良资产比率(%)	0.3	1.0	2.8	10.6	22.0
流动资产周转率(次)	2.4	1.4	0.7	0.3	0.2
资产现金回收率(%)	17.7	8.7	1.3	−3.4	−10.6
三、债务风险状况					
资产负债率(%)	49.0	54.0	64.0	74.0	89.0
已获利息倍数	4.2	3.1	2.0	−0.6	−2.7
速动比率(%)	154.8	124.8	87.3	55.7	34.4

续表

项　　目	优秀值	良好值	平均值	较低值	较差值
现金流动负债比率(%)	17.9	9.9	1.4	－6.9	－17.6
带息负债比率(%)	26.3	37.2	50.4	70.7	86.9
或有负债比率(%)	0.4	1.8	5.6	12.0	18.0
四、经营增长状况					
销售(营业)增长率(%)	25.2	19.4	12.2	－1.5	－10.0
资本保值增值率(%)	107.8	105.9	102.2	96.2	87.8
销售(营业)利润增长率(%)	23.6	14.9	8.4	－4.6	－13.0
总资产增长率(%)	18.8	11.6	4.3	－7.5	－17.0
技术投入比率(%)	1.9	1.7	1.4	1.1	0.4
五、补充资料					
存货周转率(次)	17.2	9.4	1.9	1.0	0.6
"两金"占流动资产比重(%)	6.1	25.5	36.3	60.2	67.9
成本费用占主营业务收入比重(%)	89.8	94.5	98.5	101.2	103.3
经济增加值率(%)	5.1	2.8	－1.5	－6.3	－14.5
EBITDA率(%)	20.1	13.1	4.6	－0.6	－3.7
资本积累率(%)	29.5	16.1	6.9	－4.5	－18.5

5. 请根据上述分析资料和评价结果,撰写开发公司2019年度的财务分析报告或财务情况说明书。